Hugo Blümner

Die gewerbliche Tätigkeit der Völker des klassischen Altertums

Hugo Blümner

Die gewerbliche Tätigkeit der Völker des klassischen Altertums

ISBN/EAN: 9783955641511

Auflage: 1

Erscheinungsjahr: 2013

Erscheinungsort: Bremen, Deutschland

@ EHV-History in Access Verlag GmbH, Fahrenheitstr. 1, 28359 Bremen. Alle Rechte beim Verlag und bei den jeweiligen Lizenzgebern.

DIE
GEWERBLICHE THÄTIGKEIT

DER

VÖLKER DES KLASSISCHEN ALTERTHUMS

VON

DR. HUGO BLÜMNER.

Motto: *ἔργον οὐδὲν ὄνειδος, ἀεργίη δέ τ' ὄνειδος.*
Hesiod.

GEKRÖNTE PREISSCHRIFT.

LEIPZIG
BEI S. HIRZEL.
1869.

Lösung der von der Fürstlich Jablonowski'schen Gesellschaft
gestellten Preisfrage:

Eine quellenmässige Zusammenstellung derjenigen Orte des klassischen Alterthums, wo gewisse Gewerbszweige vorzugsweise geblüht haben.

Gekrönt im März 1869.

Vorwort.

> Jedes Volk arbeitet nach seiner Art. Der Griff, womit es die Arbeit anfasst, der Blick, mit dem es das Wesen der Arbeit erkennt, das Mass, nach welchem es Fleiss, Talent und Erfolg verwerthet, sind Urkunden seiner tiefsten Characterzüge. Die Seele des Volkes springt aus seiner Idee der Arbeit hervor, wie aus seiner Praxis der Arbeit. Darum kann man eben so gut Volkskunde im Erforschen der Volksarbeit studiren, wie die Lehre und Geschichte der Arbeit in der Volkskunde neue und reiche Quellen suchen muss.
> Riehl.

Eine Geschichte des Handwerks bei den Alten, so weit wir dasselbe aus den dürftigen Nachrichten der alten Schriftsteller und den für viele Gebiete sehr spärlichen, für die meisten ganz verlorenen Überresten der Handwerkserzeugnisse beurtheilen können, ist eine Aufgabe, die bis heute noch ihrer Lösung entgegensieht. Eine derartige Geschichte zerfällt naturgemäss in zwei Theile: es muss einmal die Technik der verschiedenen Gewerbe, insofern dieselbe sich überhaupt noch ermitteln lässt, dargelegt, die dabei obwaltenden äussern Einflüsse oder Veränderungen besprochen werden; und es muss zweitens gezeigt werden, wo und zu welcher Zeit bestimmte Gewerbe an bestimmten Orten besonders geblüht haben.

An Vorarbeiten für den ersten Theil eines solchen die gesammte Gewerbsthätigkeit des Alterthums umfassenden Werkes hat es bisher nicht gefehlt; es sind verschiedene Zweige des Handwerks rücksichtlich der Technik eingehenden und scharfsinnigen Erörterungen unterzogen worden; aber eine zusammenfassende Darlegung alles dessen, was wir überhaupt auf diesem Gebiete der klassischen Alterthumskunde bis heute wissen und für sicher annehmen dürfen, fehlt noch. Für den zweiten Theil aber eine möglichst endgiltige und soweit das bei dem steten Fortschreiten der Wissenschaft und den sich täglich mehrenden archäologischen Funden thunlich ist, abschliessende Untersuchung zu veranlassen, das war das Ziel, welches die Fürstl. Jablonowski'sche Gesellschaft im Auge hatte, als sie als Preisarbeit für das Jahr 1868 eine quellenmässige Zusammenstellung derjenigen Orte des klassischen Alterthums verlangte, wo gewisse Erwerbszweige vorzugsweise geblüht haben, nebst der Hinzufügung der Gründe dieses Blühens sowie auch des später eingetretenen Verfalles.

Zwei Wege boten sich dem, der diese Frage zu beantworten unternahm. Die eine Art der Behandlung war die, dass gezeigt wurde, aus welchen Gegenden die Völker des Alterthums, vorzugsweise Griechenland und Rom die Erzeugnisse des Gewerbfleisses bezogen, welche Industrieerzeugnisse sie selbst in hervorragender Weise producirten, welche Veränderungen im Laufe der Zeit darin eintraten, und welche Ursachen diesen Veränderungen zu Grunde lagen. Es mussten bei dieser Art der Behandlung nothwendig die Gewerbe als Eintheilungsgrund genommen, von ihnen ausgegangen werden. Aber diese sachliche Eintheilung des Stoffes bot, neben manchen Vorzügen, auch mancherlei Mängel. Es mussten dabei unumgänglich die einzelnen Gewerbe getrennt, und jedes, bis auf die ganz nahe verwandten, für sich behandelt werden; es mussten Gewerbe, welche in Wirklichkeit oft in der nächsten Beziehung zu einander stehen, ohne doch unmittelbar verbunden zu sein, gleichsam auseinandergerissen werden, weil der Gang der Untersuchung nicht durch die Behandlung eines andern Gewerbes unterbrochen werden durfte, selbst wenn dasselbe mit dem in Rede stehenden eng verknüpft, ja oft durch dasselbe bedingt sein sollte. Finden wir doch z. B. häufig da ein Blühen des Erzgusses, wo die Thonbildnerei eine höhere Stufe der Vollendung erreicht hat; Wollenweberei und Purpurfärberei sind nicht minder oft eng zusammenhängend.

Diese Nachtheile vermied der zweite Weg, derjenige, welchen ich bei der vorliegenden Arbeit eingeschlagen habe, der geographische. Wenn die industrielle Thätigkeit jeder einzelnen Gegend oder grösseren Stadt zusammengefasst als ein Ganzes behandelt wurde, dann war es möglich, auf diesen inneren Zusammenhang der einzelnen Gewerbe aufmerksam zu machen, ihn klarer vor die Augen zu führen, als wenn jedes dieser Gewerbe für sich und von dem frisch pulsirenden Gewerbsleben losgetrennt erschien. Andrerseits aber liess sich bei dieser geographisch-historischen Behandlung des Themas ein ziemlich vollständiges Bild über die Gewerbsthätigkeit eines Staates oder einer Stadt geben, es konnten die Gründe für Blüthe oder Abnahme derselben gewöhnlich auf einmal dargelegt werden, während sie bei der andern, eidographischen Eintheilung hätten zersplittert oder wiederholt werden müssen. — Und doch ist nicht zu verschweigen, dass auch diese Behandlungsweise wiederum Nachtheile hat; man vermisst eben das, was uns jene erste Methode bietet, den für die Geschichte der Gewerbe nicht unwichtigen Nachweis, an welchen Orten ein gewisser Erwerbszweig zu einer bestimmten Zeit vorzugsweise betrieben wurde, wo z. B.

gleichzeitig die Leinweberei blühte oder die Töpferei u. s. w. Wenn sich dies auch im ganzen aus der Arbeit selbst ergiebt, so ist dazu doch erst ein Zusammensuchen nothwendig; und wenn ich auch diesem Mangel einigermassen durch das beigegebene Sachregister abzuhelfen versucht habe, so bin ich mir doch wohl bewusst, dass das nur ein Nothbehelf, und da es alphabetisch angelegt und ohne Commentar ist, einen klaren Überblick nicht geben kann. Der Grund aber, der mich hauptsächlich bestimmt hat, diese zweite Art der Behandlung vorzuziehen, ist einfach der, dass mir die Mängel der letzteren Art geringer als die der ersten erschienen sind. Dem Urtheil des Lesers möge überlassen bleiben, in wie weit ich darin Recht gehabt.

Unter den Begriff der klassischen Völker fallen vornehmlich Griechen und Römer; es konnte aber unmöglich genügen, Griechenland mit den Inseln und den kleinasiatischen Colonieen und Italien allein zu behandeln, es mussten auch alle die Länder hineingezogen werden, wo griechische oder römische Ansiedlungen Cultur verbreitet, Gewerbfleiss geweckt oder genährt hatten. Ich habe demnach überhaupt fast alle diejenigen Völker, welche Theil des grossen römischen Reiches gewesen sind, behandelt und daher weder Aegypter, noch Phönizier oder Juden ausschliessen zu dürfen geglaubt, aber bei der Bearbeitung dieser und überhaupt solcher Länder, in denen die Blüthe des Gewerbes einer früheren Epoche als der eigentlich klassischen angehört, nur den Standpunkt der Industrie in der späteren Zeit dargelegt, auf den in der früheren aber nur hingewiesen; es sind ja in der Regel dieselben Gewerbe und Künste, welche auch noch in den Zeiten des Verfalls bei diesen Völkern ihre Bedeutung behalten haben, ganz abgesehen davon, dass authentische Nachrichten darüber grossentheils eben erst aus dieser spätern Zeit herrühren.

Hingegen habe ich diejenigen Völker, welche immer ausserhalb der sogenannten klassischen gestanden haben, gänzlich ausgeschlossen, selbst wenn sie in industrieller Beziehung Bedeutendes leisteten und ihre Producte durch den Handel auch der gebildeten alten Welt zuführten. Es gilt das nicht nur von Serern und Indern, von denen ja überhaupt nur unbestimmte und abenteuerliche Berichte bei den Alten bekannt waren, es gilt das auch von Persern, Medern, Assyrern etc. Denn einmal hat die gewerbliche Thätigkeit dieser Völker nur äusserst selten directen Einfluss auf die klassischen Völker ausgeübt (wenn auch oft die Gewerbserzeugnisse selbst von nicht geringer Wichtigkeit für die Industrie der Griechen namentlich waren), dann aber sind unsere Nachrichten darüber im allgemeinen sehr spärlich. Wenn auch nicht selten die Industrieerzeugnisse, namentlich die Webereien dieser orientalischen Völker erwähnt werden, so sind das doch gewöhnlich keine Nachrichten, welche auf Kenntniss der Industrie selber beruhen, wie in solchen Ländern, welche mit Griechen und Römern in nähere Beziehung getreten sind, in Kleinasien, Phönizien etc. Was uns von jenen Manufacturwaaren erzählt wird, beruht zumeist auf der Kenntniss der durch den Handel nach dem Westen gekommenen Fabricate, nicht aber der Fabrication selbst.

Ausgeschlossen oder nur in aller Kürze behandelt habe ich ferner diejenigen Völker, welche überhaupt kein eigentliches, entwickeltes Gewerbsleben gehabt haben, welche nie Culturvölker gewesen sind, wie Dacien, Moesien, Germanien, Britannien etc. Die eingehendste Behandlung, schon weil hierüber die meisten Quellen zu Gebote standen, verlangte natürlich die Gewerbsthätigkeit von Griechenland und Italien, darnach aber waren auch der überaus wichtigen Industrie von Spanien und Gallien einige Abschnitte zu widmen.

Nicht nur die Geschichte, auch die geographische Lage der zu behandelnden Länder selbst zeichnete den Weg auf der Landkarte vor, welcher bei Besprechung der einzelnen Völker zu gehen war. Es ist das der Weg um das mittelländische Meer, dessen Küsten ja im Alterthum ganz besonders die Pflanz- und Pflegestätten für Bildung und Sitte, für Handwerk und Kunst gewesen sind. Ich beginne demnach mit Africa, wo nach kurzer Übersicht über den übrigen Theil der Nordküste das alte Culturland Aegypten unsre Aufmerksamkeit auf sich lenkt. Von da weiter gehend, immer der Küste des Mittelmeeres entlang, Phönizien, Palästina, Kleinasien, Griechenland, Italien besprechend, beobachten wir fast dieselbe Reihenfolge, in welcher diese Völker in der Weltgeschichte bedeutungsvoll und thätig eingreifend auftreten; und indem wir schliesslich die Industrie Spaniens und Galliens betrachten, haben wir einen Überblick über die gewerbliche Thätigkeit der alten Völker gewonnen, welcher uns von den frühesten Anfängen der Industrie hindurch bis zur römischen Zeit und bis in die späteren Jahrhunderte des Kaiserreichs führt. Denn wenn wir zuerst fast überall auf Handwerke treffen, deren Übung eine durch lange, oft tausendjährige Tradition überkommene ist, so finden wir in den Ländern, welche wir zuletzt betreten, grösstentheils eine noch im Aufblühen begriffene Gewerbsthätigkeit jüngeren Datums, welche die Grundlage bietet zu einer neuen Zeit und uns in das Mittelalter hinüberleitet.

Bei der Wahl der Erwerbszweige nun, welche zu behandeln waren, mussten vor allen Dingen die berücksichtigt werden, die wir Handwerk nennen im eigentlichen Sinne des Worts. Fiel auch bei den Alten Handwerk und Kunst fast ganz zusammen, so konnte letztere doch nur nebenbei in den Kreis der Betrachtung gezogen werden. Fast gänzlich auszuschliessen aber waren alle diejenigen Berufszweige, welche nicht mehr Gewerbe genannt werden können, also die Thätigkeit des Landbaus, Ackerbau, Viehzucht, Weinbau, ferner Jagd, Fischfang etc. Dennoch aber war es nöthig, hier und da auch darauf aufmerksam zu machen, weil manche darunter unzertrennbar sind mit der Ausübung gewisser Gewerbe. Es musste besonders die Schafzucht berücksichtigt werden, wegen ihrer nahen Verbindung mit der Wollenweberei; es war aufmerksam zu machen auf Orte, welche durch Weinbau sich auszeichneten, weil der Export des Weines die Anfertigung von Thongefässen nöthig machte und diese oft eine grössere Vollendung der Töpferei zur Folge hatte. Es mussten ferner solche Gegenden erwähnt werden, wo der Fischfang stark betrieben wurde, weil dort in der Regel auch Räucheranstalten zu finden waren; und auch der Ölbau konnte nicht übergangen werden, weil die Bereitung des Öls fast eben so gut zur Gewerbsthätigkeit gerechnet werden darf, als die damit oft verbundene Fabrication von Salben.

Dagegen habe ich die Thätigkeit in Steinbrüchen und Bergwerken äusserst selten behandelt; eine wirkliche gewerbliche Thätigkeit kann dieselbe um so weniger genannt werden, als bei den Alten die dazu benutzten Arbeiter grossentheils Verbrecher oder Kriegsgefangene waren. Sklavenarbeit war freilich das meiste, was die griechische und römische Industrie hervorbrachte, aber sie war es doch in einem andern Sinne als jene Thätigkeit in den Gruben und Steinbrüchen. Und ausserdem ist der Bergbau fast noch mehr als Ackerbau, Viehzucht, Fischerei an locale Bedingungen geknüpft. Vergebens wird man daher eine Erwähnung der laurischen Silberbergwerke, der parischen Marmorbrüche suchen; nur Eisen- und Kupferbergwerke habe ich deswegen nicht übergangen, weil diese stets von bedeutendem Einflusse auf die Gewerbsthätigkeit waren.

Was nun die von mir benutzten Quellen anlangt, so fliessen dieselben freilich nicht so reichlich, wie man wohl wünschen möchte. Was uns die Geographen und Reisebeschreiber über die Gewerbsthätigkeit der von ihnen besuchten Länder und Städte mittheilen, ist in der Regel nur wenig; Strabo spricht noch am häufigsten über die hauptsächliche Beschäftigung der Bewohner der von ihm beschriebenen Gegenden, da er gewöhnlich auch über die Naturproducte des Landes uns näheres mittheilt, während der andere Zwecke verfolgende Pausanias dessen nur selten Erwähnung thut. Wir sind daher weit mehr angewiesen auf das, was uns Sammler wie Athenaeus und Plinius bieten, freilich in der Regel nur kurze, trockene Notizen, die aber deswegen von Werth sind, weil sie grossentheils aus Quellen stammen, welche uns nicht mehr zu Gebote stehen. Im übrigen waren die meisten Stellen hier und da zerstreut. In der griechischen Litteratur bieten verhältnissmässig am meisten die auf reales Leben zurückgehenden attischen Komiker, hier und da die Redner; ziemlich viel Notizen, oft von zweifelhafter Glaubwürdigkeit und nur mit Vorsicht zu benutzen, oft jedoch auch auf gute alte Tradition zurückgehend, die Lexicographen wie Stephanus Byzantius, Suidas etc. und die Scholiasten, namentlich Eustathius. In der römischen Litteratur sind es hauptsächlich die Lyriker, die Satiriker, Martial, aus denen wir solche beiläufige Notizen schöpfen; von Prosaikern vorzüglich die Schriftsteller über Landwirthschaft. Historiker und Philosophen konnten nur in wenigen Fällen herangezogen werden.

Ausser den Schriftquellen waren nun auch die monumentalen Quellen zu benutzen, vor allem die Inschriften. Können diese auch nur in seltenen Fällen die Blüthe eines Gewerbes beweisen, wenn nämlich an einem und demselben Orte Inschriften in grösserer Zahl sich finden, welche sich auf dasselbe Gewerbe beziehen, so können sie doch oft als Zeugen dazu genommen werden, wenn der Betrieb dieser oder jener Industrie an einem bestimmten Orte oder in einer bestimmten Gegend entweder durch die Schriftsteller beglaubigt oder auch sonst sehr wahrscheinlich ist und dies nun noch durch epigraphische Funde bestätigt wird. Ausserdem gehören hierher auch diejenigen Gegenstände der Kunst wie des Handwerks, welche die Ungunst der Zeiten überdauert haben und uns Zeugniss ablegen von der gewerblichen Thätigkeit der Alten, sei es nun direct durch Angabe des Fabricationsortes, sei es durch andere Anzeichen, aus denen wir Combinationen zu machen im Stande sind. Hauptsächlich sind das die Erzeugnisse der Thonbildnerei, zum Theil auch des Erzgusses und der Glasfabrication. Allerdings werden einzelne Fälle hier nur wenig Sicherheit geben; wirkliche Blüthe eines solchen Erwerbszweiges wird sich bei diesen monumentalen Resten nur durch Funde von grösserer Menge constatiren lassen. Auch die alten Schriftsteller selbst geben das nur in den wenigsten Fällen klar und deutlich an; dass in diesem Lande, in jener Stadt von den Einwohnern vorzugsweise dies oder jenes Gewerbe betrieben worden sei, das wird nur sehr selten mit ausdrücklichen Worten angegeben. In den meisten Fällen müssen wir dann auf einen grösseren Betrieb irgend eines Handwerks schliessen, wenn die Erzeugnisse desselben aus einem bestimmten Orte von den Schriftstellern öfters erwähnt, wegen ihrer Vorzüglichkeit gerühmt werden, wenn es direct berichtet wird oder wenigstens mit Evidenz aus der betreffenden Stelle hervorgeht, dass diese Fabricate nicht bloss für den einheimischen Bedarf, sondern auch für den Export verfertigt wurden. In allen grösseren Städten Italiens und Griechenlands wurden ja wohl die meisten Gewerbe, mit geringen, auf localen Bedingungen beruhenden Ausnahmen, betrieben, eine beiläufige Erwähnung eines Handwerks in irgend einer Stadt, bei einem Schriftsteller oder in einer Inschrift, kann daher an sich für uns nichts bezeugen (bei Inschriften eher die Erwähnung von Handwerkerzünften); erst bei häufigerer Erwähnung desselben Gewerbes am selben Orte können wir mit Recht annehmen, dass dasselbe eine grössere Bedeutung als die andern eben daselbst betriebenen gehabt habe.

Öfters freilich sind auch diese Erwähnungen zweifelhafter Art. Wenn Industrieerzeugnisse den Namen eines Volkes oder einer Stadt tragen, so ist es in manchen Fällen schwer zu entscheiden, ob sie diesen Namen wirklich davon hatten, dass sie von da kamen, oder ob sie etwa bloss so benannt wurden, weil sie nach der daselbst üblichen Art oder Mode angefertigt waren, wie also wohl Kleider im Inlande gefertigt doch mit einem fremden Namen belegt werden konnten, weil sie nach dem Schnitte jener Nation fabricirt, oder Waffen, weil sie nach der dort üblichen Bewaffnung gearbeitet waren.

Schliesslich habe ich noch einiges hinzuzufügen über die von mir benutzte neuere Litteratur. Untersuchungen über Gewerbe im Alterthum haben mir nur wenige zu Gebote gestanden. Sehr viel verdanke ich der reichhaltigen und schön geordneten Stellensammlung, welche Marquardt im zweiten Bande seiner römischen Privatalterthümer über die Gewerbe giebt. Nur wenige, bei weitem nicht ausreichende Notizen hingegen bietet die Hüllmann'sche Handelsgeschichte der Griechen, sowie Heeren's Ideen über die Politik, den Verkehr und den Handel der vornehmsten Völker der alten Welt. Auch an Specialuntersuchungen über einzelne Gewerbe ist Mangel; zu nennen ist hauptsächlich das unvollendete Werk von Yates, Textrinum antiquorum, die Aufsätze von Ritter und Brandes über die geographische Verbreitung der Baumwolle im Alterthum, von W. A. Schmidt über die Purpurfärberei, Köhler's *Τάριχος* (das sich aber doch grösstentheils auf den Fischfang am schwarzen Meer bezieht); auch einige kleinere Aufsätze in Zeitschriften von Jahn u. a. (Die Werke von Birch und Brogniart über die Töpferei waren mir unzugänglich.) Grösser ist die Zahl der von mir benutzten historisch-antiquarischen Untersuchungen über einzelne Völker, Städte oder Inseln, bei denen auch auf die gewerbliche Thätigkeit Rücksicht genommen ist. Von kleineren Monographieen ist mir eine ziemliche Anzahl leider nur dem Namen nach bekannt geworden, ohne dass ich in der Lage gewesen bin, sie zu benutzen. Überhaupt bin ich zu meinem Bedauern zuweilen genöthigt gewesen, ein Citat aus neueren Werken zu entlehnen, ohne das betreffende Buch selbst einsehen zu können, da es mir nur eine Woche lang vergönnt war, auf der Berliner Bibliothek zu arbeiten. Ich habe, wo dies der Fall ist, meistens den Autor, welchem ich das Citat entnommen, hinzugefügt. Im übrigen ist auch hier, wie beim Zusammentragen der Belegstellen der Alten, möglichste Vollständigkeit, zumal in den wichtigeren Gewerben, mein Bestreben gewesen, ohne dass ich mir verhehlte, wie weit ich noch von derselben entfernt bin und wie vieler Nachträge und Berichtigungen meine Arbeit noch bedarf. In manchen Fällen aber habe ich gar keine Vollständigkeit beabsichtigt, und es kann mir daher nicht zum Vorwurf gemacht werden, dass die in dem alphabetischen Verzeichnisse unter Fischfang, Ölbau, Schafzucht etc. angegebenen Namen leicht verdoppelt werden könnten.

Schliesslich kann ich es nicht unterlassen, den Herren Professoren Westermann und Roscher, welche, von der Gesellschaft mit der Durchsicht der vorliegenden Arbeit beauftragt, mir ihre beim Lesen gemachten Notizen bereitwilligst für die Revision, der ich die Arbeit vor dem Drucke unterzog, zur Disposition gestellt haben, hiermit meinen ergebensten Dank abzustatten.

Breslau.

Hugo Blümner.

Inhalt.

	Seite
Erster Abschnitt: Africa	1
§ 1. Die Nordküste von Africa (Mauretanien, Numidien, Carthago, die Syrtenküste, Cyrenaica)	1
§ 2. Aegypten	6
§ 3. Aegypten (Fortsetzung)	14
Zweiter Abschnitt: Asien	18
§ 4. Phönizien	18
§ 5. Palästina. — Syrien	24
§ 6. Galatien, Lycaonien, Pisidien mit Pamphylien, Phrygien	27
§ 7. Cilicien und Cappadocien. — Carien und Lycien	30
§ 8. Lydien. — Mysien und Troas	35
§ 9. Die Länder um den Pontus	40
§ 10. Die kleinasiatischen Inseln (Tenedos, Lesbos, Chios, Samos)	44
§ 11. Die kleinasiatischen Inseln (Fortsetzung) (Cos, Rhodus, Cypern)	48
Dritter Abschnitt: Europa	54
§ 12. Die nördlichen Landschaften der griechischen Halbinsel (Illyrien, Dalmatien, Liburnien, Thracien mit Byzanz und Macedonien, Thessalien und Epirus)	54
§ 13. Mittelgriechenland (Acarnanien, Aetolien, Locris und Phocis, Boeotien)	58
§ 14. Mittelgriechenland (Attica, Megaris)	64
§ 15. Der Peloponnes (Corinth, Sicyon, Argolis)	72
§ 16. Der Peloponnes (Fortsetzung) (Laconien, Arcadien, Messenien, Elis, Achaja)	79
§ 17. Die griechischen Inseln (Thasos, Imbros, Lemnos, Euboea, Aegina)	85
§ 18. Die griechischen Inseln (Fortsetzung) (Delos, Seriphos, Siphnos, Paros, Naxos, Amorgos, Melos, Thera, Creta, Corcyra)	91
§ 19. Oberitalien (Ligurien, Gallia cisalpina, Venetien)	98
§ 20. Mittelitalien (Etrurien)	103
§ 21. Mittelitalien (Fortsetzung) (Rom und Latium)	110
§ 22. Mittelitalien (Schluss) (Campanien, Umbrien, Picenum, Samnium)	115

	Seite
§ 23. Unteritalien Lucanien und Bruttium, Apulien und Calabrien)	120
§ 24. Die italischen Inseln (Sicilien, Malta, Sardinien)	121
§ 25. Hispanien	127
§ 26. Hispanien (Fortsetzung) (Hispania citerior seu Tarraconensis, Hispania ulterior: Baetica, Lusitanien)	131
§ 27. Gallia transalpina	137
§ 28. Gallia transalpina (Fortsetzung) (Gallia Narbonensis, Aquitanien, Gallia Belgica, Gallia Lugdunensis)	140
§ 29. Noricum	146

Erster Abschnitt.

Africa.

§ 1.
Die Nordküste von Africa.
(Mauretanien, Numidien, Carthago, die Syrtenküste, Cyrenaïca.)

Die Nordküste Africa's, d. h. **Mauretanien, Numidien, Carthago, die Küste der Syrten und Cyrenaïca**, haben in der Geschichte der Gewerbe bis auf Carthago, das als phönizische Colonie Handel und Industrie eifrig betrieb[1], wenig Bedeutung erlangt. Auch als diese Länder (in den Jahren 146 v. Chr. bis 40 n. Chr.) römische Provinzen wurden, scheint die Industrie sich dadurch nicht gehoben zu haben, wie es denn überhaupt eine gewöhnliche Erscheinung ist, dass die Eroberung eines gewerbfleissigen Landes durch die Römer in Folge des gesteigerten Bedarfs und der grösseren Ausfuhr wohl förderlich auf die Industrie wirkt, dass aber die Römer in einem von ihnen unterworfenen Lande, wo Handwerke bis dahin nur gering betrieben wurden, niemals etwa anregend und belebend wirken. Sie konnten eben, da sie selbst keinen industriellen Geist besassen, denselben auch nicht andern mittheilen. So lebten denn auch die Bewohner der nordafricanischen Küste nach wie vor ein Nomadenleben[2], bei dem kein Gewerbe zur Blüthe gelangen kann.

Das Gewerbe, welches fast allein und vor allen in diesen Gegenden gedieh, war den Bewohnern von der Natur selbst an die Hand gegeben: der reichlich und in guter Qualität daselbst erzeugte Flachs führte zu dem Betriebe der **Leinweberei**. Dass dieselbe schon lange vor der römischen Besitzergreifung dort bestand, ist höchst wahrscheinlich, obgleich die Mehrzahl unserer Nachrichten aus späterer Zeit stammt; wir haben ja überhaupt von diesen Gegenden aus früherer Zeit nur unvollkommene Kenntniss und namentlich, was Producte der Industrie anlangt, sehr spärliche Nachrichten. — Auch auf andere Stoffe erstreckte

---

[1] Cic. republ. II, 4, 7: *Nec vero ulla res magis labefactatam diu et Carthaginem et Corinthum pervertit aliquando, quam hic error ac dissipatio civium, quod mercandi cupiditate et navigandi et agrorum et armorum cultum reliquerat.* Über Handel und Gewerbe in Carthago vgl. Heeren, Ideen II, 1, 163 ff. Bötticher, Geschichte der Carthager, S. 66 ff.

[2] Vgl. Strab. XVII, 828 u. 833.

sich die Weberei; Wolle wurde in den cultivirten Gegenden zu schönen bunten Stoffen gewebt, und auch Ziegenhaar verarbeitet.

Nächstdem war das Gewerbe, das am häufigsten dort betrieben wurde und dessen Erzeugnisse am meisten im Auslande bekannt waren, die Purpurfischerei und -Färberei[1]. Mauretanien — oft, und namentlich bei Dichtern, als das Land der Gaetuler bezeichnet, — war hierin namentlich berühmt. Der gaetulische Purpur und der meningitische waren die besten Sorten, die in Africa gefunden wurden[2], und unter africanischem Purpur versteht man in der Regel gaetulischen[3]. Man betrieb dort nicht nur sehr eifrig die Purpurfischerei[4], sondern es bestanden an den Küsten und auf den Inseln auch bedeutende Purpurfärbereien[5]; der König Juba hatte solche gegenüber der Völkerschaft der Autololer auf einigen Inseln angelegt[6], welche davon den Namen *Insulae Purpurariae* erhielten[7].

So sind denn die Erwähnungen dieses Purpurs in der ganzen römischen Kaiserzeit sehr häufig. Er scheint ziemlich kostbar gewesen zu sein[8]; man färbte damit namentlich wollene Kleider[9], Decken[10] etc. Von Wollenweberei ist sonst in diesen Gegenden nicht die Rede, wonach man vermuthen könnte, dass die verarbeiteten Stoffe zum Färben nach diesen Färbereien geschickt wurden; doch ist auch dort die Schafzucht betrieben und die Wolle an Ort und Stelle gesponnen und gewebt worden, zumal als das Eindringen höherer Cultur den ursprünglichen Gebrauch der Kleidung aus Ziegenfellen[11] verdrängte. Bildeten doch Kleider in späterer Zeit einen namhaften Exportartikel Mauretaniens[12].

Nicht minder wichtig war die Purpurfärberei an den Küsten Numidiens und des Gebietes von Carthago, der bei den Römern κατ' ἐξοχήν *Africa* genannten Provinz. Bei den Carthagern kam zu dem günstigen Umstande, dass der

---

1) Über den phoenizischen Ursprung der nordafricanischen Purpurfärbereien vgl. Movers, Phönizier II, 2, 496. 543 u. s. — Auch der Scharlach von Nordafrica war ein in der römischen Kaiserzeit beliebter Färbestoff; Plin. XXII, 3: *ut sileamus Galatiae, Africae, Lusitaniae granis coccum imperatoriis dicatum paludamentis.*

2) Plin. IX, 127; vgl. XXXV, 45.

3) Hor. Carm. II, 16, 35: *bis Afro murice tinctae lanae*; das. Porphyr.: *Afro, ac per hoc Mauro; significat enim purpuram Girbitanam.*

4) Plin. V, 12: *cujus* (sc. *luxuriae*) *efficacissima vis sentitur atque maxuma, cum ebori, citro silvae exquirantur, omnes scopuli Gaetuli muricibus, purpuris.*

5) Mela III, 10, 4: *Nigritarum Gaetulorumque vagantium ne litora quidem infecunda sunt, purpura et murice efficacissimis ad tingendum; et ubique, quae tinxere, clarissima.*

6) Plin. VI, 201: *(insulas) paucas modo constat esse ex adverso Autololum, a Juba repertas, in quibus Gaetulicam purpuram tingere instituerat.*

7) Plin. VI, 203. Ptol. IV, 6, 33.   8) Vgl. Hor. l. l. Tib. II, 3, 58.

9) Hor. l. l. Epist. II, 2, 181: *vestes Gaetulo murice tinctas Sunt qui non habeant.* Ov. fast. II, 319: *Dat tenuis tunicas Gaetulo murice tinctas.* Treb. Poll. Claud. 14: *subarmale unum cum purpura Maura.*

10) Vopisc. Aurel. 12: *tapetia Afra decem, stragula Maura decem.*

11) Varr. R. R. II, 11, 11: *quaedam nationes harum* (sc. *caprarum*) *pellibus sunt vestitae, ut in Gaetulia et in Sardinia.*

12) Tot. orb. descr. (Geogr. Gr. min. ed. Müller, Vol. II) § 66: *Haec provincia in vestibus negotiatur.*

§ 1. Die Nordküste von Africa.

Purpur an ihrer Küste in ausnehmender Güte gefunden wurde, noch die von der Heimat mitgebrachte Kenntniss der Technik hinzu, um ihren Färbereien insbesondere Berühmtheit zu verschaffen. Der carthagische Purpur war bei den Römern ungemein geschätzt[1], am meisten der, welcher von der, in der kleinen Syrte gelegenen Insel Meninx oder Girba kam[2], auf der in der spätern Kaiserzeit sogar eine kaiserliche Purpurfärberei bestand[3].

Aber von noch grösserer Bedeutung war für die Carthager ein anderes, ebenfalls mit ihrer phönizischen Herkunft in engem Zusammenhange stehendes Gewerbe, die Weberei. Welche Wichtigkeit die Verfertigung von Kleidern nicht nur für Carthago, sondern sicherlich auch für das Ausland, welches dieselben durch den Handelsverkehr erhielt, gehabt haben muss, kann man daraus entnehmen, dass der Perieget Polemo ein eigenes Buch Περὶ τῶν ἐν Καρχηδόνι πέπλων schrieb[4]. Und nicht bloss Kleider[5] lieferten die carthagischen Webereien, nicht minder beliebt bei griechischen und römischen Vornehmen waren ihre buntgewirkten Decken, Teppiche, Kopfkissen etc.[6]. Auch hier können wir nur annehmen, dass das verarbeitete Material Wolle war; die Heerden der libyschen Nomadenvölker lieferten das Material gewiss in genügender Menge, da die Schafzucht dort seit den ältesten Zeiten heimisch war[7].

---

1) Tib. II, 3, 57 sq.:
                Illi selectos certant praebere colores
                Africa puniceum purpureumque Tyros.
Sil. Ital. VII, 644:   *totumque per agmen*
                Purpura Agenoreis saturata micabat aënis.
Die Notit. dign. regn. occid. c. X p. 49 erwähnt einen *Procurator bafiorum omnium per Africam*. Man hält das, sowie die andern ebendaselbst erwähnten Purpurfärbereien in der Regel für kaiserliche; M. A. Schmidt, Forschungen auf d. Gebiete d. Alterthums, Berl. 1842, I, 188 ff., meint, es habe nur eine kaiserliche Purpurfabrik gegeben, nämlich die zu Tyrus; die *Procuratores bafiorum*, welche hier und anderwärts genannt werden, hätten ursprünglich den Zweck gehabt, von den Purpurfärbereien die glänzendsten Stoffe als Abgabe für die kaiserliche Garderobe oder den Schatz einzutreiben.

2) Plin. IX, 127. Porph. zu Hor. Carm. II, 16, 38 (s. oben). Vgl. Trebell. Poll. Claud. 14: *Albam subsericam unam cum purpura Girbitana.* Damit ist wahrscheinlich der bei Sid. Apoll. ep. II, 2 erwähnte aethiopische Purpur identisch.

3) Not. dign. l. l.: *Procurator bafi Girbitani.*

4) Ath. XII, 541 A. Vgl. Preller, Polemo p. 132 sq. Brandes, üb. d. ant. Namen u. d. geogr. Verbreit. d. Baumwolle im Alterth. (5. Jahresber. d. Ver. v. Freunden d. Erdkunde in Leipzig, 1865 S. 91 ff.) S. 115 bezweifelt, dass die Webereien der Carthager eine besondere Berühmtheit gehabt haben, weil die betreffende Stelle des Polemo nur erzähle, dass die Carthager ein prachtvolles, in Unteritalien fabricirtes Gewand gekauft, nicht dass sie es selbst fabricirt hätten. Meiner Ansicht nach ist dafür, dass eine Republik ein solches kostbares Kleidungsstück auf Staatskosten ankauft, kaum ein anderer Grund denkbar, als der, dass es in ihren Webereien als Muster benutzt werden sollte.

5) Ein in Julia Zarai in Mauretanien von L. Renier gefundener Zolltarif führt u. a. auch *vestis Afra* auf. S. Mommsen im Arch. Anzeiger 1858 S. 260.

6) Hermipp. b. Ath. I, 28 A. Καρχηδὼν δάπιδας καὶ ποικίλα προσκεφάλαια. Cic. pro Mur. 36, 75: *stravit pelliculis haedinis lectulos Punicanos.* Vopisc. Aurel. 12: *tapetia Afra decem.*

7) Vgl. Hom. Od. IV, 85 sqq. Pind. Pyth. IX, 11. Aristot. Probl. X, 46. Virg. Georg. III, 339 sqq. — Yates, Textrinum I, 24 sqq.

Neben der Wollenweberei blühte auch die Leinweberei, wenn auch der carthagische Flachs weniger in seiner Verwendung zu Kleidern[1], als in der zu Netzen und ähnlichen Jagd- und Fischerei-Utensilien[2] bekannt ist[3]. Nicht unwahrscheinlich ist es, dass in Carthago auch das speciell phönizische Gewerbe der Glasfabrication Eingang und Pflege gefunden hat[4]; doch fehlen nähere Angaben darüber.

Einen nicht geringen Einfluss auf die carthagische Industrie hat, wie natürlich, die Unterwerfung und Zerstörung der Stadt durch die Römer ausgeübt. Die in der Hauptstadt des Landes blühende Weberei scheint in dem Lande weiter betrieben und bei Neugründung der Stadt wieder aufgenommen worden zu sein, da die Erwähnungen der punischen Webereien bei den Schriftstellern auch nach der Einnahme Carthago's nicht fehlen; von der Waffenfabrication aber, die bei dem kriegerischen Volke eine grosse Ausdehnung gehabt haben muss[5], erfahren wir später gar nichts. Sie war bedingt gewesen durch die politische Selbstständigkeit; als diese unterging, verschwanden auch die durch sie hervorgerufenen und zu ihrem Schutze bestimmten Gewerbe, die Waffenfabrication und der Schiffbau[6].

Wie der carthagische, war auch der in Libyen an den Syrten gedeihende Flachs besonders in seiner Verwendung zu Netzen beliebt[7]. Durch Leinwandfabrication ist diese Gegend sonst weniger bekannt, als weil daselbst ein eigenthümlicher Stoff, eine Art Filz aus Ziegenhaaren, fabricirt wurde, wie ihn namentlich Cilicien lieferte, daher auch bei den Römern der Name *cilicium* für solche Zeuge allgemein gebräuchlich war. Aus den Haaren der langzottigen Ziegen am Cinyps verfertigte man allerlei grobe Fabricate, Taue, Seile für den Gebrauch der Kriegsmaschinen, und ein dickes Tuch, das zu Mänteln, Säcken, Vorhängen,

---

1) Vopisc. Aurel. 48: *lineas Afras.*
2) Xen. de ven. 2, 4: τὰς δὲ ἄρκυς Φασιανοῦ ἢ Καρχηδονίου λεπτοῦ λίνου καὶ τὰ ἐνόδια καὶ τὰ δίκτυα. Poll. V, 26: ἄρκυες δὲ καὶ δίκτυα καὶ ἐνόδια, τὸ μὲν λίνον αὐτῶν Αἰγύπτιον ἢ Φασιανικὸν ἢ Καρχηδόνιον ἢ Σαρδιανόν.
3) Welcher Art die von Steph. Byz. v. Βύζαντες· καὶ ἱμάτια δ' ἐκεῖθεν Βυζαχηνά, erwähnten Gewänder gewesen seien, ob leinene oder wollene, ist nicht zu bestimmen. — Dass in der Umgegend von Carthago auch Baumwolle erzeugt wurde, zeigt Brandes a. a. O. S. 111. Ob die Aethiopier und Carthager dieselbe als Rohmaterial exportirten oder auch in Garnen und Geweben verarbeiteten, wird nicht berichtet; von den Carthagern aber ist letzteres ohne Zweifel anzunehmen.
4) Auf einer Inschrift aus Lyon bei Boissieu, Inscr. de Lyon p. 126 wird ein *vitriarius* aus Carthago erwähnt.
5) Dafür spricht die grosse Menge von Kriegsmaterial, welche sie den Römern nach dem zweiten punischen Kriege auslieferten, und die Energie, mit der sie in ihrem letzten Verzweiflungskampfe ihre Arsenale in der grössten Schnelligkeit mit neugefertigten Waffen füllten. S. Strab. XVII, 833. Das Rohmaterial holten sie aus dem eisenreichen Spanien. Nach Str. p. 830 befanden sich in Nordafrica auch Kupferbergwerke.
6) Als Carthago im dritten punischen Kriege belagert wurde, bauten sie in zwei Monaten 120 Schiffe; ὕλη γὰρ ἦν ἀποκειμένη παλαιὰ καὶ τεχνιτῶν πλῆθος, Str. p. 833
7) Grat. Cyneg. 34 sq.:
  Optima Cinyphiae, ne quid cunctere, paludes
  Lina dabunt.

Decken etc. verarbeitet wurde[1]. Jedenfalls wurde diese Fabrication in jener Gegend selbst eifrig betrieben[2], und auch die producirten Waaren nach Italien versandt[3]; doch mag man jene Ziegengattung wohl auch in Italien eingeführt und auch dort den besagten Stoff gewebt haben.

Auch die **Färberei** finden wir in diesen Gegenden; man bediente sich dazu nicht nur des **Purpurs**[4], sondern auch des **Scharlachs**[5].

Endlich beschäftigten sich die Bewohner der ganzen nordafricanischen Küste auch mit **Fischfang** und mit dem **Räuchern** der eingefangenen Fische. Beim entlegenen Cerne[6], bei der Insel Meninx[7] fing man Thunfische in reichlicher Menge; in Leptis[8] und Zuchis[9] waren bedeutende Räucheranstalten, wie denn auch die den Namen $Ταριχεῖαι$ führenden Inselchen denselben von eben dieser Hauptbeschäftigung der Bewohner erhalten haben müssen[10].

Wenig ist uns von den in **Cyrenaïca** betriebenen Gewerben überliefert[11]. Die Pflege des Bodens, der sich durch Fruchtbarkeit und reichlichen Ertrag auszeichnete, scheint den grössten Theil der Einwohner in Anspruch genommen zu haben, auch nachdem jenes berühmteste Product dieser Gegend, das Silphium, aufgehört hatte zu gedeihen[12]. Bekannt war der Reichthum von Cyrene an wohlriechenden Blumen aller Art[13], aus denen man vortreffliche **Salben** bereitete[14].

---

1) S. Marquardt, Röm. Privatalt. II, 90.
2) Plin. VIII, 203: *In Cilicia circaque Syrtes villo tonsili (caprarum) vestiuntur.* Virg. Georg. III, 311 sqq.:
    Nec minus interea barbas incanaque menta
    Cinyphii tondent hirci saetasque comantis
    Usum in castrorum et miseris velamina nautis.
Sil. Ital. III, 276: *humerosque tegunt velamine cupri Saetigero.* Vgl. Colum. VII, 6, 2. Ascon. in Cic. Verr. I p. 185 Or. Mart. VIII, 51, 11: *Cinyphius tonsor.*
3) Vgl. Mart. XIV, 140.
4) Sil. Ital. VIII, 436 sq.:
    Stat fucare colus nec Sidone vilior Ancon
    Murice nec Libyco. — Vgl. Str. XVII, 833.
5) Sil. Ital. XVI, 354: *Cinyphio rector cocco radiabat Hiberus.*
6) Ps.-Aristot. de mirab. c. 136 (148) West.
7) Strab. p. 835: $διατείνει\ δὲ\ μέχρι\ δεῦρο\ τὰ\ τῶν\ ἀμπώτεων\ πάθη\ καὶ\ τῶν\ πλημμυρίδων,$ $καθ'\ ὃν\ καιρὸν\ ἐπὶ\ τὴν\ θήραν\ τῶν\ ἰχθύων\ ἐπιπηδῶσιν\ οἱ\ πρόσχωροι\ κατὰ\ σπουδὴν\ θέοντες.$ (Vgl. p. 834: $Βαλίθωνος,\ πρὸς\ ᾗ$ [sc. νήσῳ] $θυννοσκοπεῖον$).
8) Plin. XXXII, 18. Namentlich wurde das dort bereitete Garum gerühmt, XXXI, 94.
9) Strab. p. 835: $πορφυροβαφεῖα\ ἔχουσα\ καὶ\ ταριχείας\ παντοδαπάς.$
10) Str. p. 834. Vgl. Köhler, $Τάριχος$ (in den Mémoires de l'acad. impér. des sciences de St. Petersbourg. Six. sér. T. I. 1832) p. 365 sq.
11) Über Ackerbau, Gewerbe und Handel von Cyrene vgl. Thrige, Res Cyrenensium p. 298 sqq. Dass die **Schafzucht** in der kräuterreichen Umgegend von Cyrene eifrig betrieben wurde, deuten die Beinamen der Stadt $μηλοτρόφος$ (Her. IV, 155) und $πολύμηλος$ (Pind. Pyth. IX, 6), sowie das Bild des Stieres auf ihren Münzen an; vgl. Eckhel D. N. IV p. 125 sq. 128. Mionnet, Descr. VI p. 567 sqq. 574. Die Wolle von Cyrene war im ganzen Mittelalter und ist noch heut berühmt; vgl. Thrige p. 302.
12) Über das Silphium vgl. Thrige p. 304 sqq.
13) Theophr. hist. plant. VI, 6. Athen. XV, 689 A. Plin. XXI, 31: *Cyrenis, ubi semper flores laudatissimi.*
14) Ath. XV, 682 C. Plin. XXI, 19: *Cyrenis odoratissima est (rosa) ideoque ibi unguentum pulcherrimum.* Vgl. Thrige p. 317 sqq.

I. Africa.

Anderer Gewerbe wird gelegentlich auch gedacht; so lieferten die Steinschneider daselbst tüchtige Arbeiten [1]; es wurden Wagen dort fabricirt [2] und auch der Schiffsbau scheint nicht ganz unbedeutend gewesen zu sein [3], obgleich Cyrene mehr mit Aegypten und dem innern Africa Handel trieb, der Schifffahrt aber und dem Handel weniger Thätigkeit zuwandte [4].

§ 2.
Aegypten.

Wie die Geschichte Aegyptens Tausende von Jahren für uns in ein Dunkel gehüllt ist, das zu erhellen den Historikern bis jetzt nur hier und da gelungen ist, so erfahren wir auch von den Gewerben, welche in diesem, durch Industrie und unermüdlichen Fleiss so hervorragenden Volke blühten, erst in späterer Zeit Ausführlicheres. Zwar theilt der alte Herodot gar Manches uns darüber mit, aber auch er war zum Theil nur mangelhaft unterrichtet, und seine Nachrichten sind im ganzen so dürftig und oft unklar, dass wir uns daraus kein Bild von dem gewerblichen Leben der Aegypter entwerfen können. Der rege Handelsverkehr, der schon in den ältesten Zeiten von Aegypten aus mit andern Ländern betrieben wurde, lässt uns schliessen, dass die aegyptische Industrie schon früh einen hohen Aufschwung genommen habe. Die Spuren des Verkehrs mit Asien führen uns so weit hinauf, als überhaupt die historischen Nachrichten reichen [5], und nach Griechenland brachten die phönizischen Kaufleute bereits in der pelasgischen Zeit aegyptische Waaren [6]. Obgleich es nun hier nur unsere Aufgabe ist, die Gewerbthätigkeit der Aegypter zur Zeit der römischen Herrschaft zu betrachten, aus welcher Zeit ja auch die überwiegende Mehrzahl unserer Nachrichten darüber herrührt, so wird es doch nothwendig sein, dass wir dabei, wenn auch nur flüchtig, auch die älteren Berichte hinzuziehen, um mit ihrer Hülfe eine vollständigere Vorstellung zu gewinnen, resp. falsche Auffassungen der späteren Schriftsteller zu berichtigen.

Unter allen Gewerben, von deren Betriebe wir erfahren, ist keines so wichtig und wird von früher Zeit bis in die spätesten nachchristlichen Jahrhunderte so oft erwähnt, als die Leinwandfabrication [7]. Dieselbe war in Aegypten, dessen fruchtbarer Boden Flachs im reichsten Masse hervorbrachte [8], seit alter Zeit heimisch, und die Nachricht, dass die Aegypter die Webekunst erfunden hätten,

---

1) Ael. v. hist. XII, 30: παρῆν δὲ θαυμάζεσθαι καὶ τοὺς διαλύοντας τοὺς δακτυλίους.
2) Schol. Pind. Pyth. IV, 1; vgl. ebd. 6.
3) Vgl. Plin. VII, 208: *lembum Cyrenenses (invenere)*.
4) S. Hüllmann, Handelsgesch. S. 125 fg.
5) S. Boeckh, Metrol. Untersuch. S. 34 ff.
6) Herod. I, 1. Vgl. Hom. Od. XIV, 288 sqq. S. Movers, Die Phönizier, II, 2, 178 ff. II, 3, 314 ff. Über den Handel Aegyptens vgl. auch Hüllmann, Handelsgesch. S. 126 ff. Heeren, Ideen, II, 2, 672 ff.
7) Vgl. über die aegyptische Leinweberei Yates, Textr. p. 252 sqq.
8) Plin. XIX, 14. Vgl. 2 Mos. 9, 31.

§ 2. AEGYPTEN.

ist nichts, als ein Ausdruck des Bewusstseins, dass zu einer Zeit, wo bei andern Völkern von Weberei als Gewerbe noch wenig die Rede war, dieselbe in Aegypten bereits eine hohe Vollkommenheit erreicht hatte [1]. Wie viele Jahrhunderte vor Chr. wir dieselbe hinaufzurücken haben, das lässt sich nicht mehr genau bestimmen, aber die Eigenthümlichkeit dieses merkwürdigen Volkes, an dem einmal Gewonnenen ohne Fortschritt, ohne Veränderung festzuhalten, lässt vermuthen, dass die Weberei bei ihnen in derselben Weise, wie sie Herodot vorfand, schon lange Jahre bestanden habe [2]. Ebenso alt mag jener schon von Herodot erwähnte Gebrauch gewesen sein, dass die aegyptischen Priester vornehmlich weisse leinene Oberkleider trugen [3]. Auch die gewöhnlichen Aegypter kleideten sich in leinene Gewänder [4], und zwar waren sowohl Obergewänder ($περιβολαί, χλαῖναι$ [5]), wie Unterkleider ($χιτῶνες, καλάσιρις, φώσων$) von Linnen im Gebrauch [6]. Aber auch

---

[1] Plin. VII, 196: *Aegyptii textilia (invenere)*; vgl. XIX, 7. Schol. Arist. Thesm. 935: *οἱ δὲ Αἰγύπτιοι λινοποιοί εἰσιν.* — Marquardt, Röm. Privatalt. II, 94. Dass das Weben in Aegypten im eigentlichen Sinne des Wortes ein Gewerbe war, während es in Griechenland grossentheils und noch bis in spätere Zeit eine Frauenarbeit blieb, das zeigt Her. II, 35, der es als etwas Verkehrtes erwähnt, dass in Aegypten die Frauen auf den Markt gehen, die Männer aber zu Hause am Webstuhle sitzen. — Die Bearbeitung des Flachses zeigen uns verschiedene alte aegyptische Wandgemälde in allen Details; Descr. de l'Egypte I, 68. Fig. 40. 41. Rosellini, Monum. I tab. 35, 2. 36, 2. Yates pl. 6.

[2] Marqu. II, 94: »Doch scheint auch in Aegypten die Leinenindustrie nur ein relativ hohes Alter zu haben; denn die ältesten der bekannten Mumien sind in Schafwolle gewickelt, und erst in der 12. Dynastie beginnen die leinenen Binden, welche von da an in Gebrauch geblieben sind. (Parthey zu Plut., Über Isis u. Osiris S. 158.).« — Gemeint sind die Reste des Königs Mykerinos und der andern in den Gräbern von Turrah gefundenen Mumien. Vgl. auch Yates p. 256 sqq.

[3] Her. II, 37: *ἐσθῆτα δὲ φορέουσι λινέην μούνην καὶ ὑποδήματα βύβλινα.* Plin. XIX, 14: *Superior pars Aegypti in Arabiam vergens gignit fruticem, quem aliqui gossipion vocant, plures xylon, et ideo lina inde facta xylina . . . . vestes inde sacerdotibus gratissimae* (offenbar eine Verwechslung mit der Baumwollenstaude, die Plinius aus Unkenntniss zum Flachs rechnet). Apul. de mag. 56: *Sed enim mundissima lini seges inter optimas fruges terra exorta non modo indutui et amictui sanctissimus Aegyptorum sacerdotibus sed opertui quoque rebus sacris usurpatur.* Hieron. in Ezech. 44 (Vol. III p. 1029): *Vestibus lineis utuntur Aegyptii sacerdotes non solum extrinsecus sed et intrinsecus.* Vgl. Apul. met. XI, 9. 10. Plut. de Is. et Os. c. 4 p. 352 C. — Die Isis selbst ist *linigera*, Ov. ex Pont. I, 1, 51. Ars am. 1, 77, und ihre Priester heissen *linigeri*. Ov. Met. I, 747. Juv. 6, 533. Mart. XII, 29, 19. Tert. de anima c. 2. Vgl. Suet. Oth. 12. Apul. Met. II, 28. X, 10. — Schmidt, de sacerd. et sacrif. Aegypt. p. 28 sqq. Marquardt a. O. Wie bedeutend der Bedarf an weissen leinenen (und baumwollenen) Gewändern allein für die Priesterschaft in Aegypten gewesen sein muss, zeigt die von Moreau de Jonnès, Statistique des peuples de l'antiquité I, 31 angestellte annähernde Berechnung, wonach die priesterliche Bevölkerung des Landes etwa 600,000 betragen hat. Brandes S. 114 fg.

[4] Her. l. l.: *εἵματα λίνεα φορέουσι ἀεὶ νεόπλυτα, ἐπιτηδεύοντες τοῦτο μάλιστα.* Vgl. Jesaias 19, 9.

[5] Poll. VII, 71: *σινδὼν δ' ἐστὶ μὲν Αἰγυπτία, περιβόλαιον δ' ἂν εἴη, τὸ νῦν δίκροσσον καλούμενον.* Ion. b. Ath. X, 451 D: *ἥ τ' Αἰγυπτία . . . λινουλκὸς χλαῖνα.*

[6] Her. II, 81: *ἐνδεδύκασι δὲ κιθῶνας λινέους περὶ τὰ σκέλεα θυσανωτούς, τοὺς καλέουσι καλασίρις· ἐπὶ τούτοισι δὲ εἰρίνεα εἵματα λευκὰ ἐπαναβληδὸν φορέουσι· οὐ μέντοι ἔς γε τὰ ἱρὰ ἐσφέρεται εἰρίνεα οὐδὲ συγκαταθάπτεταί σφι· οὐ γὰρ ὅσιον.* Zu den Opfern gingen sie also in leinenen Gewändern; Grat. Cyneg. 42:

noch anderes wurde aus dem aegyptischen Flachse bereitet; so z. B. Bettdecken[1], Segel[2], Netze[3] u. a.

Alle diese aegyptischen Leinenfabricate wurden aber nicht nur für den Bedarf des Inlandes selbst gefertigt, sondern bildeten auch einen der bedeutendsten Artikel des aegyptischen Exporthandels[4]. Die Carthager trieben damit einen Tauschhandel bis zu den fernsten Küsten des nordwestlichen Africa[5], zur Zeit des alexandrinischen Handels wurde aegyptische Leinwand nach den fernsten Ländern gesandt, bis nach den Emporien Arabiens und Indiens[6]; am grössten aber war die Ausfuhr wohl in der römischen Kaiserzeit, wo aegyptische wie überhaupt africanische Leinwand, obgleich sie sich nicht durch Dauerhaftigkeit auszeichnete und auch wohl theuer[7], später sogar bestcuert war[8], sehr gern getragen wurde[9] und daher von gleichzeitigen Schriftstellern öfters erwähnt wird[10]. Leider erfahren wir näheres über die Fabrication selbst nur wenig; doch wissen wir, dass in den aegyptischen Fabriken, welche für den Export arbeiteten, die Kleider entsprechend der Nationaltracht des Volkes, für das sie bestimmt waren, gearbeitet wurden[11]. Auch wurden ausser den gewöhnlichen Leinenwaaren kostbare Stoffe verfertigt, bei denen man allerlei Figuren in die Leinwand

---

Vix operata suo sacra ad Bubastia lino
vestitur sonipes aestivi turba Canopi. —

Poll. VII, 71: καλάσιρις, χιτὼν θυσσανωτὸς Αἰγύπτιος. ἔστι δὲ καὶ ὁ ᾠώσων χιτὼν Αἰγύπτιος, ἐκ παχέος λίνου.

1) Mart. II, 16, 3: *torus a Nilo.* Vgl. Ezech. 27, 7.

2) Hermipp. b. Ath. I, 27 F.: ἐκ δ' Αἰγύπτου τὰ κρέμαστὰ ἰστία καὶ βύβλους (doch können das auch Segel aus Papyrus sein; s. unten). Vgl. Ezech. a. a. O.

3) Poll. V, 26.

4) 1 Kön. 10, 28. 2 Chron. 1, 16. Spr. Sal. 7, 16. — Her. II, 105: τὸ μέντοι ἀπ' Αἰγύπτου ἀπικνεύμενον (λίνον) καλέεται Αἰγύπτιον. Trebell. Poll. Gallieni duo c. 6: *cum ei nuntiatum esset, Aegyptum descivisse, dixisse fertur: Quid? sine lino Aegyptio esse non possumus?* — Linnen, Papyrus und Glaswaaren sind die drei wichtigsten Exportartikel Aegyptens, die so oft zusammen genannt werden; so Cic. pro Rab. Post. 14, 40: *ductae naves Postumi Puteolis sunt, auditae visaeque merces fallaces quidem et fucosae chartis et linteis et vitro delatae* cett. Cedren. I, p. 302: ἐπὶ δὲ τῆς βασιλείας Αὐγούστου Καίσαρος εἰσῆλθε ἀπὸ Ἀλεξανδρείας εἰς τὴν πόρτον Ῥώμης, ἐπιφερόμενον . . . . πέπερι, ὀθόνας, χάρτην, ὕαλια. Vgl. Vopisc. Aurel. c. 45.

5) Scyl. p. 129.

6) Arr. Peripl. mar. Er. p. 4 sqq. 13. 16. 28. Vgl. Phil. V. Apoll. VI, 2. Clem. Al. Paed. II, 10 p. 239. Potter.

7) Plin. XIX, 14: *Aegyptio lino minumum firmitatis, plurumum lucri.*

8) Vopisc. Aurel. 45: *vectigal ex Aegypto urbi Romae Aurelianus vitro, chartae, lini, stupae constituit.* Wie aus dem im Ed. Diocl. c. 17 erwähnten Stempel der feinen Leinenwaaren sich schliessen lässt, war das vermuthlich eine Gewerbesteuer; s. Prochor. de S. Joanne hist. in den Patres Orthodoxogr. I, p. 86: καὶ κατελθὸν πλοῖον ἀπ' Αἰγύπτου τὸν φόρτυ ἐπιφερόμενον εἱμάτων ἀπεφόρτησεν ἐν Ἰόππῃ· ἐβούλετο δ' οὖν ἐπὶ τοὺς δυτικοὺς τόπους διαπερᾶν. Vgl. Movers, Phöniz. II, 3, 319 fg. Marquardt II, 91, Anm. 912.

9) Vopisc. Aurel. 12: *lineas Aegyptias viginti.* ib. 48: *lineas Afras atque Aegyptias puras.* Carin. 19: *jam quid lineas petitas Aegypto loquar?*

10) Virg. Cir. 179: *Non Libyco molles plauduntur pectine telae.* Mart. XIV, 150. Sil. Ital. III, 375 u. s.

11) Arr. Peripl. mar. Er. p. 6: ἱμάτια βαρβαρικά. p. 13: ἱματισμὸς Ἀραβικὸς χειριδωτός, ὅ τε ἁπλοῦς καὶ ὁ κοινός. p. 21: ἱματισμὸς ἐντόπιος.

§ 2. AEGYPTEN.

webte und dieselbe mit Goldfäden und andern Stoffen durchwirkte [1], eine Technik, welche sie bei der Wollenweberei zur höchsten Vollendung brachten. — Über die hauptsächlichsten Orte, an denen die Weberei betrieben wurde, werden wir unten sprechen [2].

Aus feineren Flachssorten waren vermuthlich gefertigt die sogenannten σινδόνες [3] und die ὀθόνια [4], die vielleicht identisch sind mit dem Byssus, der früher gewöhnlich für Baumwolle erklärt wurde [5]. Zu diesem Irrthum haben namentlich die Angaben der Alten, die in der genauen Bezeichnung, namentlich bei Fremdwörtern, oft sehr ungenau verfahren, Veranlassung gegeben, da bei denselben der Byssus bald zum Flachs gerechnet [6], bald als Baumwolle beschrieben wird [7]. Der Beweis, dass der Byssus nur eine feinere Leinwand war, ist hauptsächlich daraus geführt worden, dass Herodot berichtet, man habe die Mumien in Byssuslappen gewickelt [8], die Untersuchung der Mumien aber festgestellt hat, dass dieselben mit Leinwand umhüllt sind [9]. Auch berichtet Herodot, man habe Wunden mit Streifen von Byssus verbunden [10]; man verband jedoch Wunden nicht mit Baumwollenzeug, wegen der scharfen Ränder der Baumwolle, welche die Wunde erhitzen, sondern mit Leinwand [11]. Ausser zu den bezeichneten Zwecken verwandte man den Byssus gewöhnlich zu kostbaren, namentlich

---

1) Her. III, 47: θώρηκα ... ἐόντα μὲν λίνεον καὶ ζῴων ἐνυφασμένων συχνῶν, κεκοσμημένον δὲ χρυσῷ καὶ εἰρίοισι ἀπὸ ξύλου. Es war das ein Geschenk des Königs Amasis. Vgl. Arr. Peripl. p. 13: ἱματισμὸς .... σκουτολάτος καὶ διάχρυσος.

2) Dass sich bei den Tempeln oft grössere Webereien befanden, lehren uns die Inschriften. S. die Inschr. von Rosette lin. 17. 18. Letronne I p. 244.

3) Poll. VII, 72: σινδὼν δ' ἔστι μὲν Αἰγυπτία. Luc. Deor. conc. 10: σινδόσιν ἐσταλμένε Αἰγύπτιε. Alciphr. ep. III, 46: σινδόνη Αἰγυπτία (über diese ungewöhnliche Form vgl. Meineke ebd. p. 142).

4) Peripl. l. l. Clem. Alex. l. l. Brandes S. 103 ff. hält σινδών und ὀθόνη nicht für Stoffe, sondern für Namen von Kleidungsstücken, und zwar Sindon für ein mantelartiges, Othone für ein shawlartiges Tuch.

5) Vgl. Larcher z. Herod. T. II p. 245. Forster, de bysso ant. Lond. 1776. Böttiger, Kl. Schr. III, 261 Anm. Becker, Charikles, II, 333 ff. Heeren, Ideen I, 1, 106. Sprengel, hist. rei herb. I p. 15. Diese Meinung ist widerlegt worden von Yates p. 267 sqq. und K. Ritter, Üb. d. geogr. Verbreit. d. Baumwolle, Abh. d. Berl. Acad. 1851, Phil.-hist. Abth. S. 315, wo man die Angaben über die Litteratur und die Beweisstellen findet. Vgl. auch Brugsch, Üb. d. aegypt. Bedeut. v. Sindon u. Byssus, Allg. Monatsschr. f. Wissensch. u. Litter. 1854 S. 629 ff. Marquardt II, 92 Anm. 915.

6) Isid. Orig. XIX, 27, 9: *byssum genus est quoddam lini — quod Graeci papaten (παππώδη) vocant*. Vgl. ib. 22, 15.

7) Philostr. Vit. Apoll. Tyan. II, 20: τὴν δὲ βύσσον φύεσθαι δένδρου φασὶν ὁμοίου μὲν τῇ λεύκῃ τὴν βάσιν, παραπλησίου δὲ τῇ ἰτέᾳ τὰ πέταλα.

8) Her. II, 86: κατειλίσσουσι πᾶν τὸ σῶμα σινδόνος βυσσίνης τελαμῶσι κατατετμημένοισι.

9) S. die Litteratur bei Ritter S. 347.

10) Her. VII, 181: σμύρνῃ τε ἰωμένοι τὰ ἕλκεα καὶ σινδόνος βυσσίνης τελαμῶσι κατειλίσσοντες.

11) Auch sonst erfahren wir, dass die Mumienlappen und die chirurgischen Bandagen aus demselben Stoffe waren; Epigr. b. Brunck, Anall. III, 169.

priesterlichen Gewändern[1], doch auch zu andern Dingen, wie z. B. zu besonders prächtigen Segeln[2].

Obgleich nun der aegyptische Byssus offenbar eine Art Leinwand, nicht Baumwolle war, so darf man doch nicht so weit gehen, die Cultur der Baumwolle bei den Aegyptern ganz und gar zu bezweifeln[3]. Die Nachrichten, die wir darüber haben, sind zu bestimmt, als dass man daran zweifeln könnte, dass die Aegypter die Baumwollenstaude gekannt und Stoffe daraus gewebt haben[4]. Es werden schon in früher Zeit baumwollene Gewänder erwähnt; zu dem Panzerhemd, das Amasis den Lacedämoniern schenkte, wurde Baumwolle verwendet[5]. Zu welcher Zeit aber die Baumwolle, als deren Heimat man Ostindien betrachtet, zuerst in Aegypten bekannt geworden sei, wissen wir nicht[6], und bedeutend scheint weder die Cultur der namentlich in dem nach Arabien gelegenen Theile Aegyptens angebauten Pflanze[7], noch die Fabrication der baumwollenen Stoffe gewesen zu sein.

Auch in der Wollenweberei leisteten die Aegypter bedeutendes[8]. Zwar einfache Wollenstoffe, wie sie zu gewöhnlichen Kleidern gebraucht wurden, werden selten erwähnt[9] und scheinen, da die Aegypter hauptsächlich Linnen trugen, nicht zahlreich fabricirt worden zu sein, noch einen besonders hervorragenden Ausfuhrartikel gebildet zu haben; wohl aber erlangte Aegypten, und zumal Alexandria, Ruhm durch seine buntgemusterten Wollenstoffe, *polymita* genannt[10]. Diese Kunstübung, welche wir in ähnlicher Weise auch bei der Leinweberei gefunden haben[11], gewinnt hier ihre höchste Vollendung. Ausser den kostbaren, mit Thierfiguren, mythischen Scenen etc. durchwirkten Gewändern,

---

1) Vgl. Aesch. Sept. 1039. Eur. Bacch. 821. Diod. I, 85. Plut. de Is. et Osir. c. 89 p. 366 E. Philo de somn. I, 37 p. 653 (Mangey). Joseph. Ant. III, 7, 2.

2) Vgl. Ezech. 27, 7 (Septuag.: βύσσος μετὰ ποικιλίας ἐξ Αἰγύπτου). Das Prachtschiff des Ptolemaeus Philopator hatte ein solches βύσσινον ἱστίον, Ath. V, 206 C.

3) Wie das z. B. Yates thut p. 348 ff. Vgl. Ritter a. a. O. S. 322 ff. Über Baumwollenpflanzungen in Oberaegypten vgl. Brandes S 104 u. 110.

4) Vgl. namentlich Poll. VII, 75: ἤδη δὲ καὶ παρ' Αἰγυπτίοις ἀπὸ ξύλου τι ἔριον γίγνεται, ἐξ οὗ τὴν ἐσθῆτα λινῇ μᾶλλον ἄν τις φαίη προσεοικέναι, πλὴν τὸ πάχος. Auch die häufige Verwechslung der Baumwolle mit dem Byssus lässt darauf schliessen, s. Plin. XIX, 14. Philostr. l. l.   5) Her. III, 47 (s. oben S. 9 Anm. 1).

6) Vgl. Ritter S. 326.   7) Plin. l. l. nennt sie *gossipion*.

8) In der ältesten Zeit trieben die Aegypter die Schafzucht fast gar nicht (1 Mos. 46, 34); erst allmählich fand dieselbe bei ihnen Eingang (2 Mos. 9, 3), und später scheint sie allgemein geworden zu sein (Her. II, 42. 46. Diod. Sic. I, 36. Arist. hist. an. VIII, 28. Strab. XVII, 803. 812. Plut. de Is. et Osir. c. 72 p. 380 B). Ein Exportartikel scheint die Schafwolle aber nie gewesen zu sein; was producirt wurde, ward im Lande selbst verarbeitet. Vgl. Plin. VIII, 191. — Tert. de pall. c. 3 sagt, dass Mercur bei den Aegyptern das Wollespinnen erfunden habe. Auch mögen die Schafheerden der Aethiopier und Araber viel geliefert haben; bei der grossen Pompa des Ptolemaeus Philadelphus in Alexandrien wurden 130 aethiopische, 300 arabische und 20 euboeische Schafe aufgeführt (Ath. V, 201). Vgl. Yates p. 21 sqq.

9) Vgl. Her. II, 81 (s. oben S. 7 Anm. 6).

10) Arr. Peripl. p. 28: προχωρεῖ δὲ εἰς τὸ ἐμπόριον .... ἱματισμὸς ἁπλοῦς καὶ νόθος παντοῖος, πολύμιτοι ζῶναι πηχυαῖαι etc. S. d. andern Stellen unten bei Alexandria.

11) S. oben S. 8 ff. Diese Technik scheint auch auf seidene, von den Serern durch phöni-

§ 2. AEGYPTEN.

Kissen, Teppichen etc.[1] fertigte man auch einfachere Stoffe mit gewürfelten Mustern (*scutulatae vestes*) an[2] und hatte sogar bereits die Erfindung gemacht, abgetragenen Stoffen ein neues Muster aufzudrucken[3].

Ebenso alt, ja vielleicht noch älter als die Weberei von Leinen- und Wollenstoffen ist ein anderes Gewerbe, das in Aegypten zur höchsten Bedeutung gelangt ist und sich daselbst bis in die späte Kaiserzeit hinein erhalten hat, die **Glasfabrication**. Schon in der 18. Dynastie ist sie nachweisbar[4], und auf den um 1800 v. Chr. angesetzten Wandgemälden von Beni Hassan ist das Blasen des Glases dargestellt[5]; die in Aegypten gefundenen farbigen Gläser, Glasflüsse etc. scheinen einer nicht minder frühen Zeit anzugehören[6]. Woher die Aegypter diese Technik überkommen haben, ob dieselbe durch die Phönizier zu ihnen gebracht worden sei, darüber haben wir keine Nachrichten; doch ist letzteres nicht unwahrscheinlich. Bedeutung auch für das Ausland gewinnt die aegyptische Glasfabrication hauptsächlich durch ihre kostbaren, kunstreichen Fabricate, durch die bunten, in vielen Farben schillernden Gläser, welche namentlich in Alexandria angefertigt wurden[7]; die dazu geeignete Erde fand sich in Aegypten selbst[8]. Die Ausfuhr dieser Gläser scheint erst in der römischen Kaiserzeit Umfang und Wichtigkeit für den aegyptischen Exporthandel gewonnen zu haben; aus früherer Zeit wird des aegyptischen Glases[9] und seiner Ausfuhr[10] wohl gedacht, aber von ausgedehnter Anwendung desselben im Auslande erfahren wir erst in der römischen Zeit[11]. Da galten denn diese kunstvollen bunten, oft mit erhabenen Ornamenten geschmückten[12] Gläser für sehr kostba-

---

zische Kaufleute nach Aegypten gebrachte Stoffe angewendet worden zu sein, vgl. Luc. Phars. X, 144 sqq.:
        Candida Sidonio perlucent pectora filo,
        Quod Nilotis acus percussum pectine Serum
        Solvit et extenso laxavit stamina velo.

1) Vgl. Semper, Der Stil I, 139.   2) Vgl. Arr. Peripl. p. 13.
3) Plin. VIII, 191: *similis* (sc. *lana scutulato textu*) *et in Aegypto, ex qua vestis detrita usu pingitur rursusque aevo durat*. Vgl. XXXV, 150.
4) Wilkinson, The Egyptians in the time of the Pharaons, Lond. 1857 p. 48 sqq.
5) Wilkinson, Manners and Customs of the ancient Egyptians, Lond. 1857, III p. 88.
6) S. die von Marquardt II, 336 Anm. 3053 citirten neueren Werke über diesen Gegenstand.   7) S. unten.   8) Str. XVI, 758.
9) Vgl. z. B. Her. II, 69: ἀρτήματα λίθινα χυτά. Eine hohe technische Vollendung muss die Glasfabrication bereits zur Zeit der Ptolemaeer erlangt haben; vgl. Ath. IV, 129: ὑελοῦς πίναξ δίπηχύς που τὴν διάμετρον, und die Gefässe bei der Pompa des Ptolemaeus Philadelphus, Ath. V, 199 D.
10) Die Phönizier brachten aegyptisches Glas bis zu den Aethiopen, λίθον Αἰγυπτίαν, Scyl. p. 55. (Dass darunter Glas zu verstehen ist, zeigt Her. l. l. und Arr. Peripl. p. 4: λιθίας ὑαλῆς πλείονα γένη; die Conjectur von Falconer: λίνον Αἰγύπτιον ist demnach überflüssig.) Wahrscheinlich waren das bunte Glaskorallen für die putzsüchtigen Neger (vgl. Movers, Phön. a. a. O. S. 332). — Auch nach Gegenden am rothen Meere wurden viele Glaswaaren gebracht, Arr. Peripl. l. l. und p. 6: ὑαλῆ λιθία σύμμικτος, p. 28: ὕαλος ἀργή.
11) Mart. XI, 11, 1: *calices tepidique toreumata Nili*. XII, 74, 1: *Dum tibi Niliacus portat crystalla cataplus*. Vgl. oben S. 8 Anm. 4.
12) Mart. XIV, 115. *Calices vitrei*:
        Aspicis ingenium Nili: quibus addere plura
        Dum cupit, ah quotiens perdidit auctor opus.
Vgl. XI, 11: *toreumata Nili*. Die Alten, die bekanntlich in der Glasfabrication sehr vorgeschrit-

res[1] Hausgeräth, mit dem man äusserst vorsichtig umging[2]; als Hadrian Aegypten besuchte, sandte er den Seinigen solche Becher als ein werthvolles Geschenk, dessen sie sich an festlichen Tagen beim Mahle bedienen sollten[3]. Die mühevolle Arbeit, bei der so leicht gar viele Exemplare zerbrechen konnten, ehe eins gelang[4], erklärt den hohen Preis derselben hinlänglich. Wie das Linnen, so belegte Aurelian auch das aegyptische Glas mit einer Abgabe[5].

Das dritte der in Aegypten seit ältester Zeit betriebenen und bis in die nachchristlichen Jahrhunderte blühenden Gewerbe ist die **Papyrusfabrication**[6]. Diese hauptsächlich im Nildelta gedeihende Pflanze[7] war für die Aegypter ein wahrer Schatz; denn ausser dem Papier, das für uns ganz besonders in Betracht kommt, bereiteten sie aus derselben auch noch alles mögliche andere: kleine Boote[8], aus dem Baste Segel[9], Kleider, Decken und Teppiche[10], Sandalen[11], Siebe[12], Stricke[13] etc. Alles dies hat für uns weniger Bedeutung; denn wenn auch diese Fabricationen eine grosse Anzahl von Personen beschäftigen und keinen kleinen Theil der aegyptischen Industrie ausmachen mochten, für die ausseraegyptischen Länder waren sie von keiner Bedeutung; denn es scheint nicht, als ob diese Papyrusfabricate auch im Auslande viel Anwendung gefunden hätten. Sie mögen also nur für den Bedarf im Lande selbst angefertigt worden sein.

---

ten waren, verstanden es, die Gläser nach dem Gusse noch zu ciseliren. Plin. XXXVI, 198: *aliud torno teritur, aliud argenti modo caelatur.* Quint. II, 21, 9. Vgl. Minutoli, Üb. d. Anfertigung u. Nutzanwendung d. farbigen Gläser b. d. Alten. Berlin 1858. S. 5. Daher kommt denn auch der Ausdruck *toreumata vitri*, Mart. l. l. und XII, 74, 5. XIV, 94, 1. (Vgl. Marquardt II, 340 Anm. 3082.)

1) Vgl. Str. XVI, 758: πολυτελεῖς κατασκευαί. 2) Mart. ll. ll.

3) Vopisc. Saturn. 8, 6: *Calices tibi alassontes [id est] versicolores transmisi, quos mihi sacerdos templi obtulit, tibi et sorori meae specialiter dedicatos, quos tu velim festis diebus conviviis adhibeas.* Vgl. Treb. Poll. Claud. 17: *misi autem ad eum . . . calices Aegyptios operisque diversi decem.*

4) Mart. XIV, 115 (s. oben). Krause, Angeiol. S. 11 folgert aus dieser Stelle, »dass die Aegypter schöne Glasgefässe zugleich mit kunstreicher Verzierung ausstatteten und darin oft zu weit gingen und dadurch die einfache Anmuth zerstörten.« Mir scheint der oben angegebene Sinn näher zu liegen. 5) Vgl. S. 8 Anm. 8.

6) S. die reichhaltige Litteratur bei Marquardt II, 389 Anm. 3439.

7) Vgl. Str. XVII, 800 u. s.

8) Her. II, 96: ἔσωθεν δὲ τὰς ἁρμονίας, ἐν ὧν ἐπάκτωσιν τῇ βύβλῳ. Plin. VII, 206: *In Nilo (naves fiunt) ex papyro et scirpo et hirundine.* XIII, 72: *radicibus incolae pro ligno utuntur, nec ignis tantum gratia, sed ad alia quoque utensilia vasorum; ex ipso quidem papyro navigia texunt.* Vgl. VI, 82. Solin. 56. Plut. de Is. et Osir. c. 18 p. 358 A. S. Böttiger, Kl. Schr. III, 365 ff.

9) Her. l. l. ἱστῷ δὲ ἀκανθίνῳ χρέονται, ἱστίοισι δὲ βυβλίνοισι (vgl. Eust. ad Dion. Per. v. 912). Plin. XIII, 72: *e libro vela tegetesque, nec non et vestem, etiam stragulam et funes (texunt)*. Vgl. Movers a. a. O. S. 320. 10) Plin. l. l.

11) Die Priester, die lederne Schuhe nicht tragen durften, weil sie von unreinen Thieren kommen, trugen nur solche, Her. II, 37: οἱ ἱρέες φορέουσι ὑποδήματα βύβλινα. Vgl. Eust. l. l. Daher lässt auch Martianus Capella in seiner allegorischen Hochzeit die Philologie Schuhe aus Papyrbast anziehen, Nupt. Phil. et Merc. II, 4 p. 100: *Calceos ex papyro textili subligavit: ne quid ejus membra pollueret morticinum.*

12) Plin. XVIII, 108: *Aegyptus e papyro atque junco (crebra invenit)*.

13) Plin. XIII, 72.

§ 2. AEGYPTEN.

Anders aber verhält es sich mit der Bereitung des Papiers, welche in Aegypten seit alter Zeit bekannt war [1], obgleich Herodot, wo er vom Papyrus spricht [2], die Benutzung desselben als Schreibpapier gar nicht erwähnt; er spricht überhaupt da nur von den essbaren Nilpflanzen und berührt die anderweitige Benutzung des Papyrus nur gelegentlich, hielt vielleicht auch die Erfindung des Papiers gar nicht für aegyptisch [3]. Wann das Papier in Griechenland eingeführt worden sei, darüber haben wir keine bestimmten Nachrichten; man kann vermuthen, dass es zu jener Zeit geschah, als Aegypten durch Psammetich dem Handelsverkehr geöffnet wurde, also um die letzte Hälfte des 7ten Jahrhunderts. Einen eigentlichen Aufschwung und namhafte Bedeutung für den Handel erlangte die Papierfabrication erst unter den Ptolemäern, als Litteratur und Wissenschaft schon in hohem Grade Gemeingut der civilisirten Welt geworden waren. Nunmehr geht das aegyptische Papier in aller Herren Länder und wird der dritte bedeutende Artikel des aegyptischen Exporthandels [4]. Seine Fabrication beschäftigte eine grosse Anzahl Arbeiter, namentlich in dem gewerbfleissigen Alexandria [5]. Unter Aurelian musste Aegypten auch für das Papier an die Stadt Rom eine Abgabe zahlen [6], und noch nach der Eroberung Aegyptens durch die Araber kam Papyrus von dorther nach Italien [7], obgleich sich die Papierfabrication daselbst schon längst eingebürgert hatte.

Von den andern in Aegypten in grösserem Massstabe betriebenen Gewerben haben wir noch zu gedenken der Salbenfabrication und der Räucheranstalten. Die aegyptischen Salben waren so vortrefflich, dass sie zu Plinius Zeit fast alle anderen an Güte übertrafen [8]; am meisten wurde das *oenanthinum* und *cyprinum* gelobt [9]. Griechische und römische Schriftsteller erwähnen sie

---

1) Das zeigen die aegyptischen Papyrus, deren Daten nach Champollion d. J. bei Dureau de la Malle, Mémoire sur le papyrus et la fabrication du papier chez les anciens i. d. Mém. de l'Inst. XIX P. I p. 153 bis in's 18te Jahrh. v. Chr. hinaufreichen sollen. Vgl. Wilkinson, Manners and customs etc III p. 150. Marquardt. a. a. O. Anm. 3440. — Die Angabe des Varro bei Plin. XIII, 68 : *et hanc (papyrum) Alexandri magni victoria repertam auctor est M. Varro, condita in Aegypto Alexandria*, ist demnach entweder ein Irrthum, oder so aufzufassen, wie Böttiger a. a. O. S. 382 will, dass bis auf die Eroberung Aegyptens durch Alexander die Papierzubereitung in Aegypten als ein persisches Regal behandelt und den Ausländern sorgfältig verborgen war, sodass seine Zubereitung nun erst auch auswärts bekannt wurde.
2) II, 92.   3) S. Böttiger S. 379.
4) Hermipp. b. Ath. I, 27 F.: ἐκ δ' Αἰγύπτου βύβλους. Philostr. Vit. Soph. II, 21, 2 : ἐφοίτα δὲ αὐτῷ καὶ ἀπ' Αἰγύπτου λιβανωτὸς, ἐλέφας, μύρον, βύβλος, βιβλία καὶ πᾶσα ἡ τοιάδε ἀγορά. Symmach. Ep. IV, 28 : *Aegyptus papyri volumina bibliothecis foroque texuit.* Vgl. Plin. XIII, 76. Mart. XIII, 1, 3. Cassiod. Var. XI, 38. S. oben S. 8 Anm. 4.
5) Vgl. Vopisc. Saturn. 8.
6) Vopisc. Aurel. 45. Vgl. Mommsen, Corp. Inscr. Lat. I p. 385.
7) S. Marquardt a. a. O. Anm. 3444.
8) Plin. XIII, 26: *terrarum omnium Aegyptus accommodatissima unguentis.* Vgl. XII, 134.
9) Plin. XIII, 5: *oenanthinum in Cypro, deinde in Aegypto praepositum.* § 12 : *cyprinum optimum Sidone, mox Aegypto. mox haec abstulit Phoenice et cyprini laudem Aegypto reliquit.* Apollon. b. Ath. XV, 638 F.: κύπρινον προκέκριται τὸ ἐν Αἰγύπτῳ. Vgl. Poll. VI, 104. Claud. epithal. Poll. 123.

häufig[1]; auch in der Medicin fanden sie mannichfache Anwendung[2]. Auch ausserhalb Aegyptens waren daher diese Salben sehr gesucht und wurden von den Kaufleuten selbst zu den Aethiopen und zu den fernen Küsten des rothen Meeres gebracht[3]. — Mehrfach genannt werden ferner die in Aegypten bereiteten **Farben**[4]. Auch das aegyptische **Kraftmehl** hatte Ruf[5].

Fischfang und **Räucheranstalten** bestanden hauptsächlich am Nil, dessen Fische nicht nur den Anwohnern reichliche Nahrung boten, sondern auch als ταρίχη Αἰγύπτια in grossen Mengen exportirt wurden[6]. Bei den Griechen scheinen sie nicht sehr beliebt gewesen zu sein[7].

Endlich möge als ein für Aegypten ganz eigenthümliches Gewerbe das **Einbalsamiren** erwähnt werden. Die Sitte, die Todten einzubalsamiren, war allgemein und erforderte ein sehr künstliches Verfahren[8]; es ist nicht zu bezweifeln, dass eine grosse Zahl von Leuten dadurch ihre Beschäftigung erhielten.

§ 3.
Fortsetzung.

Unter den Städten Aegyptens nahm unter der Herrschaft der Ptolemaeer sowohl, wie später unter der römischen, **Alexandria** in jeder Beziehung den ersten Platz ein. Wie Kunst und Wissenschaft hier Pflege und Aufmunterung in einer Weise fanden, wie sie nur selten in der Geschichte dagewesen ist, so erreichte auch der Handel und die Gewerbthätigkeit der Einwohner eine Höhe, die nicht wenig dazu beitrug, Alexandria zu der Weltstadt zu machen, die sie in der römischen Kaiserzeit war[9]. Nach allen Weltgegenden gingen ihre Schiffe; die fernsten Küsten sandten ihre Schätze, welche hier auf's neue verladen nach allen Richtungen der civilisirten Welt versandt wurden[10]. Hand in Hand mit diesem wahrhaft grossartigen Handelsverkehr ging ein staunenswerther Gewerbfleiss. »Niemand«, so schreibt Hadrian von Alexandria aus an seinen Schwager Servia-

---

1) Ath. II, 66 D. Achaeus ebd. XV, 689 B. Antiph. ebd. E u. XII, 553 D. Dioscor. I, 63. Poll. VI, 104. Clem. Alex. Paedag. II, 8 p. 207 u. s.
2) Vgl. Hippocr. II p. 536. 556. 568. 740. 743. 841. 843. S. Movers a. a. O. S. 323.
3) Philostr. Vit. Apoll. VI, 2: ἀφικόμενος ἐπὶ τὰ Αἰθιόπων τε καὶ Αἰγυπτίων ὅρια χρυσῷ τ' ἀσήμῳ ἐνέτυχε καὶ λίνῳ καὶ ἐλέφαντι καὶ ῥίζαις καὶ μύρῳ καὶ ἀρώμασι. (Hier sind zugleich die zum Tauschhandel bestimmten Gegenstände mit angegeben.) Arr. Peripl. p. 13 u. 23.
4) Theophr. de lapid. 8, 55. Plin. XXXIII, 161. Dioscor. V, 106.
5) Plin. XVIII, 76 sq. Dioscor. I, 123.
6) Diod. I, 36: χωρὶς δὲ τῶν εἰρημένων θηρίων ὁ Νεῖλος ἔχει παντοῖα γένη ἰχθύων καὶ κατὰ τὸ πλῆθος ἄπιστα· τοῖς γὰρ ἐγχωρίοις οὐ μόνον ἐκ τῶν προσφάτως ἁλισκομένων παρέχεται δαψιλῆ τὴν ἀπόλαυσιν ἀλλὰ καὶ πλῆθος εἰς ταριχείαν ἀνίησιν ἀνέκλειπτον. Vgl. ib. 52. Xenocr. bei Oribasius I p. 158 (d'Aremb.). Αἰγύπτια ταρίχη bei Poll. VI, 48.
7) Vgl. Ath. III, 118 F. 119 C. Doch nennt sie Lucian Navig. 15: τὰ Νειλῷα ταῦτα ταρίχη τὰ λεπτά. S. Köhler, Τάριχος, p. 366.
8) Vgl. Her. II, 85 sqq. Strab. XVI p. 764.
9) Vgl. Friedländer, Bild. a. d. Sittengeschichte Roms, 2. Aufl. II, 82 ff.
10) Der Export- überstieg den Importhandel bedeutend; Str. XVII, 798: ταύτῃ δὲ καὶ τὰ ἐκκομιζόμενα ἐξ Ἀλεξανδρείας πλείω τῶν εἰσκομιζομένων ἐστίν. Vgl. ebd. p. 798.

§ 3. AEGYPTEN.

nus, »ist hier unthätig, jeder betreibt irgend ein Gewerbe. Die Podagrischen haben zu arbeiten, die Blinden zu thun, und nicht einmal wer das Chiragra hat, geht müssig«[1].

Am berühmtesten waren schon in frührömischer Zeit die alexandrinischen Webereien, ein Industriezweig, den wir schon oben als einen der wichtigsten Aegyptens bezeichnet haben. Alle Sorten Stoffe wurden verfertigt, von den gewöhnlichsten Linnenzeugen[2] bis zu den gemusterten, aus mehreren Fäden gewirkten Stoffen, den *polymita*[3], in denen Alexandria, dem auch der Ruhm der Erfindung dieser Zeuge zugeschrieben wurde[4], sich besonders auszeichnete[5]. Die Fabricate der alexandrinischen Webereien waren die ganze Kaiserzeit hindurch beliebt[6], und noch im Mittelalter behaupteten sie ihren Ruf[7].

Nächst den Webereien waren die Glashütten in Alexandria weltbekannt. Hier wurden jene künstlichen, in allen Farben schimmernden und die mannichfachsten Formen irdener Gefässe nachahmenden Prachtgläser angefertigt, welche zu den berühmtesten Ausfuhrartikeln Alexandriens gehörten und die Tafeln der römischen Grossen schmückten[8].

Ferner sind zu erwähnen die Papyrusfabriken[9], welche alle Arten Papier, vom dünnsten Blatt bis zum gröbsten Packpapier lieferten[10] und mit ihren Erzeugnissen die ganze Welt versorgten[11]. Und wie diese vermuthlich bis in's

---

1) Die ganze Stelle lautet bei Vopisc. Saturn. 8: *genus hominum seditiosissimum ... Civitas opulenta, dives, fecunda, in qua nemo vivat otiosus. Alii vitrum conflant, ab aliis charta conficitur, alii linyphiones, omnes certe cujuscunque artis et videntur et habentur. Podagrosi quod agant habent; habent caeci quod faciant; ne chiragrici quidem apud eos otiosi vivunt.*

2) Solche werden die Kleider gewesen sein, von denen Alexandria ganze Schiffsladungen nach Britannien schickte, s. Prochor. de S. Joanne hist. in den Patres Orthodoxogr. I p. 86 (citirt bei Movers, Phönizier II, 3, 98).

3) S. Marquardt II, 444 Anm. 1329.

4) Plin. VIII, 196: *plurimis liciis texere quae polymita appellant Alexandria instituit.*

5) Plaut. Pseud. I, 2, 14 (147): *Alexandrina beluata conchuliata tapetia.* Lucan. Phars. X, 125: *ut mos est Phariis miscendi licia telis.* Ath. V, 196 F.: χιτῶνες χρυσοϋφεῖς ἐφαπτίδες τε κάλλισται, τινὲς μὲν εἰκόνας ἔχουσαι τῶν βασιλέων ἐνυφασμένας, αἱ δὲ μυθικὰς διαθέσεις. Die phantastischen Thierfiguren, welche den Teppichen eingewebt wurden, kamen von den Assyrern frühzeitig zu den Juden und von diesen kam diese Art der Tapetenwirkerei nach Alexandria. Vgl. Buhle in Ersch-Gruber's Encycl. I, 7, 24 fg.

6) Mart. XIV, 150. Ed. Diocl. c. XVII. XIII, 7. 16. 37. Dazu Mommsen p. 61.

7) Anastas. Bibl. de vitis pontif. Romae 1718. Vol. I p. 346: *fecit velum Alexandrinum, habens phasianos duodecim* (anno 827). S. Marquardt a. a. O. Anm. 1330.

8) S. oben S. 11 ff. Ath. XI, 784 C: κατασκευάζουσι δὲ οἱ ἐν Ἀλεξανδρείᾳ τὴν ὕαλον μεταρυθμίζοντες πολλάκις πολλαῖς (πολλαῖς καὶ ποικίλαις Meineke) ἰδέαις ποτηρίων, παντὸς τοῦ πανταχόθεν καταχομιζομένου κεράμου τὴν ἰδέαν μιμούμενοι. Strab. XVI, 758: ἤκουσα δ' ἐν τῇ Ἀλεξανδρείᾳ παρὰ τῶν ὑαλουργῶν εἶναί τινα καὶ κατ' Αἴγυπτον ὑαλῖτιν γῆν, ἧς χωρὶς οὐχ οἷόν τε τὰς πολυχρόους καὶ πολυτελεῖς κατασκευὰς ἀποτελεσθῆναι, καθάπερ καὶ ἄλλοις ἄλλων μιγμάτων δεῖν. Vgl. Krause, Angeiologie S. 38 ff.

9) S. oben S. 12 fg. Vopisc. Saturn. l. l.

10) Plin. XIII, 74 sqq. Marquardt II, 389 ff. Vgl. auch Paschalius de coronis p. 684. Caylus, Mém. de l'acad. XXVI, 278.

11) Tot. orb. descr. § 36: *Sed et in hoc valde laudanda est (Alexandria), quod omni mundo sola chartas emittit, quam speciem licet vilem sed nimis utilem et necessariam in nulla provincia nisi tantum apud Alexandriam invenies abundare.*

16 I. AFRICA.

späte Mittelalter hinein blühten, so haben auch die kostbaren Erzeugnisse der Weihrauchfabriken noch in der späten Kaiserzeit ihren Ruf bewahrt[1]. Auch die alexandrinischen Salben waren berühmt, zumal zur Zeit der Königinnen Arsinoë und Berenice, die der Salbenfabrication ihre Aufmerksamkeit zuwandten[2].

Keine der andern Städte Aegyptens hat in der Industrie auch nur entfernt eine solche Höhe erreicht, wie Alexandria. Die meisten Namen werden uns genannt von Orten, an welchen die Leinweberei betrieben wurde; und selbstverständlich war in der klassischen Zeit, mit der wir es hier ja nur zu thun haben, der regste Verkehr in Unteraegypten. Die Leinweberei blühte da namentlich in Butos[3], Canopus[4], Casium[5], Tanis[6] und Pelusium[7]; die Dichter scheinen sogar *linum Pelusiacum* für gleichbedeutend mit *Aegyptium* zu brauchen. In Canopus bestand auch eine Fabrik berühmter Cypros-Salbe[8]; und nicht minder bekannt als der Wein waren die Salben des Mendesius nomus[9]. In Diospolis wurden Glaswaaren und Gefässe verschiedener Art verfertigt[10]; Naucratis war berühmt wegen seiner Kränzewinder[11], und daselbst betrieben auch die Töpfer ihr Gewerbe, deren Gefässe, namentlich

---

[1] Tot. orb. descr. § 35: *Haec (Alexandria) aromata et diversas species pretiosas omnibus regionibus emittit.* Die Arbeiter in diesen Officinen wurden streng bewacht, damit sie nichts von dem werthvollen Stoffe entwendeten; sie mussten mit Masken arbeiten und nackt die Werkstatt verlassen: Plin. XII, 59: *Alexandriae, ubi tura interpolantur, nulla satis custodit diligentia officinas; sublugaria signantur opifici, persona additur capiti densusve reticulus, nudi emittuntur.*

[2] Ath. XV, 689 A: ἤκμασε δὲ καὶ τὰ ἐν Ἀλεξανδρείᾳ (μύρα) διὰ πλοῦτον καὶ διὰ τὴν Ἀρσινόης καὶ Βερενίκης σπουδήν.

[3] Plin. XIX, 14: *quatuor ibi genera (lini): Taniticum, Pelusiacum, Buticum, Tentyriticum, regionum nominibus, in quibus nascuntur.*

[4] Grat. Cyneg. 42.

[5] Steph. Byz. v. Κάσιον· ἀφ' οὗ ἐν τῇ συνηθείᾳ τὰ Κασιωτικὰ ἱμάτια.

[6] Plin. l. l.

[7] Plin. l. l. Sil. Ital. III, 24:
velantur corpora lino
Et Pelusiaco praefulget stamine vertex.
ib. 374: Saetabis et telas Arabum sprevisse superba
Et Pelusiaco filum componere lino.
Der jüdische Hohepriester trug am Versöhnungstage Kleider aus pelusischer Leinwand; s. Movers a. a. O. S. 318.

[8] Plin. XII, 109. Luc. Navig. 15. Auch Backwaaren aus Canopus werden erwähnt, Ath. XIV, 647 C.

[9] Plin. XIII, 4: *laudatissumum (unguentum) fuit antiquitus in Delo insula, postea Mendesium.* ib. 5: *cyprinum — in Aegypto, ubi Mendesium et metopium subito gratius factum est.* Vgl. ib. 8 u. 17. Apoll. b. Ath. XV, 688 F. Dioscor. I, 23. 62. 72. 73.

[10] Arr. Peripl. mar. Erythr. p. 4: προχωρεῖ δὲ εἰς τόπους τούτους .... καὶ λιθίας ὑαλῆς πλείονα γένη καὶ ἄλλης μυρρίνης, τῆς γινομένης ἐν Διοσπόλει. Darauf ist wohl auch zu beziehen Prop. V, 525: Seu quae palmiferae mittunt venalia Thebae,
Murreaque in Parthis pocula cocta focis.
Vgl. Böttiger, Kl. Schr. II, 157.

[11] Ath. XV, 671 E. 675 F. 676 E. Vgl. Böttiger, Sabina I, 228.

§ 3. AEGYPTEN.

die Becher, von vorzüglicher Arbeit waren[1]. An den Nilmündungen waren bedeutende Räucheranstalten, sowohl an der pelusischen[2], als an der canopischen Mündung[3]; dieselben gingen sicher auf phönizischen Ursprung zurück[4].

In Mittel-Aegypten lieferte Arsinoë die verschiedenartigsten Webereien[5]; daselbst wurde auch am See Moeris der Fischfang sehr eifrig betrieben, und es bestanden dort grossartige Räucheranstalten[6]. Antinoupolis am Nil (früher Besa) war berühmt wegen trefflicher baumwollener Bettpfühle und Kopfkissen von Linnen, die auch exportirt wurden[7]. Ob Memphis hierher zu rechnen ist, ist schwer zu entscheiden; seine Webereien werden von Dichtern wohl angeführt[8], aber der Name hat bekanntlich in der Poesie oft keine andere Bedeutung, als allgemein aegyptisch. Hingegen beschäftigten sich die Bewohner von Memphis viel mit Arbeit in den Marmorbrüchen und Steinhauerwerkstätten, aus denen schöne marmorne Gefässe hervorgingen[9]; auch die Papyrusfabriken der Stadt waren berühmt[10].

In Ober-Aegypten gedieh der Flachs ganz besonders bei Panopolis (Chemmis), wo seit Alters Webereien und Steinmetzwerkstätten sich

---

1) Ath. XI, 480 D: διάφοροι δὲ κύλικες γίνονται καὶ ἐν τῇ Ναυκράτει· εἰσὶ γὰρ φιαλώδεις μὲν, οὐ κατὰ τορνὸν δ᾽ ἀλλ᾽ ὥσπερ δακτύλῳ πεποιημέναι, καὶ ἔχουσιν ὦτα τέσσαρα, πυθμένα εἰς πλάτος ἐκτεταμένον, καὶ βάπτονται εἰς τὸ δοκεῖν εἶναι ἀργυραῖ· πολλοὶ δ᾽ ἐν τῇ Ναυκράτει κεραμεῖς, ἀφ᾽ ὧν καὶ ἡ πλησίον τῶν κεραμείων πύλη κεραμικὴ καλεῖται. Vgl. Böttiger, Kl. Schr. III, 374 Anm. Krause, Angeiol. S. 334 ff. Die Mehrzahl dieser Töpfer waren vermuthlich griechische Ansiedler; die meisten der in Naucratis ansässigen Griechen waren aus Ortschaften, wo die Töpferei blühte (Chios, Teos, Rhodus, Cnidus, Aegina, Samos etc.) Vgl. Heeren, Ideen II, 2, 692 fg.
2) Her. II, 15.
3) Her. II, 113. Steph. Byz. v. Ταριχέαι.
4) Movers a. a. O. S. 325.
5) Arr. Peripl. l. l.: ἱμάτια βαρβαρικὰ ἄγναφα τὰ ἐν Αἰγύπτῳ γινόμενα, Ἀροινοητικαὶ στολαὶ καὶ ἀβόλλαι νόθοι χρωμάτιναι καὶ λέντια καὶ δικρόσσια.
6) Diod. I, 52: (φασὶ) τοσοῦτον αὐτῶν ἁλίσκεσθαι πλῆθος (sc. ἰχθύων), ὥστε τοὺς προσκαρτεροῦντας ταῖς ταριχείαις ὄντας παμπληθεῖς δυσχερῶς περιγίνεσθαι τῶν ἔργων.
7) Ed. Dioclet. c. XVIII, 46: τύλη μετὰ προσκεφαλαίου ... Ἀντινόη. Das Wort τύλη wird abgeleitet vom Sanscr. tula, das Baumwolle, und zwar rohe, die nach dem Gewicht verkauft wird, bedeutet; diese Kissen waren also vermuthlich mit Baumwolle gestopft. Vgl. Strab. XV, 693. Marquardt II, 101.
8) Sil. Ital. XIV, 659:   quaeque Attalicis variata per artem
                         Aulaeis scribuntur acu, aut Memphitide tela.
Coripp. laud. Justinin. III, 16: stramina .... quae Memphitica Caesar perduxit ab aula. Mart. XIV, 150. Vgl. Becker, Gallus I, 43.
9) Lucan. Phars. IX, 714. Plin. XXXVI, 56. Vgl. Mart. VI, 42, 13.
10) Cassiod. Var. XI, 38: Pulchrum plane opus Memphis ingeniosa concepit, ut universa scrinia vestiret, quod unius loci labor elegans texuisset. Isid. Orig. VI, 9: cartarum usum primum Aegyptus ministravit, coeptum apud Memphiticam urbem. Memphis namque civitas Aegyptiorum est, ubi cartae usus inventus est primum, sicut ait Lucanus:
                  conficitur bibula Memphitis carta papyro.
(Die Stelle des Lucan, Phars. IV, 135 lautet in den Hsrr.: conseritur bibula Memphitis cymba papyro.)

befanden¹, und im Tentyrites nomus². In Coptus wurden irdene Gefässe angefertigt³, und in This war eine Purpurfärberei⁴.

Zweiter Abschnitt.
Asien.

§ 4.
Phönizien.

Obgleich die Blüthezeit des Handels und der Industrie von Phönizien in eine Zeit fällt, welche dem Zeitalter, das wir vornehmlich zu besprechen haben, sehr fern liegt, so ist doch auch in diesem Zeitraume, wo andere Völker es längst den Phöniziern an Gewerbfleiss gleich gethan, ja zum Theil den Ruhm derselben in Schatten gestellt haben, die gewerbliche Thätigkeit dieses unternehmenden Volkes eine so grosse, die Stelle, welche es in der Industrie jener Jahrhunderte einnimmt, noch immer eine so hervorragende, dass wir sie hier unmöglich mit Stillschweigen übergehen können. Leider ist das treffliche Werk von Movers über die Phönizier nicht bis zu dem Bande, welcher Kunst und Handwerk behandeln sollte, vorgeschritten; doch bietet schon der Band, welcher Handel und Schifffahrt behandelt (3. Theil des 2. Bandes), ein so reichliches Material dar, dass wir bei einer Betrachtung der phönizischen Industrie im griechisch-römischen Zeitalter fast nichts als eine Auswahl daraus zu geben und nur hier und da eine kleine Nachlese zu halten haben werden⁵.

Die Gewerbserzeugnisse, welche Phönizien in der bezeichneten Zeit auf die Märkte des Welthandels liefert, sind im allgemeinen dieselben, durch welche es

---

1) Str. XVI, 813: Πανῶν πόλις, λινουργῶν καὶ λιθουργῶν κατοικία παλαιά. Ueberhaupt muss in Aegypten das Gewerbe der Steinmetzen und Bildhauer sehr verbreitet gewesen sein. Die vielen Tempel, Obelisken, Sculpturen etc., welche alle den Stempel einheimischer Kunstübung tragen, erforderten eine grosse Zahl von Arbeitern, welche technisch eine hohe Vollkommenheit erlangt haben mussten.

2) Plin. XIX, 14.

3) Ath. XI, 464 B: ἐγὼ δὲ εὖ οἶδα, ὅτι ἥδιστα πολλάκις ἐστὶ τὰ κεράμεα ἐκπώματα, ὡς καὶ τὰ παρ' ἡμῖν ἐκ τῆς Κόπτου καταγόμενα· μετὰ γὰρ ἀρωμάτων συμφυραθείσης τῆς γῆς ὀπτᾶται.

4) Auf einem Berliner Papyrus aus dem Anfange des 7. Jahrh. n. Chr. kommt ein gewisser Pachymios aus Panopolis vor, welcher eine Purpurfabrik und -Färberei in This hat. Die Urkunde ist publicirt und besprochen von W. A. Schmidt in Forschungen auf d. Gebiet d. Alterthums. Bd. I. Berlin 1842. S. 23 ff.

5) Bei der übergrossen Zahl von Erwähnungen phönizischer Fabricate (besonders der Kleider und des Purpurs), zumal bei römischen Schriftstellern, müssen wir uns auf das wichtigste beschränken, ohne Vollständigkeit der Belege auch nur anzustreben.

§ 4. Phönizien.

sich schon seit Jahrhunderten einen wohlbegründeten Ruhm erworben hatte, nämlich die Erzeugnisse der **Weberei** und **Färberei**, der **Glas-** und **Metallarbeit** und die **Salben**.

In der **Weberei** leisteten die Phönizier in den verschiedensten Zweigen Vorzügliches. Zu den **Wollenstoffen** bezogen sie das Rohmaterial von auswärts, da sie sich mit der **Schafzucht** wahrscheinlich nur wenig oder gar nicht abgaben; der kleine Landstrich, den sie inne hatten, war zu dicht bevölkert, um sich dazu zu eignen. Die Hirtenvölker, welche in der Nachbarschaft Phöniziens und Palästina's wohnten, lieferten Wolle in hinreichender Menge, und wo es nicht ausreichte, brachten die phönizischen Schiffe aus der Ferne, zumal aus Spanien, noch grosse Quantitäten mit [1]. Gleichen Rufes wie die Wollenzeuge erfreuten sich die **Leinenwaaren** der phönizischen Webereien, welche bis in die späte Kaiserzeit hinein viel getragen und von denen die mannichfaltigsten Sorten, verschieden in Güte des Materials und der Arbeit, in den Handel gebracht wurden. Ob auch die **Baumwolle** in Phönizien gepflanzt und verarbeitet wurde, darüber haben wir keine Nachrichten [2]; dass importirte Baumwolle daselbst verarbeitet wurde, ist wenigstens sehr wahrscheinlich. Hingegen scheint es sicher zu sein, dass **Seidenstoffe** fabricirt wurden. Die Phönizier trieben Handel mit seidenen Gewändern nach Carthago [3]; und wenn auch viele seidene Zeuge von den Serern in verarbeitetem Zustande nach dem Westen Asiens gebracht wurden, so ist doch gewiss, dass die Seide auch roh in Cocons oder als Garn von da eingeführt wurde. Zunächst wurde die Fabrication in Medien, Persien und Mesopotamien (Assyrien) betrieben; von da aber kam sie nach Phönizien und ist dort gewiss schon lange bekannt gewesen, obgleich sie im Occident erst seit Alexander dem Grossen allgemein in Gebrauch gekommen ist [4].

In der **Purpurfärberei** hat Phönizien den Ruhm, zuerst Purpur bereitet zu haben und in der Färbung damit unübertroffen dazustehn, durch das ganze Alterthum behauptet. So viel Purpurfärbereien später auch an andern Küstenorten des mittelländischen Meeres entstanden waren, es gelang keiner, die Fabricate von Tyrus und Sidon auch nur annähernd zu erreichen.

Weniger bedeutend war in der späteren Zeit die Fabrication von **Glas-** und **Metallwaaren**. Bekanntlich schrieb man auch die Erfindung des **Glases** den Phöniziern zu, und in den früheren Jahrhunderten mögen sie auch allein die Bereitung desselben verstanden haben; aber auch in Aegypten wurde sie, wie wir gesehen haben, schon früh betrieben, und in der klassischen Zeit scheinen sogar die aegyptischen Glaswaaren mehr geschätzt gewesen zu sein. Ähnlich ist es mit der **Metallarbeit**, mit den Schmucksachen, Geräthschaften etc. von **Gold, Silber, Bronze** u. s. w. [5]. Zur Zeit Homers wurden diese kostbaren Waaren

---

1) S. Ezech. 27, 18 u. 21. (Hiob 1, 3 u. 16. 31, 20.) Herod. III, 113. Strab. III p. 213. Vgl. Yates p. 16 sq. Movers a. a. O. S. 366.
2) Über muthmassliche Baumwollencultur an der Westküste Asiens s. Brandes S. 110 fg.; über die Baumwollen-Industrie ebd. S. 115 ff.
3) Heliod. Aeth. V, 19. 4) S. Movers S. 263 ff.
5) Vgl. 1 Kön. 7, 13 ff.

meist von phönizischen Kaufleuten nach Griechenland gebracht; in der folgenden Zeit dauerte der Handel mit diesen Fabricaten wohl fort, aber er ging mehr nach barbarischen Ländern, z. B. nach Britannien [1], nach den Häfen des indisch-arabischen Meeres [2], da der Erzguss an vielen Orten Griechenlands schnell zu einer Höhe emporgestiegen war, welche die Technik der phönizischen sicher bedeutend übertraf. Wenn daher diese Fabrication auch in späterer Zeit fortbestand, so machte sie doch lange keinen so wichtigen Theil der phönizischen Industrie mehr aus, wie zu der Zeit, als der Handel fast ganz in den Händen dieses Volkes ruhte.

Auch in der Salbenfabrication wurde Phönizien später von anderen Ländern erreicht, ja übertroffen; doch bildeten die Salben immer noch einen sehr wesentlichen Theil des phönizischen Exportes [3]. Dass endlich der Schiffsbau in Phönizien unter den Gewerben eine ausserordentlich wichtige Stellung einnahm, versteht sich bei einem so seetüchtigen Volke ganz von selbst [4].

Der Hauptort der phönizischen Industrie blieb auch in der späteren Zeit die Weltstadt Tyrus. Von dem grossartigen Handelsverkehr dieser Stadt giebt uns die bekannte Schilderung des Ezechiel [5] einen Begriff; und wenn auch späterhin die Dimensionen desselben bedeutend abgenommen haben, so ist Tyrus doch immerhin in Handel und Gewerbe eine der ersten Städte des Alterthums geblieben [6]. Ja, es scheint, als habe Tyrus in der römischen Zeit erst wieder eine höhere Bedeutung erlangt; denn auffallender Weise gedenken die Schriftsteller der klassisch-griechischen Zeit nur sehr selten der tyrischen Fabricate. Zwar der phönizische Purpur war auch ihnen hinlänglich bekannt; aber dass phönizische, zumal tyrische Waaren in grosser Menge nach Griechenland gekommen seien, lässt sich nach den äusserst sparsamen Nachrichten nicht vermuthen. Erst mit dem Beginn der römischen Kaiserzeit und dem nun immer mehr steigenden Luxus, besonders in der Kleidung wird die Ausfuhr der tyrischen Waaren wieder umfangreicher, wenn diese Manufacturen auch in der Regel als ganz besonders werthvolle, namentlich von Reichen und Vornehmen getragene Stoffe bezeichnet werden [7].

In den meisten Fällen ist bei den von den römischen Schriftstellern (und besonders die Dichter bieten zahlreiche Erwähnungen) genannten tyrischen Kleidern

---

1) Str. III, 175.
2) Arr. Peripl. p. 4. 13. 16. 28. Herod. III, 23. Diod. III, 8. Plin. XII, 88. Vgl. Movers S. 67.
3) Dioscor. I, 79. Bei Luc. dial. mer. 14, 2 kauft ein Matrose ein $\dot{\alpha}\lambda\dot{\alpha}\beta\alpha\sigma\tau\varrho o\nu\ \mu\dot{\nu}\varrho o\nu\ \dot{\epsilon}\kappa$ Φοινίκης in Syrien.
4) Vgl. Movers S. 148 ff.   5) Im 27. Capitel.
6) In der alten Zeit war Sidon freilich ein bedeutenderer Handelsplatz; Homer erwähnt Tyrus bekanntlich gar nicht, während er der »Männer von Sidon« oft gedenkt. Dennoch hat Tyrus einen weitergehenden Einfluss, namentlich durch seine Colonieen, ausgeübt als Sidon, und auch die Erwähnungen der tyrischen Fabricate sind in der Folgezeit häufiger, weshalb ich Tyrus hier vorangestellt habe. Strabo sagt XVI, 756 von beiden Städten: $\dot{\alpha}\mu\varphi\dot{o}\tau\epsilon\varrho\alpha\iota$ $\ddot{\epsilon}\nu\delta o\xi o\iota\ \kappa\alpha\dot{\iota}\ \lambda\alpha\mu\pi\varrho\alpha\dot{\iota}\ \kappa\alpha\dot{\iota}\ \pi\dot{\alpha}\lambda\alpha\iota\ \kappa\alpha\dot{\iota}\ \nu\tilde{\nu}\nu$. Im allgemeinen kann man etwa sagen, dass Tyrus mehr in den practischen Gewerben, Sidon mehr im Kunsthandwerk sich auszeichnete; vgl. Eust. z. Dion. Per. v. 911: $\kappa\alpha\dot{\iota}\ \epsilon\dot{\iota}\sigma\iota\ (o\dot{\iota}\ T\dot{\nu}\varrho\iota o\iota)\ \pi o\lambda\dot{\nu}\tau\epsilon\chi\nu o\iota\ \kappa\alpha\dot{\iota}\ \kappa\alpha\tau\dot{\alpha}\ \tau o\dot{\nu}\varsigma\ \Sigma\iota\delta o\nu\dot{\iota}o\nu\varsigma\ \kappa\alpha\lambda\lambda\dot{\iota}\tau\epsilon\chi\nu o\iota$.
7) Vgl. Mart. IV, 19, 12. VI, 11, 7. IX, 22, 13 etc. Aus späterer Zeit vgl. Claud. in Ruf. I, 207. De III cons. Hon. 15. Fescenn. XIV, 26.

§ 1. Phönizien.

der Begriff der Purpurfärberei von dem der Weberei nicht zu trennen, es sind eben Zeuge darunter zu verstehen, die in Tyrus gewebt und gefärbt sind, ja durch letzteres erst ihren eigentlichen Werth erhalten haben. Unter den verschiedenen in den tyrischen Fabriken angefertigten Stoffen[1] werden die **Wollenstoffe** am häufigsten genannt[2]. Unter »tyrischen Kleidern« wird man in den meisten Fällen wollene zu verstehen haben[3]; erwähnt werden hauptsächlich Mäntel[4], verschiedene Arten Unter- und Oberkleider[5], Beinkleider[6], Decken für Sophas und Betten[7], Vorhänge und Teppiche[8] u. s. w.

Seltner wird der tyrischen **Leinwandfabrication** gedacht[9]; es kommt das wohl daher, dass der Ruhm der tyrischen Webereien eben hauptsächlich in der Purpurfarbe, nicht auf dem Gewebe an sich beruhte, Leinwand aber nicht mit Purpur gefärbt wird. Auch die **Seidenstoffe**, welche Tyrus und Berytus seit Alters verfertigten[10], werden sonst wenig erwähnt; einmal wurde die Seide überhaupt in der ersten Kaiserzeit ihres hohen Preises wegen nur wenig getragen und gewann erst später mehr Verbreitung, dann aber ist es leicht möglich, dass viele der Stoffe, welche mit dem Namen der Serer bezeichnet wurden, in phönizischen Fabriken entstanden waren.

Unter **tyrischem Purpur**[11] versteht man in der Regel die doppelte Färbung[12]. Dieselbe erstreckte sich grösstentheils auf Wolle[13]; doch wurden auch andere Stoffe, z. B. Seide[14], damit gefärbt. Dieser Purpur von Tyrus galt für den

---

1) Vgl. Hieron. in Ezech. 27, Vol. III p. 885: *Istiusmodi negotiatores Syri sunt, qui polymita, purpuram et scutulata mercantur: byssum quoque et sericum et chochod proponunt in mercatu ejus.* Darunter waren freilich auch ausländische Fabricate.
2) *lanae Tyriae*, Mart. XIV, 156.
3) Hor. Sat. II, 4, 84. Ov. A. A. II, 297. Tib. I, 7, 47. IV, 1, 121. Prop. IV, 13, 27. Mart. XI, 39, 11. Petr. 30. Vopisc. Carin. 20, 6.
4) *lacernae*, Juv. I, 27. Mart. II, 29, 3. 43, 7. VIII, 10. IX, 22, 13. X, 87, 10. XIV, 133.
5) *toga, palla, abolla*, Tib. IV, 2, 11. Mart. IV, 28, 2. VI, 11, 7. VIII, 48, 1.
6) *endromides*, Juv. VI, 246.
7) *tori, στρωμναί*, Cat. 64, 168. Tib. I, 2, 76. Juv. X, 334. Lucan. Phars. X, 121. Chariton. VIII, 1. Auch für Pferde, Claud. epigr. 20, 8.
8) Heliod. Aeth. V, 29: ἐξεφόρουν τραπέζας, κρατῆρας, τάπητας, παραπετάσματα, Σιδωνίων ἔργα χειρῶν καὶ Τυρίων. Tert. de hab. mul. I, 6: *sed et parietes Syriis et hyacinthinis et illis regiis velis, quae vos operose resoluta transfiguratis, pro pictura abutuntur.*
9) Tot. orb. descr. § 31: *Scitopolis, Ladicia, Biblus, Tipus, Beritus, quae linteamen omni orbi terrarum emittunt*, wo mit Mommsen z. Ed. Diocl. S. 64 *Tyrus* für *Tipus* zu lesen ist. — *Tyria sindon* bei Mart. IV, 19, 12 ist vielleicht Baumwolle; bei der überaus schwankenden Bedeutung dieses Wortes lässt es sich mit Sicherheit nicht entscheiden.
10) Procop. hist. arc. 25: ἱμάτια τὰ ἐκ μετάξης ἐν Βηρυτῷ μὲν καὶ Τύρῳ πόλεσι ταῖς ἐπὶ Φοινίκης ἐργάζεσθαι ἐκ παλαιοῦ εἰώθει· οἱ δὲ τούτων ἔμποροί τε καὶ ἐπιδημιουργοὶ καὶ τεχνῖται ἐνταῦθα τὸ ἀνέκαθεν ᾤκουν, ἐνθένδε τε ἐς γῆν ἅπασαν φέρεσθαι τὸ ἐμπόλημα τοῦτο συνέβαινεν.
11) Vgl. Hüllmann, Handelsgesch. S. 84 ff. Schmidt, Forschungen etc. I, 127 ff.
12) *dibapha Tyria*, Hor. Ep. 12, 21. Tib. IV, 2, 16. Plin. IX, 137.
13) Hor. l. l. Tib. l. l. und II, 4, 28. Virg. Geo. III, 307. Plin. l. l.
14) Das Ed. Diocl. c. XVI lin. 86 führt 4 Sorten Purpurwolle, als theuerste und kostbarste Sorte aber Purpurseide an, μεταξαβλάττη. S. Mommsen das. und Marquardt S. 122 ff.

besten in Asien[1], ja überhaupt[2]. Die Purpurfärberei war offenbar das wichtigste Gewerbe der Stadt, das in einer grossen Anzahl Fabriken von vielen Arbeitern betrieben wurde[3]. Die Rentabilität dieses Geschäftes veranlasste die späteren Kaiser, daselbst eine kaiserliche Purpurfabrik anzulegen, in welcher die besten Sorten angefertigt wurden[4]; noch später wurde die Herstellung des tyrischen Purpurs sogar kaiserliches Monopol[5].

In der Glasfabrication steht Tyrus hinter Sidon und andern Städten Phöniziens zurück. Dass dieselbe aber dort betrieben worden sei, ist nicht zweifelhaft; noch im 12. Jahrh. n. Chr. waren die Glasfabriken der Stadt berühmt[6].

Auch für die Salbenfabrication war Tyrus wichtig; die Phönizier, welche ihre Salben bis zur fernen Insel Cerne brachten[7], trieben damit auch nach Griechenland, welches ja sehr viel Salben consumirte, einen eifrigen Handel[8].

Älter, wie bereits erwähnt, war der Ruf der Sidonier als kunstfertiger Männer, wie Homer sie bezeichnet[9]. Während Tyrus sich in der Färbung der Stoffe auszeichnete, war Sidon hauptsächlich berühmt durch seine kunstreichen Webereien[10], welche noch in der römischen Zeit beliebt waren[11]. Doch war auch Sidon für die Purpurfärberei ein wichtiger Ort; mit sidonischem Purpur gefärbte Wollenstoffe[12], auch doppelt gefärbte wie die tyrischen[13], werden öfter erwähnt, wenn sie auch diesen an Ruf und Verbreitung nachstanden.

---

1) Plin. IX, 127. Eust. ad Dion. Per. 911. Clem. Alex. Paed. II, 10 p. 239.

2) Strab. XVI, 757: πολὺ ἐξήτασται πασῶν ἡ Τυρία καλλίστη πορφύρα· καὶ ἡ Θήρα πλησίον καὶ τἆλλα εὔπορα τὰ πρὸς βαφὴν ἐπιτήδεια.

3) Strab. l. l. δυσδιάγωγον μὲν ποιεῖ τὴν πόλιν ἡ πολυπληθία τῶν βαφείων, πλουσίαν δὲ διὰ τὴν τοιαύτην ἀνδρείαν.

4) Euseb. E. H. VII, 32. Cod. Theod. X, 20, 18. Not. dign. Occ. c. X p. 49. Amm. Marc. XIV, 9, 7. Cassiod. Var. I, 2. Vgl. Schmidt a. a. O. S. 176, dessen Ansicht, dass Tyrus die einzige kaiserliche Purpurfärberei gewesen sei, oben S. 3 Anm. 1 angeführt ist; vgl. Marquardt S. 128. Vermuthlich war in Tyrus nicht bloss eine kaiserliche Fabrik, sondern alle Färbereien, welche früher Privatbesitz oder wohl auch städtische Unternehmungen waren, wurden nun kaiserliche Institute.

5) Cod. Just. IV, 40 l. Proc. hist. arc. 25. Vgl. Mommsen a. a. O. S. 94 Anm. 1.

6) Das schöne Glas von Tyrus erwähnt um das Jahr 1173 der von Boissieu, Inscr. de Lyon p. 427 angeführte Benjamin von Tudela in seiner Reise, ed. Paris 1830 p. 32. (S. Marquardt S. 336 Anm. 3050.)

7) Scyl. p. 54. (Huds.) Über die phönizischen Salben vgl. Plin. XIII, 6. Apoll. h. Ath. XV, 688 F. Dioscor. I, 63. S. Movers S. 101 ff.

8) Theophr. Char. 4.

9) Hom. Il. XXIII, 743: Σιδόνες πολυδαίδαλοι. Das. Eustath. (Vgl. Strab. I, 41). Strab. XVI, 757: Σιδόνιοι πολύτεχνοι καὶ καλλίτεχνοι. Vgl. Eust. ad Dion. Per. l. l.

10) Hom. Il. VI, 289: πέπλοι παμποίκιλοι, ἔργα γυναικῶν Σιδονίων. Et. M. v. Σιδών p. 743, 34.

11) Prop. III, 7, 55. 27, 15. Heliod. Aeth. l. l. und VII, 19: δάπιδάς τινας καὶ στρωμνὰς πεποικιλμένας, Σιδονίας τε καὶ Λυδίας ἔργα χειρός. Coripp. de nupt. Hon. et Mar. 212.

12) Hor. Ep. I, 10, 26. Tib. III, 3, 18. Mart. II, 16, 3. XIV, 154. Lucan. Phars. X, 140. Sil. Ital. VIII, 436. Claud. in Ruf. II, 450. Clem. Alex. Paed. II, 10 p. 239 u. a. Dass der Purpur von Sidon auch auswärts zum Färben verwandt wurde, zeigt Claud. de rapt. Pros. I, 275.

13) Sid. Apoll. Carm. 5, 128.

§ 1. Phönizien.   23

Nicht minder alt war der Ruhm der sidonischen Metallarbeiten, sowohl in Erz wie in Gold und namentlich in Silber[1]. Das »erzreiche Sidon« nennt Homer die Stadt[2] und gedenkt öfters der feinen Geräthe, Becher u. a. aus Silber und Gold, welche sidonische Kaufleute auf ihren schnellen Schiffen nach Hellas und Kleinasien brachten[3].

Grösser aber noch war die Bedeutung Sidons für die Glasfabrication. Der dazu geeignete Sand fand sich am besten in der Nähe von Ptolemaïs, von wo er nach Sidon gebracht und daselbst zur Glasbereitung verwendet wurde[4]. Obgleich Aegypten in dieser Technik erfolgreich mit Phönizien wetteiferte, waren doch die phönizischen Glasarbeiten immer gesucht, so lange eben sonst nirgends Glas bereitet wurde; als aber die Glasfabrication in Griechenland und Italien Eingang und Verbreitung fand, scheinen die sidonischen Glashütten viel von ihrem Rufe verloren zu haben[5]; wenigstens wird die Ausfuhr bedeutend geringer geworden sein[6].

Endlich ist Sidon auch durch seine Salbenfabrication berühmt geworden[7].

Von den übrigen Städten Phöniziens sind in der späteren Zeit nur wenige noch in industrieller Beziehung bekannt. Berytus trieb eifrig Weberei sowohl von Leinwand[8], wie von Seidenstoffen[9]; auch kamen Leinenwaaren aller Art aus Byblus[10]. Für die Purpurfischerei und -Färberei waren hauptsächlich wichtig Sarepta[11], Caesarea, Neapolis und Lydda[12].

---

1) Über den Silberreichthum Phöniziens s. Movers S. 53 ff.

2) Od. XV, 424. Das Kupfer gewannen die Phönizier theils in ihren Bergwerken im Libanon (Euseb. de martyr. Palaest. XIII, 4), theils holten sie es von Cypern, den griechischen Inseln und aus Spanien. S. Movers S. 65 ff.

3) Od. XV, 115. Il. XXIII, 741. Es ist sehr wahrscheinlich, dass auch die oft genannten Kleinodien, Geräthe etc. aus edlen Metallen, Bernstein und Elfenbein u. s. w. (vgl. Hom. Od. IV, 73. VIII, 404. XV, 459. XVIII, 295. XIX, 56. Hesiod. scut. Herc. 141) Erzeugnisse des phönizischen Kunstfleisses waren. — In späterer Zeit erwähnt noch Heliod. Aeth. V, 29 τράπεζαι und κρατῆρες aus Sidon; vgl. Eust. ad Il. XXIII, 743 p. 1327: χαλκευτικῆς τεχνῖται οἱ Σιδόνες καὶ ἀληθῶς πολυδαίδαλοι.

4) Strab. XVI, 758: μεταξὺ δὲ τῆς Ἄκης καὶ Τύρου θινώδης αἰγιαλός ἐστιν ὁ φέρων τὴν ὑαλῖτιν ἄμμον· ἐνταῦθα μὲν οὖν φασι μὴ χεῖσθαι, κομισθεῖσαν εἰς Σιδόνα δὲ τὴν χωνείαν δέχεσθαι· τινὲς δὲ καὶ τοῖς Σιδονίοις εἶναι τὴν ὑαλῖτιν ψάμμον ἐπιτηδείαν εἰς χύσιν, οἱ δὲ πᾶσαν πανταχοῦ χεῖσθαί φασιν. Vgl. Joseph. bell. Jud. II, 10, 2. Eust. ad Dion. Per. 912. Plin. V, 75: *Belus vitri fertilis.* Id. ib. 76: *Sidon artifex vitri.* XXXVI, 191 sqq. Tac. Hist. V, 7. Isid. Orig. XVI, 15 u. s.

5) Plin. XXXVI, 193: *Sidon quondam his officinis nobilis.*

6) Über noch vorhandene Reste sidonischer Glasarbeiten s. Marquardt S. 337 Anm. 3058. Höchst wahrscheinlich verfertigte man hauptsächlich Becher, nebenbei wohl auch Glasflüsse, Corallen, Fensterglas etc. S. Hüllmann S. 90. Ob die Σιδόνια ποτήρια bei Ath. XI, 468 C gläserne sind oder nicht, ist nicht zu erkennen.

7) Plin. XII, 125: *styrax laudatur ex Sidone.* id. XIII, 12: *(cyprinum) optimum Sidone.* Vgl. Ath. XV, 688 F. Poll. VI, 104.   8) Tot. orb. descr. § 12. (S. oben S. 21 Anm. 9.)

9) Proc. hist. arc. 25. (S. ebend. Anm. 10.)

10) Tot. orb. descr. l. l. Ed. Diocl. c. XVII sq.

11) Auch von da kamen, wie es scheint, Leinenwaaren; s. Treb. Poll. Claud. 17: *oraria Zarapthena quatuor.*

12) Tot. orb. descr. § 31: *Sarepta, Caesarea, Neapolis et Lydda purpuram praestant.*

Erwähnt werden endlich Thongefässe aus Gaza [1]. Nun wissen wir zwar, dass die Phönizier auch Töpferwaaren nach dem Auslande brachten [2], allein es ist wahrscheinlich, dass das meistens griechische Fabricate waren, wie uns ja auch berichtet wird, dass die phönizischen Kaufleute die attischen Thongefässe bis nach Cerne verführten [3]. Es ist daher zu vermuthen, dass bei jenen Gefässen von Gaza hauptsächlich der Wein gemeint ist, mit dem von Gaza aus ein starker Handel, zumal nach Aegypten, getrieben wurde [4].

§ 5.
Palästina. — Syrien.

Da es nicht unsere Aufgabe ist, hier ein Bild von der industriellen Thätigkeit **Palästina's** zur Blüthezeit des jüdischen Reiches zu geben, sondern nur [die wichtigsten Gewerbe hervorzuheben, welche in späterer Zeit, als Palästina römische Provinz war, betrieben wurden, so können im allgemeinen einige kurze Andeutungen genügen, um die Industrie dieses Landes in jener Epoche wenigstens in ihren Umrissen zu kennzeichnen.

Es handelt sich dabei hauptsächlich um diejenigen Gewerbserzeugnisse, welche Gegenstände des Ausfuhrhandels bildeten [5], und da sind denn die We bereien einer der wichtigsten Artikel. Weniger freilich die Wollenstoffe. Zwar wurde die Schafzucht, wie zahlreiche Stellen des A. und N. T. beweisen, in Palästina sehr eifrig betrieben [6], besonders in Judaea und jenseits des Jordans [7]; doch scheinen Wollenwebereien nach dem Auslande nicht viel ausgeführt worden zu sein. Um so wichtiger war der Export der Leinenwaaren [8]. Flachs gedieh vorzüglich in Galilaea, wo auch die meisten Webereien waren [9]; auch feinere Leinwand wurde fabricirt und nach dem Auslande geführt [10], vor allem vermuthlich jene kostbare, unter dem Namen Byssus bekannte Art, welche ja nur in einigen Gegenden der damals bekannten Welt erzeugt wurde [11]. Seit alter Zeit wurden auch Buntwirkereien im Geschmack der assyrischen Stoffe bei den Israeliten gewebt, und noch in späten Jahrhunderten ist von solchen Stoffen die Rede [12].

---

1) Steph. Byz. v. *Γάζα· καὶ οἱ κέραμοι λέγονται Γαζῖται.*
2) Strab. III, 175. 3) Scyl. p. 54.
4) Stark, Gaza u. d. philist. Küste S. 561 fg. Vgl. Jahn, Ber. d. sächs. Ges. d. Wissensch. 1854. Phil. hist. Cl. S. 35.
5) Über den Handel Palästina's mit Phönizien s. Movers S. 200 ff.
6) S. das Nähere bei Yates p. 17 sqq. Vgl. namentlich Ezech. c. 34. Hosea 2, 5. 9.
7) S. Movers S. 216. 8) Vgl. Yates p. 284 sqq. 9) S. Movers a. a. O.
10) *σινδόνες* genannt, Sprüche 31, 24. Clem. Alex. Paed. II, 10 p. 239: *οὐκ ἔτι τὰς ὀθόνας τὰς ἀπ' Αἰγύπτου, ἄλλας δέ τινας ἐκ γῆς Ἑβραίων καὶ Κιλίκων ἐκποριζόμενοι γῆς.*
11) Paus. V, 5, 2. Yates p. 284 meint, dieser Byssus sei so genannt worden, weil ihn die Hebräer nach Griechenland gebracht hätten, nicht weil er in Palästina gewachsen sei, womit er entschieden Unrecht hat, da die Byssusarbeiter in Juda schon früh erwähnt werden. Vgl. Movers S. 218 fg. Letzterer hält freilich den hebräischen wie den ägyptischen Byssus für eine Baumwollenstaude, worin ich ihm nicht beistimmen kann. S. oben S. 9.
12) Claud. in Eutrop. I, 357: *Judaicis quae pingitur India velis.* Coripp. laud. Just. min. III, 15: *stramina — quae protulit Judaica tellus.*

§ 5. PALÄSTINA. — SYRIEN.

Hauptorte für die palästinensische Weberei waren Jerusalem[1] und in späterer Zeit Scythopolis, dessen Fabricate auch im Talmud gerühmt werden[2] und später in alle Welt versandt wurden[3]. Die Vorzüglichkeit dieser Stoffe war wahrscheinlich Veranlassung dass hier im 4. Jahrh. n. Chr. eine kaiserliche Leinwandfabrik angelegt wurde[4].

Der schon in früher Zeit oft erwähnte Balsam von Palästina[5] bildete auch später noch eins der wichtigsten Erzeugnisse der Industrie und wird daher sehr häufig erwähnt und gerühmt[6]. In den Handel ist er wohl erst spät gekommen, da Herodot[7] ihn nicht erwähnt, vielleicht erst zur Zeit des Aristoteles, und zwar über Rhodus durch phönizische Kaufleute[8]. Die berühmtesten Orte, welche Balsam lieferten, waren Engadi[9] und vor allem Jericho[10]. Der Balsam von Jericho hatte einen Weltruf, und sein Verkauf brachte sehr viel ein[11]; seine Fabrication war königliches Regal; unter Vespasian wurde die Cultur der Balsamstaude in noch grösserem Massstabe betrieben. Da aber in späterer Zeit dieses wichtigen Fabricats nicht mehr Erwähnung geschieht, so hat die Vermuthung viel Wahrscheinlichkeit, dass der Balsamgarten von Jericho im Kriege Hadrians von den Juden zerstört wurde, damit den Römern diese Einnahmequelle entzogen würde[12]. — Auch andere Salben wurden in Palästina fabricirt[13], hauptsächlich ebenfalls in Jericho[14], Engadi[15] und Ascalon[16].

Dass endlich auch in einigen Gegenden Palästina's neben dem Fischfang das Einsalzen der Fische stark betrieben wurde, darauf deutet unter anderem der Name der mehrfach erwähnten Stadt Taricheae am galiläischen Meer[17].

Syrien wird bei den Schriftstellern, zumal den Dichtern, so oft mit Assyrien verwechselt oder identificirt, dass es oft, besonders da die Industrieerzeugnisse Assyriens im ganzen dieselben sind, wie die des eigentlichen Syriens, schwer ist, zu entscheiden, welches von beiden Ländern gemeint ist.

Eins der Hauptgewerbe bildete auch hier die Weberei. In Syrien blühte die Schafzucht[18]; namentlich die Wolle von Damascus war seit alter Zeit

---

1) Kostbare Gürtel von da, Aethic. Ist. Cosmogr. 84: *baltea regalia . . . ex Hierosolyma adlata*. S. Movers S. 218.   2) S. Movers ebd.
3) Tot. orb. descr. § 12. Das Ed. Diocl. führt c. XVII sq. allerhand Leinenwaaren aus Scythopolis auf, Kopfbinden, Kissen etc., und zwar werden sie da immer als die theuersten genannt.   4) S. Cod. Theod. X, 20, 8.
5) 1 Mos. 37, 25. 43, 11. Über die verschiedenen Arten desselben s. Movers S. 226 ff.
6) Plin. XII, 111: *omnibus odoribus praefertur balsamum uni terrarum Judaeae concessum*. Vgl. Theophr. hist. pl. IX, 6. Paus. IX, 28, 3. Joseph. Bell. Jud. IV, 8, 3. Id. Ant. VIII, 6, 6. XV, 4, 2 u. a.
7) Wo er von den Aromen handelt, III, 107 sqq.
8) Nach der Vermuthung von Movers a. a. O. S. 234 fg.
9) Galen. de antid. I p. 427. Jos Ant. IX, 1, 2.
10) Jos. Bell. Jud. I, 6, 6: Ἱεριχοῦς, ἔνθα τὸ τῆς Ἰουδαίας πιότατον φοίνικά τε πάμπολυν καὶ βάλσαμον τρέφει. Id. Ant. IV, 6, 1. XIV, 4, 1.
11) Strab. XVI, 763. Justin. XXXVI, 3, 2.   12) S. die Belege bei Movers a. a. O.
13) Plin. XIII, 26. Jos. Bell. Jud. IV, 8, 3.   14) Jos. Bell. Jud. I, 6, 6.
15) Jos. Ant. IX, 1, 2.   16) Plin. XII, 109.   17) Plin. V, 71. Suet. Tit. 4.
18) Aristot. hist. an. VIII, 28. Plin. VIII, 198. Vgl. Yates p. 15.

berühmt[1]. Wie in Babylon und überhaupt in Assyrien, so wurden, wie es scheint, auch in Syrien jene bekannten, schöngewirkten Teppiche mit phantastischen Thierfiguren u. ä. angefertigt, welche als Vorhänge, Tapeten etc. dem Luxus der Griechen und Römer dienten[2]. Damascus lieferte wollene Decken, die schon zur Zeit des Propheten Amos im Orient berühmt waren[3]; in der Kaiserzeit finden wir daselbst auch die Anfertigung von leinenen und baumwollenen Waaren[4]. Auch an anderen Orten Syriens blühte die Leinweberei, namentlich in Laodicea, wo leinene Kleider, Binden, Decken u. s. w. fabricirt wurden[5]. Endlich ist es nicht unwahrscheinlich, dass in Syrien auch Seidenstoffe (*bombycina*) gewebt wurden, obgleich die darauf bezüglichen Nachrichten alle von Assyrien sprechen[6].

Einer der verbreitetsten und einträglichsten Gewerbszweige Syriens, vornehmlich in Bezug auf den Export, war die Fabrication von Räucherwerk, Parfümerien und Salben. Auch diese Industrie war in Babylon heimisch, und die zahlreichen Erwähnungen lassen daher nicht immer genau erkennen, welche Fabricationsorte gemeint sind[7]. Unter den Salben wurde namentlich die Styraxsalbe gerühmt[8]; treffliche Liliensalbe lieferten Antiochia und Laodicea[9].

Aus spätrömischer Zeit erst stammt die Anlage bedeutender Waffenfabriken in mehreren Städten Syriens, nämlich in Damascus[10] und dem nahe gelegenen Daphne, Antiochia und Edessa in Osroëne[11], welche sämmtlich

---

1) Ezech. 27, 18. Das. Hieron. T. III p. 887: *significat autem, quod inter ceteras negociationes Tyri ad nundinas ejus de Damasco deferebatur vinum pinguissimum et lana praecipua, quod usque hodie cernimus.*

2) Dio Chrys. or. LXXIX, 1, t. II p. 432 R: Σύρων καὶ Βαβυλωνίων ὑφάσματα. Coripp. laud. Just. Aug. min. IV, 208: *Syrica per cunctas pendebant vela columnas:* Vgl. Aristid. or. XIV, t. I p. 326 Dind.   3) Amos 3, 12.

4) Ed. Diocl. c. XVIII, 46. Vgl. oben S. 17 Anm. 7.

5) Ed. Diocl. c. XVII; ib. XVIII, 7: κεφαλοδέσμια ἀπὸ λίνου. 16: σινδόνες κοιταρίαι. 37: φασκίνια. (Dass hier, wie bei den andern das. genannten Städten, Leinenwaaren gemeint sind, geht aus lin. 37 hervor, wo ausser den Fabrikorten noch hinzugefügt ist: ἐξ ἑτέρου καθαρωτάτου λίνου, und aus lin. 7, wo ausdrücklich ἀπὸ λίνου dabei steht. Auch der Ausdruck σινδόνες spricht dafür.) Tot. orb. descr. § 12 (s. oben S. 21 Anm. 9), wo für *Ladicia* zu lesen ist *Laodicea*. Diese Leinenwaaren aus dem syrischen Laodicea dürfen nicht, wie das mehrfach geschehen ist (z. B. bei Yates p. 283) mit den Wollenstoffen aus dem phrygischen Laodicea verwechselt werden, deren das Ed. Diocl. ebenfalls gedenkt. Vgl. Mommsen z. Ed. Diocl. p. 64 u. 87.   6) S. Movers S. 263 ff.

7) Vgl. Hermipp. b. Ath. I, 27 F. Archestr. ebd. III, 101 C. Theophr. hist. pl. IV, 5. X, 8. Hor. Carm. I, 31, 12. II, 7, 7. 11, 16. Cat. 68, 144. Tib. I, 3, 7. III, 4, 28. 6, 63. IV, 4, 28. Prop. I, 2, 3. II, 13, 30. Plin. XII, 124 sqq. 134 sq. XXI, 24. XXIV, 32 u. s. w.

8) Diosc. I, 79. Vgl. Aesch. Agam. 1312. Apoll. b. Ath. XV, 689 A. Anaxandr. ebd. IV, 131 D. Theocr. Id. 15, 114. Vgl. Movers S. 103.

9) Plin. XXI, 24; vgl. XII, 133.

10) Es ist bekannt, dass hier die Schwertfegekunst ebenso wie die Weberei auch im Mittelalter dauernden Ruf behalten haben.

11) Not. dign. Or. c. X p. 38: *Scutaria et armorum Damasci. — Scutaria et armorum Antiochiae, clibanaria Antiochiae. — Scutaria et armamentaria Edesa.* Vgl. Amm. Marc. XIV, 7, 18 u. 9, 1.

der Kaiser Diocletian angelegt[1]. Aus früherer Zeit wird uns von Metallarbeit in Syrien nichts berichtet; doch ist wohl anzunehmen, dass die drohenden Einfälle der Sarazenen nicht der einzige Beweggrund waren für die Gründung so vieler Waffenfabriken auf einem verhältnissmässig kleinen Raume, sondern dass auch andere locale Bedingungen, also namentlich eine schon sich vorfindende Technik der Einwohner in diesem Handwerk, mit gewirkt haben werden[2].

§ 6.
Galatien, Lycaonien, Pisidien mit Pamphylien, Phrygien.

Ein Geschenk, das in der Regel, wo wir es finden, mit einem Blühen des Gewerbes Hand in Hand geht, hat die Natur allen den oben genannten Ländern verliehen: den Reichthum an Schafheerden, deren Wolle zu den besten gehörte, welche das Alterthum kannte. Wie noch heut zu Tage die Ziegen der Umgegend von Angora berühmt sind, so war schon im Alterthum Galatien wegen seiner trefflichen Wolle bekannt[3]. Lycaoniens Triften nährten zahllose Heerden, deren Wolle zwar weniger fein, aber doch wegen der grossen Menge äusserst gewinnbringend war, sodass die Besitzer solcher Heerden dadurch grosse Reichthümer erwarben[4], und nicht geringer war der Ruf der aus Pisidien[5] und Pamphylien[6], zumal aus der Gegend von Selge[7] nach dem Auslande geführten Wolle und Wollenfabricate. Am berühmtesten aber war die Wolle, welche aus Phrygien kam und die sich besonders durch ihre Feinheit auszeichnete[8]. Hier war es zumal die Umgegend von Laodicea und Colossae, von wo schöne,

---

1) Joh. Malal. Chron. 12 p. 307 (Bonn): ἔκτισε δὲ καὶ (sc. Diocletianus Daphnae) φαβρικὰς τρεῖς πρὸς τὸ κατασκευάζεσθαι ὅπλα τῷ στρατῷ· ἔκτισε δὲ καὶ ἐν Ἐδέσῃ φαβρικὰ διὰ τὸ τὰ ὅπλα ἐγγὺς χορηγεῖσθαι· ὡσαύτως δὲ καὶ ἐν Δαμασκῷ ἔκτισε φαβρικὰ, ἐννοήσας ἐπιδρομὰς τῶν Σαρακηνῶν.

2) Auf Töpferei bezieht sich die Notiz des Isid. Orig. XX, 6: *seriola est orcarum ordo directus vel vas fictile vini, apud Syriam primum excogitatum*. Doch wird hierbei wohl der Export des syrischen Weines die Hauptsache gewesen sein.

3) Plin. XXIX, 33: *laudatissima (lana) e collo, natione vero Galatica*. Noch in später Zeit finden wir dort einen lebhaften Kleiderhandel, Tot. orb. descr. § 44: *(Galatia) plurimam vestem emens ac vendens*.

4) Str. XII, 568 spricht namentlich von der Gegend am Tatta-See: ὅμως δὲ καίπερ ἄνυδρος οὖσα ἡ χώρα πρόβατα ἐκτρέφει θαυμαστῶς, τραχείας δὲ ἐρέας, καί τινες ἐξ αὐτῶν τούτων μεγίστους πλούτους ἐκτήσαντο. Ἀμύντας δ' ὑπὲρ τριακοσίας ἔσχε ποίμνας ἐν τοῖς τόποις τούτοις.

5) Str. ib. 570: θαυμαστὴ δ' ἐστὶν ἡ φύσις τῶν τόπων ... ἐν γὰρ ταῖς ἀκρωρείαις τοῦ Ταύρου χώρα ... σφόδρα εὔκαρπός ἐστιν, ὥστε καὶ ἐλαιόφυτα εἶναι πολλὰ χωρία καὶ εὐάμπελα, νομάς τε ἀφθόνους ἀνεῖσθαι παντοδαποῖς βοσκήμασιν.

6) Philostr. V. Apoll. III, 15, 4: ἔριον λευκὸν ὥσπερ τὸ Παμφύλων, μαλακώτερον δέ. Ein Kleid aus Pamphylien ld. ib. VIII, 6, 16: οὐδ' ἀλουργίδος ἐβάσκηνα οὐδενὶ, οὐδὲ Παμφύλου τινὸς ἢ μαλακῆς ἐσθῆτος.

7) Tert. de pall. 3: *nec de ovibus dico Milesiis et Selgicis et Atticis*.

8) Arist. Av. 493: χλαῖναν γὰρ ἀπώλεσ' ὁ μοχθηρὸς Φρυγίων ἐρίων διὰ τοῦτον. Schol.: ἐκεῖ γὰρ ἁπαλὰ καὶ καλὰ ἔρια. Suid. s. v. Φρυγίων ἐρίων. Auch wilde Schafe gab es in Phrygien, vgl. Varr. R. R. II, 1. Den Phrygier Marsyas bezeichnete der Mythus als einen Schafhirten, Hyg. fab. 165.

II. ASIEN.

durch ihre von Natur dunkle Farbe besonders werthvolle Wolle kam [1], sowohl roh, als auch, und namentlich in der römischen Zeit, verarbeitet. Denn wenn auch die phrygische Wolle schon vor der Kaiserzeit in Griechenland geschätzt war [2], so erlangte sie doch ihre höchste Bedeutung erst zu der Zeit, als Phrygien römische Provinz und dadurch der Handelsverkehr lebhafter geworden war. Das Edict des Diocletian zählt eine Menge von Kleidungsstücken auf, die aus Laodicea exportirt wurden [3]; spätere Schriftsteller erwähnen mehrfach den lebhaften Handel dieser Stadt mit Kleidern [4], und auch inschriftlich ist das Gewerbe der Walker in Laodicea bezeugt [5].

Allein das einfache Handwerk der Wollenfabrication wurde von den Phrygiern sogar bis zu einer gewissen künstlerischen Höhe betrieben: das Sticken der Gewänder war nämlich bei ihnen ganz besonders üblich, sodass sie sogar im Alterthum als die Erfinder dieser Technik galten [6]. Wenn das auch nicht unbezweifelt richtig sein mag, da ja auch die Babylonier seit alter Zeit diese Kunst übten, so ist doch das wohl gewiss, dass die Technik des Stickens durch Phrygier

---

1) Strab. l. l. p. 578: φέρει δὲ ὁ περὶ τὴν Λαοδίκειαν τόπος προβάτων ἀρετὰς οὐκ εἰς μαλακότητα μόνον τῶν ἐρίων, ᾗ καὶ τῶν Μιλησίων διαφέρει, ἀλλὰ καὶ εἰς τὴν κοραξὴν χρόαν, ὥστε καὶ προσοδεύονται λαμπρῶς ἀπ' αὐτῶν, ὥσπερ οἱ Κολοσσηνοὶ ἀπὸ τοῦ ὁμωνύμου χρώματος πλησίον οἰκοῦντες. (Darnach scheint es, als habe Laodicea die Wollenfabrication als Monopol betrieben.) Plin. VIII, 190: in Asia Laodiceae (oves summam nobilitatem habent). Vgl. Vitr. VIII, 3, 14.   2) S. Aristoph. l. l.

3) Ed. Diocl. c. XVI lin. 9: βίρρος Λαδικηνός; l. 10: βίρρος Λαδικηνὸς ἐν ὁμοιότητι Νερβικῷ (d. h. in Laodicea nach dem Muster der nervischen Kleider verfertigt); l. 11: .τελματικὴ ἄσημος Λαδικηνὴ τρίμιτος; l. 12: παραγαύδιν Λαδικηνόν; l. 47: χλαμύδα Λαδικηνὴν μοτονήσιαν (Mommsen p. 87 vermuthet Mutinensis, ähnlich wie oben Nervica saga).

4) Hieron. adv. Jovin. 21 (Opp. II, 29): nunc lineis et sericis vestibus et Atrebatum et Laodiceae indumentis ornatus incedis. Yates p. 283 bezieht diese Stelle auf das syrische Laodicea und versteht unter den indumenta aus Laodicea und von den Atrebaten leinene Gewänder; allein da vorher auch serische, d. h. seidene Stoffe genannt sind, liegt keine Nothwendigkeit vor, hier Linnenkleider zu verstehen. Vgl. auch Tot. orb. descr. § 42: Laodicea, de qua vestis exit, quae dicitur Laodicena. (Im Peripl. mar. Erythr. § 24 werden λώδικες erwähnt; Müller zur Tot. o. descr. l. l. will darunter Kleider aus Laodicea verstehen, während Movers S. 312 Anm. 137 feine Leinwandwaaren aus dem syrischen Laodicea darunter verstanden wissen will; dem steht aber entgegen, dass auch die in Oberitalien, namentlich in Verona verfertigten lodices Wollenfabricate waren.)

5) C. I. Gr. III, 3938: [ἡ ἐργασία] τῶν γναφ[έ]ων καὶ βαφέων τῶν] ἁπλουργῶν. Franz vermuthet für letzteres Wort ἁλουργῶν; allein Purpurfärberei ist für Phrygien nicht bezeugt, auch bei der Lage des Landes unwahrscheinlich. Die ἁπλουργοί sind die Verfertiger der sogenannten ἱμάτια ἁπλᾶ, s. Mommsen z. Ed. Diocl. S. 87.

6) Plin. VIII, 195: acu facere id (sc. pingere vestes) Phryges invenerunt, ideoque Phrygioniae appellatae sunt (vestes). Isid. Orig. XIX, 22: acu picta vestis cum textilis aut acu ornata. Eadem et Phrygia. Hujus enim artis periti Phrygii omnes dicuntur; sive quia in Phrygia inventa est. Unde et artifices, qui id faciunt, Phrygiones dicuntur. Tert. de hab. mul. I, 1: Si ab initio rerum et Milesii oves tonderent et Tyrii tingerent et Phryges insuerent et Babylonii intexerent. Serv. ad Virg. Aen. III, 484 und IX, 614. Vgl. Senec. Herc. Oet. 665:

Nec Maeonia distinguit acu
Quae Phoebeis subditus Euris
Legit Eois Ser arboribus.

Die gestickten Gewänder der Phrygier auf den Vasenbildern sind bekannt genug.

§ 6. GALATIEN, LYCAONIEN, PISIDIEN MIT PAMPHYLIEN, PHRYGIEN.

nach Rom gebracht worden ist, denn dadurch erklärt es sich am besten, dass in Rom die Kunststicker *Phrygiones* genannt wurden [1].

Auch ein anderes Gewerbe, das mit der Wollenweberei in engem Zusammenhange steht, wurde in Phrygien vielfach geübt, nämlich die Färberei. Zwar ist Purpurfärberei nicht bezeugt, wohl aber wird die Färberei mit Färbewurzeln rühmend erwähnt, namentlich in Hierapolis [2], wo die Zunft der Färber auch auf einer Inschrift vorkömmt [3]. Galatien lieferte trefflichen Scharlach [4].

Im übrigen ist über die Industrie dieser Länder nur noch wenig zu sagen. Ancyra bereitete in später Zeit ein sehr gerühmtes Brot [5]; Pisidien bereitete Salben aus Styrax und Iris, namentlich die Stadt Selge [6], wo auch Öl fabricirt wurde [7]; Side in Pamphylien trieb einst eifrig Schiffsbau [8]. In Phrygien wurden Fische eingesalzen und verschickt [9], und die Einwohner der phrygischen Stadt Cibyra beschäftigten sich sehr stark mit Eisenfabricaten [10], welche im Handel ein nicht unwichtiger Artikel gewesen zu sein scheinen [11].

---

1) Vgl. Plaut. Men. II, 3, 72 (v. 426):
   Pallam illam, quam dudum dederas, ad Phrygionem ut deferas,
   Ut reconcinnetur.
Aulul. III, 5, 54: *Stat fullo, phrygio, aurifex, lanarius.* Titin. b. Non. p. 3, 16 (Ribbeck, Com. Lat. Rel. p. 115): *Phrygio fui primum beneque id opus scivi; reliqui acus aciasque hero atque herae nostrae.* Vgl. sonst Plin. Serv. Isid. ll. ll. Auf einer Inschrift bei Reinesius, XI, 108. Vgl. Marquardt S. 147.

2) Strab. XIII, 630: ἔστι δὲ καὶ πρὸς βαφὴν ἐρίων θαυμαστῶς σύμμετρον τὸ κατὰ τὴν Ἱερὰν πόλιν ὕδωρ, ὥστε τὰ ἐκ τῶν ῥιζῶν βαπτόμενα ἐνάμιλλα εἶναι τοῖς ἐκ τῆς κόκκου καὶ τοῖς ἁλουργέσιν. Dass in Hierapolis auch Baumwollencultur betrieben wurde, darauf deuten die alten Namen der Stadt, welche mit einem einheimischen Namen Magog, richtiger wohl Mabog, die »Baumwollenstadt« hiess, während die zweite Benennung Bambyke noch deutlicher darauf hinweist. Plin. V, 81. S. Forbiger, Alte Geogr. II, 85 N. 643. Brandes S. 103.

3) C. I. Gr. III, 3924.

4) Der *Galaticus rubor* bei Tert. de pall. c. 4. Vgl. Plin. XXII, 3. Beckmann, Beitr. zur Gesch. der Erfind. III, 5. Dieser Färbestoff wurde vorzugsweise in den Färbereien des Galatien benachbarten Nicaea verarbeitet (oder vielleicht aus dieser Hafenstadt versandt); vgl. Ed. Diocl. c. XVI lin. 93: Νεικαηνῆς κοκκηρᾶς λίτρα α΄. Daselbst Mommsen S. 92.

5) Tot. orb. descr. § 41: *Ancyra, quae divinum panem et eminentissimum dicitur manducare.*

6) Str. XII, 571: ἐπαινεῖται δὲ καὶ ἡ Σελγικὴ ἶρις καὶ τὸ ἀπ' αὐτῆς ἄλειμμα. Vgl. ebd. p. 570. Plin. XII, 125. XXI, 41.

7) Plin. XV, 31: *Suis herbis componunt inter Cappadociam et Galatiam, quod Selgicum vocant.* Id. XXIII, 95. Strab. l. l.

8) Zur Zeit des cilicischen Seeräuberwesens, Strab. XIV, 664: ἐν Σίδῃ γοῦν πόλει τῆς Παμφυλίας τὰ ναυπήγια συνίστατο τοῖς Κίλιξιν.

9) Eupol. b. Steph. Byz. v. Γάδειρα. Poll. VI, 48.

10) Strab. XIII, 631: ἴδιον δ' ἐστὶν ἐν Κιβύρᾳ τὸ τὸν σίδηρον τορεύεσθαι ῥᾳδίως.

11) Vgl. Hor. Ep. I, 6, 33:
   cave ne portus occupet alter,
   Ne Cibyratica, ne Bithyna negotia perdas.

§ 7.
Cilicien und Cappadocien. — Carien und Lycien.

Von der Industrie Ciliciens und Cappadociens ist nur wenig zu berichten. Das berühmteste Product **Ciliciens,** der namentlich am Corycus gedeihende Safran[1], bot hauptsächlich nur insofern Gelegenheit zu gewerblicher Thätigkeit, als er zur Salbenfabrication sich eignete, die denn auch einen gewissen Ruf erlangte[2] und namentlich in Tarsus[3] und Soli[4] betrieben wurde. Wichtiger für die cilicische Industrie ist die im ganzen nicht häufige Weberei aus Ziegenhaaren, die in Cilicien wie an den Syrten betrieben wurde und hier zuerst zur Anwendung gekommen sein soll. Die in den Bergen des rauhen Ciliciens und des benachbarten Lyciens weidenden langhaarigen Ziegen wurden geschoren[5] und aus dem gewonnenen Material jener filzartige Stoff gewebt, über dessen mannichfaltige Anwendung wir oben gesprochen haben[6] und der unter dem Namen *cilicium* seit den letzten Jahrhunderten der römischen Republik sehr bekannt und verbreitet war[7]. Allein wenn auch die Fabrication dieses Stoffes zuerst in Cilicien geschah und daselbst fortdauerte, so ist doch nicht zu bezweifeln, dass man auch in andern Gegenden Ziegenhaare auf die gleiche Art verarbeitete und den vom ursprünglichen Ort der Erfindung abgeleiteten Namen beibehielt[8].

Erst aus späterer Zeit erfahren wir von der Leinweberei in Cilicien[9]. Namentlich aus Tarsus, derjenigen Stadt Ciliciens, in welcher griechische Bildung und Industrie am meisten heimisch war, kamen verschiedenartige Leinenwaaren, Kleider, Kopfbinden, Bettdecken u. s. w. nach Rom[10].

---

1) Strab. XIV, 670. Lucr. de rer. nat. II, 416. Hor. Sat. II, 4, 68. Mart. III, 65, 2. IX, 38, 15. Lucan Phars. IX, 807. Plin. XXI, 31 u. s.

2) Theophr. de odor. 6, 27. Ath. XV, 689 D. *Styrax,* Plin. XII, 125.

3) Plin. XIII, 6: *fuerat et pardalium in Tarso, cujus etiam compositio et mixtura oblitterata est.*   4) Plin. XIII, 5: *crocinum in Solis Ciliciae maxime laudatum est.*

5) Arist. hist. an. VIII, 28: ἐν Λυκίᾳ αἱ αἶγες κείρονται, ὥσπερ τὰ πρόβατα παρὰ τοῖς ἄλλοις. Callisth. b. Ael. nat. an. XVI, 30 fügt hinzu: γίνεσθαι γὰρ δασυτάτας καὶ εὐτρίχας δεινῶς τὰς αἶγας.   6) Vgl. S. 4 fg.

7) Varr. R. R. II, 11, 11: *tondentur (caprae) quod magnis villis sunt, in magna parte Phrygiae, unde cilicia et cetera ejus generis fieri solent. Sed quod primum in Cilicia sit instituta, nomen id Cilicas adjecisse dicunt.* Plin. VIII, 203: *in Cilicia circaque Syrtes villo tonsili (caprarum) vestiuntur.* Colum. I praef. § 26. Philarg. z. Virg. Georg. III, 343. Suid. s. v. Κιλίκιος τράγος· ὁ δασύς· τοιοῦτοι γὰρ ἐν Κιλικίᾳ γίνονται τράγοι· ὅθεν καὶ τὰ ἐκ τῶν τριχῶν συντιθέμενα Κιλίκια καλοῦνται. Vgl. s. v. Κιλίκια. Hesych. v. Κιλίκιοι λόγοι. Glossar. Nomic. im Londoner Stephanus IX p. 462: Κιλικία· τράγοι ἀπὸ Κιλικίας οἱ δασεῖς etc. Paroemiogr. Gr. ed. Gaisford p. 64 D. Diogenian. V, 54 ebd. p. 197 C. Vgl. Yates p. 137 sqq. Marquardt S. 89 fg.

8) So z. B. cilicia von den Syrten, Mart. XIV, 140; in Arabien, Solin. XXXIII, 3. Isid. Orig. XIX, 26, 10.

9) Clem. Alex. Paed. II, 10 p. 239. οὐκ ἔτι τὰς ὀθόνας τὰς ἀπ' Αἰγύπτου, ἄλλας δέ τινας ἐκ γῆς Ἑβραίων καὶ Κιλίκων ἐκπορίζόμενοι γῆς.

10) Ed. Diocl. c. XVII sq. Bekanntlich war auch der Apostel Paulus ein Zeltmacher (σκηνοποιός) aus Tarsus. Act. Apost. 18, 3.

§ 7. Cilicien und Cappadocien. — Carien und Lycien.

Gelegentlich werden auch cilicische Gefässe erwähnt[1], vermuthlich wurde in ihnen der Wein Ciliciens[2] in's Ausland gebracht. — Im Anfang des vierten Jahrh. befand sich in Irenopolis eine kaiserliche Waffenfabrik[3]. Sehr wichtig war Cilicien auch für den Schiffsbau. Die Wälder des Taurus lieferten nicht nur ausgezeichnetes Bauholz, sondern auch Eisen und Kupfer in Menge[4]. Daher gründeten die Phönizier zahlreiche Colonieen an der cilicischen Küste[5] und auch die Perser liessen dort von den Ciliciern selbst, wie von Cypriern und Phöniziern Schiffe bauen[6].

Noch weniger ist über **Cappadocien** zu sagen. Das verbreitetste und bekannteste Gewerbe war die Bäckerei; cappadocische Sclaven wurden in Griechenland gewöhnlich zum Brotbacken verwendet[7]. In der späteren Zeit führte Cappadocien Kleider aus Fellen[8] und Teppiche[9] aus; von welcher Art die letzteren gewesen sind, wissen wir nicht. In noch späterer Zeit befand sich in der Stadt Caesarea eine kaiserliche Waffenfabrik[10].

In **Carien** — wie in den meisten Staaten Kleinasiens — sind es fast ausschliesslich die griechischen Colonieen, welche wir auf industriellem Gebiete thätig und nicht unbedeutendes leistend finden. Die Bewohner des Innern, die eigentlichen Carier, waren ein rohes und kriegerisches Volk, die in fremden Heeren als Söldner dienten und wegen ihrer Treulosigkeit und Käuflichkeit übel berüchtigt waren — mit Cretern und Cappadociern als die $\tau\rho\iota\alpha$ $K\alpha\pi\pi\alpha$ $\kappa\alpha\kappa\iota\sigma\tau\alpha$ bei den Alten verrufen. Handel und Gewerbe lagen in den Händen der an der Küste angesiedelten Griechen, unter deren Colonieen sich ganz besonders Milet auszeichnete[11].

Die Umgegend von Milet war seit alter Zeit wegen ihrer Schafe berühmt, welche eine vortreffliche Wolle lieferten[12]. Der Ruhm der milesischen Wolle geht in sehr alte Zeit zurück, schon die Sybariten bezogen ihre wollenen Gewänder aus Milet[13], und Polycrates führte milesische Schafe auf Samos ein[14]. In der ganzen folgenden Zeit war diese Wolle bei den Griechen ungemein geschätzt und

---

1) Isid. Orig. XX, 6: *Cilicienses (seriolae) a Cilicia nuncupatae, unde primum advectae sunt*.
2) Vgl. Ath. I, 33 B.
3) Not. dign. Or. c. X p. 38: *hastaria Irenopolitana Ciliciae*.
4) Theophr. h. pl. IV, 5, 5. Strab. XIV, 669.   5) Movers II, 2, 167 ff.
6) Diod. Sic. XI, 75, vgl. ib. 61.
7) Vgl. Ath. III, 112 C. 113 B. IV, 129 D sq. XIV, 647 C u. a.
8) Tot. orb. descr. § 40: *Haec (sc. Cappadocia) ubique leporinam vestem emittit et Babylonicarum pellium et divinorum animalium pulchritudinem*.
9) Ed. Diocl. XVI, 2: $\tau\acute{\alpha}\pi\eta\varsigma$ $K\alpha\pi\pi\alpha\delta o\chi\iota\kappa\acute{o}\varsigma$.
10) Not. dign. l. l. *clibanaria Caesareae Cappadociae*.
11) Über den Handel Milets vgl. Heeren, Handbuch III, 1, 2 S. 185. Mannert, Geograph. VI, 3 S. 253. Hüllmann, Handelsgesch. 127. 139 u. s. Die Abhandlungen von Schröder, de rebus Milesiorum, Sundae 1827; Soldan, rer. Milesiar. comm. I. Darmst. 1829 und C. G. Schmidt, de rebus Milesiis. Gotting. 1855/6 sind mir nur dem Namen nach bekannt geworden.   12) Vgl. Yates p. 34 sqq.
13) Ath. XII, 519 B: $\dot{\epsilon}\varphi\acute{o}\rho ovv$ $\delta\grave{\epsilon}$ $o\dot{\iota}$ $\Sigma v\beta\alpha\rho\tilde{\iota}\tau\alpha\iota$ $\kappa\alpha\grave{\iota}$ $\dot{\iota}\mu\acute{\alpha}\tau\iota\alpha$ $M\iota\lambda\eta\sigma\acute{\iota}\omega v$ $\dot{\epsilon}\rho\acute{\iota}\omega v$ $\pi\epsilon\pi o\iota\eta\mu\acute{\epsilon}v\alpha$.
14) Ath XII, 540 D.

wird häufig erwähnt [1]; auch später noch bewahrte sie diesen alten Ruf [2]; ja, noch in den späteren Jahrhunderten des römischen Kaiserreichs wird sie gepriesen [3], obgleich die Römer die Wolle des cisalpinischen Galliens und Unteritaliens vorzogen [4]. Wie in andern Gegenden, z. B. in Athen und Tarent, suchte man auch hier die Reinheit und Feinheit der Wolle dadurch noch mehr zu befördern, dass man die Schafe mit Fellen bedeckte [5].

Obgleich wir nun wissen, dass diese Wolle auch unverarbeitet exportirt wurde [6], wurde doch sicher der grösste Theil am Orte selbst gesponnen und zu Stoffen gewebt [7], und zwar namentlich zu Kleidungsstücken und Teppichen. Dass die Sybariten milesische Wollenstoffe trugen, ist bereits erwähnt, aber auch in den folgenden Jahrhunderten war eine milesische Chlamys ein geschätztes Kleidungsstück [8] und bis in die Zeit des römischen Kaiserreichs wurden diese Zeuge vielfach getragen [9]. Aber fast noch grösseren Ruhm genossen die milesischen Decken; *Μιλήσια στρώματα* waren sogar sprüchwörtlich geworden [10].

1) Arist. Lysistr. 724: οἶκοι γάρ ἐστιν ἐριά μοι Μιλήσια. Schol. ὡς τῆς Μιλήτου καλὰ ἐχούσης ἔρια. Hippocr. περὶ ἀφόρων I, 684: ἐν εἰρίῳ Μιλησίῳ μαλακῷ ὡς εὐειροτάτῳ. Ael. nat. anim. XVII, 34: ἁπαλαὶ γάρ εἰσι σφόδρα αἱ τούτων (sc. καμήλων) τρίχες, ὡς καὶ τοῖς Μιλησίοις ἐρίοις ἀντικρίνεσθαι τὴν μαλακότητα. Apoll. Dysc. hist. comm. c. 20. Die Septuaginta nennt bei Ezech. 27, 18 auch ἔρια ἐκ Μιλήτου unter den nach Tyrus gebrachten Waaren.

2) Colum. VII, 2, 3: *generis eximii Milesias (oves) nostri existimabant.* Plin. XXIX, 33: *laudatissima lana . . . Milesia,* Virg. Georg. III, 306:
   Nec minor usus erit, quamvis Milesia magno
   Vellera mutantur Tyrios incocta rubores.
Vgl. ib. IV, 334. Mart. VIII, 28, 10: *Nec Miletus erat vellere digna tuo.* Vgl. Strab. XII, 578.

3) Clem. Alex. Paed. II, 10 p. 237: τρίχες ἐστι προβάτων, κἂν Μίλητος αὐχῇ, κἂν Ἰταλία δοξάζηται κἂν ὑπὸ διφθέραις φυλάττωνται αἱ τρίχες. Palaeph. de Incred. 19: οἷαι καὶ νῦν αἱ ἐν Μιλήτῳ. Vgl. Eust. z. Dion. Per. 823: ἔρια δὲ ὁ τόπος οὗτος (sc. Μίλητος) φέρει ἀγαθά, ὅθεν καὶ εἰς παροιμίαν κεῖται τὰ Μιλήσια στρώματα. Tzetz. Chil. X, 329: ἔρια τὰ Μιλήσια κάλλιστα γὰρ τῶν πάντων. Tertull. de pall. 3. de hab. mul. I, 1. Serv. z. Virg. Georg. III, 306: *Milesia vellera, lanae pretiosissimae*

4) Plin. VIII, 190: *tertium locum Milesiae oves obtinent.* Vgl. Colum. l. l.

5) Clem. Alexandr. l. l.   6) Aristoph. l. l. Vgl. Ezech. a. a. O.

7) Doch bezogen die Milesier bei ihren ausgebreiteten Handelsverbindungen auch vom Pontus Euxinus, besonders von den Coraxern, Wolle; vgl. Yates p. 27 sqq. Dass die Wollenfabrication in Milet Monopol gewesen sei, hat man aus Cic. Verr. I, 34, 86: *nam quid Milesiis lanae publicae abstulerit . . . dicere praetermittam,* schliessen wollen (s. Marquardt S. 87); ich glaube aber, dass das nur theilweise angenommen werden darf. *Publica lana* ist die von den im Besitz der Stadt befindlichen Heerden gewonnene Wolle; daneben besassen sicherlich auch Privatleute ihre Heerden.

8) Vgl. Plut. Alcib. c. 23; de Alex. s. virt. s. fort. or. I c. 8 p. 380 D.

9) Hor. Ep. I, 17, 30:   Alter Mileti textam cane pejus et angue
   Vitabit chlamydem.
Porphyr. ebd.: *laneae vestes Milesiae pretiosae sunt.* Vgl. Mart. l. l.

10) Eustath. l. l. Die Notiz des Tzetz. Chil. l. l. dass Themistokles vom Perserkönige erhalten habe: Μύραν, Μυοῦντα, Μίλητον, Λάμψακον, Μαγνησίαν
   εἰς οἶνον, ὄψα καὶ στρωμνὰς, ἄρτον, εἰς ὑποδύσεις,
ist unrichtig. Bekanntlich erhielt Themistokles vom Grosskönige zugewiesen Magnesia für das Brot, Myus für die Zukost, Lampsacus für den Wein, für Decken und Kleider aber Percote und Palaescepsis. Vgl. Thuc. I, 138. Diod. XI, 57. Plut. Them. 29. Strab. XIV, 636. Ath. I, 29 F.

§ 7. CILICIEN UND CAPPADOCIEN. — CARIEN UND LYCIEN.

Solche milesische Decken werden bei den attischen Komikern häufig erwähnt [1]. Dieser Decken bediente man sich nicht nur, um damit die Sophas und Betten zu belegen, sondern man wandte sie auch als Vorhänge an den Wänden an [2]; vermuthlich waren die zum letzteren Zweck benutzten Teppiche kostbare Buntwirkereien nach Art derjenigen, welche Pergamus lieferte [3].

Wenn nun auch ein Theil dieser Stoffe, namentlich die Kleidungsstücke, ihre natürliche weisse Farbe behalten haben mögen, bedurften doch die zu kostbaren Decken verwandten und die werthvolleren Kleiderstoffe noch der Färbung [4], und diese geschah denn ebenfalls in Milet selbst. An der Küste Cariens wurde Purpur gewonnen [5]; der milesische Purpur wird noch im Edict des Diocletian mehrfach mit der Angabe seines Preises erwähnt [6], woraus denn freilich hervorgeht, dass selbst der beste milesische Purpur noch um $2/3$ billiger war, als der schlechteste tyrische [7]. Doch war die milesische Purpurfärberei im Alterthum kaum weniger berühmt, als die Wolle selbst [8].

Der Ruhm der milesischen Wollenfabricate überstrahlt so sehr alles andere, dass wir ausserdem von den Gewerben der Stadt fast gar nichts erfahren. Critias lobt milesische Betten und Sessel [9], und die Fabrication dieser Möbel scheint überhaupt in Carien nicht ohne Bedeutung gewesen zu sein, da auch in Magnesia Betten und Tische, daneben auch Leuchter und Teppiche angefertigt wurden [10].

In Cnidus und vermuthlich auch an andern Orten der carischen Küste [11] blühte die Töpferei. Die Κνίδια κεράμια lobt Eubulus [12]. Nicht nur die zur

---

1) Arist. Ran. 542. Ib. Schol.: ἐκεῖ γὰρ ἐν Μιλήτῳ καλὴ ἡ τῶν στρωμάτων ἐργασία· καὶ τὰ Μιλήσια στρώματα ποικίλα καὶ ἁπαλὰ γίνεται καὶ διάφορα. Com. b. Ath. XII, 553 B: κάτω μὲν ὑποβαλεῖτε τῶν Μιλησίων ἐρίων. Vgl. auch Theocr. Id. XV, 126:
  πορφυρέοι δὲ τάπητες ἄνω, μαλακώτεροι ὕπνω,
  ἃ Μίλατος ἐρεῖ χὡ τὰν Σαμίαν καταβόσκων
(citirt von Eustath. z. Dion. und dem Schol. zu Arist. ll. ll.).
2) Amphis b. Ath. XV, 691 A: ἐρίοισι τοὺς τοίχους κύκλῳ Μιλησίοις.
3) Auch feine Gewebe lieferte Milet. Alciphr. Ep. I, 6 erwähnt κεκρύφαλοι Μιλήσιοι.
4) Schol. Arist. l. l.: εἰς τρυφὴν οἱ Μιλήσιοι διαβάλλονται, καὶ εἰς τὸ στολῆς πολυτελές· ἐσθῆτές τ' ἐνταῦθα κατεσκευάζοντο ποικίλαι καὶ τάπητες.
5) Arist. hist. an. V, 15. Ath. III, 88 F.   6) Ed. Diocl. XVI, lin. 91 sq.
7) Vgl. Mommsen z. Ed. S. 91. Marquardt S. 122.
8) Vgl. Theocr. l. l. Virg. Georg. l. l. und das. Serv.: *Miletus civitas est Asiae, ubi tinguntur lanae optimae.*
9) Bei Ath. I, 28 B: εὐναίου δὲ λέχους ἔξοχα κάλλος ἔχει Μίλητος. Ebd. XI, 486 E: κλίνη μιλησιουργὴς καὶ δίφρος μιλησιουργής. Auch auf Inschriften werden die κλίναι μιλησιουργεῖς häufig erwähnt; vgl. Boeckh, Staatshaush. II, 153 fg. 298. 300. Rangabé, Antiqu. hellén. I, 116 sqq. II, 475 sqq. Sie werden da gewöhnlich mit Gegenständen von Erz und anderen Metallen zusammen genannt, so dass man vermuthen kann, dass sie entweder ganz von Metall oder mit Metall verziert waren. Die Aufnahme dieser Gegenstände unter die Schatzverzeichnisse spricht für ihren sei es künstlerischen sei es materiellen Werth.
10) Ath. IV, 173 F: Μάγνητες . . . παρέχουσι τοῖς ἐπιδημοῦσι στέγην ἅλας ἔλαιον ὄξος, ἔτι λύχνον κλίνας στρώματα τραπέζας.
11) Wie man aus dem Namen des Städtchens Ceramus (Strab. XIV, 656) und des Meerbusens, Sinus Ceramicus (Her. I, 174. Xen. Hell. I, 4, 8. II, 1, 15. Mela I, 16, 2 u. s.) schliessen kann.   12) Bei Ath. I, 28C.

Blümner, Die gewerbl. Thätigkeit d. klass. Alterthums.

Versendung des cnidischen Weines[1] erforderlichen Gefässe wurden fabricirt, sondern auch schönes, durch Feinheit sich auszeichnendes Tafelgeschirr, welches nach dem Auslande ging[2]; und es scheint, dass die Töpfer bei den Formen ihrer Gefässe öfters dem Umstande Rechnung trugen, dass ihre Stadt eine der Venus heilige war[3]. Für die Bedeutung der cnidischen Töpferei kann schon das Zeugniss ablegen, dass dieselbe im 4. Jahrh. v. Chr. nicht minder gerühmt wird, als im 2ten n. Chr.[4]. — Zur Zeit des Plinius schickte auch Tralles seine Töpferwaaren weit in's Ausland[5]. Dieselbe Stadt lieferte gegen Ausgang der Kaiserzeit leinene, vermuthlich mit Baumwolle gestopfte Bett- und Kopfkissen[6].

Unter den übrigen Städten Cariens zeichnete sich besonders Alabanda nicht minder durch seinen Handel und Kunstfleiss, als durch seine Schwelgerei aus[7]. Namentlich waren die daselbst gefundenen und geschliffenen Carfunkel und Crystalle[8] berühmt, sowie das aus dem sogenannten *lapis Alabandicus* bereitete Glas[9].

Ferner wurden in Carien, zumal in Alabanda[10] und Cnidus[11] treffliche Salben bereitet, und endlich wurde an mehreren Orten der Küste, besonders Cnidus[12] und Caunus[13] der Schiffsbau betrieben, wie denn die Carier als Seefahrer überhaupt einen grossen Ruf hatten[14].

Die gewerbliche Thätigkeit **Lyciens** ist unbedeutend. Fischfang und Räuchern der Fische bildete für die Küstenorte einen Hauptnahrungszweig[15]; zur Salbenbereitung boten die schönen Gebirgspflanzen und der nächst dem cilicischen hochberühmte Safran des Berges Olympus[16] hinlänglich Gelegenheit[17]. Auch die Metallarbeit scheint in Lycien betrieben worden zu sein, obgleich die Alten selbst schon über die Bedeutung der φιάλαι λυκιουργεῖς oder λυκουρ-

---

1) Strab. XIV, 637. Ath. I, 32 E.
2) Luc. Lexiph. 7: καὶ γηγενῆ πολλὰ (ποτήρια), οἷα Θηρικλῆς ὤπτα, εὐρυχαδῆ τε καὶ ἄλλα εὔστομα, τὰ μὲν Φωκαῆθεν, τὰ δὲ Κνιδόθεν, πάντα μέντοι ἀνεμοφόρητα καὶ ὑμενόστρακα.
3) Wenigstens möchte ich die unklare Stelle bei Luc. Amor. 11: ἐγὼ δὲ... κύκλῳ περιῄειν τὴν Κνίδον, οὐκ ἀγελαστὶ τῆς κεραμευτικῆς ἀκολασίας μετέχων ὡς ἐν Ἀφροδίτης πόλει, auf obscene Gefässformen beziehen. Vgl. Jahn, Ber. d. sächs. Gesellsch. 1854, Ph. hist. Cl. S. 83 Anm. 25.
4) Cnidische Töpfer betrieben auch in Athen im Ceramicus ihr Gewerbe. S. Thiersch, Abhandl. d. Bair. Acad. 1838 (II, 3), S. 830 ff. Ein Verzeichniss von (177) Henkelinschriften cnidischer Gefässe, welche in Athen, Alexandria und Sicilien gefunden wurden, findet sich im Corp. Inscr. Graec. III p. XIV tab. II. Vgl. Franz im Philol. Bd. VI S. 278 ff. Taf. II.
5) Plin. XXXV, 161: *habent et Tralles opera sua et in Italia Mutina, quoniam et sic gentes nobilitantur et haec quoque per maria terras ultro portantur insignibus rotae officinis.*
6) Ed. Diocl. XVIII, 46. (Vgl. oben S. 17 Anm. 7.)   7) Vgl. Strab. XIV, 660.
8) Plin. XXXVII, 23. 92. 96.   9) Plin. XXXVI, 63. Isid. Orig. XVI, 14.
10) Plin. XXI, 16.   11) Plin. XII, 132.
12) Suid. s. v. Ναξιουργὴς κάνθαρος.   13) Str. XIV, 651.
14) Crit. b. Ath. I, 28 C: φορτηγοὺς δ᾽ ἀκάτους Κᾶρες, ἁλὸς ταμίαι (συνεπήξαντο πρῶτοι).
15) Namentlich in Phaselis, Ath. VII, 297 E sqq. Auch Myus hatte bedeutenden Fischfang. Diod. XI, 57.   16) Plin. XXI, 37.
17) Plin. XII, 132; vgl. die Salben aus Phaselis, Plin XIII, 5. XXI, 24.

γεῖς¹ im Unklaren waren, indem der Name bald von Lycius, dem Sohne des Myron, bald von den Lyciern abgeleitet wurde². Patara lieferte schöne vergoldete Sandalen³.

§ 8.
Lydien. — Mysien und Troas.

Auch in Lydien ruht die Industrie, soweit sie namentlich für das Ausland von Bedeutung ist, hauptsächlich in den Händen der ionischen Griechen. Zwei Gewerbe sind es namentlich, die wir als die wichtigsten für das Land sowie für die Küstenstädte bezeichnen dürfen, die Weberei und die Färberei⁴.

Wie in ganz Kleinasien, so weideten auch in den Thälern und Bergen Lydiens zahlreiche Schafheerden, deren Wolle die Einwohner schon frühzeitig zur Weberei führte⁵. Berühmt waren namentlich die durch ihre natürliche Färbung sich auszeichnenden Schafe von Erythrae⁶ und Clazomenae⁷; als Hauptsitz der Fabrication aber müssen wir Sardes betrachten, dessen Wollenzeuge, namentlich die gewirkten Decken, weite Verbreitung in Griechenland und Italien fanden⁸. Doch auch Kleidungsstücke, in denen bekanntlich die üppigen Ionier grossen Luxus trieben⁹, wurden zahlreich in Lydien gefertigt¹⁰, z. B. in Thyatira¹¹, Philadelphia¹² u. s. w.

---

1) Vgl. Dem. in Tim. or. XLIX, 31 p. 1193. Die hier erwähnten müssen von edlem Metall und sehr werthvoll gewesen sein.
2) Ath. XI, 486 D sq. (vgl. 784 B.) Eust. z. Il. XII, 342 p. 907. Suid. Harpocr. Phot. s. v.
3) Luc. dial. mer. 14, 2: ἐκ Παταρῶν σανδάλια ἐπίχρυσα. ib. 14, 3: σάνδαλα Παταρικά. Carische Schuhe erwähnt der Schol. zu Theocr. X, 35.
4) Vgl. über die Gewerbthätigkeit der Lyder Menke, Lydiaca, Berol. 1843. p. 36 sqq.
5) Die spätere Mythenbildung verfehlte nicht, dies auszubeuten; Arachne, die geschickte Weberin, welche Pallas zum Wettstreit herausfordert, wird eine Lyderin genannt, Ov. met. VI, 5:   Maeoniaeque animum fatis intendit Arachnes,
   Quam sibi lanificae non cedere laudibus artis
   Audierat.
Man schrieb ihr sogar die Erfindung der Leinweberei zu, Plin. VII, 196: *fusos in lanificio Closter filius Arachnae, linum et retia Arachne (invenit).*
6) Plin. VIII, 191: *Asia rutili (velleris oves habet), quas Erythraeas vocant.* Doch kann diese Benennung auch bloss auf die Farbe zurück geführt werden, Colum. VII, 2, 4: *nec minus Asia rutilos (colores praebet), quos vocant ἐρυθρούς.* Vgl. Vitr. VIII, 3, 14.
7) Vitr. l. l.
8) Ath. VI, 255 E: κλίνη ὑπεστρωμένη Σαρδιανῇ ψιλοτάπιδι τῶν πάνυ πολυτελῶν. XII, 514 C: ὑποτιθεμένων ψιλοταπίδων Σαρδιανῶν. Non. p. 539, 7: *Varro Hercule Socratico: cubo in Sardiniais tapedibus.* Vgl. ib. p. 542, 14.
9) Vgl. Democr. Ephes. b. Ath. XII, 525 C.
10) Hes. v. Λυδεία ἐσθής, τὰ Λύδεια ὑφάσματα. Poll. VII, 77: Σαρδιανικὸς χιτών. Doch waren auch manche Kleidungsstücke, welche in Sardes verkauft wurden, in Persien gefertigt; vgl. Arist. Vesp. 1137 sqq., wo ein persisches Gewand (καυνάκη) in Sardes gekauft, aber in Ecbatana gewebt ist. Das. d. Schol.: εἰς Σάρδεις γὰρ ἐπωλεῖτο τὰ Περσικὰ ἱμάτια.
11) Eine Zunft der ἱματευόμενοι daselbst im Corp. Inscr. Gr. 3480.
12) ἡ ἱερὰ φύλη τῶν ἐριουργῶν. C. I. Gr. 3422.

Allein die Erzeugnisse der lydischen Weberei hätten an sich vielleicht nicht solche Berühmtheit im Auslande erlangt, wäre nicht auch der Vorzug einer ausgezeichneten Färberei mit Purpur, der an den Küsten Ioniens in bester Qualität gewonnen wurde[1], hinzugekommen. Purpurfischereien befanden sich wohl überall an der Küste[2]; und auch die Purpurfärberei wurde nicht nur in der Hauptstadt, sondern auch in vielen andern Städten im Innern und an der Küste sehr eifrig betrieben[3]. So macht Ovid den Vater der Spinnerin Arachne zu einem Purpurfärber in Colophon[4]; die Purpurhändlerin aus Thyatira ist aus der Apostelgeschichte hinlänglich bekannt[5]. Auch hier waren aber die bedeutendsten Fabriken in Sardes, wohin die Sage sogar die Erfindung des Wollefärbens verlegte[6]. Das βάμμα Σαρδιανικόν[7] war in Griechenland sogar sprüchwörtlich geworden; — später freilich wusste man nicht mehr recht, ob damit Purpur von Sardes oder von Sardinien gemeint sei[8], obgleich nach den betreffenden Stellen des Aristophanes kein Zweifel darüber aufkommen kann[9].

Ausser der Wollenweberei wird uns nur wenig von andern in Lydien fabricirten Stoffen berichtet. Golddurchwirkte Gewänder, wie sie in Persien seit alter Zeit üblich waren, webte man auch in Lydien[10]. Sardes lieferte Garn, das namentlich zu Netzen tauglich war[11]; Leinweber weisen auch die Inschriften von Thyatira auf[12].

Von andern in Lydien betriebenen Gewerben haben wir nur vereinzelte Nachrichten, aus denen wir folgendes hervorheben: Schuhe lieferte Colo-

---

1) weshalb Alexander der Grosse den ionischen Städten auferlegte, ihm eine bedeutende Quantität Purpursaft zu schicken, Ath. XII, 539 F. Vgl. auch Theopomp b. Ath. XII p. 526 C.
2) Z. B. in Phocaea, Ov. met. VI, 9:
   pater huic Colophonius Idmon
   Phocaica bibulas tinguebat murice lanas.
In Smyrna, Tot. orb. descr. § 47 : regio — proferens — alicam et purpuram bonam.
3) Eine eigenthümliche Anwendung der Purpurfärberei erwähnt Claud. de rapt. Pros. I, 274 :
   non sic decus ardet eburnum,
   Lydia Sidonio quod femina tinxerit ostro.
4) Ov. l. l.
5) Act. apost. 16, 14; βαφεῖς werden auf Inschriften von Thyatira häufig gefunden, s. Corp. inscr. Gr. 3496—3498.
6) Plin. VII, 196 : inficere lanas Sardibus Lydi (invenerunt). Vgl. Hyg. fab. 274.
7) Arist. Ach. 112 : ἵνα μή σε βάψω βάμμα Σαρδιανικόν; vgl. Pac. 1174 m. d. Schol. : διαφέρουσι γὰρ αἱ Λυδικαὶ βαφαί. Vgl. Clem. Alex. Paed. II. 10 p. 203. Hes. v. βάμμα Σαρδιανικόν.
8) Schol. Arist. Ach. l. l. Suid. v. βάμμα Κυζικηνόν und ἵνα μή σε βάψω.
9) Auch Scharlachfärberei scheint in Sardes betrieben worden zu sein; vgl. die vom Komiker Plato b. Ath. II, 48 B erwähnten φοινικίδες Σαρδιανικαί.
10) Lyd. de mag. III, 64 p. 258 (Bonn): σπουδὴ γέγονε τοῖς Λυδοῖς ... καὶ χρυσοστήμονας διεργάζεσθαι χιτῶνας (καὶ μάρτυς ὁ Πείσανδρος εἰπὼν „Λυδοὶ χρυσοχίτωνες"), καὶ οὐκ αὐτοὺς μόνους ἀλλὰ καὶ τοὺς καλουμένους σάνδυκας etc.
11) Poll. V, 26. (Vgl. Plin. VII, 196: linum et retia Arachne invenit.)
12) Corp. Inscr. Gr. 3504 : Zunft der λινουργοί.

phon[1], irdene Gefässe[2] Erythrae[3], Phocaea[4], Teos[5]. Das lydische Eisen rühmt Daïmachos als zu Werkzeugen und Waffen tauglich[6]; andere Erwähnungen desselben mögen wohl nur zufällig fehlen, da die Anlage einer kaiserlichen Waffenfabrik zu Sardes in später Zeit[7] für eine Fortdauer dieses Gewerbes spricht.

Als Bäcker[8] und Köche[9] waren die Lyder von Alters her berühmt; und auch die eingesalzenen Fische[10], sowie das zu Clazomenae trefflich bereitete Garum[11] waren bei den Feinschmeckern sehr beliebt. Endlich war Ephesus berühmt wegen seiner Salbenfabrication[12]; und dass daselbst auch das Gewerbe der Silberarbeiter, welche kleine Nachbildungen des Dianentempels verfertigten, ein sehr bedeutendes war, das vielen Gewinn abwarf und namentlich viel nach dem Ausland exportirte, lehrt die Geschichte vom Goldschmied Demetrius[13].

Mysien und Troas sind für die Geschichte des Handels von weit grösserer Bedeutung, als für die der Gewerbe. Über die ionischen Städte an der Küste des Hellespont und der Propontis ging der lebhafte Handel zwischen dem Mittelmeere und dem Pontus; es war, wenigstens soweit es Industrieerzeugnisse betrifft, weder Import- noch Exporthandel, sondern hauptsächlich Transitohandel, welcher Städten wie Abydus und Cyzicus ihre Bedeutung verlieh.

Der Hauptort Mysiens, Pergamum[14], dessen Blüthe erst mit der Gründung des attalischen Reiches beginnt, hat sich einen Namen und ein bleibendes Andenken dadurch erworben, dass hier, als man ein Surrogat für den aegyptischen

---

1) Poll. VII, 90: Ῥίνϑων Κολοφωνίου (ὑποδήματος) μέμνηται. Hes. v. Κολοφώνια· ὑποδήματα κοῖλα. Eine Zunft der βυρσεῖς zu Thyatira, Corp. Inscr. Gr. 3499.

2) Vgl. Crit. b. Ath. X, 432 E: ἄγγε᾽, ἃ Λυδὴ χεὶρ εὗρ᾽ ἀσιατογενής.

3) Plin. XXXV, 161. Ath. XI, 475 C. Die Töpferei hängt hier wohl zusammen mit dem in Erythrae sehr blühenden Weinbau, vgl. Archestr. b. Ath. III, 112 B: φερεστάφυλοι Ἐρυϑραί; ebd. I, 32 B. — Zunft der κεραμεῖς in Thyatira s. C. I. Gr. 3485.

4) Luc. Lexiph. 7: ποτήρια... τὰ μὲν Φωκαῆϑεν. Phocaea hatte auch zu einer Zeit, da es unter den seefahrenden Mächten eine der ersten Stellen einnahm, d. h. besonders im 6. Jahrh. v. Chr., Bedeutung für den Schiffsbau, vgl. Her. I, 163.

5) Alcaeus b. Ath. XI, 481 A: „λάταγες ποτέονται κυλιχνᾶν ἀπὸ Τηΐαν," ὡς διαφόρων γινομένων καὶ ἐν Τέῳ κυλίκων (ποτέονται, Bergk, Poet. lyr. Gr. fr. 43].

6) Steph. Byz. v. Λακεδαίμων· τὸ δὲ Λύδιον (στόμωμα)... εἰς ῥίνας καὶ μαχαίρας καὶ ξυρία καὶ ξυστῆρας. Auch bei Eust. ad Il. II, 584 p. 294.

7) Not. dign. Or. c. X p. 89: scutaria et armorum (fabrica) Sardis Lydiae.

8) Archestr. b. Athen. III, 112 C. Kuchen von Teos erwähnt Eust. ad Il. II, 537 p. 279. Zunft der ἀρτοκόποι in Thyatira, C. I. Gr. 3496.

9) Ath. IV, 160 A. XII, 516 C sq.

10) Von Cumae, Xenocr. de alim. ex aquat. c. IV § 73 p. 19.

11) Plin. XXXI, 94; vgl. XXXII, 18.

12) Ath. XV, 688 F: Ἔφεσός γέ τοι πρότερον, φασί, τοῖς μύροις διέφερε καὶ μάλιστα ἐν τῷ μεγαλλείῳ, νῦν δὲ οὔ. Der Schol. z. Aesch. Pers. 41 erklärt das Wort Λυδοφοίτην durch μυροπώλην. Vgl. Virg. Georg. I, 56. Poll. VI, 104.

13) Act. Apost. 19, 24 sqq. Eine συνεργασία τῶν ἀργυροκόπων καὶ χρυσοχόων zu Smyrna im C. Inscr. Gr. 3154.

14) Über die Gewerbthätigkeit von Pergamum vgl. Wegener, de aula Attalica p. 28 sqq.

Papyrus suchte, dessen Ausfuhr nach Pergamum der auf den Ruhm seiner alexandrinischen Bibliothek eifersüchtige Ptolemaeus Euergetes II. Physkon verboten hatte, die alte Erfindung, auf Thierhäute zu schreiben, unter König Eumenes II. bis zur Bereitung des **Pergaments** vervollkommnet wurde [1]. Es ist selbstverständlich, dass diese Erfindung zu einer sehr ausgebreiteten Fabrication des nun bald allgemein sich verbreitenden neuen Schreibmaterials führte, doch wurde die Technik auch anderwärts bekannt und z. B. in Rom selbst ausgeübt [2], sodass keineswegs anzunehmen ist, dass die zahlreichen Erwähnungen von *membranae* bei den alten Autoren sich alle auf pergamenische Fabriken beziehen [3].

Ferner wurde in Pergamum die schon seit alter Zeit in Kleinasien heimische Kunst der **Goldwirkerei** in hoher Vollkommenheit ausgeübt. Leider haben wir darüber nur Nachrichten aus römischer Zeit; als Rom durch die Attalen mit Pergamum in nahe Verbindung trat, da kamen auch jene kostbaren Goldstoffe, namentlich Vorhänge (*aulaea*) und Kleider, dahin und waren da unter dem Namen *aulaea Attalica, vestes Attalicae* bekannt [4], und es ist wohl nur ein Missverständniss dieser Benennung, wenn man die Erfindung dieser Technik dem Könige Attalus selbst zuschrieb [5]. Es ist nicht zu bezweifeln, dass die Kunst, wollene und seidene Stoffe mit Goldfäden zu durckwirken, später auch in Rom selbst ausgeübt worden ist; doch mag in Pergamum die Fabrication und Versendung dieser Stoffe noch lange einen wichtigen Theil der Industrie und des Exportes gebildet haben.

Zur Zeit des Plinius wurden in Pergamum auch ausgezeichnete **irdene Becher** verfertigt [6]. Es lässt das im allgemeinen darauf schliessen, dass überhaupt die **Töpferei und Thonarbeit** daselbst es zu einer gewissen Vollendung gebracht hatten, und dem entspricht recht gut, dass ebenda — allerdings einige Jahrhunderte früher — eine Schule berühmter **Erzgiesser und Toreu-**

---

1) Plin. XIII, 70: *aemulatione circa bibliothecas regum Ptolemaei et Eumenis, supprimendo chartas Ptolemaeo, Varro membranas Pergami tradit repertas.* Falsch ist die Chronologie angegeben in Boissonade anecd. Graec. I, 420. Vgl. Meier in Ersch-Grubers Encyclop. unter »Pergamenisches Reich« S. 68. Andere Stellen bei Isid. Orig. VI, 11, 1. Hieron. ep. 7 ad Chromat. Jovin. et Euseb. Vol. I p. 800 (Colon. 1516). Tzetz. Chil. XII, 347. Manso, Leben Constantins S. 424. Beck, specimen hist. biblioth. Alex. p. 10. Wegener l. l. p. 72.

2) S. Marquardt 399 fg.

3) Im allgemeinen ist wahrscheinlich der Papyrus das gewöhnliche Material der Bücher geblieben, während man das theure Pergament für seltnere und kostbarere Bücher aufhob; vgl. Mart. XIV, 184 186. 188. 190. Wegener l. l.

4) Plin. XXXIII, 63: *Attalicis vero jampridem intexitur (aurum) invento regum Asiae;* vgl. XXXVI, 115. XXXVII, 12. Cic. Verr IV, 12, 27: *Attalica parapetasmata.* Val. Max. IX, 1, 5: *Attalicis aulaeis contecti parietes.* Sil. Ital. XIV, 659: *quaeque Attalicis variata per artem Aulaeis scribuntur acu.* Hor. Od. I, 1, 12. Serv. ad Virg. Georg. III, 25. Donat. de com. in Gronov. thes. Graec. ant. T. VIII col. 1690: *aulaea quoque in scena intexta sternuntur, quae pictus ornatus erat, ex Attalica regia Romam usque perlatus.* S. Wegener l. l. p. 28.

5) Plin. VIII, 196: *aurum intexere invenit Attalus rex, unde nomen Attalicis.* Vgl. Serv. ad Aen. I, 701.

6) Plin. XXXV, 160.

ten bestand[1]. Wir werden einer derartigen Verbindung der Thonarbeit und des Erzgusses noch öfter begegnen.

Auch die **Salbenfabrication** wurde in Pergamum betrieben[2], wie in andern Städten Mysiens z. B. in **Adramyttium**[3]; am bedeutendsten jedoch in **Cyzicus**, dessen Salben bei den Schriftstellern häufig erwähnt werden[4].

Auch sonst war Cyzicus in Handel und Industrie eine der wichtigsten Städte jener Gegend. Sehr grossartig wurde der **Schiffsbau**, die Fabrication von **Kriegsmaterial** und **Waffen** daselbst betrieben[5]; damit aber wird es wohl, als die Stadt unter Augustus ihre Selbständigkeit verlor[6], ein Ende gehabt haben, obgleich sonst ihr Wohlstand nicht abnahm; bot doch der Boden noch immer so reichlich wie früher seinen Ertrag, namentlich den schönen, nach den Nordküsten des schwarzen Meeres geführten Wein[7]; gewährte das Meer doch nach wie vor reichliche Ausbeute, zumal an den bei den Gourmands sehr beliebten **Austern**, die bekanntlich auch bei **Abydus** in vorzüglicher Güte gefischt wurden[8].

Überhaupt bot das Meer für die Bewohner der Küste Nahrung in reichlichem Masse dar. Die **Propontis** war nicht minder als der Pontus wegen ihres Fischreichthums berühmt[9], zumal **Parium** zog daraus grossen Gewinn[10]. Auch **Purpur** wurde gewonnen, namentlich an den Vorgebirgen **Sigeum** und **Lectum**[11]; und dass auch in der Propontis solcher gefunden wurde, ist aus dem bei Plinius[12] erhaltenen Namen der Insel **Porphyrione** zu schliessen. Das sprüchwörtliche βάμμα Κυζικηνόν aber, das die Lexicographen und Paroemiographen durch die Vortrefflichkeit der zu Cyzicus betriebenen Purpurfärberei erklären[13], beruht auf einer missverstandenen Stelle des Aristophanes[14].

Von den übrigen Städten Mysiens seien noch erwähnt **Pitana**, wo leichte,

---

1) Vgl. über die Künstler von Pergamum Brunn, Künstl. Gesch. I, 442 ff. Dass auch die gewöhnliche Metallarbeit in Pergamum Ruf hatte, zeigt die Berühmtheit der von da kommenden Strigiles; vgl. Mart. XIV, 51.
2) Doch zu Athenaeus Zeit nicht in derselben Güte, wie früher, Ath. XV, 689 B: ἐν δὲ Περγάμῳ πρότερον μὲν ἐξοχὴ, νῦν δὲ οὒ, μυρεψοῦ τινος ἐκπονήσαντος.
3) Plin. XIII, 5. Ath. XIII, 688 E. 689 A.
4) μύρον Κυζικηνόν bei Paus. IV, 35, 6. Am besten war die Irissalbe, Ath. XV, 688E. Plin. XIII, 5 : *irinum Corinthi diu maxime placuit, postea Cyzici*. Ebd. 14: *Cyzicena amaracus*. Vgl. Dioscor. I, 68. — S. Marquardt, Cyzicus und sein Gebiet S. 31 fg.
5) Strab. XIV, 653: κἀνταῦθα δὲ ὥσπερ ἐν Μασσαλίᾳ καὶ Κυζίκῳ τὰ περὶ τοὺς ἀρχιτέκτονας καὶ τὰς ὀργανοποιίας καὶ θησαυροὺς ὅπλων τε καὶ τῶν ἄλλων ἐσπούδασται διαφερόντως. Kupferbergwerke in Troas erwähnt Str. XIII, 607.
6) Vgl. Marquardt a. a. O. S. 82 ff.   7) Ebd. S. 32 ff.
8) Ebd. S. 36 ff.
9) *piscosa Propontis*, Avien. or. mar. v. 465. Namentlich Thunfische, die vom Pontus nach dem Archipelagus zogen, Ael. nat. an. XV, 5. Plin. IX, 52. Auf Münzen von Cyzicus erscheint der Thunfisch sehr oft, vgl. Sestini, Descr. dei Stateri ant. p. 49. 56.
10) Hes. b. Ath. III, 116 C. Archestr. ebd. 92 D. Plin. XXXII, 146. Vgl. Xenocr. de alim. l. l. über das daselbst bereitete Garum.
11) Arist. h. an. V, 15. Ath. III, 88 F.   12) V, 151.
13) Suid. Hes. Et. Magn. Zonaras. s. h. v. und sonst.
14) Pac. 1173 sqq. m. Schol. Vgl. Marquardt a. a. O. S. 38.

im Wasser schwimmende Ziegel verfertigt wurden[1], und in Troas Percote und Palaescepsis, die Decken und Kleider lieferten[2]. Wichtig für den Schiffsbau war Antandros am Ida[3].

§ 9.
Die Länder um den Pontus.

Für die Geschichte des griechischen Handels sind die Länder am Pontus von der weittragendsten Bedeutung. Schon früh hatten die grossen Handelsstädte Ioniens, namentlich die Milesier, den Reichthum erkannt, den ihnen die Naturproducte dieser Gegenden darboten; die üppigen Kornfelder der Küstenstriche, die schönwolligen Heerden des innern Landes, das prächtige Holz der Wälder, das Metall der Berge, der Fischreichthum des Meeres — alles das bot sich dem industriellen Geiste der Hellenen, wenn er an der Küste dieses Meeres Fuss fasste, mit seinen Anwohnern sich in Verbindung setzte. So entstand denn rings um den Pontus Euxinus eine grosse Zahl rasch aufblühender Colonien[4]; ihnen brachten die barbarischen Völker die Producte, welche Ackerbau, Viehzucht, Bergbau etc. ihnen verschafften; hier empfingen sie die Erzeugnisse des griechischen Gewerbfleisses, oft vielleicht aus Material gefertigt, das sie selbst geliefert. Aber ein selbständiges, reges gewerbliches Leben konnte sich an diesen äussersten Grenzorten der Civilisation nicht entwickeln; fast in allem, was zu den Erzeugnissen der Industrie gehört, musste der pontische Handel allein receptiv bleiben[5].

Unter den einheimischen Gewerben, welche die griechischen Colonisten vorfanden und deren Erzeugnisse sie nach dem Mutterlande verführten, nehmen die erste Stelle ein die Eisenarbeit und der Fischfang verbunden mit dem Einsalzen der Fische.

Für die Eisenarbeit ist das zwischen dem polemonischen und cappadocischen Pontus wohnhafte Volk der Chalyber[6] im Alterthum fast sprüchwörtlich geworden. Schon der Name Χάλυβες[7] deutet auf den hauptsächlichsten Beruf

---

1) Strab. XIII, 614. Plin. XXXV, 171.

2) Themistocles bekam vom Perserkönig Περκώτην καὶ τὴν Παλαίσκηψιν εἰς στρωμνὴν καὶ ἱματισμόν, Athen. I, 29 F. Plut. Them. 29. Vgl. Neanth. b Schol. Arist. Equ. 84.

3) Thuc. IV, 52: ναῦς τε γὰρ εὐπορία ἦν ποιεῖσθαι αὐτόθεν, ξύλων ὑπαρχόντων καὶ τῆς Ἴδης ἐπικειμένης, καὶ τῇ ἄλλῃ παρασκευῇ. Vgl. Xen. Hellen. I, 1, 25. Strab. XIII, 606.

4) Der bequemeren Anordnung wegen betrachten wir hier auch die der Nordküste, obgleich dieselben schon zu Europa gehören.

5) Vgl. Hüllmann, Handelsgesch. S. 133 ff. Preller, Über d. Bedeutung d. schwarzen Meeres f. d. Handel der alten Welt, Dorpat 1842. (in den Ausgew. Aufsätzen, herausg. v. R. Köhler, Berlin 1867. S. 444 ff). Curtius, Griech. Geschichte I, 336 ff.

6) Über die Sage von denselben vgl. Ephor. bei Strab. XIV, 678. Scymn. 201 (Huds. II, 55). Scyl. 33. Dion. Per. 768 sqq. Dass sie Aeschylus (Prom. 301. 714. vgl. Sept. 727) am Caucasus wohnen lässt, ist dichterische Willkür. Vgl. über Chalyber und die Eisengewinnung am Pontus Hoeck, Kreta, I, 294 ff.

7) Der Name findet sich auch bei andern Völkerschaften, wo theils Eisenarbeit gleichzeitig erwähnt wird, wie in Spanien (vgl. Just. XLIV, 3), theils vorauszusetzen ist, wie im west-

§ 9. DIE LÄNDER UM DEN PONTUS.

dieser Völkerschaft, denn es liegt näher, zu vermuthen, dass die Bearbeiter des Eisens bei den Griechen nach diesem Metall benannt worden sind, als dass letzteres seinen Namen von dem Volke erhalten habe [1]. Hier befanden sich nun seit den ältesten Zeiten Bergwerke [2] und Eisenhütten; während die am Meere wohnenden sich mit dem Fischfang beschäftigten, betrieb der überwiegende Theil der Bevölkerung die Metallarbeit [3]. Der von ihnen bereitete Stahl wurde nun von den Griechen nach dem Auslande gebracht [4]; und sowie die Nachricht, dass die Chalyber zuerst die Eisenarbeit erfunden hätten [5], darauf hindeutet, seit wie früher Zeit diese Producte durch den Handel bekannt geworden waren, so beweist die häufige Erwähnung der Chalyber und ihrer Technik bei Dichtern, Lexicographen u. s. w. [6], wie ausgedehnt und wichtig dieser Handel mit den pontischen Stahlwaaren gewesen sein muss [7].

Der Verkehr scheint hauptsächlich durch Sinope gegangen zu sein; es ist sehr wahrscheinlich, dass die mehrfach erwähnten sinopischen Stahlarbeiten [8] nur in dieser Stadt verarbeitet, das Eisen selbst aber bei den Chalybern gewonnen wurde [9].

Während dieser Gewerbszweig sich nur auf einige Gegenden beschränkte, denen die Natur das Material dazu darbot [10], ist ein allen Ländern am Pontus

---

lichen Kleinasien (bei Herod. I, 28) oder bei den armenischen Chalybern (Xen. Anab. IV, 5, 34 u. 7, 15), wenn nicht hier Verwechslung mit den pontischen Chalybern anzunehmen ist. Vgl. Hoeck a. a. O. 298 ff.   1) Vgl. Hüllmann S. 82 ff.
2) Früher sogar Silberbergwerke, Str. XII, 549. 551.
3) Xen. Anab. V, 5, 1: οὗτοι (οἱ Χάλυβες) ὀλίγοι ἦσαν ... καὶ ὁ βίος ἦν τοῖς πλείστοις αὐτῶν ἀπὸ σιδηρείας. Strab. l. l.: λείπεται τοῖς μεταλλευταῖς ἐκ τῶν μετάλλων ὁ βίος; vgl. p. 551. Apoll. Rhod. II, 1003 sqq. beschreibt ihre Lebensweise folgendermassen:
    τοῖσι μὲν οὔτε βοῶν ἄροτος μέλει, οὔτέ τις ἄλλη
    φυταλιὴ καρποῖο μελίφρονος ....
    ἀλλὰ σιδηροφόρον στυφελὴν χϑόνα γατομέοντες
    ὦνον ἀμείβονται βιοτήσιον· οὐ δέ ποτέ σφιν
    ἠὼς ἀντέλλει καμάτων ἄτερ, ἀλλὰ κελαινῇ
    λιγνύϊ καὶ καπνῷ κάματον βαρὺν ὑτλεύουσαν.
4) Eudoxus b. Steph. Byz. v. Χάλυβες· ἐκ δὲ τῆς Χαλύβων χώρας ὁ σίδηρος ὁ περὶ τὰ στομώματα ἐπαινούμενος ἐξάγεται. Eust. z. Dion. Perieg. 767. Vgl. Virg. Georg. I, 58. Mit ehernen Fabricaten wurde auch ein starker Handel nach Phönizien getrieben, s. Ezech. 27, 13.   5) Plin. VII, 197. Amm. Marc. XXII, 8, 21 u. s.
6) Vgl. Aesch. ll. ll. Eur. Alc. 980 m. d. Schol. Lycophr. 1109. Virg. Georg. l. l. m. d. Schol. Val. Flacc. IV, 611. Mart. IV, 55, 12. Sid. Apoll. Carm. V, 46. Hesych. v. Χάλυβες. Et. Mgpn. v. Χαλκός. Arist. mirab. ausc. c. 48 (49), und an vielen andern Stellen.
7) Die Spuren der alten Bergwerke der Chalyber fand Hamilton, Reisen in Kleinasien, Pontus und Armenien, deutsch von Schomburgk, S. 244. Derselbe berichtet, dass noch heut dort Eisen gefunden, geschmolzen und nach Constantinopel geschickt wird, wo es sehr begehrt ist, S. 257 ff. Vgl. Streuber, Sinope, S. 59 ff.
8) Steph. Byz. v. Λακεδαίμων· στομωμάτων τὸ μὲν Χαλυβδικόν, τὸ δὲ Σινωπικόν ... καὶ ὅτι Σινωπικὸν καὶ Χαλυβδικὸν εἰς τὰ τεκτονικά ... ὥς φησι Ἰαῖμαχος. Vgl. Eust. z. ll. II, 581 p. 294. Cratin. b. Poll. X, 148: Χαλυβδικὸν στόμωμα.
9) Vgl. Sengebusch, Sinopicar. quaestt. spec. p. 19. Streuber a. a. O. Ein χαλκοτύπος auf einer Inschrift von Sinope im C. I. Gr. III, 4158.
10) Die kaiserliche Waffenfabrik zu Nicomedien in Bithynien entstand erst in später Zeit, Not. dign. Or. c. X p. 38: scutaria et armorum Nicomediae. Clibanaria Nicomediae.

gemeinsamer Beruf das Fangen und Einsalzen der Fische¹. Die dichten Züge der Thunfische, welche alljährlich im Frühling aus dem Pontus in den Bosporus einströmten und dort für die Byzantier eine so reichliche Nahrungsquelle abgaben, kamen aus dem schwarzen Meere und schwammen, zuerst als noch kleine Thiere, allmählich aber an Grösse zunehmend, längs der Ost- und Südküste des Pontus hin, wo der Fang schon lohnend war². Die gefangenen und getödteten Fische wurden nun in Massen eingesalzen; — nur ein kleiner Theil diente zur Nahrung der Anwohner, das meiste ging nach den kleinasiatischen Handelsplätzen und von da in alle Welt; denn pontische Räucherwaaren bildeten, zumal in Griechenland, eine gewöhnliche Nahrung des ärmeren Mannes³. Als die für den Fischfang und das Einsalzen der Fische wichtigsten Küstenorte sind zu nennen Chalcedon⁴, Tius und Heraclea⁵, Amastria⁶, Sinope⁷, Trapezus⁸, die Küste der Chalyber⁹, Dioscurias¹⁰, Panticapaeum¹¹, Theodosia¹², wie überhaupt der ganze taurische Chersonnes¹³ und die Maeotis, vorzüglich um die Mündung des Tanaïs¹⁴, Olbia¹⁵ etc.

Ein drittes Gewerbe, das von den Eingebornen jener Gegenden betrieben wurde, ist die Weberei. Zwar die Wolle der pontischen Heerden ging wohl meist unverarbeitet nach den griechischen Handelsstädten, besonders nach Milet¹⁶,

---

1) Vgl. Hüllmann S. 148 ff. Preller S. 22 fg. und namentlich Köhler, Τάριχος ou recherches sur l'histoire et les antiquités des pêcheries de la Russie meridionale, in den Memoires de l'acad. impér. des sciences de St. Petersbourg. Six. sér. T. I. 1832 p. 347—488.

2) Vgl. über den Fischreichthum des Pontus Arist. h. an. VIII, 19. Ael. nat. an. IV, 9. XV, 5. Peripl. Pont. Eux. I p. 9 (Hudson) § 62 (Müller). Poll. VI, 48 sq. Plin. IX, 47. 49 sqq. 176 sq. und öfters.

3) Die Erwähnungen der ταρίχη Ποντικά sind überaus zahlreich; vgl. z. B. Strab. III, 144. VII, 320. Ath. I, 27 E. III, 116 F. 117 A. 119 B. VII, 295 C. 349 A. 326 F. u. s. Plin. XXXII, 146. 152 etc. Auch der pontische Caviar, ὀξύγαρον, war im Auslande beliebt, Ath. IX, 366 C.

4) Archestr. b. Ath. III, 92 E. Gell. VI, 16, 5.

5) Ath. VIII, 331 C. Ael. nat. anim. XV, 5. Ps.-Arist. mirab. 73 (74).

6) Ael. l. l.

7) Strab. VII, 320. XII, 545. Athen. III, 118 E. VII, 307 B. Fische auf Münzen von Sinope bei Rasche IV, 2 p. 1101. 1110. Eckhel D. N. II, 390. Vgl. Streuber a. a. O. S. 54 ff.

8) Str. VII, 320.   9) Str. XII, 549

10) Die grossartigen Salzsiedereien, welche sich in der Nähe dieser Stadt befanden, machten für die Einwohner einen einträglichen Erwerbszweig aus, dessen Erzeugniss nicht nur zum Einsalzen der Fische benutzt, sondern auch als Handelswaare ausgeführt wurde. Vgl. Str. XI, 506. Const. Porphyr. de admin. imp. c. 32 ed. Meurs. p. 134.

11) Str. VII, 307. 310.   12) Dem. in Lacr. or. XXXV § 32 u. 34 p. 934.

13) Str. VII, 311.   14) Str. l. l. u. XI, 493; vgl. Plin. XXXII, 146. 149.

15) Scymn. 804 sqq. (frg. v. 66 sqq.) Über die Münzen von Olbia, welche sich auf Fischfang und Räuchern beziehen, vgl. Köhler a. a. O. p. 424 sqq.

16) Bei dem lebhaften Handelsverkehr, den Milet mit dem Pontus und den zahlreichen milesischen Colonien daselbst unterhielt, ist das sehr wahrscheinlich, vgl. Yates p. 27 sq. Über die pontische Wolle vgl. Arist. h. an. VIII, 28. Am besten war die von Gazelonitis, Str. XII, 546: ἡ Γαζηλονῖτις ἔχει προβατείαν ὑποδιηθροῦν καὶ μαλακῆς ἐρέας, ἧς καθ' ὅλην τὴν Καππαδοκίαν καὶ τὸν Πόντον σφόδρα πολλὴ σπάνις ἐστίν. Für einheimische Wollenweberei zeugt u. a. das Volk der Melanchlaeni, Her. IV, 20. Dion. Per. 309. Das Ed. Diocl. XVI, 2 erwähnt einen τάπης Ποντικός.

§ 9. Die Länder um den Pontus.

zumal die, welche von der Völkerschaft der Coraxer um Colchis kam[1]; und kein geringer Theil der berühmten milesischen Wollenstoffe wird aus pontischer Wolle gewebt gewesen sein. Hingegen blühte die Leinweberei in Colchis[2], wo der Flachs auf dieselbe Weise verarbeitet wurde, wie in Aegypten, was im Alterthum Veranlassung gab, die Vermuthung, dass beide Völker in Verbindung ständen, zu unterstützen[3]. Die in grösseren Quantitäten producirte Leinwand wurde viel in's Ausland verführt[4]; namentlich war auch das colchische Garn zu Netzen für Fischer und Jäger beliebt[5].

Von den griechischen Colonieen am Pontus war diejenige, in welcher das regste gewerbliche Leben herrschte, wohl Sinope[6]. Wir haben bereits der Stahlfabrication und der Räucheranstalten dieser Stadt gedacht; wir erfahren aber, dass auch nach anderer Richtung hin dort die Industrie blühte[7]. Die *Sinopica terra* zwar, welche bekanntlich kein Product der Gegend war, bildete nur einen Haupthandelsartikel, ohne für ein Gewerbe von grösserer Bedeutung zu sein; hingegen bot der Holzreichthum der pontischen Wälder verschiedenen Gewerbszweigen reichliches Material dar. Das prächtige Schiffsbauholz, das im Alterthum weit berühmt war[8], wurde nicht bloss unverarbeitet nach dem Auslande gebracht, sondern auch in den Küstenstädten und ganz besonders in den Werften von Sinope zum Schiffsbau verwendet[9]; und

---

[1] Hippon. b. Tzetz. Chil. X, 329 (Bergk frg. 3):
περὶ ἐρίων Κοραξῶν ἐν πρώτῳ δὲ Ἰάμβῳ
Ἱππώναξ οὕτως εἴρηκε, μέτρῳ χωλῶν ἰάμβων·
Κοραξικὸν μὲν ἡμφιεσμένη λῶπος.
Vgl. Tzetz. ib. XI, 388:
καὶ Ἴβηρες ἑσπέριοι καὶ Κοραξοὶ ὁμοίως
ὑφάσματα τὰ κάλλιστα εἰσὶν ἐριουργοῦντες.
Strab. III, 144. XII, 578; vgl. Marquardt, Röm. Privatalt. II, 88 Anm. 877. Yates p. 27 sqq. — Die Färberei wurde in der benachbarten Landschaft Iberien betrieben; vgl. Virg. Aen. IX, 579: *pictus acu chlamydem et ferrugine clarus Ibera*. Das. Serv.: *ferrugo coloris genus est ... Hibera autem modo non Hispana sed Pontica. Nam Hiberia pars Ponti est inter Persidem et Armeniam, ubi optime colores diversi tinguntur.* Vgl. Hor. Epod. 5, 21 u. Acro ebd. Claud. de IV cons. Hon. 587.   [2] Vgl. Yates p. 280 sq.

[3] Her. II, 105: λίνον μοῦνοι οὗτοί τε (οἱ Κόλχοι) καὶ Αἰγύπτιοι ἐργάζονται κατὰ ταὐτά etc. .... λίνον δὲ τὸ μὲν Κολχικὸν ὑπ' Ἑλλήνων Σαρδονικὸν κέκληται. Wie die letzteren Worte zu deuten seien, s. bei Ritter, Vorhalle europ. Völkergesch. S. 45. Wiskemann, die antike Landwirthschaft S. 25.

[4] Str. XI, 498: λίνον ποιεῖ πολὺ καὶ κάνναβιν .... ἡ δὲ λινουργία καὶ τεθρύληται, καὶ γὰρ εἰς τοὺς ἔξω τόπους ἐξεκόμιζον καί τινες βουλόμενοι συγγένειάν τινα τοῖς Κόλχοις πρὸς τοὺς Αἰγυπτίους ἐμφανίζειν ἀπὸ τούτων πιστοῦνται.

[5] Xen. de ven. 2, 4: τὰς δὲ ἄρκυς Φασιανοῦ ἢ Καρχεδονίου λεπτοῦ λίνου καὶ τὰ ἐνόδια καὶ τὰ δίκτυα. Poll. V, 26.

[6] Vgl. Sengebusch l. l. p. 14 sqq. Streuber a. a. O. S. 50 ff.

[7] Über die grosse Anzahl von Handwerkern in Sinope vgl. Polyaen. VII, 21, 2. Diog. Laert. VI, 20.

[8] Theophr. h. pl IV, 5, 5. Xen. anab. VI, 4, 4. Plin. XVI, 197. Hor. Od. I, 14, 11. Cat. 4, 9 sqq. u. s.

[9] Polyaen. l. l. Strab. XII, 546. Die Stadt hat noch heute für den Schiffsbau ausserordentliche Bedeutung, s. Streuber S. 52 fg.

auch für die Tischlerei bot die Umgegend von Sinope das geeignete Holz [1]. Auch führten die prächtigen Olivenhaine der Landschaft zu einer blühenden Ölfabrication [2].

Unerwähnt darf endlich nicht bleiben, dass in den Colonieen am cimmerischen Bosporus, zumal in Panticapaeum, wohin durch den Handel allerlei Gegenstände des griechischen Kunsthandwerks, besonders bemalte Vasen, Terracotten und Goldschmuck kamen, sich eine einheimische, nachahmende Industrie entwickelt hat, von der uns zwar durch die Schriftsteller nichts überliefert ist, die aber aus den Gräberfunden jener Gegend deutlich zu erkennen ist [3].

§ 10.
Die kleinasiatischen Inseln.

Tenedos verfertigte in der römischen Kaiserzeit treffliche Thongefässe [4], und die Vorüberschiffenden kauften, wenn sie auf der Insel anlegten, gern diese zerbrechliche Waare ein, um sie den Ihrigen daheim als Andenken mitzubringen, da die kleine Insel sonst wohl nur wenig bieten mochte [5].

Lesbos. So gesegnet Lesbos an Naturproducten, zumal an Getreide, Wein und Öl ist, so berühmt die Insel hinsichtlich der auf ihr gepflegten Kunst und Wissenschaft ist, so wenig wissen wir von der gewerblichen Thätigkeit der Bewohner [6].

Der Feinschmecker Archestratus lobt das auf Lesbos gebackene Brot [7]. Mytilene lieferte treffliche Salben [8]. Was wir aber mit den Gefässen anfangen sollen, welche lesbische genannt werden, ist schwer zu sagen. Nach einem Epigramm des Hedylus [9] (um 200 v. Chr.) hätten wir darunter gläserne Becher zu verstehen; und es ist in der That nicht unmöglich, dass zu jener Zeit die Glasfabrication aus Alexandria nach Lesbos hinübergebracht worden ist. Nach Festus aber wäre *Lesbium* ein getriebenes Gefäss, von den Lesbiern erfun-

---

1) Str. l. l.: ἡ δὲ Σινωπῖτις καὶ σφένδαμνον φύει καὶ ὀροκάρυον, ἐξ ὧν τὰς τραπέζας τέμνουσιν. Vgl. Eust. z. Dion. v. 772.

2) Str. l. l. und II, 73; vgl. Eust. z. Il. II, 853. Dass Handel damit getrieben wurde, wird zwar nicht berichtet, ist aber sehr wahrscheinlich; s. Streuber S. 53.

3) Eingehende Fundberichte mit Abbildungen bringt seit dem Jahre 1859 das Compte-Rendu de la Commission Impériale archéologique, herausg. vom Grafen Stroganoff und Ludolph Stephani, und die Antiquités du Bosphore Cimmérien, Petersbourg 1854 ff.

4) Plut. de vit. aer. al. 2 p. 828 A: τὴν δὲ τράπεζαν ἡ καλὴ Αὐλὶς ἢ Τένεδος ἀντικοσμήσει τοῖς κεραμεοῖς, καθαρωτέροις οὖσι τῶν ἀργυρῶν.

5) Dio Chrys. or. XLII, 5, t. II p. 187 sq.: σχεδὸν οὖν παραπλήσιον πεπόνθασιν οἱ ἐμοὶ λόγοι τῷ κεράμῳ τῷ Τενεδίῳ· καὶ γὰρ ἐκεῖθεν πᾶς μὲν ὁ παραπλέων ἐμβάλλεται κέραμον, οὐδεὶς δὲ ὑγιῆ διακομίζει ῥᾳδίως, ἀλλὰ οἱ πολλοὶ σαθρὸν ποιήσαντες ἢ συντρίψαντες ὄστρακα ἔχοντες λανθάνουσιν αὐτούς. Vgl. Alciphr. ep. III, 69: ἐγὼ δὲ τὴν φλυαρὸν γλῶτταν ἀποτέμνειν ὀστράκῳ Τενεδίῳ τοῖς βουλομένοις ἕτοιμός εἰμι παρέχειν.

6) Plehn, Lesbiacorum liber, Berol. 1826 habe ich nicht erlangen können.

7) Bei Ath. III, 111 F.   8) Plin. XIII, 10.

9) Bei Ath. XI, 486 B: κεῖται πορφυρέης Λέσβιοι ἐξ ὑέλου.

§ 10. Die kleinasiatischen Inseln.

den [1]. Das kann sich nun freilich auch auf Glasarbeit beziehen, da ja auch gläserne Gefässe toreutisch bearbeitet wurden; andrerseits aber kann sich der Name bloss auf die bei den Lesbiern entstandene Form der Gefässe beziehen, so dass auch der bei Hedylus erwähnte Becher nichts für lesbische Fabrication bewiese.

Dass die Töpferei auf der Insel stark betrieben wurde, ist bei der bedeutenden Ausfuhr des lesbischen Weines selbstverständlich [2]. Näheres wissen wir freilich von ihr ebensowenig, wie von der lesbischen Metallarbeit, obgleich deren Fabricate ziemlich bekannt gewesen zu sein scheinen [3].

Chios. In Chios [4] muss schon in alter Zeit ein reges Leben in Kunst und Handwerk geherrscht haben, denn die Künstlerfamilie des Melas auf Chios, welche noch den frühesten Zeiten der griechischen Plastik angehört, genoss im Alterthum keines unbedeutenden Rufes [5], und die Werke des Bupalos und Athenis waren noch in der römischen Kaiserzeit beliebt [6]. Aber am berühmtesten war Chios doch durch seine Weinstöcke, und die Pflege derselben sowie die Bereitung des Weines mag wohl eine grosse Zahl der Bewohner der Insel beschäftigt haben. Die grosse Menge des erzeugten Weines und der bedeutende Exporthandel, der damit getrieben wurde, musste dahin führen, dass auch die Aufbewahrungsgefässe an Ort und Stelle gefertigt wurden, und da sich die geeignete Thonerde in Chios selbst vorfand [7], so verfertigte man daraus die sehr grossen Fässer ($X\tilde{\iota}o\iota$ $\varkappa\acute{\alpha}\delta o\iota$), in denen der Wein in's Ausland ging [8]. Auch kleinere Gefässe wurden in den Töpferfabriken der Insel angefertigt [9].

Wie öfters, so finden wir auch hier neben dem Betriebe der Töpferei die Erzarbeit. An Chios und den Namen des Glaucus knüpft sich die Erfindung des Löthens des Erzes [10]. Wir wissen zwar nichts näheres, ob später die Erzarbeit auf der Insel weiter betrieben wurde; doch ist es wahrscheinlich, dass die Künstler Sostratus und Pantias [11] (Ol. 90—100) Erzgiesser waren, wenn man aus ihren Werken (meist Athletenstatuen) diesen Schluss ziehen darf.

---

1) Paulus Diacon. p. 115 Müller: *Lesbium, genus vasis caelati, a Lesbis inventum.*
2) Vgl. Ps.-Arist. mirab. c. 104 (111).
3) Namentlich die von Her. IV, 61 erwähnten $\Lambda\acute{\epsilon}\sigma\beta\iota o\iota$ $\varkappa\varrho\eta\tau\tilde{\eta}\varrho\epsilon\varsigma$. Vgl. auch die in der Inschrift im Corp. Inscr. Graec. 139 lin. 18 erwähnte $\dot{\alpha}\sigma\pi\grave{\iota}\varsigma$ $\dot{\epsilon}\varkappa$ $\Lambda\acute{\epsilon}\sigma\beta o\upsilon$ $\dot{\epsilon}\pi\acute{\iota}\sigma\eta\mu o\varsigma$ $\chi\varrho\upsilon\sigma\tilde{\eta}$ und die $\Lambda\acute{\epsilon}\sigma\beta\iota o\iota$ $\varkappa\acute{o}\tau\upsilon\lambda o\iota$ $\dot{\alpha}\varrho\gamma\upsilon\varrho o\tilde{\iota}$ bei Boeckh, Staatshaush. II, 165.
4) Whitte, De rebus Chiorum, Hafn. 1838 kenne ich nicht.
5) Plin. XXXVI, 11; vgl. Brunn, Griech. Künstl. I, 38.
6) Plin. ib. 13. 7) Plin. XXXV, 194.
8) Plin. XXXVI, 59. Luc. Ver. hist. II, 40. Vgl. Varro bei Non. p. 543. Hes. v. $\sigma\tau\alpha\mu\nu\acute{\iota}\alpha$. Für die weite Verbreitung dieser Gefässe spricht die Notiz des Theopomp bei Strab. VII, 317, dass man im Flusse Naro (in Illyrien) die Scherben von Thongefässen aus Chios fände: $\dot{\alpha}\pi\grave{o}$ $\tau o\tilde{\upsilon}$ $\epsilon\acute{\upsilon}\varrho\acute{\iota}\sigma\varkappa\epsilon\sigma\vartheta\alpha\iota$ $\varkappa\acute{\epsilon}\varrho\alpha\mu\acute{o}\nu$ $\tau\epsilon$ $X\tilde{\iota}o\nu$ $\varkappa\alpha\grave{\iota}$ $\Theta\acute{\alpha}\sigma\iota o\nu$ $\dot{\epsilon}\nu$ $\tau\tilde{\omega}$ $N\acute{\alpha}\varrho\omega\nu\iota$. Vgl. über den Handel mit griechischen Weinen nach Istrien Ps.-Arist. l. l. S. Jahn, Berichte der Sächs. Gesellsch. 1854. S. 34.
9) Vgl. Ath. XI, 480 E: $\dot{\epsilon}\pi\alpha\iota\nu o\tilde{\upsilon}\nu\tau\alpha\iota$ $\delta\grave{\epsilon}$ $\varkappa\alpha\grave{\iota}$ $\alpha\acute{\iota}$ $X\tilde{\iota}\alpha\iota$ $\varkappa\acute{\upsilon}\lambda\iota\varkappa\epsilon\varsigma$, $\tilde{\omega}\nu$ $\mu\nu\eta\mu o\nu\epsilon\acute{\upsilon}\epsilon\iota$ $\H{E}\varrho\mu\iota\pi\pi o\varsigma$ $\dot{\epsilon}\nu$ $\Sigma\tau\varrho\alpha\tau\iota\acute{\omega}\tau\alpha\iota\varsigma$· „$X\acute{\iota}\alpha$ $\delta\grave{\epsilon}$ $\varkappa\acute{\upsilon}\lambda\iota\xi$ $\upsilon\psi o\tilde{\upsilon}$ $\varkappa\varrho\acute{\epsilon}\mu\alpha\tau\alpha\iota$ $\pi\epsilon\varrho\grave{\iota}$ $\pi\alpha\sigma\sigma\alpha\lambda\acute{o}\varphi\iota\nu$." Id. I, 3 F. Eust. ad Il. IX, 312 p. 907.
10) Brunn a. a. O. S. 29 fg.   11) Ebd. S. 80 ff.

Von andern auf Chios blühenden Gewerben haben wir nur spärliche Nachrichten. Gelobt wird die daselbst bereitete **Mastixsalbe**[1] und das chiische **Kraftmehl** galt für das beste [2]. Der Ruhm der chiischen **Betten**[3] und **Sophas**[4] spricht für technisch vollendete **Kunsttischlerei**, wenn wir nicht diese Gegenstände als Fabricate der Erzarbeit auffassen wollen, da genauere Nachrichten über das Material derselben fehlen [5].

An den Küsten der Insel wurde **Purpur** gewonnen[6]; ob auch Färbereien daselbst waren, wissen wir nicht. Ebensowenig lässt sich entscheiden, ob die chiischen **Schuhe**[7] sich nur auf eine bestimmte Form der Fussbekleidung, die gerade auf Chios üblich sein mochte, beziehen, oder ihrer Güte wegen Erwähnung verdienten.

Samos ist eine von der Natur überaus günstig bedachte Insel, deren Fruchtbarkeit im Alterthum sprüchwörtlich geworden war [8]. Die Bewohner waren ein regsames, unternehmendes Volk, das schon frühzeitig weite Handelsreisen machte[9] und auch in gewerblicher Thätigkeit hinter den Städten des naheliegenden Festlandes nicht zurückblieb. Die **Schafzucht** wurde seit alten Zeiten auf der Insel betrieben[10]; doch scheint es keine gute Race gewesen zu sein, weshalb der Tyrann Polycrates Schafe aus Milet und Attica importirte[11]. Die samische **Weberei** hat zwar nie grossen Ruf erlangt, doch werden Teppiche aus samischer Wolle um ihrer Weichheit willen gelobt[12]; es war dies ja auch ein Vorzug der milesischen und attischen Wolle.

Am wichtigsten ist jedoch für Samos die **Töpferkunst**[13]. Auf der Insel wurde eine Thonerde gefunden, welche zu verschiedenen medicinischen Zwecken

---

1) Plin. XII, 72; vgl. XXIV, 121. Dioscor. I, 51.

2) Plin. XVIII, 76: *inventio ejus (mamyli) Chio insulae debetur, et hodie laudatissimum inde est appellatum ab eo quod sine mola fiat.*

3) Crit. b. Ath. I, 28 B:

εὐναίου δὲ λέχους ἔξοχα κάλλος ἔχει
Μίλητός τε Χίος τ' ἐναλος πόλις Οἰνοπίωνος.

4) Ebd. XI, 486 E: κλίνη Χιουργής. Auch auf Inschriften, vgl. Boeckh, Staatshaush. II, 153 f. Rangabé, Antiqu. hellén. I, 116 sq. II, 475.

5) Vgl. oben S. 33 Anm. 9.

6) Ath. XII, 539 F, wo erzählt wird, dass Alexander der Grosse den Ioniern und namentlich den Chiern befohlen habe, ihm eine bedeutende Quantität Purpur zu schicken. Als der Brief des Königs in Chios vorgelesen wurde, meinte der anwesende Sophist Theocritus, nun verstehe er erst die Worte des Homer: σὺν δ' Ἕλλαβε πορφύρεος θάνατος καὶ μοῖρα κραταιή.

7) Hes. v. Χῖαι, ὑποδήματος ἀνδρείου εἶδος.

8) Str. XIV, 637. Apul. Flor. I p. 18.

9) Vgl. Hüllmann S. 125. 127. Über Handel und Gewerbe auf Samos s. Panofka, Res Samiorum p. 14 sqq.

10) Ael. nat. an. XII, 40 erzählt, dass die Schafe bei den Samiern eine gewisse religiöse Verehrung genossen, weil ein aus einem Tempel gestohlenes heiliges Geräth einst durch ein Schaf wiedergefunden wurde. Vgl. Yates p. 37.

11) Ath. XII, 540 C sq. Eust. z. Dion. Per. v. 823 stellt die samische Wolle der milesischen gleich.   12) Theocr. XV, 125; vgl. Eust. l. l.

13) Vgl. Jahn, Berichte d. Sächs. Ges. d. Wissensch. 1854 S. 33.

verwendet wurde[1], und die, zu Gefässen verarbeitet, ihre medicinische Kraft noch beibehielt, indem man nur mit Scherben samischer Thongefässe sich, wie es hiess, ohne Schaden castriren konnte[2].

Die samischen Gefässe[3] scheinen aber erst zur römischen Zeit auch im Auslande bekannt und berühmt geworden zu sein[4]; die frühern griechischen Schriftsteller erwähnen sie gar nicht, vermuthlich weil die attischen irdenen Gefässe fast allein das Ausland versorgten. Nach Italien wurde jedoch schon im 2. Jahrh. v. Chr. viel samisches Thongeschirr ausgeführt, hauptsächlich Tischgeräth, und dasselbe hat sich lange Zeit im Gebrauch erhalten[5]. Es spricht das um so mehr für die Güte des Fabricats, als dasselbe nichts weniger als kostbar war; es war ein Zeichen von grosser Einfachheit, sich solcher Gefässe zu bedienen[6], ja, bei feierlichen Gelegenheiten, wie Opfern und Festmahlen, sie zu gebrauchen, wurde für Geiz ausgelegt[7].

Dass aber die Thonbildnerei schon in früher Zeit in Samos eine hohe Stufe der Vollendung erreicht haben muss, dafür spricht die Bedeutung, welche diese Insel für die Geschichte der Erzarbeit hat. Auf Samos nämlich erfanden Rhoecus und Theodorus um die 50te Ol. den Erzguss, jenen ungeheuren Fortschritt von der bis dahin befolgten Methode des Löthens[8]. Freilich, eine

---

1) Hipp. de nat. mul. p. 557. Plin. XXVIII, 248. XXXI, 117. XXXV, 191. Über die Thongruben (γεωφανεῖα) s. Panofka l. l. p. 16. Jahn a. a. O. Anm. 23.

2) Plin. XXXV, 165: *Samia testa Matris deum sacerdotes qui Galli vocantur virilitatem amputare, nec aliter citra perniciem.* Lucil. b. Non. p. 398, 33: *Samium rursum acutum, unde et samiare dicimus acuere, quod in Samo hoc genus artis polleat. Lucilius Saturarum lib. VII:*
hanc ubi vult male habere, ulcisci pro scelere ejus,
testam sumit homo Samiam sibi, anophele, inquit,
praecidit caulem testisque una amputat ambo.
(So nach Lachmann z. Lucrez. p. 99.) Mart. III, 81, 3: *abscissa est quare Samia tibi mentula testa?* Vgl. Juv. VI, 514.

3) Der Insel Samos schrieb spätere Grübelei die Erfindung der Thongefässe zu, Isid. Orig. XX, 4, 3: *fictilia vasa in Samo insula prius inventa traduntur, facta ex creta et indurata igne, unde et Samia vasa.*

4) Wenn Tertull. apol. 25 den Numa, Auson. epigr. 8 den Agathocles aus samischen Gefässen speisen lässt, so soll damit wohl nur die Einfachheit dieser Könige bezeichnet werden. Agathocles zumal, der gewesene Töpfer, dürfte sich wohl eher des einheimischen Fabricats bedient haben.

5) Plin. XXXV, 160: *Samia etiam nunc in esculentis laudantur.* Vgl. Gell. N. A. XVII, 8, 5.

6) Plaut. Stich. V, 4, 12 (694):
nos nostro Samiolo poterio
Si nunc bibimus, tamen ecficimus pro opibus nostra moenia.
Vgl. Bacch. II, 2, 24 (200). Lucil. b. Non. l. l. *et non pauperitiae Samio curtoque catino.* Tib. II, 3, 47: *at tibi laeta trahant Samiae convivia testae.* Auct. ad Her. IV, 51, 64. Cic. Republ. VI, 2 (bei Non. v. Somium p. 398). Lactant. Instit. I, 18, 22: *cur autem figulinae repertori honos non habetur? an quia isti divites vasa Samia contemnunt?*

7) Plaut. Capt. II, 2, 41 (291): *ad rem divinam quibus opus est Samiis vasis utitur.* Vgl. Cic. pro Mur. 36, 75.

8) Plin. XXXV, 152: *Sunt qui in Samo primos omnium plasticen invenisse Rhoecum et Theodorum tradant multo ante Bacchiadas Corintho pulsos.* Brunn a. a. O. S. 30 ff.

dauernde Stätte scheint die Kunst in Samos nicht gefunden zu haben; ausser jenen beiden wird nur noch ein Erzgiesser Pythagoras daselbst genannt [1].

Von den andern auf Samos betriebenen Gewerben war für den Export nur noch die Ölbereitung von Wichtigkeit [2]. Gerühmt werden auch die dort bereiteten Kuchen [3].

Dass endlich die eifrig Handel und früher auch Seeräuberei treibenden [4] Samier auch im Schiffsbau eine gewisse Berühmtheit erlangten, sodass man ihnen sogar die Erfindung eines besonderen Fahrzeuges zum Transport der Pferde zuschrieb [5], ist natürlich; eine bestimmte Art Schiffe wurden »samische« genannt [6]; wie man erzählte, soll sie der Tyrann Polycrates erfunden haben [7].

§ 11.
Fortsetzung.

Cos. Unter den wenigen Orten des klassischen Alterthums, an welchen die Seidenfabrication betrieben wurde, nimmt die Insel Cos eine der ersten Stellen ein [8]. Bekanntlich kamen die werthvollsten und gesuchtesten Seidenstoffe aus Gegenden, welche nie in andere Berührung mit den Völkern der alten Welt getreten sind, als im Handel, von den Serern, unter denen man allgemein das heutige China versteht. Demnächst lieferte auch Indien Seidenstoffe, ferner Assyrien; aber alle diese waren höchst wahrscheinlich wieder anderer Art, als die coischen.

Über die Entstehung der Seidenfabrication auf dieser Insel sind die Nachrichten der Alten spärlich und unklar. Aristoteles, der zuerst der coischen Seidenfabriken gedenkt [9], spricht von Einführung der Cocons, welche dort verarbeitet

---

1) Brunn S. 146. Eins der berühmtesten Erzeugnisse samischen Erzgusses war der grosse argolische Krater, den die Samier wegen einer gewinnbringenden Fahrt nach Tartessus in das Heraeon zu Samos weihten, Her. IV, 152.
2) Aesch. Pers. 884. Alexis (oder Antiphan.) b. Ath. II, 66 F.
3) Ath. IV, 130 D. XIV, 644 C. Plut. san. praec. c. 6 p. 125 A. Poll. VI, 78.
4) Plut. Quaest. Gr. c. 55 p. 303 D.
5) Plin. VII, 209: *hippagum Samii (invenerunt)*.
6) Cratin. b. Phot. v. Σαμιακὸν τρόπον. Plut. Pericl. 26. Ath. XII, 540 E. Schol. Arist. Pac. 143. Hes. v. Σαμιακὸς τρόπος. Phot. v. Σάμαινα u. s.
7) Alexis b. Athen. XII p. 540 E. Lysimach. b. Suid. v. Σαμίων ὁ δῆμος.
8) Vgl. Yates p. 176 ff. Semper, Der Stil I, 149 fg. Marquardt a. a. O. S. 103 ff. Über die Industrie der Insel überhaupt s. Küster de Co insula, p. 30 sqq.
9) Arist. hist. an. V, 17, 6: ἐκ τούτου τοῦ ζῴου καὶ τὰ βομβύκια ἀναλύουσι τῶν γυναικῶν τινες ἀναπηνιζόμεναι κἄπειτα ὑφαίνουσι· πρώτη δὲ λέγεται ὑφῆναι ἐν Κῷ Παμφίλη Πλάτεω θυγάτηρ. Nach ihm Plin. XI, 76: *telas aranearum modo texunt ad vestem luxumque feminarum, quae bombycina appellatur. Prima eas redordiri rursusque texere invenit in Coo mulier Pamphile, Plateae filia, non fraudanda gloria excogitatae rationis ut denudet feminas vestis.* Darnach Isid. Orig. XIX, 22, 13: *bombycina est a bombyce vermiculo, qui longissima ex se fila generat, quorum textura bombycinum dicitur conficiturque in insula Coo.* Wenn für Cos bei Plin. IV, 62 von der Insel Ceos gesagt wird: *ex hac profectam delicatiorem feminis vestem auctor est Varro*, so rührt dieser Irrthum entweder von Plinius selbst oder schon von Varro her. Bei Lucr. IV, 1130 ist wohl *Coaque* für das handschriftliche *Ceaque* zu lesen, wenn nicht Lucrez noch Lachmanns

§ 11. DIE KLEINASIATISCHEN INSELN.   49

worden seien [1], während nach einer andern Nachricht [2] Seidenwürmer auf der Insel selbst heimisch waren, was neuere Forschungen bestätigen [3]. Beide Nachrichten werden sich am besten dahin vereinigen lassen, dass mit den Cocons zugleich die Seidenraupen selbst eingeführt wurden, — freilich zu welcher Zeit und durch wen, das lässt sich kaum vermuthen [4].

Es ist auffallend, dass — bis auf die erwähnte Notiz des Aristoteles — die coischen Stoffe erst von römischen Schriftstellern des ersten Jahrh. v. Chr., besonders von Dichtern des augusteischen Zeitalters erwähnt werden [5]. Dass sie früher nicht Mode gewesen sein sollten, ist bei der Üppigkeit jenes Zeitalters schwer denkbar, um so mehr, als durchsichtige Gewänder oft genug erwähnt werden und auch auf Denkmälern jener Zeit, zumal auf Vasenbildern, nicht selten sind. Ich halte dafür, dass zwar auf Cos Seidenbau und Seidenfabrication sicher stark betrieben wurde, dass aber die so oft vorkommende *Coa vestis* nur ein Gattungsname ist, der keineswegs immer für die Herkunft dieser Stoffe von der Insel Cos spricht. Wahrscheinlich kam die rohe Seide, sei es nun von Assyrien oder von Cos selbst, nach dem Auslande und wurde dort eben so gut verarbeitet, wie Flachs und andere Stoffe [6]; »coische Gewänder« aber nannte man sie, weil einmal wohl ein grosser Theil des Rohmaterials von dieser Insel kam, andrerseits aber ebenda die Seidenweberei, wenn ich so sagen soll, auf's neue erfunden sein sollte [7].

Nach Plinius werden die coischen Stoffe nicht mehr erwähnt, — wohl weil bei dem gesteigerten Handelsverkehr, der immer grossartigere Dimensionen annahm, viel mehr Seidenstoffe von China, die zweifellos besser waren, importirt

---

Ansicht, auch durch Varro getäuscht worden ist. Bröndstedt, Voyages et rech. I, 83 sq. nimmt auch Seidenfabrication auf der Insel Ceos an.

1) Wenn Plin. XI, 76 davon spricht, dass die coischen Frauen fertige Gewebe auflösten und von neuem webten, so ist das wohl nur ein Missverständniss des Aristoteles, der vom Auflösen der Cocons spricht, wenn nicht Plinius noch eine andere Quelle hatte. Denn es ist allerdings nicht unmöglich, dass die Technik des Webens dadurch in Cos heimisch wurde, dass man ausländische Seidenstoffe auflöste und an ihnen die Methode der Seidenweberei erlernte; freilich hätte dann Plinius das, was eben nur im Anfang des Lernens wegen geschah, fälschlich als das gewöhnliche Verfahren hingestellt. (Semper a. a. O. nimmt an, es seien halbseidene Stoffe aufgetrennt und mit Hinweglassung der baumwollenen Zuthat von neuem gewebt worden.)   2) Plin. XI, 77.

3) Pariset, Histoire de la soie, Paris 1862 p. 68.

4) Nach der Ansicht von Movers, Phönizier II, 3, 266 steht die Fabrication der Bombyxzeuge auf der Insel Cos im Zusammenhang mit dem auf dieser Insel verehrten phönizisch-assyrischen Hercules, dem die Mythe ein aus durchsichtigem Bombyx gefertigtes Kleid beilegt und den sie auch in mehrfacher Weise mit der Färbung der Gewänder zusammenbringt.

5) Die wichtigsten der überaus zahlreichen Erwähnungen s. bei Marquardt a. a. O.

6) Dafür spricht z. B. die Stelle bei Seneca, exc. controv. II, 7 p. 358: *infelices ancillarum greges laborant, ut adultera tenui veste perspicua sit et nihil in corpore uxoris suae plus maritus quam quilibet alienus peregrinusque cognoverit.*

7) Damit ist natürlich nicht ausgeschlossen, dass nicht auch wirklich in Cos gefertigte Kleider nach Rom kamen, vgl. Tib. II, 3, 53:
   illa gerat vestes tenues, quas femina Coa
   texuit auratas disposuitque vias.
Wir entnehmen auch aus dieser Stelle, dass auch die Goldwirkerei auf der Insel üblich war.

wurden; doch zeigt der hohe Preis, den diese Stoffe bis zur Einführung der Seidenraupen in Europa unter Justinian behalten haben, dass ihre Erlangung immer noch mit bedeutenden Schwierigkeiten verknüpft war.

Mit der Seidenfabrication verbunden war in Cos die Färberei, und zwar sowohl in Scharlach[1], wie in Purpur[2]; namentlich im Beginn der Kaiserzeit war der coische Purpur sehr beliebt[3].

Von anderen Gewerben ist nur wenig zu sagen. Die Ausfuhr des bekannten coischen Weines erforderte die Verfertigung von Thongefässen, welche übrigens sich durch irgend einen besondern Vorzug müssen ausgezeichnet haben[4]. Auch die von Cos kommenden Salben, zumal das *amaricinum* und *melinum*, waren geschätzt[5].

Rhodus. Auf Rhodus war die Metallarbeit seit frühester Zeit heimisch, wie die Sage beweist, nach welcher die kunstreichen Telchinen, von Cypern kommend, diese Insel zu ihrem Wohnsitze machten und ihr den Namen Telchinis gaben[6]. Hauptsächlich scheint sich diese Metallarbeit auf die Waffenfabrication erstreckt zu haben; denn die Rhodier, ein seetüchtiges Volk, leisteten nicht nur im Schiffsbau bedeutendes[7], sondern hatten auch grossartige Werkstätten, in denen allerlei Kriegsmaterial, besonders Kriegsmaschinen und Waffen, angefertigt wurden[8]. Allein auch kunstvollere Gegenstände lieferte die rhodische Metallarbeit, nämlich die oft erwähnten rhodischen Becher. Die rhodischen

---

1) Prop. II, 1, 5: *sive illam Cois fulgentem incedere coccis.*

2) Hor. Od. IV, 13, 14: *Coae purpurae*; das. Acro: *Coae pretiosae a loco; in qua enim insula purpura melior tingitur.* Juv. VIII, 101: *conchylia Coa.* — Wie auf den meisten Inseln des aegaeischen Meeres, war wohl auch hier die Purpurfärberei durch Phönizier eingeführt, s. Movers a. a. O. II, 2, 19. 265. Denselben Ursprung hatte die Purpurfärberei auf der kleinen bei Cos gelegenen Insel Nisyros; Steph. Byz. s. h. v.: ἐκαλεῖτο καὶ Πορφυρὶς, ἀπὸ τῶν ἐν αὐτῇ πορφυρέων. Eusth. z. Il. II, 676 p. 318.

3) Lyd. de mag. II, 13 p. 178 (Bonn): μανδύην ὁ ἔπαρχος περιεβάλλετο Κῷον· ἐπ' ἐκείνης γὰρ τῆς νήσου καὶ μόνης ἡ βαθυτέρα βαφὴ τοῦ φοινικοῦ χρώματος τὸ πρὶν ἐπηγνεῖτο κατασκευαζομένη.

4) Von den Amphoren sagt Plin. XXXV, 161: *Cois laus maxima, Hadrianis firmitas.* Hier ist wohl hinter *Cois* ein Wort ausgefallen, wenn nicht in *laus* das der *firmitas* entsprechende Wort zu suchen ist.

5) Apoll. b. Ath. XV, 688 E. Plin. XIII, 5.

6) Str. XIV, 653 sq. S. die andern Stellen bei Overbeck, d. ant. Schriftquellen zur griech. Kunst, Nr. 40—55. Vgl. Lobeck, Aglaoph. p. 481 sqq. Welcker, aeschyl. Tril. S. 182 ff. Hoeck, Creta S 345 ff.

7) Str. XIV, 653: τῶν δὲ ναυστάθμων τινὰ καὶ κρυπτὰ ἦν καὶ ἀπόρρητα τοῖς πολλοῖς, τῷ δὲ κατοπτεύσαντι ἢ παρελθόντι εἴσω θάνατος ὥριστο ἡ ζημία. Vgl. die Schilderung des Hafens und der Schiffswerfte von Rhodus bei Aristid. or. XLIII, t. II p. 797 sq. (Dind.). Eust. ad Dion. Per. 504. Man schrieb ihnen die Erfindung der unter dem Namen *celetes* bekannten Schiffe zu, Plin. VII, 208. Isid. Orig. XIX, 1. Besonders erwähnt werden auch die Schiffe von der Stadt Lindus, Eust. ebd. 505: πλοῖα Λινδικά.

8) Str. l. l.: κἀνταῦθα . . . . τὰ περὶ τοὺς ἀρχιτέκτονας καὶ τὰς ὀργανοποιίας καὶ θησαυροὺς ὅπλων τε καὶ τῶν ἄλλων ἐσπούδασται διαφερόντως καὶ ἔτι γε τῶν παρ' ἄλλοις μᾶλλον. Diod. Sic. XX, 84: οἱ δὲ τεχνῖται τὰς αὑτῶν ἐπιστήμας παρείχοντο πρὸς τὴν τῶν ὅπλων κατασκευήν.

§ 11. DIE KLEINASIATISCHEN INSELN.

Therikleia[1] waren nämlich keineswegs bloss irdene Gefässe, sondern wurden auch aus edlen Metallen hergestellt (wahrscheinlich von Silber), wie die attischen[2]. Andrerseits standen aber auch die Thongefässe von Rhodus in hohem Ruf und werden oft genannt[3]; auch verfertigte man daselbst aus einer Mischung von Thon und verschiedenen wohlriechenden Stoffen eine eigenthümliche Art parfümirter Trinkgefässe[4].

Von der übrigen Industrie der Insel haben wir nur vereinzelte Notizen. Sehr gerühmt wurden die Salben von Rhodus[5]; die daselbst bereiteten Kuchen waren beliebt[6] und gingen sogar in's Ausland, obgleich sie da freilich schon etwas altbacken ankamen[7]. Auch lieferte Rhodus guten Leim[8] und das beste Bleiweiss[9]. Die Purpurfärberei verdankte ihren Ursprung wohl den Phöniziern[10]. Auch werden rhodische Schuhe erwähnt[11], von denen wir aber sonst nichts näheres wissen.

Cypern. Unter den Inseln des mittelländischen Meeres, die durch Metallreichthum sich auszeichnen, nimmt Cypern, diese auch sonst von der Natur so verschwenderisch ausgestattete Insel[12], den ersten Platz ein. Hier blühte der

---

1) Über die Bedeutung dieses Worts vgl Welcker, Die Therikleia, Kl. Schr. III, 499 ff. (Rh. Mus. 1838. S 404 ff.)

2) Ath. XI, 469 B: ταύτας (ἠδυποτίδας) φησὶν ὁ Σάμιος Λυγκεὺς Ῥοδίους ἀντιδημιουργήσασθαι πρὸς τὰς Ἀθήνησι Θηρικλείους, Ἀθηναίων μὲν αὐτοὺς τοῖς πλουσίοις διὰ τὰ βάρη χαλκευσαμένων τὸν ῥυθμὸν τοῦτον, Ῥοδίων δὲ διὰ τὴν ἐλαφρότητα τῶν ποτηρίων καὶ τοῖς πένησι τοῦ καλλωπισμοῦ τούτου μεταδιδόντων. Vgl. ebd. 784 D. 472 B. Poll. VI, 96.

3) Ath. XI, 500 B: διήνεγκαν μετὰ τοὺς Βοιωτίους οἱ Ῥοδιακοὶ λεγόμενοι σκύφοι, Δαμοκράτους δημιουργήσαντος. Vgl. ebd. 485 E. 497 F. 500 C. Poll. l. l. Als Sinope von Mithradates belagert wurde, schickten die Rhodier den Einwohnern 10,000 οἴνου κεράμια, Polyb. IV, 56. Von solchen Gefässen rhodischer Fabrik, in denen rhodischer Wein in's Ausland ging, haben sich zahlreiche Henkel in Athen, Alexandria, Sicilien gefunden, deren Inschriften (491 im ganzen) veröffentlicht sind im Corp. Inscr. Gr. III p. V sqq. Tab. I und von Franz, Philol. VI S. 278 ff. Tab. I. Ebenso haben die Ausgrabungen in Südrussland Amphoren-Henkel von Rhodus (auch von Thasos und Cnidos) zu Tage gefördert. Vgl. Stephani im Compte-Rendu 1865 p. 211 ff. 1867 p. 206 ff. Auf der Insel selbst, namentlich in den Gräbern von Camirus, werden noch heut die schönsten Vasen gefunden, während sich von Silbergefässen einheimischer Arbeit bis jetzt noch nichts gefunden hat. Vgl. Berg, die Insel Rhodus, S. 47 ff., wo auch Abbildungen mehrerer Henkel von rhodischen Gefässen mit Inschriften und den Zeichen der Insel (Rose oder Helioskopf) gegeben sind. Die Töpferei blüht übrigens noch heut auf der Insel; s. Ross, Inselreisen IV, 67 fg.

4) Aristot. b. Ath. XI, 464 C: αἱ Ῥοδιακαὶ χυτρίδες γίνονται σμύρνης σχοίνου ἄνθους κρόκου βαλσάμου ἀμώμου κινναμώμου συνεψηθέντων. Vgl. Eust. z. Od. IX, 361 p. 1632: Ἰτρίδες Ῥοδιακαὶ, σκεύη κεραμεᾶ εὐώδη διὰ τὰ συνεψηθέντα τῇ γῇ ἀρώματα. Eben solche Gefässe, welche nach der Stadt Lindus benannt werden, erwähnt Eust. ad Il. II, 656 p. 315 ad Od. V, 66 p. 1524.

5) Arist. Lys. 944: τὸ Ῥόδιον μύρον. Crocinum gelobt bei Ath. XV, 688 E. Plin. XIII, 5.

6) Poll. VI, 78: ὁ δὲ ἐσχαρίτης Ῥοδιακὸς, μεθόριος ἄρτου καὶ πλακοῦντος. Vgl. Lync. b. Ath. III, 109 D sq. Hes. v. ὀλοοίτροπα.

7) Mart. XIV, 68: *Copta Rhodia*
Peccantis famuli pugno ne percute dentes;
Clara Rhodos coptam quam tibi misit, edat.

8) Dioscor. III, 101. Plin. XXVIII, 236.   9) Plin. XXXIV, 175.

10) Vitr. VIII, 13, 2. Vgl. Movers a. a. O. S. 19.   11) Poll. VII, 88.

12) S. über die Erzeugnisse Cyperns Engel, Kypros I, 40 ff.

Bergbau seit den ältesten Zeiten; wie in Creta und Rhodus, in Euboea und Lemnus, so haben sich auch in Cypern sagenhafte Überlieferungen von den ersten Eisenarbeitern erhalten, welche die Gewinnung der Metalle gelehrt und die zur Bearbeitung derselben nöthigen Werkzeuge, wie Zange, Hammer, Ambos etc. erfunden haben sollen [1]. An allen Theilen der Insel befanden sich Bergwerke, Eisenhütten, Kupferhämmer, besonders in Tamassus, Amathus, Soli, Curion, am Vorgebirge Crommyon; ausser Eisen und Kupfer wurde auch Galmei gewonnen, Messing, Vitriol, Hammerschlag u. a. in den Schmelzhütten bereitet. Die gewonnenen Metalle wurden aber nur zum Theil auf der Insel selbst verarbeitet, dem grössten Theile nach gingen sie noch unverarbeitet in's Ausland [2]; nur die für den eigenen Bedarf nothwendigen Metallarbeiten [3], d. h. namentlich Werkzeuge und Waffen, wurden von den einheimischen Handwerkern verfertigt [4]. Ein grosser Theil dieser Werkzeuge diente vermuthlich — denn neuere Nachrichten darüber sind, wie überhaupt was Gewerbe und Handwerk der Insel anlangt, äusserst spärlich, — dem von Cypern stark betriebenen Schiffsbau. Die Wälder der Insel lieferten ein treffliches Schiffsbauholz [5]; und wenn auch ein guter Theil desselben nach auswärtigen Häfen ging, so wurden doch auch auf der Insel selbst, die ja einen sehr lebhaften Handel trieb, viele Schiffe gebaut [6]; und noch in später Zeit, wo der cyprische Handel längst seine Bedeutung verloren hatte,

---

1) Plin. VII, 195: *tegulas invenit Cinyra Agriopae filius et metalla aeris, utrumque in insula Cypro, item forcipem, martulum, vectem, incudem.* Clem. Alex. Strom. I, 16 p. 362. Isid. Orig. XVI, 19. Vgl. über den Bergbau auf Cypern Engel a. a. O. S. 42 ff.

2) Bekanntlich war bei allen Völkern das Kupfer viel früher im Gebrauch, als das Eisen. Die cyprischen Kupfergruben sind die ältesten und grössten, weit später erst wurden die euboeischen eröffnet, beide durch die Phönizier. Wie gross der Ruf des cyprischen Kupfers, wie weit und in welcher Menge es ausgeführt worden sein muss, das zeigen schon die Namen des Metalles: κύπριον, cuprum, Kupfer etc.

3) Von einer künstlerischen Ausbildung des Erzgusses auf Cypern erfahren wir so gut wie gar nichts. Obgleich der mythische Pygmalion ein Cyprier ist, kennen wir doch nur einen einzigen seiner Zunftgenossen, Styppax, den Verfertiger des berühmten Splanchnoptes; s. Brunn I, 265 ff. — Hingegen scheint die Stelle bei Treb. Poll. Claud. 14: *fibulam auream cum acu Cyprea unam* darauf zu deuten, dass die Goldschmiedekunst in Cypern eine Stätte gefunden hatte; und die bekannte Erzählung von dem Flötenspieler Ismenias (Plin. XXXVII, 6) spricht dafür, dass die Steinschneidekunst auf Cypern heimisch und viel bedeutender war, als in Athen.

4) Den Ruhm der cyprischen Waffen bestätigen verschiedene Erzählungen aus der frühesten Zeit bis nach Alexander d. Gr.; vgl. Engel S. 610 fg. So hat z. B. Agamemnon bei Hom. Il. XI, 19 sqq. einen sehr schönen Panzer aus Cypern.

5) Theophr. h. pl. V, 7, 1. Strab. XIV, 684. Plin. XVI, 203. Vgl. Hor. Od. I, 1, 13. Auch 4 Mos. 24, 29. Dan. 11, 30. Auch feine Holzarbeit scheint auf Cypern betrieben worden zu sein; vgl. Ezech. 27, 7: »die köstlichen Gestühle aus den Inseln Chitim.« (Ausführlich bespricht diese Stelle Movers, Phön. II, 2, 208 ff., welcher vielleicht Recht hat, wenn er meint, es sei hier nicht an das cyprische Cittium, sondern überhaupt an nördliche Gegenden, an Macedonien, Oberitalien u. s. w. zu denken. Dass der Name »Kittier« überhaupt im weiteren Sinne gebraucht wird, ist nicht zu bezweifeln.

6) Plin. VII, 208. Vgl. Str. l. l. und p. 682. Porphyrio erklärt *trabe Cypria* bei Hor. l. l. falsch: *pro Cypro ferro abundante. Cypriis enim clavis naves figuntur.* Ob seiner Notiz Wahrheit zu Grunde liegt, ist nicht zu erkennen.

§ 11. Die kleinasiatischen Inseln.

wird gerühmt, dass alles zur Ausrüstung eines Schiffes nöthige auf der Insel selbst sich fände: Holz, Kupfer, Eisen, Pech und Flachs für die Segel und Taue [1].

Letzteres führt uns auf die in Cypern betriebene Weberei, welche sicherlich auch hier, wie auf manchen andern Inseln des mittelländischen Meeres, von den Phöniziern, wenn auch nicht gerade eingeführt, so doch sehr gefördert worden ist [2]. Es war namentlich die Buntwirkerei, die auf Cypern heimisch war [3]. Der Salaminier Akesas und sein Sohn Helikon waren berühmte Weber [4] und letzterer rühmte sich auf einem in Delphi befindlichen Erzeugniss seiner Kunst, dass Pallas seinem Werke göttliche Anmuth verliehen habe [5]. Die Erwähnungen dieser cyprischen Buntwirkereien sind zwar spärlich, aber sie reichen von der klassischen Zeit [6] bis in die späteren Jahrhunderte der römischen Kaiserzeit [7], ja die Kunst blühte noch im Mittelalter lange fort [8].

Auch Purpurfärberei mag auf der von phönizischen Einflüssen stark durchdrungenen Insel betrieben worden sein, da an der Küste vortrefflicher Purpur gefunden wurde [9].

Der in den dortigen Bergwerken gefundene Asbest wurde zu Geweben, hauptsächlich zu Lampendochten benutzt [10]. Die Lampe auf der Acropolis hatte einen Docht von λίνον Καρπάσιον, d. h. von der Stadt Carpasia auf Cypern [11].

---

1) Amm. Marc. IV, 8. 14: *tanta tamque multiplici fertilitate abundat rerum omnium eadem Cyprus, ut nullius externi indigens adminiculi, indigenis viribus, a fundamento ipso carinae ad supremos usque carbasos aedificet onerariam navem, omnibusque armamentis instructam mari committat.* Tot. orb. descr. § 63: *(Cyprus) dicitur non indigens alterius provinciae quidquam pro fabrica navium; necessaria ipsa insula habet omnia inferius declarata, lignum, aeramentum, ferrum, picem, nec non vero linteamen pro velaria et funium usu.*

. 2) Für das Alter der Weberei auf Cypern spricht ein von Serv. z. Virg. Ecl. VIII, 37 überlieferter Mythus, worin berichtet wird, dass die Kunst, Schafe zu scheeren und Kleider aus Wolle zu verfertigen, von Cypern nach Delos gebracht worden sei.

3) Eust. ad Od. I, 130 p. 1400: ἤκμασεν ἡ τῶν ποικίλων ὑφὴ παρὰ Κυπρίοις. Vgl. ad Il. XXII, 441 p. 1278.

4) Ath. II, 48 B: ἤκμασε ἡ τῶν ποικίλων ὑφὴ μάλιστα ἐντέχνων περὶ αὐτὰ γενομένων Ἀκεσᾶ καὶ Ἑλικῶνος τῶν Κυπρίων· ὑφάνται δ' ἦσαν ἔνδοξοι. S. die andern Stellen über diese Künstler bei Overbeck, Schriftquellen, N. 385 ff. Wann diese beiden gelebt haben, ist unbestimmt; O. Müller (Handbuch § 113) setzt sie vermuthungsweise in die Zeit des Phidias.

5) Epigr. b. Ath. l. l. (Anthol. Append. 334); wiederholt bei Eust. ad Od. l. l.

6) Aristoph. b. Poll. X, 32: παραπέτασμα τὸ Κύπριον τὸ ποικίλον.

7) Vopisc. Aurel. 12, 1: *mantelia Cypria*. Treb. Poll. Claud. 14, 10: *accubitalia Cypria*. Es ist nicht unwahrscheinlich, dass auch diese Tischtücher und Teppiche aus solchen bunten Stoffen bestanden.

8) Vgl. Bock, Gesch. der liturg. Gewänder d. M. A. I, 209. Heutzutage werden auf der Insel Baumwollenzeuge gefärbt und bedruckt: Ross, Inselreisen IV, 113.

9) Isid. Or. XIX, 28, 3: *optimum (ostrum) in insula Cypro gignitur.*

10) Apoll. Dysc. hist. comm. c. 26. Diosc. X, 155: λίθος ἀμίαντος γεννᾶται μὲν ἐν Κύπρῳ, στυπτηρίᾳ σχιστῇ ἐοικώς· ὃν ἐργαζόμενοι ὑφάσματα ποιοῦσιν ἐξ αὐτοῦ, ὄντος ἱματώδους πρὸς θέαν, ἃ βληθέντα εἰς πῦρ φλογοῦνται μὲν, λαμπρότερα δὲ ἐξέρχονται, μὴ καταχαιόμενα.

11) Paus. I, 26, 7.

Schliesslich sei noch der Backwaaren und der Salben gedacht [1], in deren Fabrication Cypern eine der ersten Stellen einnahm [2], wie denn auch aus dem auf der Insel blühenden Majoran das beliebte *amaricinum oleum* bereitet wurde [3].

Dritter Abschnitt.

Europa.

§ 12.
Die nördlichen Landschaften der griechischen Halbinsel.

Illyrien (Dalmatien, Liburnien). Ackerbau und Viehzucht, Jagd und Fischerei bildeten die Hauptbeschäftigung der Bewohner dieser gebirgigen Küstenländer. Nebenbei warf der Seeraub in früherer Zeit, als die Landschaft den Römern noch nicht unterworfen war, einen nicht unbeträchtlichen Gewinn ab, der jedenfalls leichter und bequemer war, als der mühselige Handel, obgleich auch dieser von den Bewohnern, zumal von der Völkerschaft der Liburnier gepflegt wurde [4], deren flinke Schiffe den Alten wohlbekannt, und wenn es Caperschiffe waren, von ihnen sehr gefürchtet waren [5].

Der wichtigste Ausfuhrartikel dieser Länder waren Wollenstoffe. Zwar war es keine feine Wolle, welche die Schafe Illyriens lieferten [6], aber es wurden daraus brauchbare dicke Kleider gefertigt, von den Römern namentlich im Winter gern getragen, als warme Mäntel [7], Kapuzen [8] u. s. w. Am verbreitetsten waren die dalmatischen, mit Purpurstreifen geschmückten Gewänder, welche seit Commodus häufig getragen wurden und sich bekanntlich im Kirchencostüm, wenn

---

1) Hippon. b. Str. VIII p. 340; Eubul. b. Ath. III, 112 F.
2) Theophr. de odor. 6, 27. Ath. XV, 688 E. Plin. XII, 109. 125. 133. XIII, 5. 10. 17 u. ö.
3) Strab. XIV, 684. Virg. Aen. I, 693. Cat. 61, 6 u. s.
4) Vgl. Hüllmann S. 79.
5) App. bell. Illyr. 3: καὶ ναυτικοὶ μὲν ἐπὶ τοῖς Ἀρδιαίοις ἐγίνοντο Λιβυρνοὶ, γένος ἕτερον Ἰλλυριῶν, οἳ τὸν Ἰόνιον καὶ τὰς νήσους ἐλῄστευον ναυσὶν ὠκείαις τε καὶ κούφαις, ὅθεν ἔτι νῦν Ῥωμαῖοι τὰ κοῦφα καὶ ὀξέα δίκροτα Λιβυρνίδας προσαγορεύουσιν. Vgl. Plut. Ant. 67. Steph. Byz. s. v. Λιβυρνοί. Eust. ad Dion. Per. 385. Plin. IX, 12. X, 63. XVI, 39. Vereinzelt steht die Notiz des Acro zu Hor. Epod. I, 1: *Liburnae naviculae sunt textae viminibus*.
6) Plin. VIII, 191: *Istriae Liburniaeque (lana) pilo propior quam lanae, pexis aliena vestibus.* Über die Schafzucht in Illyrien vgl. Ps.-Arist. mirab. 128 (140).
7) Steph. Byz. l. l.: καὶ Λιβυρνικὴ μανδύη, εἶδος ἐσθῆτος. Treb. Poll. Claud. 17: *paenula Illyriciana*. Ib.: *singiliones Dalmatenses*.
8) Mart. XIV, 139: *cuculli Liburnici*. Jul. Capitol. Pertin. 8: *cucullus Bardaicus* von der illyrischen Völkerschaft der Bardaei).

§ 12. DIE NÖRDLICHEN LANDSCHAFTEN DER GRIECHISCHEN HALBINSEL.   55

auch mit einigen Veränderungen und eigentlich nur dem Namen nach, erhalten haben [1]. Denn in der ersten Zeit mögen diese Gewänder noch wirklich aus Dalmatien nach Rom gebracht worden sein, später aber haben wir darunter nichts, als Kleider nach dem Schnitte dieser dalmatischen langärmeligen und purpurgestreiften Kleider zu verstehen.

Den Purpur, den man zum Färben dieser Wollenstoffe brauchte, lieferte die Küste selbst, in Salona befand sich eine kaiserliche Purpurfärberei [2], und eine eben solche war in dem zu Istrien gehörigen Cissa [3].

In allen übrigen Dingen beschränkte sich der Handel Illyriens grösstentheils auf den Import; als Erzeugnisse einheimischen Gewerbfleisses kamen wahrscheinlich bloss noch Salben [4] nach dem Auslande. In späterer Zeit wird erwähnt, dass Dalmatien hauptsächlich Käse, Bauholz und Eisen ausführe [5]. Es war wohl der Reichthum an letzterem Metall, welcher die Anlage einer kaiserlichen Waffenfabrik in Salona veranlasste [6].

Thracien (mit Byzanz) und Macedonien. Von den barbarischen und halbbarbarischen Völkern dieser Gegenden haben wir nur wenig zu berichten. Dass bei diesen Völkern, bei denen die Cultur nie rechten Eingang gefunden hat, wo nur die an den Küsten angelegten griechischen Colonieen einige Bedeutung erlangt haben, von wirklicher Industrie nicht die Rede sein kann, versteht sich von selbst. Nur hier und da einmal haben wir eine vereinzelte Notiz über irgend eine bei einem dieser Völker heimische Technik, ohne dass in der Regel dabei von wirklich gewerblicher Ausübung derselben die Rede sein kann. Einen eigentlichen Handwerkerstand kannten ja diese von Jagd, Fischfang, Ackerbau und Viehzucht lebenden Völker nicht; was sie zum Leben brauchten an Kleidung, häuslicher Einrichtung u. s. w., das fertigten sie sich selbst, so gut sie es eben konnten und soweit sie es nicht durch fremde Kaufleute erhielten. So war denn die Weberei selbstverständlich bei den meisten dieser Völkerschaften heimisch und eine gewöhnliche Beschäftigung der Frauen; ein eigentliches Gewerbe der Weberei entwickelte sich nur da, wo entweder das Volk überhaupt durch eigene Anlage oder durch Verkehr mit anderen civilisirten Völkern zu einer höheren Culturstufe sich emporschwang, oder die Güte dieser Fabricate, vornehmlich des dazu verwendeten Materials, die handeltreibenden Ausländer darauf aufmerksam machte, sodass die vermehrte Nachfrage eine gesteigerte Production und diese das Übergehen der häuslichen zur gewerblichen Arbeit zur Folge hatte.

---

1) Isid. Orig. XXIX, 22: *Dalmatica vestis primum in Dalmatia provincia Graeciae texta est, tunica sacerdotalis candida cum clavis ex purpura.* Tertull. de pall. p. 28 sq.; das. Salmasius. Vgl. Ed. Diocl. c. XVI: Δελματική λαστούς έχουσα πορφύρας u. s.
2) Not. dign. Occ. c. X p. 49. Ein *conquiliarius* (l. *conchyliarius*) ebenda, auf einer Inschr. bei Henzen 7226.
3) Not. dign. l. l. Die Inschrift bei Orelli 4272: *proc. baphii Cissae Histriae et colleg. purpur. Cissens. Histriae* ist nach Henzen p. 460 falsch.
4) Plin. XIII, 14. Ath. XV, 681 F. 682 A. 683 E.
5) Tot. orb. descr. § 53: *Dalmatia negotiis vigens et species tres utiles mittens, caseum, ligna et ferrum.*   6) Not. dign. Occ. c. VIII p. 43.

Dies beides war in **Thracien** nicht der Fall, wie aus den dürftigen Nachrichten, die wir über das Land haben, hervorgeht. Zwar wissen wir, dass die **Schafzucht** dort betrieben wurde [1]; aber die **Wollenweberei** hat nie Bedeutung erlangt [2]. Hingegen war Thracien einer der wenigen Orte, wo der **Hanf** zum **Weben von Gewändern** benutzt wurde; und es wird bezeugt, dass ein solches Hanfgewebe kaum von einem leinenen zu unterscheiden gewesen sei [3].

Von **Eisenarbeit** aus früherer Zeit erfahren wir nichts [4]; in der römischen Kaiserzeit jedoch wurde im Innern des Landes in **Hadrianopolis** eine kaiserliche **Waffenfabrik** angelegt, wie auch in **Marcianopolis** in **Moesien** [5]; und Ammianus berichtet, dass in ersterer Stadt sich eine grosse Zahl Waffenschmiede aufgehalten habe (um 376 n. Chr.) [6].

Auch von den griechischen Städten an der thracischen Küste hat keine in industrieller Beziehung Bedeutung erlangt. **Byzanz** war zwar als Handelsstadt sehr bedeutend und wuchs durch die Verlegung der Residenz dahin zu der mächtigsten und reichsten Stadt im Beginn des Mittelalters empor; allein eben die grosse Einträglichkeit des Handels, die Leichtigkeit des Erwerbs liessen es zu keiner gedeihlichen Entwicklung der Gewerbe kommen. Das Volk trieb sich viel zu sehr in den Schenken, am Hafen und auf dem Markte herum, als dass es zu einer wirklich ernsten Arbeit Lust und Geschick hätte haben können [7]. Am meisten wurde wohl der **Fischfang** betrieben, weil er am einträglichsten war; namentlich der Zug der Thunfische, der vom Pontus kam, bot den Byzantiern die reichste Ausbeute [8], von der ein sehr beträchtlicher Theil eingesalzen nach dem Auslande ging und für die Byzantier die bedeutendste Einnahmequelle bildete [9].

Fischfang und Einsalzen der Fische wurde auch an der **macedonischen Küste** stark betrieben, so z. B. in **Olynth** [10], **Torone** [11], **Abdera** [12], und

---

1) Hom. Il. XI, 222. Nicander Ther. 50. Plat. de legg. I. VII p. 805 D. Vgl. Virg. Ecl. X, 64 sqq. Yates p. 37 sq.

2) Die Glosse bei Suid. *Ἠδωνὰ ἱμάτια, Θρᾳκικά* ist zu unbestimmt, als dass man daraus irgend einen Schluss ziehen könnte.

3) Her. IV, 74: *ἔστι δέ σφι κάνναβις ᾗ νομένη ἐν τῇ χώρῃ* (sc. *Scytharum*) .... *καὶ ἐξ αὐτῆς Θρήϊκες μὲν καὶ εἵματα ποιοῦνται τοῖσι λινέοισι ὁμοιότατα, οὐδ' ἄν ὅστις μὴ κάρτα τρίβων εἴη αὐτῆς διαγνοίη, λίνου ἢ καννάβιός ἐστι· ὃς δὲ μὴ εἶδέ κω τὴν καννάβιδα, λίνεον δοκήσει εἶναι τὸ εἶμα.* Vgl. Hes. s. v. *Κάνναβις*. Yates p. 292. Nur von gewebten Stoffen spricht Thuc. II, 97: es waren das, wie aus dem Zusammenhange hervorgeht, Erzeugnisse der griechischen Colonieen an der thracischen Küste.

4) Poll. I, 149: *πέλεκυς Θρᾳκικός* scheint sich mehr auf die Form zu beziehen, als auf die Fabrication.

5) Not. dign. Or. c. X, p. 39.

6) Amm. Marc. XXXI, 6, 2: *imam plebem omnem cum fabricensibus, quorum illis ampla est multitudo, productam in eorum armavit exitium.*

7) Vgl. die Schilderung des Phylarch bei Ath. X, 442 C und Theopomp. ebd. XII, 526 E.

8) Über den Fischreichthum des Hellespont und der Propontis s. oben S. 42; vgl. sonst Arist. Pol. IV, 4, 1. Dion. Byzant. (Geogr. Gr. min. ed. Müller II, p. 1) frg. 4. 12. 13. 63 u. ö. Athen. an zahlreichen Stellen. Plin. IX, 50. Hor. Sat. II, 4, 66 u. s. w.

9) Vgl. Polyb. IV, 38. Str. VII, 320 u. s.   10) Archestr. b. Ath. VII, 295 C.

11) Arch. ebd. p. 310 C.   12) Ders. ebd. 307 B. vgl. III, 118 C.

namentlich waren die Aale berühmt, welche im Strymon gefangen und geräuchert wurden[1].

Sodann wurde in Macedonien gute Iris-Salbe bereitet[2]; und dass die Ausfuhr des trefflichen Weines von Mende und Scione einen starken Betrieb der Töpferei zur Folge haben musste, könnten wir von selbst vermuthen, auch wenn directe Nachrichten darüber fehlten. Doch wird uns berichtet, dass in Cassandrea, welches viel mendaeischen Wein ausführte, auch alle Arten Thongefässe für den Export angefertigt wurden[3]. Die wenigen Nachrichten, die wir sonst über die griechischen Colonieen an der Küste Macedoniens haben, lassen schliessen, dass dieselben für den Handel mehr Bedeutung hatten, als für die Industrie.

Thessalien und Epirus. Pferdezucht und Sclavenhandel waren die Haupterwerbszweige, Getreide und Wein die wichtigsten Ausfuhrartikel Thessaliens[4]. Die Schafzucht, vermuthlich von Kleinasien eingeführt, wurde zwar auch betrieben[5], ist aber zu keiner Bedeutung gelangt[6].

Unter den Gewerbserzeugnissen wird neben den Backwaaren, namentlich Brot[7], am häufigsten der thessalischen Sessel gedacht, von denen die verschiedensten erwähnt werden[8]. Welcher Art dieselben gewesen, wodurch sie sich namentlich ausgezeichnet haben, das ist aus den Angaben der Schriftsteller nicht ganz deutlich zu erkennen; sie werden meist ganz allgemein wegen ihrer Schönheit gerühmt[9]; sie scheinen bunt verziert gewesen zu sein[10] und weiche, bequeme Sitze gehabt zu haben[11]. Waren ja doch die Thessalier wegen ihrer

---

1) Ath. VII, 298 B. 300 C.   2) Theophr. de caus. plant. VI, 28. Plin. XXI, 40.

3) Ath. XI, 784 C: Λύσιππον τὸν ἀνδριαντοποιόν φασι Κασάνδρῳ χαριζόμενον, ὅτε συνῴκισε τὴν Κασάνδρειαν φιλοδοξοῦντι, καὶ βουλομένῳ ἴδιόν τινα εὑρέσθαι κέραμον, διὰ τὸ πολὺν ἐξάγεσθαι τὸν Μενδαῖον οἶνον ἐκ τῆς πόλεως, φιλοτιμηθῆναι, καὶ πολλὰ καὶ παντοδαπὰ γένη παραθέμενον κεραμίων ἐξ ἑκάστου ἀποπλασάμενον ἴδιον ποιῆσαι πλάσμα.

4) Vgl. Tafel, Thessalonica p. 439 sqq. Bursian, Geogr. v. Griechenl. I, 47.

5) Hom. Il. II, 696; vgl. IX, 479. Yates p. 38. Schafzucht in Epirus, s. Arist. hist. an. III, 21. Plut. Pyrrh. 5.

6) Zwar scheint es, als ob auch thessalische Kleider in Griechenland getragen worden seien; vgl. Eupolis b. Steph. Byz. v. Θεσσαλία· ἵντε Θετταλιζόμεθα παρὰ τῷ Εὐπόλιδι ἐν Μαρικᾷ· τουτέστι χλαμύδα Θετταλικὴν φοροῦμεν. (Vgl. Poll. VII, 46.) Doch bezieht sich auch diese Stelle vielleicht nur auf den Schnitt, nicht auf die Herkunft der Gewänder, wie die βαθεῖς χιτῶνες, οὓς καλοῦσιν Θετταλικοὺς ἐν ταῖς τραγῳδίαις bei Strab. XI. p. 350. Ebenso wenig werden die auf Kunstwerken häufigen thessalischen Hüte (Soph. O. C. 345. Cass. Dio LIX, 7) für thessalisches Fabricat zu halten sein.

7) Ath. III, 112 A. und F. XIV, 662 F.

8) Poll. X, 47: δίφρος Θετταλικοὶ, ὡς ἐν Αὐτολύκῳ Εὐπόλιδος, δίφρος Θετταλικὸς τετράπους. ib. 48: σκολύθρια, ἅπερ ἐστὶ μικρὰ τρίποδες Θετταλικοὶ δίφροι· τὸ δὲ ὄνομα καὶ ἐν Εὐθυδήμῳ Πλάτωνος (pag. 278 B). Auch auf Inschriften werden θρόνοι Θετταλικοί genannt, vgl. Boeckh, Staatshaush. II, 100. Rangabé, Antiqu. hellén. II, 477.

9) Poll. VII, 112: κάλλιστοι οἱ Θετταλικοὶ δίφροι, διὸ καὶ ἡ Πυθία ἔφη· Θετταλὲ ποικιλόδιφρε. Vgl. Ath. XIII, 568 D. Hesych. v. Θετταλικὸς δίφρος· διάφοροι εἰσι τῷ κάλλει οἱ Θετταλικοὶ δίφροι· ἴδιον γάρ τι γένος αὐτῶν κατεσκεύασται.

10) S. das Orakel bei Poll. l. l.

11) Crit. b. Ath. I, 28 B: Θεσσαλικὸς δὲ θρόνος, γυίων τρυφερωτάτη ἕδρα.

Üppigkeit und ihres Luxus in Kleidung und Lebensweise bei den übrigen Hellenen sehr verrufen [1].

Die Lexicographen erwähnen ferner die thessalischen Schuhe, ohne näheres über die Art derselben hinzuzufügen [2]. An der Küste wurde Purpur gewonnen; Färbereien befanden sich in der Stadt Meliboea [3]. Epirus [4], besonders die Städte Lychnidus [5] und Ambracia [6], versandten Salzfische. Eine Industrie konnte bei den hauptsächlich Viehzucht treibenden und getrennt in Dörfern wohnenden Epiroten [7] nicht erblühen.

§ 13.
Mittelgriechenland.

Acarnanien, Aetolien, Locris und **Phocis** sind in keiner Beziehung durch Gewerbfleiss hervorragend. Die Einwohner der fruchtbaren Thalebenen, halb barbarischer, halb kriegerischer Natur, beschäftigten sich grösstentheils mit Ackerbau, Weinbau und Viehzucht [8]. Von Industrie ist in den kleinen Städten und Dörfern dieser Landschaften keine Rede; und wenn der aetolischen Waffen, besonders der Wurfgeschosse [9], und der acarnanischen Schleudern [10] mehrfach gedacht wird, so bezieht sich das mehr darauf, dass die Bewohner in Handhabung dieser Waffen sehr geschickt waren, als dass man daraus etwa auf eine stark betriebene Fabrication derselben schliessen könnte.

Locris betrieb stark die Ziegenzucht; von der Sitte, ungegerbte Ziegen- und Schaffelle als Mäntel zu tragen, hat ein Theil von ihnen wahrscheinlich den Spitznamen der ozolischen Locrer bekommen [11].

Phocis producirte Oliven, namentlich in der Gegend von Tithorea, zwar nicht so reichlich wie Attica und Sicyon, aber von schöner Farbe und ange-

---

1) Vgl. Ath. XIV, 663 A.
2) Poll. VII, 89: καὶ Θετταλὶς δὲ, ὑπόδημα, μηνύον τοὺς εὑρετάς· μέμνηται δ' αὐτοῦ *Λύσιππος ἐν Βάκχαις*· Βλαύτῃ, κοϊλόρνῳ, Θετταλίδι. Hes. v. Θετταλίδας, ὑπόδημά ποιων. Steph. Byz. v. Θεσσαλία. Ein thessalischer κρηπιδοποιός erwähnt bei Ath. XIII, 568 E.
3) *Meliboea purpura*, Fest. s. v. Lucr. II, 500:
   jam tibi barbaricae vestes Meliboeaque fulgent,
   purpura Thessalico concharum tincta colore.
(Lachmann *tacta*.) Virg. Aen. V, 251 und Serv. z. d. St. Melet. p. 389 C. — Noch heute werden in der dortigen Gegend bei Ampellachia Seidenstoffe mit Purpur gefärbt, Leake, Trav. in North. Greece III, 387.
4) Über den Fischreichthum an der Küste von Epirus vgl. Ael. nat. an. XV, 11.
5) Str. VII, 327: αἱ λίμναι αἱ περὶ Λυχνιδὸν ταριχείας ἰχθύων αὐτάρκεις ἔχουσαι.
6) Archestr. b. Ath. VII, 305 E. 311 A. 326 D. 328 A. Poll. VII, 94 erwähnt Ἀμβρακίδες als eine weibliche Fussbekleidung.
7) βουβόται πρῶνες ἐξόχοι nennt sie Pind. Nem. IV, 84. Vgl. Caes. bell. civ. III, 47.
8) Vgl. Bursian a. a. O. S. 107 f. 126. 144.
9) Plin. VII, 201: *lanceas Aetolos, jaculum cum ammento Aetolum Martis filium (invenisse dicunt)*. Poll. I, 149. Vgl. Eurip. Phoen. 139 sq.
10) Poll. l. l. Vgl. Thuc. II, 18 u. s.
11) Plut. Qu. Gr. c. 15, p. 294 F. Paus. X, 38, 1.

nehmem Geruch; man bereitete allerlei Salben daraus¹. An der Küste des Euripus wurde Purpurfischerei betrieben; von den Bewohnern des Städtchens Bulis waren mehr als die Hälfte Purpurfischer².

Boeotien. Die vereinzelten Nachrichten, die wir über die Industrie Boeotiens haben, geben uns nur ein sehr unvollständiges, unklares Bild. Aus allem, was wir davon wissen, geht hervor, dass die Boeotier ebensowenig in der Industrie, wie in der Geschichte die Bedeutung erlangt haben, welche man nach den natürlichen, sehr günstigen Verhältnissen des Landes hätte erwarten sollen. Wie die geistige Bildung von ihnen verabsäumt wurde, wie die Boeotier wegen ihrer Stumpfsinnigkeit und Sinnlichkeit im übrigen Griechenland verrufen waren, so liessen sie auch Handel und Gewerbe brach liegen und vernachlässigten die sich ihnen doch so bequem darbietende Schifffahrt.

Nur ein Gewerbe scheint sich seit den ältesten Zeiten ziemlich lange in Blüthe erhalten zu haben, die Metallarbeit; aber die Nachrichten, die uns davon erzählen, sind sehr dürftig und grossentheils auf mythische Zeit zurückgehend. Boeotiens Berge gaben seit Alters Eisen; derselbe Bergzug, der der Insel Euboea seine unterirdischen Schätze spendete³, lieferte das mit dem mythischen Namen der Aoner bezeichnete Eisen⁴ und die darnach benannten Waffen⁵. Schon in die Zeiten der alten Minyer verlegte die Sage diese Waffenfabrication; der Sohn des Minyerkönigs Athamas führt den Namen Chalkos und wird Erfinder des Schildes genannt⁶; Schilde, das Wappen Boeotiens, zeigen die boeotischen Münzen schon in alter Zeit⁷. Auch boeotische Helme werden erwähnt⁸.

Die Spärlichkeit der Erwähnungen dieses Gewerbes aus späterer Zeit bildet einen scharfen Gegensatz zu dem, wie es scheint, so bedeutenden Betriebe in der alten Zeit; die boeotische Metallarbeit muss später ganz ihren Ruf verloren haben. Länger scheint die Töpferei geblüht zu haben, die schon zur Zeit des Bacchylides, namentlich wegen der schönen σκύφοι, berühmt war⁹; auch zu

---

1) Paus. X, 32, 11 : τὸ δὲ ἔλαιον τὸ ἐν τῇ Τιθορέων ἀποδεῖ μὲν πλήθει τοῦ τε Ἀττικοῦ καὶ τοῦ Σικυωνίου, χρόᾳ δὲ ὑπερβάλλει καὶ ἡδονῇ [τό τε] Ἰβηρικὸν καὶ τὸ ἐκ τῆς νήσου τῆς Ἰστρίας· καὶ μύρα τε ἀπ' αὐτοῦ παντοῖα ἕψουσι, καὶ τὸ ἔλαιον ὡς βασιλέα ἄγουσιν.

2) Paus. X, 37, 3 : οἱ δὲ ἄνθρωποι οἱ ἐνταῦθα πλέον ἡμίσεις κόχλων ἐς βαφὴν πορφύρας εἰσὶν ἁλιεῖς. Die Umgegend von Ambrosus lieferte auch guten Scharlach, Paus. l. l. 36, 1.

3) Vgl. O. Müller, Orchomenos und die Minyer, S. 131 u. 191.

4) Dion. Perieg. 476 und Eustath. z. d. St. und zu Il. II, 494 p. 262.

5) Lutat. z. Stat. Theb. I, 226. Hyg. fab. 274 führt diesen Ursprung auf Cadmus zurück : *Cadmus Agenoris filius aes Thebis primus invenit condidit.*

6) Plin. VII, 200.

7) Bekanntlich war auch der Schild des Ajax von dem im boeotischen Hyle wohnenden Tychius gefertigt, σκυτοτόμων ὄχ' ἄριστος, Hom. Il. VII, 222 ; vgl. Strab. IX, 408. Darauf bezieht sich wohl die Notiz des Plin. VII, 196 : *sutrinam Tychius Boeotius invenit.* Darnach scheint die Bereitung und Verarbeitung des Leders in Boeotien schon früh einheimisch gewesen zu sein.

8) Xen. de re equ. 12, 3 : βοιωτιουργὲς κράνος. Ael. v. h. III, 24. Poll. I, 149 u. s.

9) Bei Ath. XI, 500 A : καὶ Βοιωτίοισιν ἐν σκύφοισιν οἶνος ἡδύς. Vgl. Ath. ebd. : ὕστερον δὲ κατὰ μίμησιν εἰργάσαντο κεραμέους τε καὶ ἀργυροῦς σκύφους, ὧν πρῶτοι μὲν ἐγένοντο καὶ

Aristophanes Zeit erfahren wir, dass die Töpferei in Boeotien betrieben wurde [1], und noch in den nachchristlichen Jahrhunderten bediente man sich gern im Hausgebrauch der schönen Thongefässe von Aulis [2], wo die Mehrzahl der Bewohner die Töpferei betrieb [3].

Theben galt als Erfinderin des Wagens [4]; dergleichen Notizen bedeuten in der Regel nichts, als dass das Kunstproduct, dessen Erfindung man einem bestimmten Orte zuschreibt, daselbst vorzugsweise und in besonderer Güte angefertigt wurde, und so rühmt denn Pindar in der That die in Theben verfertigten Wagen [5]. Was der späte ganz unzuverlässige Tzetzes an mehreren Stellen von der thebanischen Weberei berichtet [6], wird nirgends sonst bestätigt und hat daher nur geringe Glaubwürdigkeit [7].

Gerühmt werden ferner die Erzeugnisse der Bäcker von Theben und Tegea [8] und die aus den Fabriken von Chaeronea hervorgehenden Heilsalben und Parfümerieen [9].

Die Anwohner des Copais-Sees [10] und des Euripus lebten fast alle vom Fischfang; auch Meerschwamm und Purpur wurde daselbst, zumal bei Anthedon [11], gewonnen.

κλέος ἔλαβον οἱ Βοιώτιοι λεγόμενοι .... ἔχουσι μέντοι πρὸς τοὺς ἄλλους διαφοράς· ἔπεστι γὰρ ἐπὶ τῶν ὤτων αὐτοῖς ὁ λεγόμενος Ἡράκλειος δεσμός.

1) Bei Arist. Ach. 899 bietet Dicaeopolis dem Boeotier an, ihm für seine Waaren andere als Tauschmittel zu geben, worauf dieser eingeht und verlangt:

ὅτι γ' ἔστ' Ἀθάναις, ἐν Βοιωτοῖσιν δὲ μή.

Als darauf Dicaeopolis ihm erwidert:

ἀφύας ἄρ' ἄξεις πριάμενος Φαληρικὰς
ἢ κέραμον,

meint der Boeotier, das hätte er ja zu Hause auch:

ἀφύας ἢ κέραμον, ἀλλ' ἔντ' ἐκεῖ
ἀλλ' ὅτι παρ' ἁμὶν μή 'στι, τᾷδε δ' αὖ πολύ,

worauf ihm denn Dicaeopolis einen Sycophanten anbietet.

2) Plut. vit. aer. al. 2, p. 828 A: ἐκπώματα ἔχεις. παροψίδας ἀργυρᾶς, λεκανίδας· ὑπόθου ταῦτα τῇ χρείᾳ· τὴν δὲ τράπεζαν ἡ καλὴ Αὐλὶς ἢ Τένεδος ἀντικοσμήσει τοῖς κεραμεοῖς καθαρωτέροις οὖσι τῶν ἀργυρῶν.

3) Paus. IX, 19, 5: ἄνθρωποι δὲ ἐν τῇ Αὐλίδι οἰκοῦσιν οὐ πολλοί, γῆς δέ εἰσιν οὗτοι κεραμεῖς.

4) Crit. b. Ath. I, 28 C:

Θήβῃ δ' ἁρματόεντα δίφρον συνεπήξατο πρώτη.

5) Bei Ath. ebd. A, frg. hyporch. 73. Von hier bezogen vielleicht die Eretrier zur Zeit ihres Glanzes ihre Wagen; vgl. Str. X, p. 448.

6) Chil. X, 334. XI, 388.

7) Schafzucht wurde in Boeotien ziemlich stark betrieben. Hes. op. et dies v. 162. C. I. Gr. 1569 a. Vgl. Yates 39 sq.

8) Archestr. b. Ath. III, 112 A. u. B. (Der boeotische Weizen war von besonderer Güte, Theophr. h. pl. VIII, 4, 5. de caus. pl. III, 9, 5; vgl. Stat. Theb. VII, 274. 307.)

9) Paus. IX, 41, 3: ἐνταῦθα ἐν Χαιρωνείᾳ μύρα ἀπὸ ἀνθῶν ἔψουσι κρίνου καὶ ῥόδου καὶ ναρκίσσου καὶ ἴρεως· ταῦτα ἀλγηδόνων ἰάματα ἀνθρώποις γίνεται.

10) Dessen Aale ja ganz besonders berühmt waren, vgl. Müller a. a. O. S. 84 fg.

11) Arist. h. an. V, 15. (vgl. Ath. III, 88 F). Dicaearch. vit. Graec. 24, p. 18 (Huds.): οἱ δ' ἐποικοῦντες σχεδὸν πάντες ἁλιεῖς ἀπ' ἀγκίστρων καὶ ἰχθύων, ἔτι δὲ καὶ πορφύρας καὶ σπόγγων τὸν βίον ἔχοντες .... προσπεπονθότες πορθμεῖς οἱ πλεῖστοι καὶ ναυπηγοί· τὴν δὲ χώραν

Schliesslich möge erwähnt werden, dass unter dem Allerlei, was bei Aristophanes der Boeotier dem Dicaeopolis zum Verkauf anbietet, sich auch **Binsenmatten** und **Lampendochte** befinden [1], wie denn auch sonst Verarbeitung der im Copais-See wachsenden Binsen erwähnt wird [2].

§ 14.
Mittelgriechenland (Fortsetzung).

Attica. In einer Stadt wie Athen, wo Reichthum des Landes, gute und wohlgelegene Häfen an einem vielbesuchten Meere Handel und Wandel in einer Weise begünstigten, wie sie wenigen andern Städten der alten Welt zu Theil geworden ist, mussten nothwendig auch Handwerke und Gewerbe blühen [3]. Zu dem bedeutenden Absatze durch den Seehandel [4] kam die Grösse des inländischen Bedürfnisses, die Menge der in Athen jederzeit sich aufhaltenden Fremden, um die Production im höchsten Masse zu steigern und die Industrie auf einen hohen Gipfel zu erheben.

Schon an sich waren die Athener nicht nur für Handel und Schifffahrt, sondern auch für Kunst und Gewerbfleiss vortrefflich geeignet [5]; sie rühmten sich, Künste und Handwerke erfunden und ausgebildet zu haben [6], und verehrten Hephaestus und Athene mit ganz specieller Beziehung auf die Bedeutung dieser Gottheiten für die Handwerke. Wenn trotzdem die Industrie Athens zwar für den Land- und Seehandel, aber nicht für das Leben des Staates selbst, für die Bürger von einschneidender Wichtigkeit gewesen ist (wie das bei den gewerbtreibenden Städten des Mittelalters der Fall zu sein pflegt), so liegt das hauptsächlich daran, dass trotz der Bemühungen einsichtiger Gesetzgeber, wie Solon und Pisistratus, der Arbeit die ihr gebührende Achtung zu verschaffen, das den meisten Hellenen eigenthümliche Vorurtheil gegen das Handwerk als etwas dem freien Bürger unziemliches sich nicht überwinden liess, sodass die Gewerbe immer mehr in die Hände der Metöken übergingen, während der eigentliche attische Bürger sich zwar nicht scheute, sein Einkommen vom Handwerk zu beziehen, aber die thätige Theilnahme daran für unvereinbar mit seiner Würde hielt und den Sclaven und Schutzverwandten überliess [7].

οὐχ οἷον ἐργαζόμενοι, ἀλλ' οὐδὲ ἔχοντες, αὐτοὺς φάσκοντες ἀπογόνους εἶναι Γλαύκου τοῦ θαλασσίου, ὃς ἁλιεὺς ἦν ὁμολογούμενος. Vgl. Arch. b. Ath. VII, 316 A.

1) Ach. 874. 2) Alciphr. ep. III, 49: Ἁλιάρτιον σχοινίον.
3) Vgl. Boeckh, Staatshaush. I, 58 ff.
4) Der freilich wiederum den Nachtheil hatte, dass er die Preise der Waaren vertheuerte.
5) Isocr. Areopag. § 74: ἡ ἡμετέρα χώρα ἄνδρας φέρειν καὶ τρέφειν δύναται πρὸς τὰς τέχνας εὐφυεστάτους.
6) Isocr. Paneg. 40: τῶν τεχνῶν τάς τε πρὸς τἀναγκαῖα τοῦ βίου χρησίμας καὶ τὰς πρὸς ἡδονὴν μεμηχανημένας τὰς μὲν εὑροῦσα τὰς δὲ δοκιμάσασα χρῆσθαι τοῖς ἄλλοις παρέδωκεν ἡ πόλις. S. die andern Stellen bei **Frohberger**, *De opificum apud vett. Graec. condicione dissert. I.* Grimae 1866. p. 5 not. 5.
7) Über die Stellung, welche Gewerbe und Gewerbtreibende in Athen einnahmen, ist zu

Zu der Geringschätzung der Gewerbe trat seit den Perserkriegen der Reichthum des Volkes hinzu; die persische Beute, die Vertheilung von Ackerloosen überhob eine grosse Menge Leute der Sorge um die Existenz; Theorikon und Gerichtssold waren leichter verdient, als der Lohn der sauren Händearbeit; Feste und Spiele trugen dazu bei, den Müssiggang und das Wohlleben zu befördern und die Arbeit in den Hintergrund zu drängen. Es kam ferner hinzu das Streben nach politischer Grösse, das Ringen nach der Hegemonie, welches die Bürger zu beständiger Übung des Körpers durch Gymnastik und Waffendienst nöthigte; und als auch das aufhörte, als man Söldner gegen den Feind schickte, anstatt das Vaterland mit seinem eigenen Blute zu vertheidigen, da war die Volksversammlung der einzige einem Bürger geziemende Wirkungskreis, wo mit Phrasen anstatt mit den Händen gearbeitet wurde.

Wenn nun dennoch die Industrie Athens eine so hohe Bedeutung erlangt hat, so verdankt sie dies einerseits den gesunden und kräftigen Wurzeln, welchen sie entsprossen, die selbst ungepflegt und vernachlässigt zu einem reiche Früchte tragenden Baume emporwuchsen, andrerseits aber den günstigen Bedingungen, welche sie für ihre Arbeit vorfand, nicht nur in dem von der Natur so bevorzugten Handel der Stadt, in dem grossartigen Fremdenverkehr, welcher durch den hohen Ruf derselben in Kunst und Wissenschaft veranlasst war, sondern auch in der vollkommenen Gewerbefreiheit und der Menge der die Gewerbe betreibenden Metöken und Sclaven. — Doch wie die politische Grösse, so sank Athen auch in industrieller Beziehung von seiner Höhe, als es seine Freiheit einbüsste, als neue Städte entstanden, welche Athen in Handel und Gewerbthätigkeit erreichten, ja überflügelten. Dafür aber wahrte sich die Stadt der Athene einen Ruhm, der nicht minder werthvoll war, als der, eine Stätte der Arbeit und des Handwerks zu sein: es blieb auch in den Zeiten der politischen Unfreiheit eine Werkstatt des Geistes, eine Pflanzstätte der Wissenschaften und Künste, wie keine zweite Stadt des Alterthums.

Die ländliche Bevölkerung von Attika trieb Ackerbau und Viehzucht und wurde für ihre Mühe von dem gesegneten Boden reichlich belohnt [1]. Am meisten wurde wohl die Schafzucht betrieben, da die attische Wolle zu den berühmtesten Producten des Landes gehörte [2]. Die attischen Schafe waren nicht minder berühmt, als die milesischen [3]; ihre Wolle war von ausserordentlicher Fein-

---

vergleichen Drumann, Arbeiter und Communisten in Griechenland und Rom, Königsberg 1860 S. 44 ff., und namentlich die oben erwähnte Schrift von Frohberger. —

Dass auch wirkliche Bürger oft durch Armuth zum Betriebe eines Handwerks gedrängt wurden, versteht sich von selbst; aber es war das doch immer der kleinste Bruchtheil unter den Gewerbtreibenden.

[1] Vgl Bursian, Geogr. v. Griechenl. I, 258.

[2] Plin. XXIX, 33: *laudatissima lana ... Attica.* Besonders erwähnt wird die Schafzucht von Acharnae, Theocr. id. VII, 71, und von Decelea, Alciphr. ep. III, 44; auch der Demos Phrygia an der boeotischen Grenze lieferte ἁπαλὰ καὶ καλὰ ἔρια, Schol. Arist. Av. 493. Vgl. über die attische Schafzucht Yates p. 40 sq.

[3] Polycrates führte beide Arten in Samos ein, Alexis b. Ath. XII, 540 D. Über den Preis der attischen Schafe s. Boeckh a. a. O. I, 83.

heit¹ und wurde dadurch sorgsam vor schädlichen Einflüssen bewahrt, dass die Schafe mit Fellen bedeckt wurden²; attische Schäfer waren auch im Auslande gesucht³. Die von diesen Schafen gewonnene Wolle⁴ wurde zu Kleiderstoffen verarbeitet. Wir wissen zwar nicht, ob diese Arbeit auch der ländlichen Bevölkerung zufiel oder nur in der Stadt in grösserem Massstabe fabrikmässig betrieben wurde, — vermuthlich war beides der Fall, — aber auf die Bedeutung, welche die Wollspinnerei für Attica hatte, deutet die Nachricht, dass den Athenern die erste Anwendung dieser Fabrication zugeschrieben wurde⁵. Die Mehrzahl der fabricirten Stoffe scheint für den Bedarf des Landes selbst angefertigt worden zu sein⁶: doch wurden die weichen attischen Wollenstoffe, besonders zur römischen Zeit, wo Rom die hervorragendsten Producte aller Länder in sich vereinte, auch nach dem Auslande geführt und scheinen namentlich als warme Winterkleidung beliebt gewesen zu sein⁷, wenn auch in der Kaiserzeit die Wollenstoffe Oberitaliens und Calabriens den Vorrang behaupteten.

Neben diesen Wollenstoffen verarbeitete man auch die Felle zu groben Kleidern für Hirten oder Bauern, zu der sogenannten σίσυρα oder βαίτη; solche Pelzkleider verfertigte namentlich der Demos Thymaetadae⁸.

Leinweberei wurde wenig betrieben, da Attica keinen Flachs producirte, sondern denselben von auswärts beziehen musste. In der Regel bezogen die Athener die hauptsächlich von Frauen getragene Leinwand vom Auslande⁹: doch

---

1) Dem. adv. Euerg. (or. XLVII) p. 1155 § 52. Bei Ath. V, 219 A. wird es als eine recht überflüssige Frage an das Orakel bezeichnet, τῶν Ἀττικῶν ἐρίων εἰ ἄλλ' ἐστὶ μαλακώτερα.

2) Varr. R. R. II, 2, 18: *oves pellitae, quae propter lanae bonitatem, ut sunt Tarentinae et Atticae, pellibus integuntur, ne lana inquinetur, quominus vel inflci recte possit vel lavari ac parari.* Welchen Werth man zumal den guten Zuchtwiddern beilegte, bezeugt eine Notiz des Philochorus bei Ath. I, 9 C: κεκωλῦσθαι Ἀθήνησιν ἀπέκτου ἀριὸς μηδένα γεύεσθαι, ἐπιλιπούσης ποτὲ τῆς τῶν ζῴων τούτων γενέσεως. Dasselbe berichtet Androtion b. Ath. IX, 375 B. Diese Verordnung war freilich zu Solon's Zeit schon längst aufgehoben; s. Boeckh, a. a. O.

3) Vgl. Theocr. 1. l. — Über den Zusammenhang der attischen Schafzucht mit dem in Attica heimischen Cultus des Pan vgl. Yates p. 46 sqq.

4) Arist. Ran. 1386 wird erwähnt, dass spitzbübische Verkäufer die Wolle durch Anfeuchten schwerer machten, vgl. d. Schol.

5) Justin. II, 6: *primi Athenienses lanificii et olei et vini usum docuere.*

6) Vgl. Xen. Mem. II, 7, 5 sq., wo attische Bürger genannt werden, die von der χλαμυδουργία und χλανιδοποιία leben. Über die Preise der Kleider in Athen s. Boeckh a. a. O.

7) Laber b. Non. p. 212, 21:
  nihil refert, mollem e lanitia Attica,
  an pecore ex hircorum vestium geras.

Plut. de aud. c. 9, p. 42 D: μηδὲ ἱμάτιον περιβαλέσθαι χειμῶνος, εἰ μὴ προβάτων Ἀττικῶν εἴη τὸ ἔριον. — Dass noch in später Zeit der Handel mit diesen Kleidern sehr einträglich war, zeigt Synes. ep. 52, p. 189 C: ἥκειν τις Ἀθήνηθεν λέγεται κρηπιδοπώλης ἄνθρωπος. . . . νῦν δέ φασιν αὐτὸν ἐπὶ μεῖζον ἐμπορεύεσθαι, κομίζοντα στολὰς ἀττικουργεῖς· σοί τε θερίστρια πρέποντα καὶ ἡμῖν ἀναβολὰς εἰς τὴν ὥραν τοῦ ἔτους.

8) Schol. Arist. Vesp. 1138: σίσυραν εἶπε οὐ τὸ μαλλωτὸν στρῶμα, ἀλλὰ βαίταν. ἔστι δὲ ἡ ἀπὸ δερμάτων συρραπτομένη χλανίς. Θυμαιτίδα δὲ εἶπεν ἀπὸ δήμου τῆς Ἱπποθοωντίδος φυλῆς, ὡς ἐκεῖ τῶν βαιτῶν γινομένων.

9) Vgl. Wiskemann, die antike Landwirthschaft S. 25 ff.

wurde auch Flachs importirt und, zumal von den Frauen selbst, gesponnen und gewebt [1].

Bei den attischen Kleidern wollen wir auch der attischen Schuhe gedenken, obgleich dieselben für den Handel von wenig Belang gewesen zu sein scheinen [2]. Die κρηπῖδες Ἀττικαί werden erst in ziemlich später Zeit als auch ausserhalb Athens getragen erwähnt [3], besonders die Frauenschuhe, die wohl auch von weichlichen Männern getragen wurden [4]. Auch die Ausfuhr von weiblichem Putz mag nur sehr geringe Bedeutung für die attische Industrie gehabt haben [5].

Die Bedeutung, welche der Ölbau für Attica hatte, liegt in der attischen Mythologie deutlich genug ausgeprägt, und die Sage lässt auch die Ölbereitung wie die des Honigs von einem Athener erfinden [6]. In der That gaben die Ölpflanzungen Attica's einen so reichlichen Ertrag, dass nicht nur der Bedarf der

---

[1] So z. B. der amorgische, Arist. Lys. 735. Auch für den Verkauf liess man Leinwand im Hause anfertigen, Aesch. adv. Timarch. § 97.

[2] Auch die Schuhmacherei wurde fabrikmässig betrieben; Timarchus hatte οἰκέται δημιουργοὶ τῆς σκυτοτομικῆς τέχνης, Aesch. adv. Tim. § 97. Sonstige Erwähnungen attischer Schuhmacher s. Arist. Equ. 739 sq. (vgl. Plut. 162. 514). Xen. Mem. III, 7, 6. Plut. bei Euseb. praep. evang. XI, 36. Stob. Flor. XCV, 21 u. s. Das Handwerk stand übrigens in sehr geringer Achtung, Plat. Charm. p. 163 B. de rep. V, 456 D. Poll. VI, 128 u. s. Vgl. Frohberger l. l. p. 31.

Ebenfalls nur für den Bedarf des Inlandes selbst arbeiteten die häufig erwähnten Lederarbeiter, aus deren Werkstätten Schilde hervorgingen; eine solche Schildfabrik besassen z. B. Lysias und sein Bruder Polemarchus (Lys. XII, 8. 19), Pasio (Dem. pro Phorm. or. XXXVI p. 945 § 4. in Stephan. II or. XLVI p. 1137 § 27) u. a. Mit dem bedeutenden Consum an Leder hängt die Einträglichkeit des Gewerbes der Gerberei zusammen, durch welche der berüchtigte Cleon wie Anytus, der Ankläger des Socrates, reich geworden waren; vgl. d. Belegstellen bei Frohberger p. 21 sq. Büchsenschütz, Bes. u. Erw. S. 337. Mitunter scheint mit der Gerberei auch der Betrieb der Schuhmacherei verbunden gewesen zu sein; wenigstens könnte man aus Arist. Equ. 315 sqq. (vgl. jedoch v. 868 sqq.) schliessen, dass in Cleons Fabrik auch Schuhe verfertigt wurden. — Nach v. 852 sqq. hat es den Anschein, als ob die Gerber ein bestimmtes Viertel eingenommen hätten, und zwar, da die μελιτοπῶλαι und τυροπῶλαι als umwohnend bezeichnet werden, vermuthlich vom Innern der Stadt entfernt — aus naheliegenden Gründen.

[3] Synes. l. l. κρηπιδοπώλης ἄνθρωπος, παρ᾽ οὗ μοι δοκεῖς καὶ πέρυσιν ἐωνῆσθαι τὰς ἀναρρήτους ἐμβάδας.

[4] Luc. rhet. praec. 15: ἡ κρηπὶς Ἀττικὴ καὶ γυναικεία. Clem. Alex. Paed. II, 11 p. 240. Synes. calv. encom. 13 p. 77 C. Suid. v. Ἀσκέραι.

[5] Xen. Mem. II, 7, 10: νῦν δὲ (οἱ δοῦλοι) ἃ μὲν δοκεῖ κάλλιστα καὶ πρεπωδέστατα γυναιξὶν εἶναι ἐπίστανται, ὡς ἔοικεν. Damit sind denn hauptsächlich gemeint die sogenannten σακχυφάνται, Dem. in Olymp. or. XLVIII p. 1171 § 12, d. h. die Verfertiger von geflochtenen Kopfnetzen; Poll. X, 192: ὅταν Δημοσθένης εἴπῃ σακχυφάντας, τοὺς πλέκοντας ταῖς γυναιξὶν τοὺς κεκρυφάλους ἀκούουσιν; also κεκρυφαλοπλόκοι, wie sie Critias b. Poll. VII, 179 nennt. Vgl. Lex. Seg. p. 302 v. σακχυφάνται· οἱ πλέκοντες τοὺς γυργάθους· ἢ τῶν λινοΰφων οἱ τοὺς σάκκους ὑφαίνοντες. (Vgl. Poll. VII, 191, auch Arist. Thesm. 257); dass diese Kopfbedeckungen oft vergoldet waren, sagt Poll. V, 16. Sodann sind auch gemeint die τυλυφάνται, welche Überzüge zu Kopfkissen webten, Hyperid. b. Poll. VII, 191, und die ποικιλταί (die plumarii der Römer, Vitr. VI, 7), welche kostbare Stickereien anfertigten, Aesch. adv. Tim. l. l. Plut. Pericl. 12; vgl. Schol. Aesch. l. l. ποικιλτήν, ὃν λέγομεν πλουμάριον. Lex. Seg. p. 295 v. ποικιλτής· ὁ τὰ ποικίλα ποιῶν ἔργα, ἃ νῦν ἐφαμεν ψυχροβαφῆ. Poll. VII, 34 sq.

[6] Plin. VII, 199: oleum et trapetas Aristaeus Atheniensis (invenit), idem mella.

§ 11. MITTELGRIECHENLAND.

Bewohner selbst gedeckt wurde, sondern auch grosse Quantitäten Öl nach dem Auslande geführt werden konnten [1].

Am Meere wurde Fischfang betrieben [2], und kleine Küstenorte, wie Aexone, lebten wohl hauptsächlich davon [3].

Dass die Bewohner des Fleckens Acharnae bei Athen eifrig die Kohlenbrennerei betrieben, ist aus Aristophanes hinlänglich bekannt [4]; in Marathon scheinen viel Seiler gewesen zu sein [5].

Unter den in der Hauptstadt des Landes, in Athen selbst betriebenen Gewerben nahm die Bäckerei [6] eine nicht unbedeutende Stelle ein. Das attische Brot war weit und breit als das beste berühmt [7]; und nicht minder vortrefflich waren die attischen Kuchen [8], denen der ausgezeichnete Honig ihren besondern Wohlgeschmack verlieh [9].

Als das wichtigste der attischen Gewerbe, dessen Erzeugnisse wir noch heute zu bewundern Gelegenheit haben, müssen wir die Töpferei [10] betrachten, deren Erfindung von der Sage den Athenern [11], speciell dem Athener Coroebus [12] zugeschrieben wurde. Das in der Nähe von Athen gelegene Vorgebirge Colias lieferte einen ausgezeichneten, sich leicht mit Mennig mischenden Thon, der die Einwohner schon früh auf dies Gewerbe hinwies [13]. Der Platz, wo die attischen

---

1) Solon verbot die Ausfuhr aller vom Boden kommenden Producte mit Ausnahme des Olivenöls. Vgl. Her. V, 82. Plut. Sol. c. 2. ib. 24. Bursian a. a. O. S. 259. Boeckh, Staatshaush. I, 60 f.

2) Philem. b. Ath. VII, 288 F. Archestr. ebd. 285 B. u. ö. Vgl. VI, 224 E. Xen. de vectig. 1, 3.

3) Ath. VII, 325 E. Hes. u. Suid. v. *Aἰξωνίδα τρίγλην*. Vgl. Bursian S. 360.

4) Ach. 213 u. ö. 5) Arist. Ran. 1296. 6) Vgl. Xen. Mem. II, 7, 5 sq.

7) Der Gastronom Archestratus sagt bei Ath. III, 112 B:

τὸν δ' εἰς ἀγορὰν ποιεύμενον ἄρτον
αἱ κλεινὰ παρέχουσι βροτοῖς κάλλιστον Ἀθῆναι.

Vgl. III, 109 D. IV, 134 E. Antiph. ebd. III, 112 D, Aristoph. ib. E und. Plat. Gorg. p. 518 B erwähnen den Bäcker Thearion, der zu jener Zeit eine ziemlich bekannte Persönlichkeit gewesen zu sein scheint.

8) Arist. Ach. 1125. Thuc. I, 126. Plat. Rep. III, 13 p. 404 D. Ath. II, 58 D. III, 114 F. IV, 130 D. XII, 527 E. u. s.

9) Arch.[b. Ath. III, 101 D: ἀλλὰ πλακοῦντα
αἴνει Ἀθήνησιν γεγενημένον· εἰ δὲ μή, ἄν που
αὐτὸν ἔχῃς ἑτέρωθε, μέλι ζήτησον ἀπελθὼν
Ἀττικόν, ὡς τοῦτ' ἔστιν, ὃ ποιεῖ κεῖνον ὑβριστήν.

Auch in der Kochkunst zeichneten sich die Athener aus, und es war das ein Gewerbe, das auch Bürger zu betreiben manchmal nicht verschmähten; vgl. Ath. XIV, 660 A. 661 D.

10) Vgl. Müller, Kl. Schr. II S. 350 ffg. Thiersch, Abh. d. bair. Acad. d. Wissensch. I. Cl. II, 3, S. 811 ff. Jahn, Ber. sächs. Ges. d. Wissensch. Phil.-hist. Cl. 1854 S. 30 fg.

11) Crit. b. Ath. I, 28 C:
τὸν δὲ τροχοῦ γαίης τε καμίνου τ' ἔκγονον εὗρεν
κλεινότατον κέραμον, χρήσιμον οἰκονόμον
ἡ τὸ καλὸν Μαραθῶνι καταστήσασα τροπαῖον.

12) Plin. VII, 198: *figlinas Coroebus Atheniensis invenit*.

13) Suid. v. Κωλιάδος κεραμῆες· Κωλιάς, τόπος τῆς Ἀττικῆς, ἔνθα σκεύη πλάττονται. λέγει οὖν ὅτι ὅσαι ἐπὶ τροχοὺς φέρονται..., τουτέστιν, ὅσαι πρὸς σκευοπλαστίαν ἐπιτήδειαι, πασῶν ἡ Κωλιάδος κρείσσων· ὥστε καὶ βάπτεσθαι ὑπὸ τῆς μίλτου. Eratosth. b. Ath. XI, 482 B: κρατῆρα γὰρ ἵστασαν τοῖς θεοῖς οὐκ ἀργυροῦν οὐδὲ λιθοκόλλητον, ἀλλὰ τῆς Κωλιάδος

Blümner, Die gewerbl. Thätigkeit d. klass. Alterthums.   5

Töpfer zuerst ihre Fabriken und ihren Markt hatten, behielt den Namen »Topfmarkt« *Ceramicus* auch als er nicht mehr allein dieser ersten Bestimmung diente [1]; man führte seinen Namen zurück auf einen Heros Ceramus, einen Sohn des Bacchus und der Ariadne [2].

Obgleich wir nun über die aus diesen Töpferwerkstätten hervorgegangenen Waaren von den alten Schriftstellern verhältnissmässig nur wenig erfahren, ist doch gewiss, dass der attische Topfmarkt [3] irdenes Geschirr jeder Art, jeder Grösse und Qualität, vom kleinsten Trinkbecher bis zum Kochgeschirr [4] und dem grossen Vorrathsgefäss [5], vom schmucklosesten Topf bis zur kostbar bemalten Prachtvase aufwies [6]. Den meisten Ruf hatten die Trinkgefässe [7], und unter den bemalten

γῆς. Plut. de aud. c. 9 p. 42 D: ὅμοιός ἐστι μὴ βουλομένῳ πιεῖν ἀντίδοτον, ἂν μὴ τὸ ἀγγεῖον ἐκ τῆς Ἀττικῆς Κωλιάδος εἴη κεκεραμευμένον. Schol. Arist. Lys. 2: ἔνϑα (sc. ἐν Κωλιάδι) ὄστρακα κάλλιστα. Vgl. Macrob. Sat. V, 21, 10. Bei Boeckh, Staatshaush. II, 349 ff. ist ein Vertrag mitgetheilt, in welchem sich die Athener die alleinige Ausfuhr des Rothels von der Insel Ceos (der als der beste galt, Theophr. de lap. 52) sichern. Obgleich der Mennig noch vielfältige andere Anwendung, namentlich in der Malerei fand, so wird doch ein beträchtlicher Theil der attischen Thonwaarenfabrication zu Gute gekommen sein.

1) Man hat den innern Ceramicus im N. W. der Stadt zu unterscheiden von dem aussern, ὁ ἔξω καλούμενος, Thuc. VI, 57, wo die im Kriege gefallenen Athener begraben wurden. Harpocr. v. Κεραμεικός. Vgl. Bursian I, 274. 322. Der zur acamantischen Phyle gehörige Demos der Κεραμεῖς war von den Einwohnern des äussern Ceramicus benannt, Plat. Protag. p. 315 D. Dem. in Neaer. or. LIX, p. 1361 § 48. Harpocr. s. v. Phot. und Suid. v. Κεραμίς. Da der Name des Ceramicus sicherlich sehr alt ist, kann man schliessen, dass in der frühesten Zeit diese Töpfer attische Bürger waren; s Frohberger l. l. p. 20 not. 25; vgl. Schoemann, Verfassungsgesch. Athens S. 9. Dass in späterer Zeit viele Fremde, namentlich Cnidier, im Ceramicus arbeiteten, zeigt Thiersch a. a. O. S. 830 ff.

2) Paus. I, 3, 1. Doch waren die Schutzgötter des Demos der Cerameer die (jedem Gewerbe vorstehende) Athene Ergane, Hephaestus und Prometheus, von denen der letztere mit der Töpferei ja in naher Beziehung steht, weswegen diese letzteren wohl auch scherzweise προμηϑεῖς genannt wurden (Luc. Prometh. 2). Ihnen zu Ehren veranstaltete man Fackelwettläufe, λαμπαδηδρομίαι Apollod. b. Schol. Soph. Oed. Col. 56. Schol. Arist. Ran. 1087. 1093. Vesp. 1203. Vgl. Paus. I, 30, 2. Thiersch a. a. O. — Der Demos Pitthos, dessen Namen Steph. Byz. falsch deutet s. v.: κέκληται δὲ ἀπό τινος Πίϑου, τῶν λίϑων αὐτόϑι γενομένων. geht auf den Heros Pittheus, den Grossvater des Theseus, zurück und hat mit der Töpferei nichts zu thun.

3) αἱ χύτραι bei Arist. Lys. 557 genannt . Vgl. Poll. VII, 163. IX, 47.

4) Vgl. Matro b. Ath. IV, 136 F: Ἀττικῷ ἐν κεράμῳ πέττων. Poll. X, 182: ἐν δὲ τοῖς δημιοπράτοις καὶ κέραμον Ἀττικόν. (S. Boeckh, Staatshaush. II, 143 fg.)

5) Vgl. Arist. Equ. 792. Pac. 703. Eccl. 677. 844. Die grosse Zahl attischer Gefässnamen, welche Athenaeus im 11. Buche anführt, kann uns von dem ausgedehnten Betriebe dieses Handwerks einen Begriff geben.

6) Unter den Producten der Töpferei bildeten die Lampen keinen geringen Bestandtheil. Der berüchtigte Demagoge Hyperbolus war bekanntlich ein Lampenfabricant; vgl. Arist. Pac. 640 (Equ. 739 sq.). Schol. ad Arist. Nub. 1065. Andoc. ap. Schol. Arist. Vesp. 1007. Schol. Pac. 682. 693. Equ. 1304. 1313. Schol. Luc. Timon 30 (Vol. IV p. 46 Jacobitz). Auch der Volksmann Cephalus war ein Topfer, s. Arist. Eccl. 248 u. 252, wo ihm vorgeworfen wird:
τὰ τρυβλία
κακῶς κεραμεύειν, τὴν δὲ πόλιν εὖ καὶ καλῶς.

7) κύλικες bei Ath. XI, 480 C. (Vgl. ebd. 484 F.) Phryn. ib. 474 B:
εἶτα κεραμεύων ἂν οἴκοι σωφρόνως Χαιρέστρατος
ἑκατὸν ἂν τῆς ἡμέρας, ἔκαεν οἶνου κανϑάρους.

§ 11. MITTELGRIECHENLAND.

Vasen namentlich die den Todten in's Grab mitgegebenen Lekythoi[1] und die panathenäischen Preisgefässe, welche den Siegern mit Öl gefüllt gegeben wurden, als die schönsten Erzeugnisse des Bodens und der Industrie[2]. Von letzteren beiden Arten haben sich bekanntlich noch sehr viele Exemplare erhalten, von denen namentlich die Lekythen zu den schönsten und grossartigsten Erzeugnissen der griechischen Vasenmalerei gehören[3].

In Folge der massenhaften Production war das irdene Geschirr in Athen denn auch sehr wohlfeil[4]; für ein schönes Lekythion gab man einen Obolus[5], für ein irdenes Fass drei Drachmen[6].

Thongefässe bildeten auch einen der wichtigsten Ausfuhrartikel des attischen Handels[7]. Als Aegina und Argos mit Athen verfeindet waren, suchten sie dadurch ihren Hass an den Athenern auszulassen, dass sie die Einfuhr der attischen Thonwaaren verboten[8] — ein Beweis, eine wie wichtige Einnahmequelle für die Athener gerade dieser Artikel gewesen sein muss. Bei dem lebhaften Handel, den Athen nach allen Weltgegenden hin trieb, wurde auch diese zerbrechliche Waare, sorgsam verpackt[9], weit über das Meer geführt; phönizische Kaufleute brachten attische Thongefässe sogar bis nach der fernen africanischen Insel Cerne, wo sie an die Aethiopier verkauft wurden[10]. Fast an allen Orten, wohin Athen Handel trieb, hat man denn auch bemalte Vasen gefunden, die sich durch Stil und Auffassung, durch den Inhalt der dargestellten Mythen wie durch den Dialect der Inschriften deutlich als attisches Fabricat documentiren, wie man denn jetzt auch fast allgemein Athen als den hauptsächlichsten Fabricationsort dieser Gefässe annimmt[11].

In späterer Zeit, in den letzten vorchristlichen Jahrhunderten, verlor diese Industrie für Athen ihre Bedeutung, wie ja auch der Handel Athens gegenüber

---

Auch ist die Stelle bei Arist. Ach. 926 sqq., wo Dicaeopolis dem Boeotier einen Sycophanten wie einen Topf einpackt, für die Kenntniss der attischen Töpferei nicht unwichtig.

1) Arist. Eccl. 995:
  N. τὸν τῶν γραφέων ἄριστον. Γρ. οὗτος δ' ἔστι τίς;
  N. ὃς τοῖς νεκροῖσι ζωγραφεῖ τὰς ληκύθους.

2) Pind. Nem. X, 33:
  ἀεθλα γε μὲν ἐμβολάδαν
  ἐν τελεταῖς δὶς Ἀθαναίων μὲν ὄμφαὶ
  κώματαν· γαίᾳ δὲ καυθείσᾳ πυρὶ καρπὸς ἐλαίας
  ἔμολεν Ἥρας τὸν εὐάνορα λαὸν ἐν ἀγγέων ἕρκεσιν παμποικίλοις.
Vgl. Boeckh im Commentar p. 468.

3) Vgl. Jahn, Vasensamml. d. Kön. Ludwig, p. XXII ff.

4) Vgl. Jahn, Berichte u. s. w. S. 37 fg.

5) Arist. Ran. 1236.   6) Arist. Pac. 1202.

7) Vgl. Eratosth. b. Macrob. Sat. V, 21, 10: *Attica vasa, crateres Coliadis argilla confectos ubique in Graecia videres.* Der Absatz von Thongefässen musste schon deswegen sehr bedeutend sein, weil Griechenland eine Menge Wein, und allen in irdenen Gefässen ausführte; Her. III, 6. Vgl. Müller, Kl. Schr. a. a. O. (Wiener Jahrbücher f. 1827, Bd. XXXVIII, S. 272.)

8) Her. V, 88. Vgl. Ath. XI, 502 C. Poll. VI, 100.

9) Vgl. Arist. Ach. l. l.   10) Scyl. p. 54 Huds.

11) Vgl. Jahn, Vasensammlung etc. p. CCXLI ff.

dem alexandrinischen immer mehr in den Hintergrund tritt. Ein bestimmter Zeitpunkt, um welchen die Ausfuhr bemalter attischer Vasen aufgehört hätte, lässt sich nicht feststellen; man kann das 3te Jahrhundert v. Chr. als den Ausgangspunkt dieses Handels bezeichnen. Die Technik der Vasenmalerei blühte dann noch einige Zeit in Unteritalien fort, bis die Sitte der bemalten Vasen unter der römischen Herrschaft nach und nach ganz aufhörte. Hingegen hat die gewöhnliche attische Töpferwaare noch lange nachher Ruf gehabt und ist auch wohl immer ein wichtiger Handelsartikel geblieben.

Zu den Erzeugnissen der attischen Töpferei [1] gehören auch die kleinen Thonbilder, welche, nachdem die grösseren Götterbilder aus Thon ausser Gebrauch gekommen waren, noch in unermesslicher Menge gebrannt wurden, um Tempel, Hauskapellen und Gräber damit zu schmücken [2].

Wie die Sage die Erfindung der Töpferei einem Athener zuschrieb, so galten die Athener auch als Erfinder der Eisenarbeit [3]; und wie jene ihren religiösen Ausdruck in der Verehrung des Prometheus fand, so deutete der Cultus des Hephaestus und der Athene Ergane nicht nur überhaupt auf Tüchtigkeit in Gewerben, sondern namentlich auch auf besondere Fertigkeit im Handwerk des Schmiedegottes [4]. Den meisten Ruf hatten von den attischen Eisenfabricaten die Brustharnische [5] und Schwerter [6]. In der Folgezeit scheint auch diese Industrie ihre Bedeutung verloren zu haben. Dass aber der Erzguss [7] und zumal der künstlerische, von jeher eine heimische Stätte in Athen gehabt, das bedarf kaum der Erwähnung, viel weniger des Beleges. Aber auch wenn wir von der specifisch künstlerischen Thätigkeit der attischen Erzgiesser absehen, deren Besprechung uns fern liegt, dürfen wir doch nicht übergehen, dass auch ein recht

---

1) Zu den πηλουργοί im allgemeinen werden auch die Ofenbauer, ἰπνοποιοί gerechnet, Luc. Prom. 2.

2) Plinius berichtet XXXV, 155, ein gewisser Chalcosthenes habe zu Athen ungebrannte Figuren aus Thon, cruda opera, verfertigt und von seiner Werkstatt heisse die Gegend Ceramicus. Offenbar ist dieser Mann eine mythische Figur, und sein Name deutet darauf hin, wie eng mit der Plastik die Kunst des Erzgusses zusammenhängt. Vgl. Müller a. a. O.

3) Eust. ad Il. II, 552 p. 284: πρῶτοι Ἀθηναῖοι ἐχαλκούργησαν. Vgl. Et. magn. v. Χαλκεῖα p. 805, 44.

4) Vgl. Drumann a. a. O. S. 8 fg. Frohberger l. l. p. 5. Zu Ehren dieser Götter feierte man das Fest der Ἀθηναία, welches auch Χαλκεῖα hiess und vor Alters ein allgemeines Volksfest war, später aber nur von den Handwerkern, besonders den Schmieden, begangen wurde. Eust. und Et. magn. ll. ll. Phanodem. ap. Harpocr. v. Χαλκεῖα. Poll. VII, 104. Vgl. Schoemann, Griech. Alterth. II, 450. Mommsen, Heortologie S. 311 ff.

5) Xen. Mem. III, 10, 9. Ael. v. h. III, 24. Poll. I, 149. Auf Helme deutet die Bezeichnung εὐπήληκες Ἀθῆναι bei Nonn. XIII, 182.

6) Wie bekannt, besassen der Vater des Demosthenes, wie nach Istros auch der des Sophocles, eine Messerfabrik, μαχαιροποιεῖον; vgl. Dem. in Aphob. or. XXVII p. 816 § 9. Plut. Demosth. c. 4. Aeschin. de fals. leg. § 93. Luc. Rhet. praec. 10. Westermann, Vit. script. min. p. 126. 293 u. ö. Ein χρονοποιός bei Arist. Pac. 1255.

7) Dass in Attica in alter Zeit Kupfer gefunden wurde, ist zwar nicht überliefert, scheint aber aus den Namen vieler attischer Ortschaften hervorzugehen; vgl. Curtius in der Allgem. Litteraturztg. f. 1842 S. 390. Über das Vorkommen von Kupfer in der Nähe von Athen und im Lauriongebirge vgl. Fiedler, Reise in Gr. I, 11. 16. 43 ff. II, 559.

eigentlich handwerksmässiger Betrieb dieser Technik in ausgedehntem Masse stattgefunden hat. Die Mehrzahl der oft erwähnten χαλκεῖς¹ gehören hierher; und selbst wenn aus ihren Werkstätten Kunstwerke hervorgingen, so wird es doch nur meistens gewöhnliche Fabrikarbeit gewesen sein.

Dasselbe ist der Fall mit der Bildhauerkunst. Die Blüthe der Plastik in Athen und die Municenz, mit welcher die bedeutendsten Summen für den künstlerischen Schmuck der öffentlichen Plätze und Tempel verwendet wurden, haben zweifellos einen grossartigen gewerbsmässigen Betrieb der Bildhauerkunst zur Folge gehabt. Wenn wir die Namen der Arbeiter am Friese des Erechtheums, welche uns die bekannte inschriftlich erhaltene Baurechnung aufführt², lesen, werden wir zu der Annahme gelangen, dass die Mehrzahl derselben wohl weiter nichts als gewöhnliche Marmorarbeiter gewesen sein mögen, mehr oder weniger in ihrer Kunst erfahrene Steinmetzen, wie Cliton, mit welchem Socrates eine Unterredung hatte³, oder wie in viel spätererZeit der biedre Oheim Lucians. Auf gewerbsmässigen Betrieb der Bildhauerkunst deutet u. a. auch der Umstand, dass in Athen eine Strasse nach den Ἑρμογλυφεῖς benannt war⁵.

Von den übrigen Gewerben Athens ist eins der wichtigsten die Fabrication der Salben, die ein wichtiger Ausfuhrartikel und noch in der römischen Kaiserzeit sehr beliebt waren⁶. Bei den hohen Preisen der feinen Salben⁷ mag dies ein einträglicher Handelsgegenstand gewesen sein⁸.

Von grosser Bedeutung für die attische Gewerbthätigkeit muss auch der in so grossartigem Massstabe betriebene Schiffsbau gewesen sein. Nicht nur, dass das Bauen der Schiffe selbst bei der Stärke der Flotte und dem blühenden Seehandel eine grosse Zahl von Arbeitern im Auftrage des Staates oder von Privatpersonen beschäftigte⁹, auch die Ausrüstung des Schiffes, das Takelwerk, Schiffsgeräth u. s. w. gab einer Menge von Handwerkern ausreichende Nahrung¹⁰.

---

1) Vgl. Aristot. Plut. 163. 513. Machon b. Ath. XIII, 581 C. Xen. Mem III, 7, 6. Lycurg. adv. Leoc. 58. Andoc. I, 40. Aristid. or. XLVI, t. II p. 184 Dind. u. s. Das gleiche gilt auch von der Toreutik; die mehrfach genannten χρυσοχόοι sind sicherlich als gewöhnliche Goldarbeiter, keineswegs als Künstler aufzufassen; vgl. Dem. in Mid. or. XXI, 24 p. 524; Arist. Lysistr. 408; Plut. 164.

2) Stephani in den Ann. d. Inst. 1843 p. 286 sqq. Brunn, Künstlergesch. I, 248 ff.

3) Xen. Mem. III, 10, 6.   4) Luc. Somn. 2.

5) Plut. de gen. Socr. 10 p. 580 F. Wir finden ein solches Zusammenwohnen von Gewerbtreibenden des gleichen Handwerks in Athen mehrfach; so oben bei den Verfertigern der βαῖτα, bei den Gerbern, und bei den gleich zu erwähnenden Kistenmachern.

6) Antiph. b. Ath. I, 27 E. Plin. XIII, 6. Vgl. Ath. XV, 690 F. u. s. Die Läden der Salbenverkäufer, μυροπωλεῖα, waren beliebte Sammelpunkte der athenischen Flaneurs, s. Frohberger p. 33 Not. 55.

7) S. Boeckh, Staatshaush. I, 149 fg.

8) Vgl. Lys. b. Ath. XIII, 611 F. Über den sehr ausgedehnten Gebrauch der Salben bei den Athenern vgl. Reitemeier, Über den Luxus der Athener, Göttingen 1782 S. 87 ff.

9) Vgl. über die τριηροποιοί Boeckh, Urkunden über das Seewesen der Athener S. 59 ff. u. s.

10) Vgl. Boeckh, Seewesen S. 48 fg. Die Ausfuhr von solchen zum Bau und zur Ausrüstung eines Schiffes gehörigen Dingen war sogar verboten, vgl. Boeckh, Staatsh. I, 76.

Die genannten Gewerbe sind die für die attische Industrie bedeutsamsten; sie namentlich haben den Ruf attischen Gewerbfleisses weit über die Grenzen des Landes hinaus verbreitet, sie sind ohne Zweifel vor allen andern am eifrigsten betrieben worden, theils eben wegen des bedeutenden Exports, theils weil die eigenthümlichen Verhältnisse des Landes und Staates eine gesteigerte Production bedingten. Dass ausser ihnen die attische Gewerbthätigkeit noch in vielen andern Punkten Grosses geleistet hat, ist nicht zu bezweifeln; doch wird uns darüber, einige gelegentliche Erwähnungen ausgenommen, nur wenig berichtet. So nennen wir z. B. die Fabriken von **Möbeln aus Holz**[1]; auf starken Betrieb der Tischlerei deutet auch der Name einer Strasse in Athen, welche nach den κιβω-τοποιοί genannt wurde[2]. Mehrfach erwähnt werden ferner Fabriken **musikalischer Instrumente**, wie von **Flöten**[3] und **Leiern**[4]. Im allgemeinen aber sprechen alle Nachrichten dafür, dass Athen in seiner Blüthezeit nicht nur in Wissenschaft und Kunst sondern auch in industrieller Beziehung eine der ersten Städte der alten Welt gewesen ist[5].

Megaris. Wenn auch weniger bedeutend als Athen, war doch Megara sowohl was Industrie und Gewerbe, als was Handel und Verkehr anlangt, eine der wichtigsten Städte von Hellas. Nicht nur der Landhandel, zumal mit dem benachbarten Attica, wurde sehr lebhaft betrieben, sondern auch der Handel zur See, welcher zur Gründung vieler Colonieen, namentlich am schwarzen Meer und an der Propontis führte, konnte es mit dem anderer handeltreibender Städte Griechenlands dreist aufnehmen[6].

Was die gewerbliche Thätigkeit Megara's anlangt, so finden wir, dass die-

---

1) Der Vater des Demosthenes besass auch eine solche Fabrik, in welcher 20 Sklaven arbeiteten, Dem. in Aphob. I or. XXVII, 9 p. 816.

2) Plut. de gen. Socr. 10 p. 580 E. Nach Xen. Anab. VII, 5, 14, wo von Salmydessus erzahlt wird: ἐνταῦθα εὑρίσκοντο πολλαὶ μὲν κλῖναι, πολλὰ δὲ κιβώτια, πολλαὶ δὲ βίβλοι γεγραμμέναι, καὶ τἆλλα πολλὰ, ὅσα ἐν ξυλίνοις τεύχεσι ναύκληροι ἄγουσιν, konnte man sogar auf Ausfuhr dieser Dinge schliessen, obgleich nicht gesagt ist, dass diese Schiffsherren Athener waren. Die betreffende Ladung war, wie aus der Stelle hervorzugehen scheint, wohl für den Pontus bestimmt.

3) Theodorus, der Vater des Isocrates, besass eine solche, Dion. Hal. jud. de Socr. 1. Plut. Vit. X orat. p. 836 A. Vgl. Philostr. V. Soph. I, 17, 4. Westermann, Vit. script. p. 253. 259.

4) Cleophon hatte eine Leierfabrik, Andoc. I, 146. Aeschin. de fals leg. § 76. Schol. Arist. Ran. 693.

5) Eine Vorstellung von dem grossartigen gewerblichen Leben, welches in Athen herrschte, können uns die Worte des Xen. Cyrop. VIII, 2, 5 geben, welcher sicherlich Athen dabei im Auge hatte: ἐν δὲ ταῖς μεγάλαις πόλεσι διὰ τὸ πολλοὺς ἑκάστου δεῖσθαι ἀρκεῖ καὶ μία ἑκάστῳ τέχνη εἰς τὸ τρέφεσθαι, πολλάκις δὲ οὐδ' ὅλη μία, ἀλλ' ὑποδήματα ποιεῖ ὁ μὲν ἀνδρεῖα, ὁ δὲ γυναικεῖα, ἔστι δὲ ἔνθα καὶ ὑποδήματα ὁ μὲν νευρορραφῶν μόνον τρέφεται, ὁ δὲ σχίζων, ὁ δὲ χιτῶνας μόνον συντέμνων, ὁ δέ γε τούτων οὐδὲν ποιῶν, ἀλλὰ συντιθεὶς ταῦτα. Vgl. über die hier ausgesprochene Theilung der Arbeit Büchsenschütz, Bes. u Erw. S. 344 fg., der überhaupt in dem betreffenden Abschnitte über die Gewerbe hauptsächlich Athen im Auge hat.

6) Vgl. Strab. VI, 267. VII, 319 sq. XII, 563. S. Hüllmann, Handelsgesch. 139 ff. Müller, Dorier I, 120. Reinganum, das alte Megaris, S. 36 ff.

selbe in ihren Hauptzweigen der attischen Industrie gleichartig ist. Wie in Attica war die Schafzucht der wichtigste Theil der megarischen Viehzucht [1]; und die Bedeutung derselben für die Landschaft Megaris hatte ihren religiösen Ausdruck gefunden in dem Culte der Demeter Μαλοφόρος, welche am megarischen Hafen Nisaea einen Tempel hatte [2]. Die Verarbeitung der Wolle beschäftigte einen bedeutenden Theil der Einwohner, für welche dieser Erwerbszweig von solcher Wichtigkeit war, dass der mythische Erfinder des Walkens, Nicias, ein Megarer genannt wurde [3]. Das hauptsächlichste Fabricat waren ἐξωμίδες, welche nicht bloss für das Inland, sondern auch in grösserer Zahl für den Export verfertigt wurden [4].

Einen nicht minder wichtigen Handels- und Exportartikel bildeten, wie in Athen, die Töpferwaaren [5], von den Kaufleuten mit fehlerhafter Aussprache gewöhnlich »magarische« genannt [6]. Es waren wohl grösstentheils grössere Gefässe, Amphoren [7] und Fässer [8] von grosser Stärke und Dauerhaftigkeit [9]. Doch werden auch Trinkgefässe erwähnt [10].

Auch die Kunst hatte in Megara eine Stätte gefunden. Aus dem in den dortigen Steinbrüchen gebrochenen Muschelmarmor [11] verfertigten die Megarer ihre bei den Alten sehr geschätzten Kunstwerke, die *signa Megarica* [12]. Doch kennen

---

1) Vgl. Yates p. 44 sq. Reinganum a. a. O. S. 46 ff.

2) Paus. I, 44, 4. Vgl. Welcker, Griech. Gotterlehre II, 474. Preller, Griech. Mythol. I, 602. Anm. 2. Die Kehrseite der Medaille ist der bekannte Ausspruch des Diogenes, Ael. v. h XII, 56: ὅτι ἐβούλετο Μεγαρέως ἀνδρὸς κριὸς εἶναι μᾶλλον ἢ υἱός. Ἐπιπίπτειο δὲ, ὅτι τῶν θρεμμάτων ποιοῦνται πρόνοιαν οἱ Μεγαρεῖς, τῶν παίδων δὲ οὐχί. Denn die Megarer liessen ihre Kinder nackt herumlaufen, während sie die Schafe mit Fellen bedeckten (wie in Attica, Tarent u. s.); vgl. Diog. Laert. VI, 44. Plut. de cupid. divit. c. 7 p. 526 C.

3) Plin. VII, 196.

4) Xen. Memor. II, 7, 6: Μεγαρέων οἱ πλεῖστοι ἀπὸ ἐξωμιδοποιίας διατρέφονται. Arist. Ach. 519: Μεγαρέων τὰ χλανίσκια. Diese Kleidungsstücke, die namentlich von Sclaven und Arbeitern getragen wurden, kamen auch auf den Markt von Athen, Arist. Pac. 1002. Vgl. Schol. Arist. Lys 663 u. Vesp. 444. Noch heute tragen die Bewohner der dortigen Gegend im Winter ähnliche Wollenkleider; Pouqueville, Voyage dans la Grèce IV, 129. (Zu Theognis Zeiten gingen die Einwohner in Thierfellen, Theogn. v. 55.)

5) Vgl. Jahn, Berichte etc. S. 32. Man bediente sich zu diesen Thonarbeiten der in der Nähe von Megara auf dem cimolischen Felde gefundenen Thonerde, vgl. Diod. Sic. XI, 79. Das ebendaselbst gelegene »weisse Feld«, λευκὸν πεδίον, (s. Et. magn. v. Λευκοθέα p. 564, 43) scheint mit diesem Felde identisch gewesen zu sein, da die Farbe des Thonbodens wohl zur Benennung Veranlassung gab. Vgl. Reinganum S. 39.

6) Steph. Byz. v. Μέγαρα.

7) Die Scholl. zu Arist. Nub. 1203. Plut. 808 erklären ἀμφορῆς oder ἀμφορῆς durch Μεγαρικά. Die Stelle bei Suid. v. ἀμφορεύς ist zweifelhaft; s. Bernhardy das

8) Eubul. b. Ath. I, 28 C: Μεγαρικὰ πιθάκια. Irdene Becher fand Dodwell, Class. tour II, 180. Auch werden daselbst viele Terracotten gefunden, Clarke, Travels II, 2, 762.

9) Die Mimen härteten ihre Kahlköpfe so ab, dass man megarische Fässer daran zerschlagen konnte, Synes. calv. encom. 13 p. 77 C: ἐπιλείπει δὲ τὰ Μεγαρέων κεράμια τῇ γενναίᾳ ταύτῃ [κεφαλῇ] προσκαταγνύμενα.

10) Ath. XI, 467 C.

11) Paus. I, 44, 9. Hes. v. Κογχίτης. Vgl. Clarke a. a. O. p. 752.

12) Cic. ad Att I, 8 u. 9. Vgl. Dodwell a a O.

wir nur zwei Künstler aus Megara von wenig Bedeutung, Thecosmus und seinen Sohn Callicles [1].

Des Fischfanges an der Küste von Megara wird häufig gedacht [2].

§ 15.
Der Peloponnes.

Corinth. Während bei den meisten Hellenen, am strengsten aber bei den Doriern und hauptsächlich bei den Lacedaemoniern, alle Handwerke verachtet waren und in den Händen von Sclaven oder Periöken lagen, waren es die Corinthier allein, die bei ihrem ausgebreiteten Handel und dem dadurch entstandenen Wohlstande den Gewerbtreibenden einen höhern Platz anwiesen [3]. Die segensreichen Folgen dieses so sehr von der übrigen griechischen Anschauung abweichenden Princips blieben nicht aus; Corinth wurde gross und reich durch Handel, Industrie und Kunst [4]; und nicht diese waren es, wie der in seiner altrömischen Anschauung befangene Cicero meint [5], die den Untergang der Stadt beschleunigten, sondern die mit einem grossen Gewerbfleiss so oft Hand in Hand gehende Üppigkeit und Schwelgerei. Als die Stadt hundert Jahre nach ihrer Zerstörung durch Mummius auf's neue aus den Trümmern erstand, blühte sie schnell empor [6] und war noch in später Zeit als wichtiger Handelsplatz bekannt [7].

In enger Verbindung mit dem grossartigen Handel Corinths steht das schon in früher Zeit zu bedeutender Vollkommenheit entwickelte Seewesen und die Tüchtigkeit im Schiffsbaue. Den Corinthiern schrieb man einen Hauptantheil

---

1) S. Brunn, Griech. Künstl. I, 245 fg.

2) Archestr. b. Ath. VII, 295 C. Arist. h. an. VIII, 15. Vgl. Eckhel Doct. num. V, 2, 223.

3) Her. II, 167: ἥκιστα Κορίνθιοι ὄνονται τοὺς χειροτέχνας. Wie aus dieser Stellung der Handwerker in Corinth ein geachteter Mittelstand hervorging, wie ihn die andern Städte Griechenlands nicht kannten, entwickelt Barth, de Corinth. commercio et mercatura, p. 30 sq. Vgl. Hüllmann, Staatsr. S. 128. Müller, Dorier, II, 27. Drumann, Arb. u. Commun. S. 43 fg.

4) Vgl Pind. Ol. XIII, 46:
πολλὰ δ' ἐν καρδίαις ἀνδρῶν ἔβαλον
Ὧραι πολυάνθεμοι ἀρχαῖα σοφίσμαθ' ἅπαν δ' εὑρόντος ἔργον.

Vgl. Boeckh im Comm. p 214. Corinth als gemeinsamen Markt für ganz Hellas preist Aristid. or. III, t. 1 p. 37 sq. (Dind.).

5) Cic. rep. II, 4, 7: *nec vero ulla res magis labefactatam diu et Carthaginem et Corinthum pervertit aliquando quam hic error ac dissipatio civium, quod mercandi cupiditate et navigandi et agrorum et armorum cultum reliquerant.*

6) Str. VIII, 382: ἡ πόλις ἡ τῶν Κορινθίων μεγάλη τε καὶ πλουσία διὰ παντὸς ὑπῆρξεν, ἀνδρῶν τε εὐπόρησεν ἀγαθῶν εἴς τε τὰ πολιτικὰ καὶ εἰς τὰς τέχνας τὰς δημιουργικάς· μάλιστα γὰρ καὶ ἐνταῦθα καὶ ἐν Σικυῶνι ηὐξήθη γραφική τε καὶ πλαστικὴ καὶ πᾶσα ἡ τοιαύτη δημιουργία. Oros. V, 3 nennt Corinth die *officina omnium artificum atque artificiorum.*

7) Tot. orb. descr. § 52: *Corinthus negotiis viget.* Vgl. über Handel und Gewerbe Corinths überhaupt die oben citirte Schrift von Barth und Büchsenschütz, Besitz u. Erwerb S. 367. 388. 409. 417.

an der Befreiung des Meeres von dem Unwesen der Seeräuberei zu; ihnen verdankte man die Erfindung der Triremen [1]. Sie wurden die Lehrmeister darin für andere Seefahrt treibende Staaten [2] und bewahrten sich diesen Ruhm noch zu einer Zeit, da auch anderwärts der Schiffsbau namhaften Ruf bekommen hatte [3].

Zu den ältesten in Corinth blühenden Gewerben gehört das Töpferhandwerk [4]. Schon die Sage deutete das an, indem sie als Erfinder der Töpferscheibe den Corinthier Hyperbios nannte [5]; und die romanhafte Erzählung vom Töpfer Butades aus Sicyon lässt diesen in Corinth das Thonrelief erfinden [6]. Beide Sagen bezeichnen uns deutlich, welche Arten der Töpferei in Corinth besonders betrieben wurden: nämlich die Gefässfabrication und die Thonplastik. Die corinthischen Thongefässe [7] scheinen entweder bemalte Vasen, von der Art, wie sie sich noch jetzt in Corinth finden, gewesen zu sein, oder Gefässe mit Reliefs, wie sie in italischen Gräbern öfter gefunden werden. Als Caesar zur Wiedererbauung Corinths Arbeiter dahin schickte, fanden dieselben beim Graben zugleich mit Erzarbeiten solche Gefässe mit erhabener Arbeit in grosser Menge; diese νεκροκορίνθια, wie man sie nannte, waren in Rom eine Zeit lang ungemein geschätzt [9]

---

1) Thuc. I, 13: *πρῶτοι δὲ Κορίνθιοι λέγονται ἐγγύτατα τοῦ νῦν τρόπου μεταχειρίσαι τὰ περὶ τὰς ναῦς καὶ τριήρεις πρῶτον ἐν Κορίνθῳ τῆς Ἑλλάδος ἐνναυπηγηθῆναι.*

2) Der Corinthier Ameinocles baute für die Samier vier Triremen i. J. 703 v. Chr., Thuc. l. l.

3) Als der König Hiero von Syracus den Bau grosser Transportschiffe unternimmt, beruft er den Corinthier Archias als Leiter desselben nach Sicilien. Ath. V, 206 F. Vgl. sonst Diod. Sic. XV, 74.

4) Über Töpferei in Corinth vgl. Barth l. l. p. 16 sq. Raoul-Rochette, Annali d. Inst. XIX p. 237. Jahn, Berichte d. sächs. Ges. 1854 S. 28 fg. — Das Material zu den Thongefässen bot die Umgegend; Thiersch, Abh. d. Bair. Acad. II, 3, 814: »Hinter Corinth trifft man Thonlager, von Cleonae kommend, zur Linken des Weges in der Nähe der Stadt von solcher Ausdehnung und Feinheit des Thons, dass daraus noch jetzt die feinsten Thongeräthe in grösster Menge könnten gebrannt werden.« Vgl. Leake III, 356.

5) Plin. VII, 198. Theophr. *περὶ εὑρημάτων* beim Schol. z. Pind. Ol. XIII, 37.

6) Plin. XXXV, 151. Athenag. leg. pro Christ. 14 p. 59.

7) Dass dieselben sogar in dem selbst so viel Thongeschirr verfertigenden Athen als Hausgeräth gebraucht wurden, zeigt Poll. X, 182, der unter den *δημιόπρατα* auch *κέραμον Κορίνθιον* anführt. Mit den von Diphil. b. Ath. VI, 236 B erwähnten *Κορίνθιοι κάδοι* sind vermuthlich Amphoren gemeint, vgl. Philoch. b. Poll. X, 71. Eust. ad Il. XII, 312 p. 907 erwähnt *Κορινθιουργεῖς φιάλαι*. Ob die bei Ath. XI, 488 D erwähnten *Κορινθιακαὶ ὑδρίαι* Thon- oder Erzgefässe sind, lässt sich nicht entscheiden.

8) Freilich bisher nur Vasen des ältesten Stils, s. Jahn, Vasensamml. S. XXIV.

9) Strab. VIII, 381: *οἳ τὰ ἐρείπια κινοῦντες καὶ τοὺς τάφους συναρασκάπτοντες εὕρισκον ὀστρακίνων τορευμάτων πλήθη, πολλὰ δὲ καὶ χαλκώματα· θαυμάζοντες δὲ τὴν κατασκευὴν οὐδένα τάφον ἀσκευώρητον εἴασαν, ὥστε εὐπορήσαντες τῶν τοιούτων καὶ διατιθέμενοι πολλοῦ νεκροκορινθίων ἐπλήρωσαν τὴν Ῥώμην· οὕτω γὰρ ἐκάλουν τὰ ἐκ τῶν τάφων ληφθέντα, καὶ μάλιστα τὰ ὀστράκινα. κατ' ἀρχὰς μὲν οὖν ἐτιμήθη σφόδρα ὁμοίως τοῖς χαλκώμασι τοῖς κορινθιουργέσιν, εἶτ' ἐπαύσατο τῆς σπουδῆς, ἐκλιπόντων τῶν ὀστράκων καὶ οὐδὲ κατωρθωμένων τῶν πλείστων.* Man hat diese Stelle auf bemalte Vasen beziehen wollen und daher entweder *τορευμάτων* gestrichen, oder zwischen *ὀστρακίνων* und *τορευμάτων* eine Lücke angenommen; aber die Stelle bietet keinen Grund zu einer Emendation dar. S. Jahn a. a. O. Ein Resumé über die verschiedenen Deutungen, zu denen diese Stelle Anlass gegeben hat, s. Arch. Ztg. 1846 S. 309 f.

— wohl hauptsächlich wegen der den Römern jener Zeit eigenen Sucht nach alten Kunstsachen, bei denen mehr das Alter als die Kunst geschätzt wurde. — Auf bedeutenden Betrieb der Thonplastik in Corinth deutet die Nachricht, dass jener oben erwähnte Butades auch noch andere Erfindungen gemacht habe, wie Röthel dem Thone beizumischen oder aus rother Thonerde zu formen, Masken, die er *prostypa* nannte, auf die äussersten Hohlziegel der Dächer zu setzen etc.[1]. Auch pflegt eine so grosse Blüthe der Erzbildnerei, wie sie in Corinth stattfand, mit der Thonbildnerei, deren sie ja für ihre Modelle nicht entbehren kann, vereint zu sein. — Bis zu welcher Zeit das Töpferhandwerk in Corinth diese Bedeutung gehabt, ob es auf dem gleich hohen Standpunkt bis zur Zerstörung der Stadt sich erhalten hat, lässt sich nicht sagen; im römischen Corinth erfahren wir nichts mehr davon.

Nicht minder berühmt war der corinthische Erzguss. Das corinthische Erz[2] war neben dem delischen und aeginetischen das berühmteste des Alterthums[3]. Es gab davon namentlich drei Arten: helleres, dem Silber ähnliches, dunkelbraunes und solches, welches die Mitte hielt[4]. Über den Ursprung dieses von den Römern ungemein geschätzten und von Dichtern[5] wie Prosaikern[6] oft rühmend erwähnten Erzes herrschten die abenteuerlichsten Märchen; die Einen erzählten, es sei bei der Zerstörung der Stadt durch das Zusammenschmelzen der in den Werkstätten aufgehäuften edlen Metalle und ehernen Bildnisse entstanden[7]; Andere meinten, dass es durch Ablöschung in der Quelle Pirene so trefflich geworden sei[8]. Erstere Erzählung hängt wohl damit zusammen, dass durch die Einnahme der Stadt eine grosse Menge corinthischer Erzfabricate nach Rom kam, und da die Mischung des Erzes früh verloren gegangen war, um so höher geschätzt wurde; dass man dem Erze eine so merkwürdige Entstehung zuschrieb, musste den Werth desselben natürlich noch erhöhen. Wann das Geheimniss der Mischung verloren gegangen, ist ebensowenig genau zu bestimmen, wie die Zeit, wann dieselbe aufkam; von den drei statuarischen Erzen scheint das corinthische das jüngste, aber schon vor Alexander im Gebrauch gewesen zu sein[9]. Dass die Mischung aber schon vor der Zerstörung unbekannt wurde[10],

---

1) Plin. l. l. Poll. X, 152: μετὰ τοῦ κεράμου ἐν τοῖς Δημιουργάτοις καλυπτῆρες κορινθιουργεῖς καὶ ἱκριοτῆρες. Vgl. Boeckh z. Pind. l. l.

2) Vgl. darüber Hirt in der Amalthea I, 245 ff. Man nahm dazu hauptsächlich Gold, Silber und Kupfer, Plin. XXXIV, 5. Plut. de Pyth. orac. c. 2 p. 395 C: χρυσοῦ καὶ ἀργύρου, πλεῖστον δὲ χαλκοῦ. Das Kupfer kam jedenfalls von auswärts, vermuthlich von Euboea, da die Umgegend von Corinth selbst keines lieferte, Paus. II, 3, 3: χαλκός γε οὐκ ἔστι Κορινθίοις.

3) Plin. XXXIV, 6: *Corinthium (aes) maxime laudatur.*

4) Plin. ib. 8: *candidum argento nitore quam proxime accedens, in quo illa mixtura praevaluit, alterum in quo auri fulva natura, tertium in quo aequalis omnium temperies fuit.*

5) Vgl. Virg. Georg. II, 464. Hor. Ep. II, 1, 193. Prop. IV, 4, 6. Mart. IX, 59, 11. Sil. Ital. XIV, 655. Sid. Apoll. Carm. V, 48 und öfters.

6) Cic. Verr. II, 34, 83. ib. 72, 176. IV, 44, 98. pro Rosc. Amer. 46, 133. Tusc. II, 14, 32. Plin. IX, 139. XXXIV, 1. XXXVII, 49 u. s.

7) Plin. XXXIV, 7. Petr. 50. Flor. II, 16. Oros. V, 3. Plut. l. l. Vgl. Prop. l. l.

8) Paus. II, 3, 3. 9) Vgl. Plin. XXXIV, 48.

10) Wie Hirt meint a. a. O.

glaube ich nicht, vermuthlich ging ihre Kenntniss verloren, als mit dem Aufhören der Stadt auch die corinthische Erztechnik ihr Ende erreichte. Später ist noch hin und wieder vom Verfertigen corinthischen Erzes die Rede[1]; das mag sich aber wohl auf blosse Nachahmung beziehen, die den Namen des berühmten Erzes als Aushängeschild nahm.

Die corinthische Erzgiesserei wandte ihre Hauptthätigkeit auf Geräthe[2], nur in geringerem Masse auf die Herstellung von Statuen; von bedeutenderen corinthischen Erzgiessern ist in der klassischen Zeit nicht die Rede. Daher behauptete Plinius, es seien gar keine Statuen aus diesem Erz gegossen worden[3]; allein er gründet diese Behauptung auf seine Meinung von der Entstehung des Erzes. Wir haben noch Nachrichten von verschiedenen Statuen aus corinthischem Erz; so führte Alexander d. Gr. immer mehrere solcher Statuen auf seinen Feldzügen mit sich, und die berühmte Amazone des Strongylion, welche Nero stets mit sich führte, war aus gleichem Material[4]. Delphi war reich an solchen corinthischen Statuen[5], deren auch sonst noch gedacht wird[6]. Namentlich Statuetten aus solchem Erze scheinen häufig gewesen zu sein, sie hauptsächlich hiessen wohl *signa Corinthia* und waren bei kunstsinnigen Römern besonders beliebt[7].

Ungleich ausgedehnter war aber die Anfertigung eherner Geräthschaften, zumal von Gefässen[8], welche oft mit kunstvollen Reliefs geziert waren[9], ferner Lampen, Leuchter[10] u. a. Dergleichen Erzfabricate fanden die von Caesar ge-

---

1) Eine *imago Corinthea Trajani Caesaris* bei Gruter 175, 9. *Corinthiarius*, Arbeiter in corinthischem Erz, war ein Spottname des Augustus, Suet. Aug. 70.
2) Die Metallarbeit nahm ihren Ausgang vermuthlich von der Waffenfabrication. Einen corinthischen Helm erwähnt Her. IV, 180. Aber die bei Cic. Verr. IV, 44, 97 erwähnten *loricae galeaeque aeneae, caelatae opere Corinthio* sind nicht hierher zu rechnen, weil diese bereits zur höheren Kunstindustrie gehören.
3) XXXIV, 7. 4) Plin. XXXVII, 48; vgl. ib. 82.
5) Plut. l. l.
6) Mart. XIV, 172 *Sauroctonos Corinthius*; ib. 177: *Hercules Corinthius*.
7) So die Statuette des jüngern Plinius, Epp. III, 6, und die, welche der Consular G. Cestius selbst in der Schlacht bei sich trug, Plin. nat hist. l. l.
8) Ath. IV, 128 D: ἐν χαλκῷ πίνακι τῶν Κορινθίων κατασκευασμάτων. Vgl. XI, 488 C. Suet. Aug. 70. Tib. 34. Auf solche Gefässe bezieht sich die Mehrzahl der oben angeführten Stellen, namentlich bei Cicero. Sogar Gefässe, zu denen bei uns in der Regel kein edles Metall verwendet zu werden pflegt, gab es aus corinthischem Erz, Cic. Parad. V, 2: *Si L. Mummius aliquem istorum videret matellionem Corinthium cupidissime tractantem*. (Obgleich sicherlich durch die Plünderung Corinths eine sehr grosse Zahl corinthischer Erzarbeiten nach Italien kamen, scheint es doch nicht recht möglich, dass alle die bei den Schriftstellern und auf Inschriften, wo die *servi a Corinthiis* oft vorkommen, erwähnten *aera Corinthia* in der That alle corinthisches Fabricat gewesen seien. Vermuthlich gab man sich von andern griechischen Erzarbeiten diesen Namen, entweder weil sie von Corinth aus nach Italien kamen, oder um ihnen durch jenen Namen höheren Werth zu verleihen.)
9) Ath. V, 199 E: ἕτεροι (κρατῆρες) κορινθιουργεῖς δύο· οὗτοι δ' εἶχον ἄνωθεν καθήμενα περιφανῆ τετορευμένα ζῶα καὶ ἐν τῷ τραχήλῳ καὶ ἐν ταῖς γάστραις πρόστυπα ἐπιμελῶς πεποιημένα.
10) Die Notiz des Plin. XXXIV, 12: *esse nulla Corinthia candelabra constat* klingt eben so unwahrscheinlich, wie seine oben erwähnte Ansicht, dass es keine Statuen aus corinthischem Erz gegeben habe; überdies erwähnt Mart. XIV, 43 ein *candelabrum Corinthium*.

schickten Colonisten in grosser Menge, und namentlich diese *aera Corinthia* waren es, welche die römischen Elegants[1] mit unglaublichem Eifer aufkauften[2].

Von anderen Gewerben zu Corinth erfahren wir aus früher Zeit vom Blühen der **Weberei** und **Färberei**, welche beide auf phönizischen Ursprung zurückzugehen scheinen[3]. Die corinthischen Decken werden gelobt[4], auch **leinene** und **wollene Gewänder** erwähnt[5]. Dass auch die **Purpurfärberei** in Corinth in ausgedehntem Masse betrieben wurde, ist sicher, obgleich sie merkwürdiger Weise fast gar nicht erwähnt wird[6].

Endlich sei auch der **Salbenfabrication** noch gedacht[7], zu der die Corinther die beliebte Irispflanze vermuthlich von ihren Colonieen in Illyrien bezogen, wo dieselbe in guter Qualität gedieh[8].

Sicyon. Das bekannteste Gewerbserzeugniss Sicyons war das **Schuhwerk**. Während die Fabrication desselben jedenfalls schon lange bestand, datirt der Ruf dieser Schuhe doch erst aus der letzten Zeit der römischen Republik[9]; von da ab werden sie häufig erwähnt[10] und scheinen einen wichtigen Exportartikel gebildet zu haben. Näheres über ihre Beschaffenheit wird uns nicht berichtet, nur so viel wissen wir, dass die speciell »sicyonische Schuhe« genannten nur Frauenschuhe waren[11], welche zu tragen bei Männern für Weichlichkeit galt[12].

Andere Erzeugnisse des sicyonischen Gewerbfleisses, von denen uns aber

---

1) Plin. l. l.: *elegantiores isti*
2) Vgl. unter anderem Mart. IX, 59, 11: *consuluit nares an olerent aera Corinthon*. (Vgl. Bottiger, Kl. Schr. III, 322 ff.: »Der Geruch, ein Kennzeichen des Metalles«.)
3) Vgl. Barth l. l. p. 21 sq.
4) Antiph. b. Ath. I, 27 D: ἐκ Κορίνθου στρώματα. Vgl. Arist. Ran. 440: ἀλλ' ἡ Διὸς Κόρινθος ἐν τοῖς στρώμασιν. Wahrscheinlich waren diese Teppiche mit phantastischen Thierfiguren im Stile der alten corinthischen Vasen durchwirkt, bei denen der orientalische Ursprung und Einfluss unverkennbar ist.
5) Democr. Ephes. b. Ath. XII, 525 D: καλασίρεις κορινθιουργεῖς. (Die καλάσιρις ist ein Kleid aus Leinwand, nicht aus Wolle; s. Her. II, 81. Poll. VII, 71.) Machon b. Ath. XIII, 582 D:
ἡ Γλυκέριον λαβοῦσα παρ' ἐμαυτοῦ τινος
Κορίνθιον παράπηχυ καινὸν λῄδιον
ἔδωκεν ἐς γναφεῖον.
6) Über die verschiedenen Purpursorten vgl. Dem. Ephes. b. Ath. XII, 525 D. Barth p. 24 sqq. Auf corinthischen Münzen findet sich auch die, wie gewöhnlich, auf Purpurfärberei deutende Muschel, Mionnet suppl. t. IV p. 35 n. 493.
7) Plin. XIII, 5.   8) Id. ib. 14, 18.
9) Eine Erwähnung aus früherer Zeit ist z. B. Machon b. Ath. VIII, 349 E.
10) Fest. s. v. *Sicyonia genus calceamenti*. Lucilius: *et pedibus laeva Sicyonia demit honesta*. Lucr. IV, 1125: *argentum et pulcra in pedibus Sicyonia rident*. Vgl. Virg. Cir. 169. Clem. Alex. Paed. II, 11 p. 240. Poll. VII, 93. Steph. Byz. v. Σικυών.
11) Cic. de or. I, 54, 231: *sed ut, si mihi calceos Sicyonios attulisses, non uterer, quamvis essent habiles et apti ad pedem, quia non essent viriles*, sic etc. Hesych. v. Σικυώνια· ὑποδήματα γυναικεῖα καὶ μέλλια. Bei Luc. dial. mer. 14, 2 bringt ein Matrose einer Hetaere ὑποδήματα ἐκ Σικυῶνος für zwei Drachmen. Doch wurden ohne Zweifel auch theurere angefertigt.
12) Luc. rhet. praec. 15. dial. mer. 14, 2. Ath. IV, 155 C. Eust. ad Il. XXIII, 299 p. 1302.

§ 15. Der Peloponnes.

weiter gar nichts berichtet wird, sind Kopfbedeckungen[1] und Fuhrwerke[2]. Bedeutender aber war Sicyon für die Metallarbeit[3]. Gleich dem benachbarten Corinth war in Sicyon schon seit alter Zeit die Kunst der Erzarbeit heimisch[4]. Als Vaterland des Butades, der in Corinth die Plastik erfunden haben sollte, wird Sicyon angegeben[5]; hier arbeiteten die cretischen Künstler Dipoenus und Scyllis; hier wirkte in bedeutend späterer Zeit, nachdem das benachbarte Argos den alten Ruhm der sicyonischen Plastik etwas verdunkelt hatte, der berühmte Canachus und sein Bruder Aristocles; hier endlich schuf wiederum nach einem bedeutenden Zwischenraum Lysipp seine unsterblichen Werke, ihm folgend eine zahlreiche Reihe von Schülern. Mit ihnen freilich erreicht auch die Blüthe der sicyonischen Kunst ihr Ende[6].

Unter den Beschäftigungen der ländlichen Bevölkerung nahm den ersten Platz die Pflege der Ölbäume und die Bereitung des Öls ein. Die Olivenhaine Sicyons waren weit berühmt[7], das daraus bereitete Öl[8] diente sowohl medicinischen als kosmetischen Zwecken[9].

Obgleich der Fischfang an der Küste stark betrieben und viel Fische versandt wurden[10], erfahren wir doch nicht, dass Räucheranstalten daselbst bestanden hätten.

Argolis war in industrieller Beziehung wenig bedeutend. Nur ein Gewerbe scheint schon frühzeitig daselbst geblüht zu haben, die Metallarbeit. Die Berge zwischen Argos und Corinth enthalten, wie die neueren Forschungen gezeigt haben, Kupfer[11]; schon in alter Zeit mag man dasselbe zu der in Argos eifrig betriebenen Erzbereitung, insbesondere zur Anfertigung der bekannten

---

1) Poll. X, 131: κυνῆ Σικυωνική.
2) Demosth. Mid. or. XXI p. 565 § 158, wenn nicht hier unter ζεῦγος nur die Bespannung des Wagens zu verstehen ist.
3) Der alte Name Sicyons, Telchinia (s. Steph. Byz. s. v.) bezeichnet dasselbe als Heimat künstlicher Metallarbeit und als Stammsitz uralter Schmiedeinnungen. — Kupferadern fanden sich in dem Quellgebiet des Asopus. Auch bezeugt die alte Verbindung mit Cypern der sicyonische Pflanzort Gorgoi; und für die Bekleidung des sicyonischen Schatzhauses in Olympia sollen die tartessischen Kupferminen das Erz geliefert haben. Vgl. Curtius, Peloponnes II, 482 ff.
4) Plin. XXXVI, 9: *Sicyon — quae diu fuit officinarum omnium talium patria.* Strab. VIII, 382: μάλιστα γὰρ .... ἐν Σικυῶνι ηὐξήθη γραφική τε καὶ πλαστικὴ καὶ πᾶσα ἡ τοιαύτη δημιουργία. Sicyonische Trinkgefässe (ohne Angabe des Materials) bei Ath. XI, 478 B.
5) Plin. XXXV, 151.
6) S. die betreffenden Abschnitte in Brunn's Künstlergesch. I, 74 ff. 358 ff. 402 ff. — Auf die sicyonische Malerei sei, da dieselbe nicht in das Gebiet unserer Besprechung gehört, hiermit nur hingewiesen.
7) Ov. Ib. 317: *olivifera Sicyon*. Stat. Theb. IV, 50. Vgl. Ov. ex Ponto IV, 15, 10. Noch heut gedeiht daselbst der Ölbau, s. Gompf, Sicyon. spec. I. Berol. 1852 p 16 sq.
8) Paus. X, 32, 11. Virg. Georg. II, 519.
9) Dioscor. I, 33. parab. II p. 149.
10) Antiph. b. Ath. I, 27 D. Vgl. Ath. VII, 288 D. 289 A. 293 F.
11) Vgl. Müller, Dorier I, 72. Curtius, Peloponnes II, 338.

argivischen Schilde und anderer Waffen benutzt haben [1]. Dass aber auch andere Metallarbeiten aus Argos in Griechenland beliebt waren, zeigt eine schon mehrfach benutzte Stelle des Antiphanes, welcher angiebt, aus welchen Orten man seine hauptsächlichsten Bedürfnisse beziehen solle, und da für Kessel Argos empfiehlt [2]. Sicherlich in Verbindung mit der in der Metallarbeit erreichten Vollkommenheit steht es, dass auch die bildende Kunst in Argos eine hohe Stufe einnahm. Die argivische Bildhauer-Schule weist die Namen eines Ageladas und Polyclet auf, welche beide vornehmlich als Erzbildner berühmt waren [3].

Während die Metallarbeit, zumal die Waffenfabrication, früh ihre Bedeutung verloren zu haben scheint und in späterer Zeit der argivische Schild nur die Form, nicht die Herkunft der Waffe bezeichnet, blühte die schon im 7ten Jahrhundert v. Chr. in Argos betriebene Töpferei [4] noch in späterer Zeit, denn obgleich nur selten ihrer gedacht wird, wird sie doch noch von dem Periegeten Polemo erwähnt [5]. Doch hat sie nie grosse Wichtigkeit erlangt und scheint nur für den Bedarf des Landes selbst bestimmt gewesen zu sein.

Über die von den Lexicographen erwähnten argivischen Frauenschuhe [6] wissen wir nichts näheres. — Von den zu Argolis gehörenden Städten zeichnete sich keine durch eine besondere Industrie aus; genannt kann allenfalls werden die sicherlich auf phönizischen Ursprung zurückgehende Purpurfabrication in Hermione [7].

---

1) Pind. b. Ath. I, 28 A. (hyporch. frg 73) · ὅπλα δ᾽ ἀπ᾽ Ἄργους. Ael v h. III, 24. (vgl. Ael. nat. an. XVI, 13), Poll. I, 149. Vgl. Plin. VII, 200. Apollod. II, 2, 1. Doch mussten bei der Schildfabrication auch die Lederarbeiter thätig sein; eine argivische Inschrift im Corp. Inscr. Gr. 1134 nennt die σπατολημωταί, von Boeckh (σπάτος = σκύτος, λεαίνω = λειόω) als βυρσοδέψαι erklärt. Boeckh vermuthet, dass diese, sowie die in den Inschriften 1135 u. 1136 erwähnten Handwerker, deren Bedeutung nicht klar ist, eine Zunft gebildet hätten.

2) Bei Ath. I, 27 D: ἐξ Ἄργους λέβης. Her. IV, 152 : κρητὴρ Ἀργολικός. Spangen an den Gewändern, s. Her. V, 88.

3) S. Brunn I, 61 ff. 210 ff.

4) Ath. XI, 480 C: αἱ δ᾽ Ἀργεῖαι δοκοῦσι καὶ τὸν τύπον ἔχειν διάφορον πρὸς τὰς Ἀττικάς, ᾠοξαὶ γοῦν ἦσαν τὸ χεῖλος, ὡς Σιμωνίδης ᾠησὶν ὁ Ἀμοργῖνος· «αὕτη δὲ ᾠοξίχειλος [Ἀργείη κύλιξ]». (Mir scheint die Gegenüberstellung der argivischen und attischen Gefässe dafür zu sprechen, dass hier Thongefässe gemeint sind. Jahn, Berichte der sächs. Gesellsch. 1854 S. 31 lässt es unbestimmt.) Vgl. auch Her. V, 88 (Ath. XI, 502 C).

5) Bei Ath. XI, 483 C.

6) Hes. v. Ἀργεῖα, ὑποδήματα πολυτελῆ γυναικεῖα. Poll. VII, 88.

7) Plut. Alex. 36: πορφύρας Ἑρμιονικῆς τάλαντα πεντακισχίλια. Alciphr. ep. III, 46 πολυτελέστερον σινδόνης Αἰγυπτίας καὶ ἀλουργοῦ πορφύρας τῆς Ἑρμιονίδος. Steph. Byz. v. Ἁλιεῖς· ἐλέγοντο δ᾽ οὕτως διὰ τὸ πολλοὺς τῶν Ἑρμιονέων ἁλιευομένους κατὰ τοῦτο τὸ μέρος οἰκεῖν τῆς χώρας. Auf den Purpurreichthum der argivischen Küste beziehen sich wohl auch die Worte der Clytaemnestra bei Aesch. Agam. 925 sqq.

ἔστιν θάλασσα ....
τρέφουσα πολλῆς πορφύρας ἰσάργυρον,
κηκῖδα παγκαίνιστον, εἱμάτων βαφάς.

Über den phönizischen Ursprung vgl. Movers, Phönizier II, 2, 19.

§ 16.
Der Peloponnes (Fortsetzung).

Laconien. Die Lacedaemonier stehen in der Geschichte der Gewerbe nicht so sehr im Hintergrunde, wie in der des Handels, in welcher sie so gut wie gar keine Rolle gespielt haben [1]. Es ist das um so bemerkenswerther, als gerade in Sparta, wie überhaupt bei den meisten Doriern, das Handwerk noch mehr verachtet war, als bei den übrigen Griechen [2]. Der spartanische Bürger beschäftigte sich mit Waffenübung und Gymnastik, die Arbeit lag den Sclaven und Periöken ob: jene bauten meistens das Feld, während die Gewerbe sich wohl grösstentheils in den Händen der Periöken befanden [3]. Wenn nun trotz dieser Geringachtung der Gewerbe einige Industriezweige eine solche Bedeutung erlangten, dass ihre Fabricate auch im übrigen Griechenland gesucht waren, so wird das Verdienst davon weniger den Lacedaemoniern selbst, als der Güte des verwendeten Materials und dem Fleisse der zum Stamm der Achaeer gehörenden Periöken [4] beizumessen sein.

Den meisten Ruf hatten unter den laconischen Gewerbserzeugnissen die **Eisenfabricate**. Es wird uns nicht berichtet, woher der Rohstoff zu diesen Arbeiten gekommen sei; aber die Menge derselben und die Wohlfeilheit des Eisens [5] lässt darauf schliessen, dass Eisenbergwerke und -Hämmer im Lande selbst das Material zu jenen Fabricaten lieferten [6]. Zu den verbreitetsten Eisenwaaren gehörten die **Schlüssel** [7], deren von den attischen Comikern häufig gedacht wird [8]. Nicht minder treffliches leistete die **Stahlfabrication** [9], deren Erzeugnisse ungefähr um die gleiche Zeit auch ausserhalb Laconiens gesucht

---

1) Über Handel und Industrie der Lacedaemonier vgl. Hüllmann S. 44 ff., der die gewerbliche Thätigkeit Spartas doch zu gering anschlägt, und Müller, Dorier II, 26 ff.
2) Her. II, 167 sagt das ausdrücklich. Über die Stellung der Handwerker in Sparta vgl. Drumann, Arb. u. Commun. S. 36 ff.
3) Es ist nicht ohne Bedeutung, dass wir wohl oft von laconischen, aber nie von spartanischen Fabricaten hören.
4) Dafür hält sie wenigstens O. Müller, Dorier II, 24 fg. Vgl. dagegen Grote, Griech. Gesch. I, 686 der deutsch. Übers.
5) S. Müller a. a. O. S. 205 fg.
6) Spuren von Eisenbergwerken der Laconier fand Ross, Griech. Königsreisen II, 246 unweit des boeotischen Meerbusens. Vgl. Fiedler, Reise in Griechenl. II, 559.
7) Steph. Byz. v. Λακεδαίμων· ἔστι καὶ εἶδος κλειδὸς Λακωνικῆς. Eustath. Il. II, 582 p. 294: ἔστι δὲ καὶ κλεὶς Λακωνική, κλειστήρα τις. Theo ad Arat. Phaen. v. 192: οὐ γὰρ, ὡς νῦν, ἐκτὸς ἦσαν αἱ κλεῖδες, ἀλλ' ἔνδον, τὸ παλαιόν, παρὰ Αἰγυπτίοις καὶ Λάκωσιν. Auch in der Inschrift bei Boeckh, Att. Seewesen S. 444 (Urkunde XI, 6, Zeile 154) werden κλεῖδες Λακωνικαί genannt. Vgl. Meursius, Miscell. Laconica III, 2, p. 205. Salmasius, Exercit. Plin. p. 653 B.
8) Arist. Thesm. 424: κλῃδία .... Λακωνικ' ἄττα, τρεῖς ἔχοντα γομφίους. Aristophan. b. Ath. VII, 303 B. Menander beim Schol. Arist. Thesm. l. l., Olympiodor zu Plat. Alcib. I p. 152 ed. Creutzer, Suid. v. Λακωνικαὶ κλεῖδες. (Meineke, frg. com. Graec. p. 934.) Vgl. Plaut. Most. III, 1, 57: *clavem mihi haruncce aedium Laconicam Jam jube efferri intus, hasce ego aedes occludam foras.*
9) Daimachos bei Steph. Byz. l. l. und Eust. z. Il. l. l.

waren, namentlich Waffen[1], wie Schwerter[2], Lanzen, Helme[3]; sodann allerhand Werkzeuge, wie Feilen, Bohrer, Aexte etc.[4], und noch andere Gegenstände[5]. Und dieser Gewerbfleiss blieb bei der bloss handwerksmässigen Technik nicht stehen, sondern schritt vor zur eigentlichen Kunst; eine lange Reihe laconischer Erzgiesser und Toreuten von zum Theil nicht unbedeutendem Rufe[6] beweisen, bis zu welcher relativen Vollkommenheit gerade diese Technik in Sparta um die Zeit des Beginns der Kunstblüthe in Griechenland gediehen war, wenn auch freilich eine gedeihliche Entwicklung nicht stattfand und die Kunst in Sparta keine bleibende Stätte fand.

Wohl mehr für den Bedarf des Landes, als für den Handel nach auswärts arbeiteten die laconischen Töpfer, doch haben auch ihre Fabricate einen gewissen Ruf erlangt, den sie vermuthlich mehr ihrer Brauchbarkeit, als der Schönheit der Arbeit oder der Güte des Materials verdankten. Häufig erwähnt wird namentlich der κώθων Λακωνικός, ein im Lager und auf dem Marsche gebrauchtes einhenkliges Trinkgefäss mit engem Hals, einer Feldflasche ähnlich[7]; doch scheinen auch Becher zum gewöhnlichen Gebrauch, κύλικες, versandt worden zu sein[8], obgleich es nicht ganz sicher ist, ob diese Gefässe wirklich aus Lacedaemon kamen oder bloss diesen Namen erhielten, weil sie von der daselbst üblichen Form waren[9].

Ferner zeichneten sich die laconischen Handwerker aus in allerlei Tischlerarbeit; gerühmt werden vorzüglich Lehnsessel, Stühle und Tische[10], Thüren[11] und Wagen[12].

Wie fast überall in Griechenland, so war die Schafzucht auch in Laco-

---

1) Xen. Hell. III, 3, 7 erwähnt μαχαίρας, ξίφη, ὀβελίσκους, πελέκεις, ἀξίνας, δρέπανα. Vgl. Plin. VII, 200: galeam, gladium, hastam Lacedaemonii (invenerunt).
2) So die den Lacedaemoniern eigene sichelförmige ξυήλη, Xen. Anab. IV, 7, 16 (vgl. 8, 25). Poll. I, 137. ἐγχειρίδιον, Poll. I, 149.   3) Plin. l. l.
4) Xen. l. l. Daim. bei Steph. l. l.: τὸ δὲ Λακωνικὸν εἰς ὗλας καὶ σιδηροτρύπανα καὶ χαρακτῆρας καὶ εἰς τὰ λιθουργικά.
5) ferrei annuli, Plin. XXXIII, 4. μάστιγες Λακωνικαί, Steph. u. Eustath. ll. ll. Nicetas Choniat: καὶ Λακωνικαὶ βαρεῖαι κρινόμεναι μάστιγες, citirt von Meursius l. l.
6) S. Brunn I, 45 ff. 52. 114 ff. Vgl. Müller a. a. O. S. 29.
7) Crit. b. Ath. XI, 483 B: κώθων Λακωνικός, ἔκπωμα ἐπιτηδειότατον εἰς στρατείαν καὶ εὐφορώτατον ἐν γυλίῳ. Suid. v. κώθων· εἶδος ποτηρίου Λακωνικοῦ μονώτου· δοκεῖ δὲ καὶ στρατιωτικόν. Vgl. die bei Ath. l. l. angeführten Stellen des Polemo, Archilochus, Aristophanes u. a. Xenoph. Cyrop. I, 2, 8. Plut. Lyc. 9. Poll. VI, 96. Ausführlich handelt über den κώθων Krause, Angeiol. S. 376 ff.
8) Arist. b. Ath. XI, 484 F: Λάκαιναι· κυλίκων εἶδος οὕτως λεγόμενον ἢ ἀπὸ τοῦ κεράμου, ὡς τὰ Ἀττικὰ σκευή, ἢ ἀπὸ τοῦ σχήματος ἐπιχωριάσαντος ἐκεῖ, ὥσπερ αἱ Θηρίκλειαι λέγονται. Ἀριστοφάνης ∙ Ἰωπαλεῦσι· Συβαρίτιδάς τ' εὐωχίας καὶ Χῖον ἐκ Λακαινᾶν. (Vgl. Ath. XII, 527 C und Hes. v. Χῖον.) Dieselbe Redensart Χῖον ἐκ Λακαίνης auch bei Ach. Tat. II, 2. (Vgl. Geopon. XIV, 11.)
9) Letzteres scheint der Fall gewesen zu sein mit den bei Ath. V, 188 D u. 199 E erwähnten goldenen Crateren; vgl. Hüllmann S. 45. Krause, Angeiol. S. 293.
10) Plut. Lyc. 9: κλιντῆρες καὶ δίφροι καὶ τράπεζαι.
11) Theo ad Arat. v. 191: τὸ τῆς Λακωνικῆς δικλίδος σχῆμα ποιοῦντες.
12) Theophr. hist. pl. III, 173.

§ 16. Der Peloponnes.

nien nicht unbedeutend, und die davon gewonnene Wolle lieferte eine auch im Auslande gesuchte **Kleidung**[1]; zumal die **Mäntel** von laconischem Wollenstoff hatten ziemlichen Ruf[2]. In späterer Zeit wurden aber auch feine, **durchsichtige Stoffe**, besonders zu Untergewändern, verfertigt[3]. Im allgemeinen aber zog man wohl die Wollenstoffe anderer Gegenden den laconischen vor, und namentlich die Römer bezogen wohl nur einen kleinen Theil ihres Bedarfes von da.

Diese Stoffe wurden in der ältesten Zeit ungefärbt getragen[4]; ja die Spartaner schlossen sogar die Färber aus ihrer Stadt aus, weil sie der Wolle ihr schönes Weiss raubten[5], eine Ansicht, die sie in dem Sprüchwort: δολερὰ μὲν τὰ ἵματα, δολερὰ δὲ τὰ χρίματα ausdrückten[6]. Diese Einfachheit wird wohl nicht gar zu lange bestanden haben: lieferte doch die laconische Küste selbst und die Insel **Cythera**[7] einen herrlichen **Purpur**, der für den besten in Europa gehalten wurde[8]; und obgleich derselbe wohl grösstentheils in's Ausland ging[9], wurde doch sicherlich auch im Lande selbst viel damit gefärbt[10]. Darauf deutet der

---

1) Vgl. über die Kleidung der Laconier Müller a. a. O. II, 260 ff.
2) Crit. b. Ath. XI, 483 B: ὑποδήματα ἄριστα Λακωνικά, ἱμάτια φορεῖν ἥδιστα καὶ χρησιμώτατα. Hedylus bei Suid. v. Λακωνικαὶ erwähnt Λάκωνες πέπλοι; vgl. Anthol. Pal. VI, 292. Theopomp b. Poll. X, 124: χλαῖνα παχεῖα Λακωνική. Ath. V, 198 F: ἱμάτιον ἡμφίεστο Λακωνικόν. Juv. VIII, 101: Spartana chlamys.
3) Hes. v. Λακωνικὸς χιτών· λεπτὴ ἐσθής. Dass bei Jesaias 3, 24 solche durchsichtige Stoffe aus Laconien zu verstehen seien, ist die Interpretation des hl. Chrysostomus T. VI p. 45 A: τὰ διαφανῆ Λακωνικά, der dieselben auch als verwerflichen Luxus erwähnt T. VII p. 796 B. Suid. v. διαφανῆ χιτώνια· οὐ τὰ λαμπρά, ἀλλὰ τὰ ἰσχνά, δι᾽ ὧν διαφαίνεται τὰ σώματα τῶν γυναικῶν, καὶ Ἠσαΐας ὁ προφήτης· »καὶ τὰ διαφανῆ Λακωνικά«. — Vgl. Eucheria b. Wernsdorf Poet. min. III, 98, 3: Sericeum tegmen, gemmantia texta Laconum.
4) Vgl. Ael. v. h. IX, 34: Λακεδαιμόνιοι ἐν ἐξωμίσι φαύλαις.
5) Ath. XV, 686 F: Λακεδαιμόνιοί τε ἐξελαύνουσι τῆς Σπάρτης τοὺς τὰ μύρα κατασκευάζοντας ὡς διαφθείροντας τοὔλαιον, καὶ τοὺς τὰ ἔρια δὲ βάπτοντας ὡς ἀφανίζοντας τὴν λευκότητα τῶν ἐρίων. Dasselbe thaten sie mit den Salbenverfertigern, vgl. Plut. Lacon. apophth. c. 18 p. 228 B. Senec. Quaest. nat. IV, 13, 9.
6) Clem. Alex. Strom. I, 10, p. 346; vgl. Müller a. a. O. II, 269.
7) Die Insel führte deshalb auch den Namen »Purpurinsel«, Aristot. b. Steph. s. v.: ἐκαλεῖτο δὲ Πορφύρουσα διὰ τὸ κάλλος τῶν περὶ αὐτὴν πορφυρῶν, ὡς Ἀριστοτέλης. Vgl. Eust. z. Dion. Per. v. 499. Plin. IV, 56. S. Movers, Phönizier II, 2, 270.
8) Plin. IX,127; vgl. XXI, 45. XXXV, 45. Pausan. III, 21, 6: κόχλους ἐς βαφὴν πορφύρας παρέχεται τὰ ἐπιθαλάσσια τῆς Λακωνικῆς ἐπιτηδειοτάτης μετά γε τὴν Φοινίκων θάλασσαν. Ael. nat. an. XV, 10. Clem. Alex. Paed. II, 10, p. 239: διὰ ταύτην γοῦν τὴν πορφύραν ἡ Τύρος καὶ ἡ Σιδὼν καὶ τῆς Λακωνικῆς ἡ γείτων τῆς θαλάσσης ποθεινόταται. Vgl. Meurs. Miscell. Lacon. II, cap. 19.
9) Man bezieht den bei Ezech. 27, 47 erwähnten Purpur auf diesen laconischen. Vgl. Hor. Carm. II, 18, 7: Nec Laconicas mihi Trahunt honestae purpuras clientae. Luc. Catapl. 16: μακαρίζων ἐπὶ τῷ αἵματι τῶν ἐν τῇ Λακωνικῇ θαλάττῃ κοχλίδων.
10) Vgl. Arist. Lys. 1139: ὁ Λάκων .... ὠχρὸς ἐν φοινικίδι. Wie später erzählt wurde, färbten die Laconier ihre Kriegsgewänder mit Purpur, damit man das Blut nicht erkennen solle; Aristot. beim Schol. Arist. Ach. 320: χρῆσθαι Λακεδαιμονίους φοινικίδι πρὸς τοὺς πολέμους, τοῦτο μὲν ὅτι τὸ τῆς χρόας ἀνδρικόν, τοῦτο δὲ ὅτι τὸ τοῦ χρώματος αἱματῶδες τῆς τοῦ αἵματος ῥύσεως ἐθίζει καταφρονεῖν. Vgl. Schol. Arist. Pac. 1173. Xen. de rep. Lac. 11, 3. Plut. inst. Lac. c. 24. p. 238 F. Ael. v. h. VI, 6 u. s.

Blümner, Die gewerbl. Thätigkeit d. klass. Alterthums.

mehrfach bei römischen Dichtern erwähnte Purpur von Amyclae[1]; denn da diese Stadt ja nicht am Meere lag, kann der Purpur nicht darnach benannt werden, weil er dort gefunden wurde, sondern es muss daselbst Wollfärberei betrieben worden sein[2]. Übrigens beweisen die Citate der Schriftsteller, welche fast sämmtlich dem römischen Zeitalter angehören, dass der laconische Purpur ausserhalb des Landes erst in verhältnissmässig später Zeit bekannt geworden ist[3].

Dass in Amyclae auch sonst Gewerbfleiss herrschte, bezeugt die häufige Erwähnung der daselbst fabricirten Schuhe, ᾿Αμυκλαΐδες genannt[4]. Die laconischen Mannsschuhe — denn von der weiblichen Fussbekleidung ist weiter nicht die Rede — waren überhaupt sehr berühmt[5] und wurden auch im Auslande viel getragen[6]; die häufigen Erwähnungen der Lexicographen[7] deuten darauf, dass sie einst — wohl zur Zeit der attischen Komiker — recht beliebt waren. Man hatte sehr verschiedene Arten[8]: sowohl ganz einfache, ἁπλαῖ (mit einer Sohle)[9], als kostbarere, von Vornehmen getragene[10]; auch in verschiedenen

---

1) Ov. Rem. am. 707: *confer Amyclaeis medicatum vellus aënis*
                    murice cum Tyrio: turpius illud erit.
   Mart. VIII, 28, 9: *te nec Amyclaeo decuit livere veneno.*
       IX, 72, 1: *Amyclaea frontem villate corona.*

2) Purpurfärbereien sind zwar in der Regel an den Orten, wo Purpur gefunden und bereitet wird, also an der Meeresküste; dass aber auch mitten im Lande solche existirt haben, zeigt uns das Beispiel der Purpurfärberei von This in Aegypten, oben S. 18.

3) Curtius, Peloponnes II, 299 bringt, wie Movers a. a. O., die Purpurfärberei an der laconischen Küste in Zusammenhang mit den Phöniziern, deren Einfluss auf den Peloponnes sich auch sonst, namentlich in der Religion, zeigt.

4) Hes. v. ᾿Αμυκλαΐδες, εἶδος ὑποδήματος πολυτελοῦς; vgl. auch s. v. Λακωνικαί. Suid. v. ᾿Αμύκλαι· κόσμιόν τι, ὅπερ ἐν ποσὶν εἶχεν ᾿Εμπεδοκλῆς· εἶχε γὰρ .... ᾿Αμύκλας ἐν τοῖς ποσὶ χαλκᾶς (sie hatten also vermuthlich Bronzeverzierungen). Eustath. z. Il. II, 584 p. 295. Poll. VII, 88: ᾿Αμυκλᾷδες ἐλευθεριώτερον ὑπόδημα. Vgl. Theocr. X, 35: σχῆμα δ᾽ ἐγὼ καὶ καινὰς ἐπ᾽ ἀμφοτέροισιν ᾿Αμύκλας; das. d. Schol. Meurs. Miscell. Lacon. I c. 18. Walpole, Memoirs p. 454.

5) Crit. b. Ath. XI, 483 B: ὑποδήματα ἄριστα Λακωνικά.

6) Arist. Vesp. 1157 fordert Bdelycleon seinen Sohn auf, sich laconische Schuhe anzuziehen: ὑπόδυθι τὰς Λακωνικάς, wogegen dieser aus Feindschaft gegen Lacedaemon sich heftig sträubt. Es scheint daraus hervorzugehen, dass diese Schuhe wirklich aus Laconien nach Attica kamen und nicht bloss wegen der laconischen Form des Schuhes so genannt wurden; vgl. namentlich v. 1160: ἐχθροῦ παρ᾽ ἀνδρῶν δυσμενῆ καττύματα. Aristophanes erwähnt sie ausserdem noch Eccl. 74: Λακωνικὰς γὰρ ἔχετε. 269. 345 508. 542. Thesm. 142 u. s. von d. Schol. erklärt durch ἀνδρεῖα ὑποδήματα.

7) Steph. Byz. v. Λακεδαίμων. Suid. Hes. v. Λακωνικαί. Phot. v. Λακωνική. Eustath. z. Il. l. l.   8) Hes. v. ἁρπίδες und ἐννηύσκλοι.

9) Strattis bei Harpocr. v. ἁπλᾶς (Meineke fr. p. 432): ὑποδήματα σεαυτῷ πρίασθαι τῶν ἁπλῶν. Et. magn. v. ἁπλᾶς, p. 123, 19: ὑποδήματος εἶδος Λακωνικοῦ, ὠνομάσθη δὲ ἀπὸ τοῦ ἁπλῶς καὶ οὐ τετεχνημένως γεγενῆσθαι. Harpocr. l. l. ἁπλᾶς, Καλλίστρατός φησι τὰ μονόπελμα τῶν ὑποδημάτων οὕτω καλεῖσθαι. Lex. Seg. p. 205. In Athen trugen sie die Λακωνίζοντες, Dem. in Con. or. LIV p. 1267 § 34 : οἳ μεθ᾽ ἡμέραν μὲν ἐσκυθρωπάκασι καὶ Λακωνίζειν φασὶ καὶ τρίβωνας ἔχουσι καὶ ἁπλᾶς ὑποδέδενται.

10) Schol. Arist. Vesp. 1158: τὰς Λακωνικὰς ἀστειότερα γὰρ αὗται Phot. Λακωνική· σεμνὸν ὑπόδημα. Vgl. Poll. VII, 88. Hes. v. ᾿Αμυκλαΐδες.

Farben, weisse¹ wie rothe². Über ihre Form wissen wir nichts; dass sie aber leicht als laconische kenntlich waren, beweist die Nachricht, dass man Jemanden als Spartaner nicht minder am Schuhwerk wie an der Kleidung erkennen konnte³.

In späterer Zeit hat sowohl diese Fabrication, wie fast alle anderen laconischen Industrieerzeugnisse, für den Export jede Bedeutung verloren⁴; nur die Purpurfischerei und Färberei hatte auch in der römischen Zeit noch Ruf — freilich kein Ruhm für die Handwerker selbst, da die Güte des Naturproducts, das eben dort gefunden wurde, nicht die Trefflichkeit der menschlichen Arbeit Ursache dieses Rufes war. Im allgemeinen werden wir nicht zu viel sagen, wenn wir behaupten, dass die Bedeutung Spartas für die Gewerbe im ganzen nur kurze Zeit gedauert hat und mit der Unterwerfung Griechenlands gänzlich vorüber gewesen ist.

Arcadien. Das durch seine Lage mitten im Lande und durch die schwer zugänglichen Berge von allem Verkehr abgeschlossene Volk der Arcadier ist von allen Hellenen fast am wenigsten von den Fortschritten der Cultur berührt worden⁵. Jagd, Ackerbau und Viehzucht bildeten nach wie vor den Beruf der meisten Bewohner, zumal die Schafzucht wurde stark betrieben⁶, ohne dass die Wolle der arcadischen Schafe für die Weberei Bedeutung und Ruf erlangt hätte⁷.

Auch in **Messenien** wird uns von gewerblicher Thätigkeit nichts berichtet. Die Fruchtbarkeit des von der Natur so glücklich ausgestatteten Landes⁸ wies die Bewohner auf Ackerbau, Weinbau und Viehzucht als auf den einfachsten und gewinnbringendsten Erwerb hin⁹.

Von besonderen Erwerbszweigen, welche namentlich in **Elis** geblüht hätten, erfahren wir nichts Namhaftes. Der oft erwähnte Archestratus rühmt die elischen Köche¹⁰; auch wird erwähnt, dass treffliche Irissalbe daselbst bereitet

---

1) Ath. V, 215 C: ὑποδούμενος λευκὰς Λακωνικάς.
2) Poll. VII, 88: αἱ Λακωνικαὶ, τὸ μὲν χρῶμα ἐρυθραί.
3) Paus. VII, 14, 2: ὃν Λακεδαιμόνιον σαφῶς ὄντα ἠπίσταντο, καὶ ὅτῳ κουρᾶς ἢ ὑποδημάτων ἕνεκα ἢ ἐπὶ τῇ ἐσθῆτι ἢ κατ᾽ ὄνομα προσγένοιτο ὑπόνοια.
4) Doch wird laconisches Leder im Ed. Diocl. c. VIII, 1—5 als Einfuhrartikel mit aufgeführt. 5) S. Curtius, Peloponnes I, 169.
6) Hom. Il. II, 605: Ὀρχόμενον πολύμηλον. Hymn. XIX, 30: Ἀρκαδίην πολυπίδακα, μητέρα μήλων. Pind. Ol. VI, 169: εὐμήλοιο Ἀρκαδίας. Theocr. Id. XXII, 157: Ἀρκαδία τ᾽ εὔμαλος. Vgl. Schol. Theocr. XIV, 48. Über den Zusammenhang der arcadischen Schafzucht mit dem Cultus des Pan s. Yates p. 42 sqq.
7) Vermuthlich wurde sie in Laconien viel verarbeitet. Nach Paus. VIII, 4, 1 führt der mythische Arcas die Weberei in Arcadien ein.
8) Strab. VIII, 366. Paus. IV, 34 u. 36. Vgl. Curtius a. a. O.
9) Dass die Notiz des Plinius VII, 200: *loricam Midias Messenius (invenit)* auf Waffenfabrication in Messenien deutet, ist nach der Beschaffenheit all dieser Sagen von Erfindern wahrscheinlich, wird aber sonst nirgend bestätigt.
10) Bei Ath. I, 27 D: ἐξ Ἤλιδος μάγειρος.

wurde[1]. Hingegen ist Elis wichtig als Fundort des **gelben Byssus**[2], der hier allein in Griechenland gedieh[3] und neben Hanf und gewöhnlichem Flachs fleissig angebaut wurde[4]. Er war sehr geschätzt wegen seiner Feinheit, worin er dem hebraeischen Byssus nichts nachgab, obgleich er nicht ganz so gelb war, als dieser[5]. Höchst wahrscheinlich wurde er auch in Elis selbst verarbeitet, obgleich bestimmte Nachrichten darüber fehlen; hauptsächlich aber scheint er nach

Achaja gegangen zu sein, wo in Patrae eine grosse Anzahl Frauen dadurch ihren Erwerbszweig fanden, indem sie Haarnetze und andere Stücke des weiblichen Anzuges daraus webten[6]. Dieser Stoff war aber, wie aus dem enormen Preise hervorgeht[7], sehr kostbar, und Becker vermuthet daher[8], dass er wohl nur zu Kopfnetzen und allerhand Putz verwendet werden mochte, nicht aber zu ganzen Kleidern, gegen welche Ansicht jedoch der Ausdruck ἐσϑῆτα τὴν ἄλλην bei Pausanias zu sprechen scheint. Ich möchte vermuthen, dass man zwar nicht aus Byssus allein ganze Kleider webte, aber denselben mit gewöhnlichem Flachs zu einem Gewebe vereinigte, um dadurch eine feinere Art der Leinwand zu erzielen[9]. Übrigens scheint die Weberei dort lange fortbestanden zu haben; noch im 12ten Jahrhundert erregten patraeische Gewebe die Bewunderung der Byzantiner[10].

Neben der Leinweberei scheint in Achaja auch die **Wollenfabrication** geblüht zu haben, wenn der Ruhm dieser Fabricate auch nicht weit über die

---

1) Ath. XV, 688 C. 690 E. Plin. XXI, 42. Vgl. Poll. VI, 104. Clem. Al. Paed. II, 8, p. 207.
2) Becker, Charikles III, 185 ff. (2. Aufl.) und Curtius, Peloponnes I, 438. II, 10 fg. und 95 Anm. 10 erklären diesen Byssus entschieden für Baumwolle; man hat darunter aber wohl eher eine Art feinen Flachses zu verstehen. Vgl. Yates p. 286. K. Ritter, Über die geogr. Verbreit. der Baumwolle (Abh. d. Berl. Acad. 1851. Phil. Hist. Abth.) S. 321. Brandes, Üb. d. geogr. Verbreit. d. Baumwolle (Jahresber. d. Ver. von Freunden der Erdk. in Leipzig. 1865) S. 111 lässt es unbestimmt.
3) Paus. V, 5, 2: ϑαυμάσαι δ' ἄν τις ἐν τῇ γῇ τῇ Ἠλίδι τὴν τε βύσσον, ὅτι ἐνταῦϑα μόνον, ἑτέρωϑι δὲ οὐδαμοῦ τῆς Ἑλλάδος φύεται. Plin. XIX, 21: *proximus byssino (lino principatus), mulierum maxime deliciis circa Elim in Achaja genito, quaternis denariis scrupula ejus permutata quondam, ut auri, reperis.*
4) Paus. VI, 26, 4: ἡ δὲ Ἠλεία χώρα τά τε ἄλλα ἐστὶν ἐς καρποὺς καὶ τὴν βύσσον οὐχ ἥκιστα ἐκτρέφειν ἀγαϑή. τὴν μὲν δὴ κανναβίδα καὶ λίνον καὶ τὴν βύσσον σπείρουσιν ὅσοις ἡ γῆ τρέφειν ἐστὶν ἐπιτηδείος.
5) Paus. V, 5, 2: ἡ δὲ βύσσος ἡ ἐν τῇ Ἠλείᾳ λεπτότητος μὲν εἵνεκα οὐκ ἀποδεῖ τῆς Ἑβραίων, ἐστι δὲ οὐχ ὁμοίως ξανϑή.
6) Paus. VII, 21, 7: αἱ δὲ γυναῖκές εἰσιν ἐν ταῖς Πάτραις ἀριϑμὸν μὲν καὶ ἐς δὶς τῶν ἀνδρῶν .... βίος δὲ αὐτῶν ταῖς πολλαῖς ἐστὶν ἀπὸ τῆς βύσσου τῆς ἐν τῇ Ἠλίδι φυομένης· κεκρυφάλους τε γὰρ ἀπ' αὐτῆς καὶ ἐσϑῆτα ὑφαίνουσι τὴν ἄλλην. Vgl. *mulierum maxime deliciis* bei Plin. l. l. Curtius a. a. O. I, 438 vermuthet, dass dieser Industriezweig durch die Phönizier nach Patrae gekommen sei; bestimmte Anhaltspunkte liegen dafür nicht vor. Vgl. auch Brandes a. a. O. S. 117.
7) S. Plin. l. l.   8) Charikles a. a. O.
9) Von einer Statue in Elis berichtet Paus. VI, 25, 5: ἐσϑῆτα ἐριᾶν αὐτῷ καὶ ἀπὸ λίνου τε καὶ βύσσου περιβάλλουσι.
10) Eine Wittwe in Patrae schenkte dem Kaiser Basilius Macedonicus feine Leingewebe und gestickte Purpurgewänder. S. Constant. V. Basil. Maced p. 142. Vgl. Curtius I, 93.

§ 16. Der Peloponnes.

Grenzen des kleinen Ländchens hinausgegangen sein mag[1]. Das Lob nämlich, das den zu Pellene gefertigten Mänteln ertheilt wird, lässt darauf schliessen, dass auch sonst in Achaja die Wollenweberei eine bevorzugte Stelle einnahm. Diese Πελληνικαὶ χλαῖναι waren warme Winterkleider[2], aus weichem, sicherlich wollenem Gewebe[3]; der Ort, wo sie gefertigt wurden, war nicht die Stadt Pellene, sondern das Dorf gleichen Namens, welches zwischen Aegium und der Stadt Pellene lag[4]. Wegen ihrer Güte wurden sie den Knaben und Jünglingen, welche bei den in der Stadt Pellene stattfindenden Festspielen zu Ehren des Hermes und der Hera gesiegt hatten, als Kampfpreise gegeben[5], eine Sitte, welche wohl schon zur Zeit Pindars, der die Kampfspiele von Pellene erwähnt[6], bestanden haben mag, zu Strabos Zeit aber mit den Spielen selbst gewiss eingegangen war. Da Strabo nicht erwähnt, dass zu seiner Zeit die Fabrication dieser Mäntel zu Pellene aufgehört habe, hat sie damals vermuthlich noch fort gedauert, ohne sonderlichen Ruf zu haben; und wenn Pindar und Aristophanes der Mäntel von Pellene gedenken, so ist es, bei dem gänzlichen Mangel jeder anderen Nachricht darüber, nicht unwahrscheinlich, dass ihnen dieselben hauptsächlich als Kampfpreise, weniger wegen ihrer sonstigen Vortrefflichkeit bekannt waren. Übrigens scheinen auch Unterkleider daselbst verfertigt worden zu sein; Πελληναῖος χιτών war eine sprüchwörtliche Redensart[7]. Die Genesis dieses Sprüchwortes ist nicht klar, da sonst eben nur die Mäntel von Pellene erwähnt werden; vielleicht zeichneten sich diese Stoffe durch grosse Dauerhaftigkeit aus. Woher es kam, dass gerade in einem kleinen, sonst unbedeutenden Flecken dieser Industriezweig besonders blühte, darüber können wir auf die alleinige Notiz des Strabo hin nicht einmal eine Vermuthung aussprechen.

§ 17.
Die griechischen Inseln.

Thasos. Da der berühmte Wein von Thasos in grossen Quantitäten ausgeführt wurde, so ergab sich daraus von selbst eine bedeutend gesteigerte Fabri-

---

1) Polyb. IX, 17 von der Stadt Cynaetha: ἔχων τις πρόβατα μαλακὰ τῶν εἰθισμένων περὶ πόλιν τρέφειν. Hes. s. v. Ἀχαιὰ ἔρια μαλακά. Ob die im Ed. Diocl. c. XVI, 81 erwähnten βίρροι Ἀχαϊκοί auf die Landschaft oder die römische Provinz Achaja zurückzuführen sind, lässt sich nicht bestimmen.

2) Pind. Ol. IX, 98: καὶ ψυχρὰν ὁπότ' εὐδιανὸν φάρμακον αὐρᾶν Πελλάνᾳ φέρε. Boeckh im Comment. p. 194 sq. Bei Arist. Av. 1421 wird ein spärlich Bekleideter gefragt: μῶν εὐθὺ Πελλήνης πέτεσθαι διανοεῖ;

3) Pind. Nem. X, 44: ἐκ δὲ Πελλάνας ἐπιεσσάμενοι νῶτον μαλακαῖσι κρόκαις. Vgl. Schol. Nem. X, 82: τίθεται δὲ παχέα ἱμάτια ἐν Πελλήνῃ ἄγναγα· δυσχείμεροι δὲ οἱ τόποι S. auch Schol. Ol. VII, 156. XIII, 155.

4) Strab. VIII, 386. Die Lexicographen haben diese Nachricht nicht.

5) Strab. l. l. Schol. Arist. Av. 1421. Poll. VII, 67. Suid. v. Πελλήνη. Hes. und Phot. v. Πελληνικαὶ χλαῖναι. Eust. ad. Il. II, 574 p. 292.

6) Pind. Ol. VII, 86 m. d. Schol.

7) Suid. v. Πελλήνη· Πελληναῖος χιτών ἐπὶ τῶν παλαιὰ φορούντων ἱμάτια (vgl. Apostol. prov. XIV, 16); für das auffallende παλαιά hat Jacobs (zur Anthol. II, 1, 151) παχέα vermuthet.

cation von Thongefässen. Es werden denn auch thasische Thongefässe öfters genannt; aber immer sind es Vorrathsgefässe, grössere Amphoren u. s. w., und überall, wo sie erwähnt werden, wird ihrer nicht um ihrer selbst willen gedacht, sondern wegen des in ihnen aufbewahrten Weines [1]. An sich scheint also die thasische Töpferei weiter keine Bedeutung gehabt zu haben.

Sehr bekannt und beliebt war hingegen die auf Thasos bereitete **Salzbrühe**, mit der man Fische anrichtete, die Θασία ἅλμη, deren die Komiker öfters Erwähnung thun [2]. Gerühmt wurde auch das thasische **Brot** [3].

Imbros fabricirte in der spätern Kaiserzeit eigenthümliche **Gewebe von Hasenhaaren**, welche auch exportirt wurden [4].

Lemnos. Nur der Mythus, kein Bericht aus historischer Zeit, schildert uns Lemnos, die Heimat des Schmiedegottes Hephaestus und der Kabiren, als Sitz alter **Metallarbeit**. Dass die Insel diese mythischen Beziehungen erhielt, verdankt sie sicherlich dem Vulcan Mosochlus, welcher, gleich dem Aetna auf Sicilien und andern feuerspeienden Bergen, als Werkstatt des Hephaestus betrachtet wurde [5]; ob sie aber daneben in der That in früheren Zeiten durch Metallarbeiten Ruf erlangt hatte, ist mit Sicherheit nicht zu sagen. Die Erzählung des Homer [6], dass die Griechen mit Erz und Eisen von den Lemniern Wein erhandeln, scheint darauf zu deuten, dass Metalle auf der Insel ein gesuchter Artikel waren.

Euboea. Auf Euboea boten schon seit alter Zeit [7] die ergiebigen **Kupfer- und Eisenbergwerke** den Einwohnern einen ausreichenden und gewinnbringenden Erwerbszweig dar. Von welcher Bedeutung diese Bergwerke für die Insel waren, dafür spricht, dass sie ursprünglich sogar den Namen danach führte, Χαλκίς, bis derselbe von der ganzen Insel auf eine der bedeutendsten Städte überging, in welcher vermuthlich ganz besonders die Erzarbeit betrieben

---

1 Arist. Eccl. 1119: τὰ Θάσι᾽ ἀμφορείδια. (Schol. τὰ κεράμια.) Lys. 196: Θάσιον οἶνον σταμνίον. Vgl. Suid. v. ἀμφορεύς. Poll. X, 72. Phot. v. σταμνία. Im Sande des dalmatischen Flusses Naro fand man Scherben chiischer und thasischer Thongefässe, Theop. b. Str. VII, 317; vgl. Ps.-Arist. mirab. 104 (111). S. auch Hasselbach, de insula Thaso p. 7. — Henkelinschriften thasischer Gefässe hat man in Athen, Alexandria, Sicilien, Südrussland gefunden; dieselben sind publicirt im C. I. Gr. III p. XVII tab. III. Franz im Philol. VI S. 278 ff. Tab. III. Stephani im Compte-Rendu 1865 p. 211. 1866 p. 133. 1867 p. 206 sq. Vgl. Bergmann in den N. Jahrb. f. Phil. u. Paed. 1868 S. 607 fg.

2) Arist. Ach. 671: οἱ δὲ Θασίαν ἀνακυκῶσι λιπαράμπυκα. Cratin. beim Schol. ebd.: εἶδες τὴν Θασίαν ἅλμην (auch bei Ath. IV, 164 E). Vgl. Ath. VII, 329 B. Suid. v. Θασίαν κυκῶσι. Poll. VI, 63. Ein Missverständniss der angeführten Stelle des Aristophanes führte auf die Annahme thasischer Färberei, bei Suid. l. l.: οἱ δὲ Θάσιον βάμμα φασὶ λέγεσθαι, von der wir sonst nichts wissen, obgleich es immerhin möglich wäre, dass auch dorthin die Purpurfärberei durch die Phönizier gekommen ist.

3) Archestr. b. Ath. III, 112 A.

4) Descr. tot. orb. § 63: *Imbrus multam vestem leporinam eicit propter abundantiam animalium, quae in eadem fuit.*

5) Vgl. Preller, Griech. Mythol. I, 140 f. Auf die vulcanische Natur oder auf Metallarbeit deutet auch der Name, den die Insel in alter Zeit führte, Αἰθάλεια, vgl. Schol. Apoll. Rh. I, 608.   6) Il. VII, 473.   7) Plin. IV, 64; vgl. Eust. z. Dion. Per. 764.

§ 17. DIE GRIECHISCHEN INSELN.

wurde [1]. Das Eisen und Kupfer wurde namentlich auf der lelantischen Ebene gewonnen, und zwar beides in einem Bergwerke, doch waren die Gruben bereits zu Strabos Zeit nicht mehr ergiebig und daher verlassen, wie die Silbergruben Laurions [2]. Wie das Gewinnen des Metalles selbst zu der Zeit, da die Gruben noch nicht erschöpft waren, eine grosse Anzahl von Menschen beschäftigen mochte [3], so führte auch die Bearbeitung desselben zu einer bedeutenden Fertigkeit in dieser Technik, sodass die Eisenarbeiten von Euboea, und namentlich von Chalcis, einen grossen Ruf hatten [4], besonders die Schwerter [5]. Es muss freilich auffallen, dass dieser Fabricate nur so selten Erwähnung gethan wird; doch dürfen wir deswegen nicht vermuthen, dass etwa die Bearbeitung der Metalle zu practischen und künstlerischen Zwecken auf Euboea unvollkommen gewesen sei; vermuthlich ist das frühe Eingehen der Bergwerke daran Schuld, dass die Nachrichten im ganzen spärlicher sind, als man vermuthen sollte. Die von Aristophanes erwähnten Χαλκιδικὰ ποτήρια waren sicherlich metallene [6], und zwar aller Wahrscheinlichkeit nach silberne, da silberne chalcidische Becher mehrfach auf Inschriften vorkommen [7]. Wir sehen daraus, dass die Metallarbeit in Euboea sich nicht bloss auf das daselbst gefundene Erz, sondern auch auf edle Metalle erstreckte, und dass die aus den Werkstätten der chal-

---

1) Steph. Byz. v. Χαλκίς· τινὲς δὲ Χαλκιδεῖς φασι κληθῆναι διὰ τὸ χαλκουργεῖα πρῶτον παρ' αὐτοῖς ὀφθῆναι. Eust z. Dion. l. l.: ἱστορεῖται δὲ καὶ σιδήρου καὶ χαλκοῦ μέταλλα εἶναι κατὰ τὴν Εὐβοϊκὴν Χαλκίδα καὶ ὅτι ἄριστοι ἐκεῖ σιδηρουργοί· καὶ ὅτι οὐ μόνον ἐκεῖ πρῶτον ὤφθη χαλκεία, ἀλλὰ καὶ πρῶτοι χαλκὸν ἐκεῖ ἐνεδύσαντο Κούρητες μετὰ . Ιιός (vgl. Eust. z. II. II, 537 p. 279). Uber die Bergwerke und die Industrie von Chalcis vgl. Dondorff, de rebus Chalcidens. Hal. 1855.

2) Str. X, 447: καὶ μέταλλον δ' ὑπῆρχε θαυμαστὸν χαλκοῦ καὶ σιδήρου κοινόν, ὅπερ οὐχ ἱστοροῦσιν ἀλλαχοῦ συμβαῖνον· νυνὶ μέντοι ἀμφότερα ἐκλέλοιπεν. Plut. de def. orac. c. 43 p. 434 A. (Vgl. Fiedler, Reise in Griech. I, 441. 443. II. 559. 561.)

3) Da in Griechenland nur sehr wenig Kupfer gefunden wurde, so war die Ausfuhr von euboeischem Erze vermuthlich sehr bedeutend. So bezog Corinth das Metall zu seinen schönen Kunstwerken wahrscheinlich von Euboea (Barth, Corinth. commerc. et merc. p. 46); vielleicht auch die Laconier, die wohl Eisen, aber kein Kupfer hatten. S. Dondorff p. 22.

4) Steph. Byz. v. Αἴδηψος· ἦν δὲ καὶ σιδηρᾶ καὶ χαλκᾶ μέταλλα κατὰ Εὐβοίαν· Καλλίμαχος· »δέδαεν δὲ λαχαινέμεν ἔργα σιδήρου«. Οἱ γὰρ Εὐβοεῖς σιδηρουργοὶ [καὶ] χαλκεῖς ἄριστοι. Id. v. Χαλκίς (s oben). Eust. ll. ll. Es ist gewiss kein zufälliger Zug des Mythus, dass die erzgepanzerten Kureten ihre Rüstung auf Euboea anlegen; vgl. Str. X, 465. Steph. Byz. v. Αἴδηψος.

5) Alcaeus b. Ath. XIV, 627 B: Χαλκιδικαὶ σπάθαι. Sie wurden im Wasser gehärtet, Aeschyl. bei Plut. l. l. (frg. 318 Hermann): καὶ μετάλλων ἴσμεν ἐξαμαυρώσεις γεγονέναι καινὰς, ὡς τῶν περὶ τὴν Ἀττικὴν ἀργυρείων καὶ τῆς ἐν Εὐβοίᾳ χαλκίτιδος, ἐξ ἧς ἐδημιουργεῖτο τὰ ψυχρήλατα τῶν ξιφῶν, ὡς Αἰσχύλος εἴρηκε, »λαβὼν γὰρ αὐτόθηκτον Εὐβοϊκὸν ξίφος« (Herm. αὐτόθηκτον). Vgl. Osann, syll. inscr. p. 73.

6) Arist. Equ. 237: τοῦτί τί δρᾷ τὸ Χαλκιδικὸν ποτήριον (Vgl. Eust. z. Dion. und zur Il. ll. ll.). Der Schol. sagt freilich: ἐχρῶντο τοῖς ὀστρακίνοις εἰς τὰ συμπόσια. Ath. XI, 502 B leitet sie fälschlich von dem thracischen Chalcidice her; vgl. Boeckh, Staatshaush. II, 168 fg.

7) C. I. Gr. I, 138 u. 139. Osann syll. inscr. l. l. bringt ein Stück des Axionicus, τὸ Χαλκιδικόν betitelt, mit diesen chalcidischen Gefässen in Verbindung, weil in den Fragmenten dieser Komödie sehr viel von Ess- und Kochgeschirren die Rede ist; s. Ath. III, 95 C. VI, 239 F. Poll. X, 122 (Meineke frg. com. Gr. p. 774 sq.).

cidischen Arbeiter hervorgegangenen Kunstsachen auch ausserhalb der Insel beliebt waren.

Die Metallarbeit überwiegt in Euboea so, dass wir von andern Gewerben nur sehr spärliche Nachrichten haben. Unter den Erzeugnissen der Töpferei scheinen die Küchengeschirre, zumal die Tiegel, besondern Ruf auch ausserhalb der Insel genossen zu haben [1]; speciell Carystos wird als Fabricationsort dieser Gefässe genannt [2]. Eigenthümliche Gewebe lieferte Carystus. Der in den dortigen Steinbrüchen gefundene Asbest wurde gesponnen, gewebt und zu verschiedenen Zwecken verwandt, zu Handtüchern, Kopfnetzen, Schleiern, Lampendochten etc., deren Unverbrennbarkeit wohl ihr Hauptvorzug war [3]. Zu Plutarchs Zeit wurde der Asbest nicht mehr gefunden [4]. Eine wichtige Stelle mag unter den andern Berufsarten wohl die Fischerei eingenommen haben [5], da das Meer die Bewohner von selbst darauf hinwies. So wird denn des Fischfangs von Chalcis [6] und Eretria [7] mehrfach gedacht; und für die Strandbewohner des Euripus war die Purpurfischerei ein lohnender Erwerbszweig [8]. — Auch lieferte Euboea allerlei Holzwerk, wie Pallisaden, Thüren, Balken etc. [9].

Aegina. Nicht ohne Grund hat man die Aegineten mit den Nürnbergern des Mittelalters verglichen; wie diese zeichneten sie sich durch allerlei Kunst-

---

1) Matro bei Ath. IV, 135 E : ἀπ' Εὐβοίας λοπάδες.
2) Antiph. b. Ath. IV, 169 E: Καρύστου θρέμμα, γηγενής, ζέων .... κάκκαβον λέγω, σὺ δ' ἴσως ἂν εἴποις λοπάδ'.
3) Str. X, p. 446 : ἐν δὲ τῇ Καρύστῳ καὶ ἡ λίθος φύεται ἡ ξαινομένη καὶ ὑφαινομένη ὥστε τὰ ὕφη χειρόμακτρα γίνεσθαι, ῥυπωθέντα δ' εἰς φλόγα βάλλεσθαι καὶ ἀποκαθαίρεσθαι τῇ πλύσει τῶν λίνων παραπλησίως. Vgl. Apoll. Dysc. Hist. Comment. c. 36. Steph. Byz. v. Κάρυστος. Solin. c. 17.
4) Plut. de orac. def. c. 43 p. 434 A : χρόνος οὐ πολύς, ἀφ' οὗ πέπαυται μηρύματα λίθων μαλακὰ νηματώδη συνεκφέρουσα. καὶ γὰρ ὑμῶν ἑωρακέναι τινὰς οἶμαι χειρόμακτρα καὶ δίκτυα καὶ κεκρυφάλους ἐκεῖθεν, οὐ περικαυμένους, ἀλλ' ὅσ' ἂν ῥυπανθῇ χρωμένων, ἐμβαλόντες εἰς φλόγα, λαμπρὰ καὶ διαφανῆ κομίζονται. νῦν δ' ἠφάνισται, καὶ μόλις οἷον ἴτες ἢ τρίχες ἀραιαὶ διατρέχουσιν ἐν τοῖς μετάλλοις. — Vgl. Yates Textrin. p. 362 sqq. Marquardt S. 112 fg.
5) Natürlich abgesehen von Ackerbau und Viehzucht. Dass Schafzucht auf Euboea betrieben wurde, ersehen wir aus Ath. V, 201 E und I, 27 F (vgl. Ps.-Arist. mirab. 170 [184]).
6) Archestr. b. Ath. VII, 330 B.
7) Antiph. ebd. VII, 295 D ; Arch. ib. 327 D. Ein ἁλιεὺς Ἐρετριεύς bei Dion. Jamb. b. Ath. VII, 284 B. Paus. V, 13, 3 u. s. Eretria lieferte auch sehr berühmte Backwaaren, Eust. z. Il. II, 537 p. 280: ἱστέον ὅτι Σώπατρος λευκάλφιτον λέγει τὴν Ἐρετρίαν· ἐπεὶ διάφοροι αἱ ἐκ ταύτης μάζαι.
8) Arist. h. an. V, 15. Ath. III, 88 F. Die Einwohner von Eretria lebten hauptsächlich vom Übersetzen über die Meerenge und von der Purpurfischerei, πορθμεύειν καὶ πορφυρεύειν, Philostr. V. Apoll. I, 24, 2. vgl. Dicaearch 24 p. 18 Huds. Am Vorgebirge Caphareus ist noch in später Zeit von Purpurfischerei die Rede, Dio Chrys. or. VII, 2 u. 55, t. I p. 220 u. 241 R; und auf gleiche Beschäftigung deutet die Muschel auf den Münzen der Stadt Styra, Eckhel, D. N. II, 324. Es ist nicht unwahrscheinlich, dass von Euboea Purpur nach Corinth ging, wo sehr berühmte Färbereien waren, aber keine Purpurschnecken gefunden wurden ; vgl. Barth, Corinth. commerc. p. 27 ; s. oben S. 76.
9) Dem. in Mid. or. XXI § 167 p. 568: χάρακας καὶ .... θυρώματα ὡς αὐτὸν καὶ ξύλα εἰς τὰ ἔργα τὰ ἀργύρεια ἐκόμιζε.

fertigkeiten aus, wie diese versandten sie die Erzeugnisse ihrer Industrie in alle Welt, wie diese unternahmen auch die Aegineten weite, beschwerliche Reisen im Interesse des Handels [1]. Die Natur ihres felsigen, unfruchtbaren Landes wies die Aegineten auf Gewerbe und Handel hin; und wie sie letzteren in einer Ausdehnung betrieben, welche sonst nur ein grösseres, im Besitz ausreichender Mittel befindliches Volk zu erreichen im Stande war, so brachten sie es auch im Gewerbfleiss zu einer hohen Vollendung. Die Blüthezeit des Handels und Handwerks fällt zusammen mit der politischen Blüthe der Insel; die Erwähnungen aus späterer Zeit sind nur gelehrte Notizen und beziehen sich nicht auf gegenwärtige Zustände.

Haupterzeugniss der Industrie war das, was wir heut zu Tage »Kurzwaaren« nennen, allerlei Geräthe, grösstentheils wohl aus Metall, zum Bedarf des täglichen Lebens wie zum Schmuck. Das Material dazu verschafften sie sich wahrscheinlich durch Kauf oder Tausch; die verarbeitete Waare wurde dann wiederum überall hin verschickt und war so bekannt, dass im Alterthum dergleichen Kurzwaaren oft schlechtweg »aeginetische Waaren«, Αἰγιναία ἐμπολή, genannt wurden [2] — ähnlich, wie bei uns dergleichen Gegenstände »Nürnberger Waare« genannt zu werden pflegen.

Das wichtigste Material, das zu diesen Fabricaten benutzt wurde, war wohl sicherlich das Erz, das zwar jünger als das delische, aber nicht minder berühmt war, obgleich dies Metall auf der Insel selbst nicht gewonnen wurde [3]. Die aeginetischen Erzgiessereien lieferten bedeutende Quantitäten Erz für die Werkstätten der griechischen Künstler; Myron bediente sich desselben [4], auch ein Werk des Canachus aus aeginetischem Erz wird erwähnt [5]. Unter den Gegenständen des Kunsthandwerks, welche die aeginetischen Erzgiesser lieferten, wird namentlich der Leuchter gedacht, bei denen nach einer Notiz des Plinius [6] Aegina mit dem gleichfalls in Metallarbeit sich auszeichnenden Tarent gemeinschaftlich arbeitete: dieses lieferte die Schäfte der Leuchter, Aegina die oberen Bestandtheile — eine Nachricht, welche am besten für den grossartigen, fabrikmässigen Betrieb des Erzgusses in Aegina spricht. O. Müller rechnet zu den Erzeugnissen dieses

---

1) Vgl. Hüllmann S. 40 ff. Müller, Aeginetica p. 74 sqq. Büchsenschütz, Besitz u. Erwerb, S. 366 f. 388. 398.

2) Ephor. b. Str. VIII, 376: ἐμπόριον γὰρ γενέσθαι, διὰ τὴν λυπρότητα τῆς χώρας τῶν ἀνθρώπων θαλαττουργούντων ἐμπορικῶς, ἀφ' οὗ τὸν ῥῶπον Αἰγιναίαν ἐμπολὴν λέγεσθαι. Hes. v. Αἰγιναῖα, τὰ ῥωπικὰ φορτία, καὶ οἱ πιπράσκοντες αὐτὰ αἰγινοπῶλαι ἐλέγοντο. Et. magn. v. Αἰγιναῖα p. 28, 10. Paroem. Gr. ed. Gaisf. p. 9A. Freilich mochte ein guter Theil dieser Waaren nicht in Aegina fabricirt, sondern nur deswegen so benannt worden sein, weil er durch aeginetische Kaufleute nach Griechenland kam. Euripides bei Hes. s. h. v. nennt Αἰγυπτία ἐμπολή, worunter Movers, Phönizier II, 3, 316 aegyptische Waare, welche Aegineten nach Griechenland brachten, verstanden wissen will. Vgl. Jahn, Darstell. d. Handels auf ant. Wandgem. in den Abhandl. d. Sächs. Ges. d. Wiss. Phil.-hist. Cl. Bd. V S. 265 fg.

3) Plin. XXXIV, 9 sq.: antiquissima aeris gloria Deliaco fuit .... proxima laus Aeginetico fuit. Insula ipsa est .... nec quod ibi gigneretur, sed officinarum temperatura .... nobilitata.

4) Plin. l. l.   5) Plin. ib. 75.

6) Plin. ib. 11: privatim Aegina candelabrorum superficiem dumtaxat elaboravit, sicut Tarentum scapos. In his ergo juncta commendatio officinarum est.

Gewerbes auch die Spangen [1], welche die Frauen von Aegina wie die von Argos trugen, zu einer Zeit, als der Gebrauch derselben in Attica lange abgekommen war [2].

Bekanntlich hatte auch die bildende Kunst in Aegina eine Pflegestätte gefunden, und es sind gar treffliche Namen, welche die Schule der aeginetischen Künstler aufzuweisen hat [3]. Als Aegina seine Selbständigkeit verlor, endete auch die Blüthezeit seiner Kunst; nur wenig Namen unbedeutender Künstler sind uns aus späterer Zeit aufbehalten worden.

Mit der Vollendung des Erzgusses haben wir schon mehrfach eine kräftige Entwicklung des Töpferhandwerks verbunden gefunden, und so auch hier [4]. Aus der feinen Thonerde, welche auf der Insel selbst gefunden wurde [5], wurden treffliche Gefässe verfertigt [6]; und so bedeutend war dieser Industriezweig, dass Aegina davon bei den Komikern den Namen χυτρόπωλις erhielt [7].

Nebenbei gediehen denn auch andere, kleinere Gewerbe auf der Insel. So die Salbenbereitung, namentlich aus Lilien [8], und die Kuchenbäckerei [9]. Von anderen Gewerben sind die Nachrichten wohl nur durch Zufall verloren gegangen. O. Müller hat gewiss Recht [10], wenn er aus der grossen Zahl der Sclaven zu Aegina [11] schliesst, dass die Kosten des Ankaufs und Unterhalts derselben nur dadurch aufgewogen werden konnten, dass ein grosser Theil derselben in Fabriken arbeitete.

Dass endlich bei der grossen Seemacht, welche die Aegineten einst besassen und die sie zu so gefährlichen Rivalen der Athener machte, auch der Schiffsbau eine bedeutende Rolle unter den Gewerben spielte, ist natürlich. Man schrieb den Aegineten auch verschiedene Vervollkommnungen im Schiffsbau zu [12].

---

1) Aeginetica p. 80.
2) Her. V, 88. Es ist das (nach Müller) wohl so zu erklaren, dass die Argiver und Aegineten die alte peloponnesische Form der Spangen, die gross waren, aber in geringer Zahl verwandt wurden, beibehielten, während die Corinther, Syracusaner und Athener dieselben eleganter fertigten und in grösserer Zahl an den Gewändern anbrachten.
3) Vgl. Brunn, Griech. Künstl. I, 82 ff. Müller l. l. p. 96 sqq. Der Handel mit Erzstatuen war gewiss einer der bedeutendsten und einträglichsten; Onatas lieferte seine Werke zu hohen Preisen bis nach Thasos, Pergamum, Tarent und Sicilien.
4) Vgl. Jahn, Ber. der sächs. Ges. 1854 S. 31.
5) Vgl. Fiedler, Reise in Gr. I, 273 ff. II, 578.
6) Steph. Byz. v. *Αἴγινα · Αἰγιναῖος δὲ ὁ ἔποικος ἢ κέραμος ἢ ἄλλο τι σκεῦος ἀπὸ Αἰγίνης* S. auch s. v. *Γάζα*. Als Aegina mit Athen im Streite lag, wurde das Gesetz publicirt: *Ἀττικὸν μήτε τι ἄλλο προσφέρειν πρὸς τὸ ἱρὸν μήτε κέραμον, ἀλλ' ἐκ χυτριδίων ἐπιχωρίων τὸ λοιπὸν αὐτόθι εἶναι πίνειν,* Her. V, 88. (Vgl. Ath. XI, 502 B. Poll. VI, 100.)
7) Hes. s. v. *Ἠχὼ πετραίαν χυτρόπωλιν · λέγει δὲ τὴν Αἴγιναν, ἐπειδὴ ἐκεῖ ὄστρακα πολλά ἐστι*. Phot. v. *Ἠχὼ πετραία*. Poll. VII, 197. (Meineke frg. com. Gr. IV p. 637 vermuthet χυτρόπολις.)
8) Theophr. de odor. 6, 27. Ath. XV, 689 D.
9) Cratin. b. Ath. VI, 267 E.   10) l. l. p. 81.
11) Nämlich 470,000, Ath. VI, 272 D. Schol. Pind. Ol. VIII, 30. Vgl. Müller p. 128.
12) Hesiod. beim Schol. Pind. Nem. III, 21 u. Ol. VIII, 27 (frg. 67 Gottl.):
οἱ δ' ἤτοι πρῶτοι ζεῦξαν νέας ἀμφιελίσσας,
πρῶτοι δ' ἱστία θέντο νεὼς πτέρα ποντοπόροιο
(Über die Bedeutung von ζεῦξαν vgl. Müller p. 75.) Vgl. Tzetz. Chil. VII, 133.

§ 18.
Die griechischen Inseln (Fortsetzung).

Delos. Die Geburtsstätte Apollos, das heilige Delos, war schon in alten Zeiten einer der wichtigsten Handelsplätze im aegaeischen Meere [1]. Hierhin strömten die Fremden von allen Seiten zusammen, Privatpersonen und Gesandtschaften der Staaten des Bundes, dessen Centralpunkt die Insel war, kamen zu den religiösen Feierlichkeiten, und dieser grossartige Zusammenfluss von Fremden brachte, wie das natürlich ist, Handel und Gewerbe auf der so günstig gelegenen und mit einem guten Hafen versehenen Insel schnell zu einer hohen Blüthe. Schon in der ersten Zeit des griechischen Handels war der Markt von Delos der bedeutendste in Griechenland; am höchsten aber stieg die Bedeutung des delischen Handels in der zweiten Hälfte des zweiten Jahrhunderts v. Chr. Damals flüchteten viele Corinthier nach der Zerstörung ihrer Vaterstadt auf diese Insel, und der industrielle Geist dieser gebornen Kunsthandwerker, wenn ich sie so nennen soll, brachte frisches Leben in Handwerk und Handel [2]. Nicht bloss aus Griechenland [3], von allen Theilen der damals bekannten Welt wurden nun die Märkte besucht [4], da nicht nur der gute Hafen und die vortheilhafte Lage für die von Italien und Griechenland nach Asien Handel treibenden die Kaufleute anlockte, sondern auch die alte Heiligkeit des Ortes eine gewisse Sicherheit zu garantiren schien [5]. Auch als die auf das Aufblühen des delischen Handels eifersüchtigen Athener sich widerrechtlich der Insel bemächtigt und die Delier verdrängt hatten, hätte dies der Bedeutung von Delos für Industrie und Handel keinen Eintrag gethan, wenn nicht im mithradatischen Kriege die Feldherren dieses Königs, Archelaus und Menophanes, die Insel erobert, verwüstet und die Bewohner theils getödtet, theils in die Sclaverei verkauft hätten, sodass sie seit der Zeit einsam und verödet war, ein stumm mahnendes Zeugniss von der Vergänglichkeit irdischer Macht und Grösse [6].

Unter den auf Delos betriebenen Gewerben war eins der ältesten und berühmtesten die Erzarbeit [7]. Wie diese Technik sich hier ausgebildet, wer sie etwa nach der Insel gebracht hat, darüber haben wir auch nicht einmal Muthmassungen; Bergwerke, deren Bearbeitung etwa darauf geführt haben könnte, befinden sich auf Delos nicht, das Metall muss also von auswärts gekommen sein.

---

1) Vgl. über den Handel von Delos Hüllmann S. 38 ff. und 160 ff.
2) Str. X, 486: τὴν μὲν οὖν .Δῆλον ἔνδοξον γενομένην οὕτως ἔτι μᾶλλον ηὔξησε κατακαύσασα ὑπὸ Ῥωμαίων Κόρινθος. ἐκεῖσε γὰρ μετεχώρησαν οἱ ἔμποροι, καὶ τῆς ἀτελείας τοῦ ἱεροῦ προκαλουμένης αὐτοὺς καὶ τῆς εὐκαιρίας τοῦ λιμένος.
3) Paus. III, 23, 2: τῆς γὰρ Δήλου τότε ἐμπορίου τοῖς Ἕλλησιν οὔσης καὶ ἀδείας τοῖς ἐργαζομένοις διὰ τὸν θεὸν δοκούσης παρέχειν. Vgl. VIII, 33, 1: ἡ Δῆλος, τὸ κοινὸν Ἑλλήνων ἐμπόριον.
4) Plin. XXXIV, 9.   5) Vgl. Paus. III, 23, 2. Strab. l. l.
6) Vgl. über die letzten Schicksale von Delos Plut. Sulla 11. Str. und Paus. ll. ll.
7) Plin. XXXIV, 9: *antiquissima aeris gloria Deliaco fuit mercatus in Delo concelebrante toto orbe, et ideo cura officinis.*

Dass aber die Frequenz des Tempels, welche die Fabrication von Weihgeschenken, die gleich fertig an Ort und Stelle gekauft werden konnten, hervorrief, hier wie an manchen andern Orten (ich erinnere an den Goldschmied Demetrius in Ephesus) der Metallarbeit ungemein förderlich gewesen ist, das ist höchst wahrscheinlich. Das älteste Fabricat der delischen Werkstätten [1] waren die bronzenen Füsse von Tischen und Triclinien [2]; auch ganz eherne Betten und Sophas wurden verfertigt [3]. Erst später wurde das delische Erz auch in der bildenden Kunst verwandt, wo es den ersten Rang neben dem aeginetischen behauptete [4]. Zwar eine eigene Kunstschule bildete sich nicht aus; das Erz ging unverarbeitet nach auswärts in die Ateliers der grossen Erzgiesser; Polyclet bediente sich desselben, wie erzählt wird [5]. Hingegen blieb das eigentliche Kunsthandwerk nebenher bestehen, und dass die einwandernden Corinthier, die ja eine so eminente Kenntniss des Erzgusses und der Fabrication bronzener Geräthe mitbrachten, dasselbe noch bedeutend gehoben haben müssen, ist unzweifelhaft. Aus jener Zeit wird der grösste Theil der von Cicero öfters erwähnten delischen Erzarbeiten, zumal Gefässen stammen, welche die Häuser der reichen Sicilier und Römer schmückten und einen nicht minder hohen Werth hatten, als die so theuer bezahlten corinthischen Erzwaaren [6].

Über die andern Gewerbe der Insel sind wir wenig unterrichtet. Es werden zwar Teppiche erwähnt [7], doch lässt sich nicht einmal bestimmen, ob dieselben einheimisches Fabricat waren. Dagegen war die Salbenbereitung seit alten Zeiten dort zu Hause und sehr berühmt [8].

Seriphos, in gewerblicher Beziehung sonst nicht bemerkenswerth, verdient Erwähnung, weil die Untersuchungen neuerer Reisender gezeigt haben, dass der grosse Eisenreichthum der Insel von den alten Bewohnern nicht unbenutzt geblieben ist [9].

Siphnos. Auf Siphnos wurden aus einer besonderen Steinart Gefässe verfertigt, sowohl Koch- wie Essgeschirre [10]. Daneben wird vermuthlich auch

---

1) Ein χαλκεῖον auf Delos erwähnt die Inschrift bei Boeckh, Staatshaush. II, 108, vgl. C. I. Gr. 158. Ebendaselbst werden Töpferwerkstätten, κεραμεῖα, auf Delos genannt. Vgl. Krause, Angeiologie S. 447.
2) Plin. l. l.: *tricliniorum pedibus fulcrisque ibi prima aeris nobilitas, pervenit deinde et ad deum simulacra effigiemque hominum et aliorum animalium.* Die bei Crit. b. Ath. XI, 486 E erwähnte τράπεζα ῥητιουργής scheint darauf zu deuten, dass auch auf dem benachbarten Inselchen Rhenea Bronzearbeiten gefertigt wurden. (Poll. erwähnt VII, 93 ῥητιουργῇ ἐμβάθρα als eine Art Frauenschuhe.)
3) Plin. XXXIII, 144.   4) Plin. XXXIV, 8 sq.   5) Plin. ib. 10.
6) Cic. pro Rosc. Amer. 46, 133. Verr. II, 34, 83 u. 72, 176 u. s.
7) Apoll. b. Ath. IV, 173 E: Ιελγοῖς παραγινομένοις εἰς Δῆλον παρεῖχον. Δήλιοι ἅλας καὶ ὄξος καὶ ἔλαιον καὶ ξύλα καὶ στρώματα. Dass die Kunst, Schafe zu scheeren und Wolle zu weben, von Cypern nach Delos gebracht worden sei, sagt Serv. s. Virg. Ecl. VIII, 37, freilich in sagenhaftem Gewande.
8) Plin. XIII, 4: *laudatissimum (unguentum) fuit in Delo insula.*
9) Tournefort, Voyage p. 69. Fiedler, Reisen in Griechenl. II, 106 ff. 562.
10) Theophr. de lapid. 7, 42: καὶ ἐν Σίφνῳ τοιοῦτός τίς ἐστιν (λίθος) ὀρυκτός ....

die gewöhnliche Töpferei, welche noch heute auf der Insel betrieben wird[1], bestanden haben. Dass auch

Paros Thonwaaren exportirte, beweist die Inschrift eines in Sicilien gefundenen Henkels eines Thongefässes: *Παρίων*[2].

Naxos. Von der Insel Naxos wissen wir in industrieller Beziehung äusserst wenig. Aristophanes erwähnt ein naxisches Fahrzeug[3], und der Scholiast, dem Suidas folgt, erklärt diese Stelle sehr ausführlich[4]. Darnach hätten die Naxier einst stark Schifffahrt getrieben und sich dabei einer eigenen Art Boote bedient, welche »Becher«, *κάνθαροι*, hiessen, und nach ihnen *Ναξιουργεῖς κάνθαροι* genannt wurden. Ebenso seien die Schiffe von Cnidos, Corcyra und Paros nach diesen Orten benannt worden, also *Κνιδιουργής*, wobei nach dem Zusammenhang der Stelle jedenfalls *κάνθαρος* zu ergänzen ist, *Κέρκυρος*, *Πάρων*. Es ist auffallend, dass diese drei Orte uns weniger wegen ihrer Schifffahrt, als vielmehr wegen der daselbst verfertigten irdenen Gefässe bekannt sind; und auch die angeführte Stelle des Aristophanes macht den Eindruck, als sei da eigentlich kein naxisches Boot, sondern ein wirklicher Becher gemeint[5]. Wir wissen zwar nicht aus den Quellen, dass auch in Naxos irdenes Geschirr verfertigt worden sei, allein es liegt doch sehr nahe, das zu vermuthen, da der treffliche Wein aus der dem Dionysos geweihten Insel viel in's Ausland ging und man dazu irdener Aufbewahrungsgefässe bedurfte[6].

Bei Aristophanes nämlich wird Trygaeus, als er im Begriff ist, seine Reise nach dem Himmel anzutreten, von seiner besorgten Tochter gefragt, wie er sich retten könne, wenn er in's Meer fiele, worauf er als sein Fahrzeug in diesem

---

στρογγύλος καὶ βωλώδης, καὶ τορεύεται καὶ γλύφεται διὰ τὸ μαλακόν· ὅταν δὲ πυρωθῇ καὶ ἀποβαφῇ τῷ ἐλαίῳ, μέλας τε σφόδρα γίνεται καὶ σκληρός. ποιοῦσι δ' ἐξ αὐτοῦ σκεύη τὰ ἐπιτράπεζα. Plin. XXXVI, 159: *in Siphno insula lapis est, qui cavatur tornaturque in vasa vel coquendis cibis utilia vel ad esculentos usus.* Steph. Byz. v. *Σίφνος*.

1) Die Männer von Siphnos zerstreuen sich im Frühling über die Küsten des Archipelagus und fabriciren, wo sie guten Thon finden, Küchengeschirr und Wasserkrüge; ebenso wird auf der Insel selbst viel irdenes Geschirr angefertigt; ein auf den Feldern sich findendes Metall giebt das beste Material zum Verglasen der Kochtöpfe ab. S. Ross, Inselreisen I, 139 fg.

2) C. I. Gr. III p. II. Dass auch der Schiffsbau auf Paros nicht ohne Bedeutung war, geht aus der gleich anzuführenden Stelle des Steph. Byz. hervor.

3) Arist. Pac. 143: *τὸ δὲ πλοῖον ἔσται Ναξιουργὴς κάνθαρος.* Vgl. Ath. XI, 486 E.

4) Schol. Arist. l. l. *πλοῖα ἦν οὕτω λεγόμενα, κάνθαροι, ἐν Νάξῳ γινόμενα .... ἀλλὰ καὶ Σαμιακὸν τρόπον φησὶν ὁ Κρατῖνος. καὶ ὅτι θαλασσοκρατοῦντές ποτε Νάξιοι ἐχρῶντο αὐτοῖς τοῖς κανθάροις ἐπὶ πλέον .... τῶν γὰρ πλοίων τὰς εὐρούσας πόλεις τὰς ἀρχιτεκτονίας ἐκάλουν οἱ πρότεροι ἐπωνύμους. οἷον τοὺς νῦν λέμβους Ναξιουργεῖς ὠνόμαζον, ἐκ τοῦ αὐτοῦ δὲ εἶναι καὶ τὸ Κνιδιουργεῖς καὶ τὸν κέρκυρον ἀπὸ Κερκύρας καὶ τὸν πάρωνα ἀπὸ Πάρου. ἄντικρυς δὲ Μένανδρος ἐν Ναυκλήρῳ κάνθαρον εἶπε πλοῖον εἶναι.* Suid v. *Ναξιουργὴς κάνθαρος*.

5) So fasst auch Krause, Angeiol. S. 314 die Stelle auf und bringt sie in Verbindung mit dem Culte des Dionysos auf Naxos.

6) Vgl. Archil. b. Ath. I, 30 F. II, 52 D. Diod. V, 52. Ctes. b. Phot. bibl. cod. 72 p. 46 A. Steph. Byz. v. *Νάξος*.

Falle den Ναξιουργὴς κάνθαρος bezeichnet. Man versteht nicht, wie Trygaeus, wenn er von seinem stolzen Ross herunterfällt, zu einem naxischen Boote kommen soll. Und wenn er eins hätte, so könnte er sich ja in der That recht gut darin retten, während man doch bei der Seltsamkeit dieser fabelhaften Reise gerade vermuthen sollte, dass er irgend etwas hier nennen würde, was eben so abenteuerlich und phantastisch ist, wie sein Mistkäfer. Wenn wir also hier unter dem naxischen Cantharus ein wirkliches Boot verstehen, dann entbehren die Worte jeder Pointe, sie erhalten aber eine solche, wenn Trygaeus einen naxischen Becher, den er vielleicht bei sich trägt [1], als sein Fahrzeug in der Noth bezeichnet. Das ist ein Rettungsboot, wie es zu seinem Flügelrosse und seinem originellen Steuerruder [2] vollkommen passt. — Zu gleicher Zeit enthält die Stelle ein sehr combinirtes Wortspiel. Ein Cantharus (Käfer) ist es, auf welchem Trygaeus gen Himmel reitet; auf einem Cantharus rettet er sich, wenn er in's Meer fällt, um in den Hafen des Heroen Cantharus einzulaufen [3]. Und der Doppelsinn liegt nun auch darin, dass der Ναξιουργὴς κάνθαρος nicht bloss einen naxischen Trinkbecher, sondern auch ein naxisches Boot bezeichnen kann; denn dass in der That auch Fahrzeuge so benannt wurden, ist anderwärts hinlänglich bezeugt [4].

Amorgos. Auf der Insel Amorgos wuchs ein feiner Flachs, vom Namen der Insel ἀμοργίς genannt, der nach den Nachrichten, die wir darüber haben, mit dem Byssus Ähnlichkeit gehabt zu haben scheint [5]. Aus diesem Flachs wurde feine Leinwand [6] und die bekannten zarten amorginischen Gewänder. Ἀμόργινα, gewebt [7], welche im 5ten und 4ten Jahrhundert v. Chr. in Griechen-

---

1) Man erinnere sich, dass Trygaeus ein Winzer ist, ἀμπελουργὸς δεξιός, v. 190.
2) S. die Erklärung der vorhergehenden Verse beim Schol.
3) V. 445. Eine der drei Buchten des Piraeeus führte den Namen nach dem attischen Heros Cantharus, Suid. l. l. Schol. Arist. l. l.
4) Vgl. namentlich Ath. XI, 437 D sqq.
5) Eust. z. Dion. 525: τὸ δὲ Ἀμόργινος .... χιτῶνος ἐπίθετον, ἀπὸ χρώματος ἴσως ἐλαιοχρόου τινός. ἀμόργη γὰρ ἡ τοῦ ἐλαίου ὑποστάθμη, ὅ ἐστιν ὁ τρυγίας. Παυσανίας δὲ, οὗ τὸ Ἀττικὸν λεξικὸν, ἄλλο τι ἐμφαίνει, λέγων· "Ἀμοργὸς ὅμοιον βύσσῳ. Schol. Arist Lys. 735: τῆς λινοκαλάμης. ἔστι δὲ ἡ ἀμοργὶς ὅμοιον ἀλεπίστῳ λίνῳ. περιλεπίζουσι δὲ αὐτὸ καὶ ἐργάζονται. ἔστι δὲ σφόδρα λεπτὸν ὑπὲρ τὴν βύσσον καὶ τὴν κάρπασον. Clem. Alex. Paed. II, 10, p. 239: τὰ δὲ ἀμόργινα καὶ βύσσινα σιωπῶ. Harpocr. v. Ἀμοργός· ἔστι παραπλήσιόν τι βύσσῳ. Et. magn. v. Ἀμόργινος χιτωνίσκος, παρὰ τὴν ἀμόργην, ὅ ἐστι εἶδος χρώματος, ὅμοιον βύσσῳ. Doch stellt Ps.-Plat. Epist. XIII, 363 A den amorginischen Gewändern die Σικελικὰ λίνα entgegen, er scheint sie also für nicht leinene gehalten zu haben, wie ja auch der Byssus oft für Baumwolle angesehen wurde. Yates (p. 296 sqq.), der die amorginischen Gewänder für Malvenstoffe hält, benutzt diese Stelle mit Unrecht zur Stütze seiner Vermuthung.
6) Vgl. Becker, Charikles III, 190. Yates a. a. O. Movers, Phönizier, II, 2, 265 ff. Wiskemann, die antike Landwirthschaft S. 25.
7) Arist. Lys. 150:   κἂν τοῖς χιτωνίοισι τοῖς ἀμοργίνοις
        γυμναὶ παροίμεν.
Das. d. Schol. Aristot. h. an. V, 19. Poll. VII, 57: Ἀντιφάνης δέ φησιν ἐν Μηδείᾳ· ἢν χιτὼ ἀμόργινος. Ib. 74: τὰ δὲ ἀμόργινα γίγνεσθαι μὲν τὰ ἄριστα ἐν τῇ Ἀμόργῳ, λίνον δ᾽ οὐν καὶ ταύτας εἶναι λέγουσιν. Suid. v. Ἀμοργὶς κυρίως ἡ λινοκαλάμη, ἐξ ἧς γίνεται ἐνδύματα ἀμόργινα λεγόμενα. Hes. v. Ἀμόργινα, λεπτοϋφῆ ἐνδύματα. Et. M. v. Ἀμοργίς p. 86, 14. καλάμη,

§ 18. Die griechischen Inseln.

land, namentlich aber in Athen sehr berühmt waren [1]. Sie waren von grosser Feinheit, wie es scheint fast durchsichtig [2]; über ihre Farbe herrscht bei den alten Schriftstellern selbst keine rechte Klarheit. Da nämlich ἀμόργη eine Pflanze zum Rothfärben ist [3], so wird das Beiwort ἀμόργινος bald von der Insel Amorgos, bald von der Flachsart ἀμοργίς, bald von diesem Färbestoff abgeleitet. Doch scheint es in der That, als sei die gewöhnliche Farbe der amorginischen Gewänder röthlich oder purpurn gewesen [4].

Dass die Weberei auf der Insel selbst betrieben wurde, ist nicht zu bezweifeln, obgleich die Nachrichten, die das direct bezeugen [5], aus einer Zeit stammen, wo sie längst untergegangen war, da die amorginischen Gewänder nur um die oben angegebene Zeit in Griechenland bekannt gewesen zu sein scheinen [6], alle andern Erwähnungen aber nur auf todter Lexicographen-Gelehrsamkeit beruhen : daher auch das Schwanken über die eigentliche Bedeutung dieser Stoffe. Ebenso sicher aber ist es, dass jene Flachsart auch in rohem Zustande in's Ausland ging und in Griechenland verarbeitet wurde: bei Aristophanes erwähnt eine Frau, dass sie ihren amorginischen Flachs ungehechelt zu Hause habe liegen lassen [7], und bei Aeschines wird eine Frau genannt, die in der Anfertigung feiner amorginischer Stoffe geübt gewesen sei und dieselben, natürlich für ihren Herrn, zu Markt gebracht habe [8].

Melos ist wichtig als Fundort einer eigenthümlichen Gattung archaischer Thongefässe, deren ornamentale Ausstattung vollkommen orientalisches Ge-

---

τις, ἐξ ἧς ἐνδύματα ἀμόργινα· οἱ δὲ λινὰ ὑφάσματα· οἱ δὲ ἀπ' Ἀμόργου τῆς νήσου· οἱ δὲ ἀμοργίνους τοὺς ἐρυθροὺς τὸ χρῶμα. Moeris v. Ἀμόργινον· Ἀττικῶς· λεπτὸν ὕφασμα, Ἑλληνικῶς. Vgl. Eust. und Clem. Alex. II. II.

1) Auch auf Inschriften (Schatzverzeichnissen aus Athen) kommen amorginische Kleider vor, vgl. Rangabé, Antiqu. hellen. II, 536. 546 fg. 549. Dass es kostbare Stoffe waren, bezeugt das Etym. M. v. Ἀμόργινος χιτωνίσκος p. 85, 15: σημαίνει δὲ καὶ τὴν πολυτελῆ ἐσθῆτα.
2) Arist. Lys. l. l.; vgl. v. 48 : τὰ διαφανῆ χιτώνια. Schol. Arist. Lys. 735. Hes. Moeris ll. ll.
3) Schol. Arist. Lys. 150: οἱ μὲν χρώματος εἶδος τὴν ἀμόργην. Suid. v. Ἀμόργεια, χρώματος εἶδος, ἀπὸ νήσου Ἀμοργοῦντος. Eust. und Et. M. ll. ll.
4) Lex. Seg. p. 204: Ἀμόργινα· τὰ πορφυροβαφῆ νήματα καὶ λεπτά. Schol. Aeschin. adv. Tim. § 97: Ἀμόργινα· τὴν λινοκαλάμην ἀμοργίδα λέγουσιν. ἔνιοι δὲ ἀμόργινα πάντα τὰ λεπτὰ ὑφάσματα, ἀλουργὰ δὲ τὰ εὐανθῆ διὰ τὴν βαφήν. Steph. Byz. Et. M. Vgl. Tournefort, Voyage du Levant I, 89.   5) Poll. VII, 74. Et. M. ll. ll.
6) Clearchus aus Soli, ein Schüler des Aristoteles, erwähnt bei Ath. VI, 255 E ein πορφυροῦν ἀμφίταπον Ἀμοργίνῳ καλύμματι περιειλημμένον; doch kann die von ihm erzählte Geschichte sehr wohl in eben jene frühere Zeit fallen.
7) Lys. 735 :   τάλαιν' ἐγώ, τάλαινα τῆς ἀμοργίδος,
   ἣν ἄλοπον οἴκοι καταλέλοιπ᾽ ....
Dass die Komiker sonst häufig dieser Stoffe gedachten, geht nicht nur daraus hervor, dass fast alle Lexicographen sie aufgenommen haben, sondern wird auch von Harpocr. l. l. ausdrücklich gesagt: μνημονεύουσι δὲ οἱ κωμικοὶ πολλάκις τῶν Ἀμοργίνων, ὡς καὶ Ἀριστοφάνης Λυσιστράτῃ καὶ Εὔπολις Πόλεσιν. Vgl. Cratin. b. Hesych.: Ἀμοργὸν ἔνδον βρυτίνην νήθειν τινά. Antiph. b. Poll. l.l. Vermuthlich verdanken sie diese häufigen Erwähnungen ihrer etwas indecenten Durchsichtigkeit.
8) Aesch. adv. Timarch l. l.: γυναῖκα ἀμοργίν' ἐπισταμένην ἐργάζεσθαι καὶ ἔργα λεπτὰ εἰς τὴν ἀγορὰν ἐκφέρουσαν.

präge trägt und darauf hindeutet, dass die auf Melos betriebene Töpferei, da die Annahme einheimischer Fabrication nicht abzulehnen ist, fremden Einflüssen unterlegen war ¹.

Auch scheint der Bergbau auf der Insel heimisch gewesen zu sein; Spuren von Eisenbergwerken sind von neueren Reisenden gefunden worden², und auch die Berühmtheit des melischen Alauns³ lässt auf bergmännische Thätigkeit schliessen.

Thera. Nach der Insel Thera haben die Phönizier schon in alter Zeit die Weberei gebracht⁴. Von Cadmus erzählte man, dass er auf der Insel Phönizier und unter ihnen seinen Verwandten Membliarus zurückgelassen habe, den Sohn des Ποικίλτης⁵, welchen Namen O. Müller sicher mit Recht durch »Buntwirker« (ποικιλεύς oder ποικιλτής) erläutert⁶. Es liegt nahe, diese Nachricht damit in Verbindung zu bringen, dass in Thera bunte Gewänder gewebt wurden⁷, welche auch versandt wurden, und deren Anwendung im Cultus des Apollo⁸ und Dionysos⁹ dafür zu sprechen scheint, dass bereits in früher Zeit diese Gewebe Ruf erlangt hatten. In der späteren Zeit scheinen sie nicht mehr sehr bekannt gewesen zu sein; wenigstens werden sie ausser bei den Lexicographen und Scholiasten (die auch nicht einmal recht wissen, ob sie dieselben von der Insel Thera oder von den Thierfiguren ableiten sollen) nirgends erwähnt, was dafür spricht, dass sie nur in antiquarischer Beziehung als etwas zum Cultus gehöriges, weniger wegen hervorragender Güte, Interesse hatten ¹⁰.

Neuere Ausgrabungen haben auf Thera Vasen des ältesten Stils zu Tage gefördert, welche mit den bekannten melischen Thongefässen grosse Ähnlichkeit haben. Chemische Untersuchungen des Thons sowie andere Gründe führen darauf hin, dass dieselben sicherlich die Producte localer Technik sind; die Töpferei geht auf dieser Insel vielleicht ebenso wie die Weberei, bis auf die Zeiten phönizischer Colonisation zurück ¹¹.

---

1) Vgl. Conze, Melische Thongefässe, Leipzig 1862.
2) Tournefort, Voyage p. 60. Fiedler, Reisen in Griechenl. II, 106 ff.
3) Plin. XXXV, 184. 188. 190. Poll. VII, 23.
4) S. über die Phönizier auf Thera Movers a. a. O. II, 2, 266 ff.
5) Her. IV, 147. Schol. Pind. Pyth. IV, 88. Steph. Byz. v. Θήρα.
6) Orchomenos S. 326. Nach einer andern Mythe soll Cadmus phönizische Frauen auf der Insel zurückgelassen haben (Schol. Pind. l. l.), was gleichfalls für den phönizischen Ursprung der Weberei auf Thera spricht.
7) Poll. VII, 48: Θήραιον ἱμάτιον ἢ ἀπὸ τῆς νήσου ἢ τὸ ὡς θηρίων ἐνυφασμένων. VII, 77: Θηραῖόν τι ποικίλον. Hes. Θήραιον πέπλον τι ποικίλον· οἱ Ἀττικοὶ· δοκεῖ δὲ ἀπὸ Θήρας τῆς νήσου προσαγορεύεσθαι. Vgl. Et. M. v. Ἀμόργινος χιτωνίσκος p. 85, 15. Suid. v. Ἀμόργινα. Schol. Arist. Lys. 150. Auch auf Inschriften werden Θήραια erwähnt, vgl. Rangabé, Ant. hell. I, 508. — Übrigens sind solche Buntwirkereien mit eingewebten Figuren phantastischer Thiere ganz im phönizischen Geschmack.
8) Die athenischen vornehmen Jünglinge, welche als ὀρχησταί um den Tempel des delischen Apollo tanzten, κατεδύοντο ἱμάτια τῶν Θηραϊκῶν, Theophr. b. Ath. X, 424 F.
9) Vgl. Poll. IV, 118: τὸ Θήραιον τὸ Διονυσιακόν.
10) Doch blüht die Weberei noch heute auf der Insel, vgl. Voswinckel, De Theraeorum insulis p. 30.   11) Vgl. de Witte im Arch. Anzeiger 1866 S. 258.

§ 18. Die griechischen Inseln.

Creta. Äusserst wenig wissen wir von den auf Creta vorzüglich betriebenen Gewerben. Schon in alter Zeit blühte die Färberei[1]; es wurde nicht nur mit dem Safte der Purpurschnecke, sondern auch mit Pflanzensaft (*phycos thalassion*, eine Art Meertang) gefärbt[2]. Ob die von der Insel Creta benannten Gewänder[3] aus Flachs[4] wirklich daselbst gewebt und verschickt wurden, oder ob sie den Namen nur nach dem auf Creta üblichen Schnitte erhielten (wie oft z. B. medische Kleider, gallische u. s. w.), ist ungewiss[5].

Als Heimat der Metallarbeit wird Creta bezeichnet durch die Sage von den idaeischen Dactylen[6] und den Telchinen, welche von Creta nach Rhodus gekommen sein sollen[7]. Doch erfahren wir aus späterer Zeit wenig darüber[8]. Zwar scheint die Waffenfabrication stark betrieben worden zu sein[9], aber für das Ausland scheint sie nur geringe oder gar keine Bedeutung gehabt zu haben[10]. Von cretischer Thonarbeit legen einige in Alexandria gefundene Henkelinschriften Zeugniss ab[11].

Beiläufig erwähnt wird cretische Styrax-Salbe[12] und cretischer Kuchen[13].

Corcyra. Die Corcyraeer nahmen unter den handeltreibenden Nationen der alten Welt eine sehr bedeutende Stelle ein. Der Handel auf dem adriatischen Meere mit den Naturproducten und Gewerbserzeugnissen der angrenzenden Länder war längere Zeit beinah allein in ihren Händen.

---

1) Bei Her. IV, 151 wird ein ἀνὴρ πορφυρεύς aus der Stadt Itanos erwähnt. Diese Stadt ist eine phönizische Gründung, s. Movers a. a. O. S. 259.

2) Theophr. hist. pl. IV, 6, 5: καὶ ἐν Κρήτῃ δὲ φύεται πρὸς τῇ γῇ ἐπὶ τῶν πετρῶν πλεῖστον καὶ κάλλιστον ᾧ βάπτουσιν οὐ μόνον τὰς ταινίας, ἀλλὰ καὶ ἔρια καὶ ἱμάτια· καὶ ἕως ἂν ᾖ πρόσφατος ἡ βαφὴ πολὺ καλλίων ἡ χρόα τῆς πορφύρας. Plin. XIII, 136: *circa Cretam insulam nato (frutice) in petris purpuras quoque inficiunt.* XXVI, 103: (phycos thalassion), *quo in Creta vestes tingunt* XXXII, 66: *laudatissima (alge) quae in Creta insula juxta terram in petris nascitur tinguendis etiam lanis ita colorem adligans ut elui postea non possit.*

3) Arist. Thesm. 730: σὺ δὲ τὸ Κρητικὸν ἀπόδυθι ταχέως. Schol. εἶδος ἱματίου. Vgl. Hes. v. Κρητικόν· ἱματίδιον λεπτὸν καὶ βραχύ. Strab. X, 484. Claud. rapt. Proserp. II, 33: *Gortynia vestis.* — Über die Kleidung der Creter s. Meursius, Creta p. 484.

4) Auch die Schafzucht wurde auf der Insel betrieben; vgl. Opp. Cyn. II, 377.

5) In Athen trug der Archon Basileus ein cretisches Gewand, Poll. VII, 77: ἐκαλεῖτο δέ τι καὶ Κρητικόν, ᾧ Ἀθήνῃσιν ὁ βασιλεὺς ἐχρῆτο. Es ist mir sehr unwahrscheinlich, dass dies Kleidungsstück wirklich von Creta gekommen sein soll.

6) S. die betr. Stellen der alten Schriftsteller bei Overbeck, Schriftquellen Nr. 27—39, woselbst auch die neuere Litteratur angegeben ist.

7) S. oben S. 50.

8) Bronzene Trinkgefässe der Gortynier erwähnt Ath. XI, 502 B.

9) Waffen waren den Cretern die liebsten Geschenke, s. Ephor. b. Str. X, 481. Nicol. Damasc. b. Stob. Sermon. XLIV, 41 (44 Westerm. paradoxogr.).

10) Die Insel hatte Mangel an Metallen und musste daher, was sie an Eisen und Kupfer brauchte, einführen. Vgl. Hoeck, Kreta I, 40. 443. III, 423.

11) C. I. Gr. III p. III. Vgl. Juv. XIV, 271:
*Qui gaudes pingue antiquae de littore Cretae
passum et municipes Jovis advexisse lagenas.*
Cretische Amphoren erwähnt Philostr. her. 2, 6.

12) Plin. XII, 125.

13) Ath. IV, 130 C. XIV, 647 F. Plin. XVIII, 77 rühmt das cretische Kraftmehl.

Dasjenige Product ihrer eigenen Insel, was sie wohl am meisten in's Ausland führten, war der Wein [1], und mit ihm die zum Transport und zur Aufbewahrung desselben angefertigten Thongefässe [2]. O. Jahn hat es wahrscheinlich gemacht [3], dass die corcyraeischen Thongefässe nichts anderes sind, als die von Plinius wegen ihrer Dauerhaftigkeit gerühmten adrianischen Gefässe [4], und dass es sich bei der Erwähnung der auf den Markt nach Istrien gebrachten Amphoren von Corcyra wohl mehr um den Wein, der darin enthalten gewesen sei, handle, als um diese selbst [5]. Andere Gewerbserzeugnisse der Insel scheinen in Griechenland nicht bekannt geworden zu sein; da die Corcyraeer vorzüglich mit Barbaren Handel trieben, wurden für den Export vermuthlich auch hauptsächlich solche Gegenstände gefertigt, welche sich für diese Völkerschaften am besten eigneten. Dass der lebhafte Seehandel eine nicht geringe Technik im Schiffsbau mit sich brachte, versteht sich von selbst [6].

§ 19.
Oberitalien.

Ligurien, Gallia cisalpina, Venetien. Unter den Producten der von der Natur reich gesegneten oberitalischen Ebene nimmt die Schafwolle [7] eine der ersten Stellen ein. Die Wolle der Heerden von Gallia cisalpina gehörte zu den besten Sorten, welche die römische Kaiserzeit — und diese ist es ja, welche bei unsrer Betrachtung der industriellen Thätigkeit dieser Länder allein in Betracht kommt, — kannte [8]; gar mancher römische Grosse bezog von seinen

---

1) Vgl. Ath. I, 33 B.
2) Ps.-Arist. mirab. 104 (111) berichtet, dass im Innern von Istrien ein Markt sei abgehalten worden, auf welchen die Kaufleute aus dem Pontus lesbische, chiische und thasische Weine brächten, παρὰ δὲ τῶν ἐκ τοῦ Ἀδρίου τοὺς Κερκυραϊκοὺς ἀμφορεῖς (πωλεῖσθαι).
3) Berichte d. sächs. Ges. 1854 S. 34 fg. Vermuthet hat es bereits G. C. Müller, de Corcyr. republ. p. 62. Vgl. auch Welcker im Rhein. Mus. I, 2, S. 339 ff.
4) Plin. XXXV, 161: *Cois laus maxima, Hadrianis firmitas*, verglichen mit der Glosse des Hesych. Κερκυραῖοι ἀμφορεῖς· τὰ Ἀδριανὰ κεράμια.
5) Vgl. Anth. Pal. VI, 257. IX, 232. Doch darf man bei einer Tochterstadt Corinths wohl mit Recht auch eine bedeutende Technik in der Töpferei voraussetzen. Vgl. Krause, Angeiol. S. 257.
6) Die Corcyraeer galten für die Erfinder einer bestimmten Art, nach ihnen κέρκυροι benannter Schiffe; s. Schol. Arist. Par. 143. Et. Magn. s. v. Κέρκουρος p. 506, 15. Suid. v. Ναξιουργής κάνθαρος. Thuc. I, 25 schreibt die Vortrefflichkeit des corcyraeischen Seewesens dem Umstande zu, dass die Insel der Wohnort der homerischen Phaeaken gewesen sei; wahrscheinlicher ist es, dass die Corcyraeer dieselbe den seetüchtigen Liburniern, welche früher dort gewohnt haben sollen (Strab. VI p. 269), verdanken. Vgl. Grote, Gesch. Griechenl. II, 315 der deutschen Übers.
Erwähnt mag werden, dass die Geisseln von Corcyra gerühmt wurden, Ps.-Plut. Prov. Alexandr. 12 p. 1254: αἱ μάστιγες αἱ Κερκυραῖαι λέγονται διάφοροι εἶναι παρὰ τὰς ἄλλας.
7) Vgl. Yates p. 98 sqq.
8) Plin. VIII, 190: *alba (lana) Circumpadanis nulla praefertur nec libra centenos nummos ad hoc aevi excessit ulla*. Colum. VII. 2: *nunc Gallicae (oves) pretiosiores habentur*. Vgl. Varro L. L. IX, 39.

§ 19. Oberitalien.

Schafheerden am Po reiche Einkünfte[1]. Die verschiedensten Sorten wurden erzeugt, feine, mittlere, grobe, letztere namentlich bei den Ligurern[2]. Die Wolle ging aber keineswegs unverarbeitet in's Ausland, vielmehr wurde sie an Ort und Stelle zu Kleiderstoffen jeder Art verarbeitet und diese verschickt[3]; namentlich versorgte Ligurien mit seinen groben Stoffen einen guten Theil des niederen Volkes, zumal die dienende Classe, von Italien[4].

Nicht minder geschätzt war der in Gallia cispadana gezogene Flachs von besonderer Feinheit, sodass Plinius den daselbst gedeihenden Arten nach dem Flachs von Saetabis in Spanien den zweiten und dritten Platz anweist[5]. Derselbe wurde jedenfalls auch in jenen Gegenden gesponnen und gewebt, obgleich dessen nicht ausdrücklich Erwähnung geschieht. Quantitativ bedeutend scheint die Flachsproduction und Leinweberei in Gallia cisalpina jedoch nicht gewesen zu sein, da ihrer nur wenige Male gedacht wird.

Von andern, in Gallia cisalpina blühenden Gewerben wird uns wenig berichtet. Die Metallarbeit, insbesondere die Arbeit in Eisen und Erz, aber auch in edlen Metallen wie Gold und Silber, war nicht unbedeutend, hat aber im Auslande keinen Ruf erlangt, weil die Fabricate, wenn auch »nicht ungeschickt« gemacht, doch wohl künstlerischer Vollendung entbehrten[6]. Die Töpferei wurde an mehreren Orten stark betrieben; allein bis auf einige grössere Städte, welche durch Handel und Industrie mächtig geworden waren, beschäftigte sich der grösste Theil der Bevölkerung mit Ackerbau und Viehzucht[7], sodass sie selbst die Schätze, die ihnen ihr Land darbot, oft nicht benutzten; so schafften z. B. die Ligurer das schöne Nutzholz ihrer Wälder, das sich zum Schiffsbau ebenso vortrefflich wie zu anderer Verwendung eignete, nach Genua und tauschten es zusammen mit Schlachtvieh, Häuten und Honig gegen die Producte Italiens um[8]. Dasselbe mag dann in Genua, wo wir auch nichts von Verarbeitung desselben erfahren, weiter verkauft und in alle Welt gegangen sein.

Die beste Wolle in Gallia cisalpina lieferten die in der Umgegend der Städte Parma, Mutina und Pollentia weidenden zahlreichen Heerden. Die Wolle

---

1) Vgl. Hor. Od. III, 16, 35: nec pinguia Gallicis
   crescunt vellera pascuis.

2) Str. V, 218: τὴν δὲ τραχεῖαν (ἐρέαν) ἡ Λιγυστικὴ καὶ ἡ τῶν Ἰνσούβρων (φέρουσι), ἐξ ἧς τὸ πλέον τῆς οἰκετείας τῶν Ἰταλιωτῶν ἀμπέχεται.

3) Mart. VI, 11, 7: me pinguis Gallia vestit.

Juv. IX, 30: male percussas textoris pectine Galli
   accipimus (lacernas).

4) Str. l. l.; vgl. IV, 202: ἐντεῦθεν δέ εἰσιν .... καὶ οἱ Λιγυστινοί τε χιτῶνες καὶ σάγοι.

5) Plin. XIX, 9.

6) Der Consul P. Cornelius Scipio führt in seinem Triumphzuge über die Bojer (191 v. Chr.) u. a. auf: vasa aenea Gallica .... aureos torques mille quadringentos septuaginta unum, ad hos auri pondo ducenta quadraginta septem, argenti infecti factique in Gallicis vasis, non infabre suo more factis, duo milia trecenta quadraginta pondo. Liv. XXXVI, 40.

7) Strab. IV, 202. 218 u. s.

8) Str. IV, 202: ἔχουσι δ' ὕλην ἐνταῦθα παμπόλλην ναυπηγήσιμον καὶ μεγαλόδενδρον, ὥστ' ἐνίων τοῦ πάχους τὴν διάμετρον ὀκτὼ ποδῶν εὑρίσκεσθαι· πολλὰ δὲ καὶ τῇ ποικιλίᾳ τῶν ᾽ετίνων οὐκ ἔστι χεῖρω πρὸς τὰς τραπεζοποιίας ταῦτά τε δὴ κατάγουσιν εἰς τὸ ἐμπόριον τὴν Γένουαν καὶ θρέμματα καὶ δέρματα καὶ μέλι.

von Parma ist namentlich um die erste Kaiserzeit sehr berühmt[1], und eine Toga aus parmensischer Wolle wird nicht weniger geschätzt, als eine tarentinische[2]. Viele reiche Römer besassen daselbst grosse Heerden, die ihnen eine sehr einträgliche Rente brachten[3]. Verarbeitung der Wolle in Parma selbst wird zwar nicht erwähnt, fand aber zweifellos statt, so gut wie in Mutina, dessen umliegende Ortschaften, besonders die am Flusse Scultannas gelegenen, eine ausgezeichnete Wolle lieferten[4], welche in Mutina selbst sicherlich einer grossen Anzahl Handwerker verschiedener Art Beschäftigung gab[5]. Wie blühend z. B. das Gewerbe der Walker daselbst war, geht aus einem Epigramm des Martial hervor, in welchem ein reich gewordener Walker aus Mutina erwähnt wird, der der Bürgerschaft ein *munus* veranstaltete[6].

Ausserdem wurde in Mutina die Töpferei eifrig betrieben[7]. Schon im Jahre 177 v. Chr. erbeuteten die Ligurer daselbst eine Menge Thongefässe, welche mehr für den practischen Gebrauch, als zur Zierde gearbeitet waren[8]. Doch müssen sie sich durch Güte ausgezeichnet haben, denn die noch zu Plinius' Zeit bestehenden Töpfereien von Mutina versandten ihre Fabricate in alle Welt[9], und auch im Mittelalter hatte die Töpferei daselbst Ruf[10].

Nicht minder berühmt als die Wolle von Parma und Mutina war die durch ihre röthliche Farbe sich auszeichnende Wolle von Pollentia in Ligurien[11], in welcher Stadt sich ebenfalls Töpfereien befanden, aus denen namentlich

---

1) Colum. VII, 2, 3: *item (oves) quae circa Parmam et Mutinam macris stabulantur campis, (pretiosiores habentur)*. Mart. XIV, 155:
   *Velleribus primis Appulia, Parma secundis
   nobilis.*
2) Mart. II, 43, 4: *(toga) quam seposito de grege Parma dedit.*
3) Mart. IV, 37, 5: *ex pecore redeunt ter ducena Parmensi.* V, 13, 8: *tondet et innumeros Gallica Parma greges.*
4) Strab. V, 218: ἐρέαν δὲ τὴν μὲν μαλακὴν οἱ περὶ Μουτίνην τόποι καὶ τὸν Σκουλτάνναν ποταμὸν φέρουσι πολὺ πασῶν καλλίστην. Vgl. Colum. l. l.
5) Auf Inschriften: *sodalicium carminatorum* (Krempler), in der Gegend von Mutina, Orelli 4103 = Cavedoni, Marmi Modenesi p. 269. *negotians lanarius* in Mutina, Orelli 4063.
6) Mart. III, 59, 2.
7) Vielleicht wurde der Ruhm derselben schon zu einer Zeit begründet, da diese Gegend noch etruscisch war. Vgl. Müller, Etrusker II, 245.
8) Liv. XLI, 14, 2: *vasa omnis generis, usui magis quam ornamento in speciem facta.* Vgl. ib. 18, 4.
9) Plin. XXXV, 161: *habent et Tralles opera sua et in Italia Mutina, quoniam et sic gentes nobilitantur et haec quoque per maria terras ultro citro portantur insignibus rotae officinis.*
10) Cavedoni, Marmi Modenesi p. 64 sqq. Man findet dort sowohl rothe, den arretinischen gleiche, als schwarze Schalen und Becher, s. Bull. d. Inst. 1837 p. 10. 1841 p. 144. Vgl. Marquardt, Röm. Privatalt. II, 254 Anm. 2344.
11) Plin. VIII, 191: *nigri velleris praecipue (oves) habet Pollentia juxta Alpes.* Colum. VII, 2, 4: *sunt etiam suapte natura pretio commendabiles pullus atque fuscus (color), quos praebeat in Italia Pollentia, in Baetica Corduba.* Mart. XIV, 158:
   *Lana quidem tristis, sed tonsis neta ministris,
   quales non primo de grege mensa citat.*
Vgl. ib. 157. Yates p. 102.

§ 19. OBERITALIEN.

Trinkgefässe (Becher) hervorgingen [1]. Noch an einigen andern Orten Liguriens blühte dies Gewerbe, so in Asta[2] und — nach den dort gemachten Funden zu schliessen — in Velleja[3].

Leinweberei wurde hauptsächlich betrieben in der Gegend zwischen Po und Ticinus, sowie in Retovia und Faventia, deren Linnenwaaren zur Zeit des Plinius ausserordentlich geschätzt waren[4]; in Ravenna befand sich in der späteren Kaiserzeit eine kaiserliche Weberei[5].

Unter den Städten von Gallia transpadana und Venetien that sich Patavium ganz besonders durch Gewerbfleiss hervor. Ihre Blüthezeit hatte diese Stadt freilich vor der Einverleibung von Gallien in das römische Reich, damals als es nach einer freilich etwas übertrieben klingenden Nachricht des Strabo 120,000 Reiter in's Feld stellte[6]. Doch auch zur römischen Zeit noch war Patavium die angesehenste und mächtigste der Städte des transpadanischen Galliens, die durch Industrie alle andern weit überragte und die Erzeugnisse ihres Gewerbfleisses in grosser Menge auf die italischen Märkte schickte[7]. Ausser andern dort blühenden Industriezweigen war es namentlich die Fabrication von Wollenstoffen, in welcher Patavium vom Beginn der römischen Kaiserzeit an bedeutenden Ruf hatte. Die daselbst erzeugte Wolle stand hinsichtlich ihrer Feinheit in der Mitte zwischen der feinen von Mutina und der groben aus Ligurien und dem Lande der Insubrer; man fabricirte daraus Teppiche und Kleidungsstücke, vor allem jenen unter dem Namen *gausape* bei den Schriftstellern der ersten Kaiserzeit sehr bekannten und oft erwähnten Stoff, eine Art Fries, bei welchem die eine Seite zottig war[8]. Dieser Stoff fand in Rom zur Zeit des Augustus Eingang[9]; doch scheint die Fabrication desselben älter gewesen zu sein, da schon Lucilius sowohl die Gausape[10], als andere patavinische Stoffe erwähnt[11]. Man verfertigte aus der Gausape namentlich warme Kleidungsstücke für Männer[12]

---

1) Plin. XXXV, 160. Mart. I. l. 157:
Lanae Pollentinae.
Non tantum pullo lugentes vellere lanao,
Sed solet et calices haec dare terra suos.

2) Plin. l. l.

3) Bull. d. Inst. 1837 p. 15. Vgl. Marquardt a. a. O. Anm. 2348 und Mommsen im Corp. Inscr. Lat. p. 202.

4) Plin. XIX, 9: *in Italia regione Aliana inter Padum Ticinumque amnes, ubi a Saetabi tertia in Europa lino palma; secundum enim in vicino Alianis capessunt Retovina et in Aemilia via Faventina.* 5) Not. dign. Occ. c. X p. 49. 6) Str. V, 213.

7) Str. l. l.: δηλοῖ δὲ καὶ τὸ πλῆθος τῆς πεμπομένης κατασκευῆς εἰς τὴν Ῥώμην κατ' ἐμπορίαν τῶν τε ἄλλων καὶ ἐσθῆτος παντοδαπῆς τὴν εὐανδρίαν τῆς πόλεως καὶ τὴν εὐτεχνίαν.

8) Str. V, 218: τὴν δὲ μέσην (ἐρέαν) οἱ περὶ Πατάουιον (τόποι φέρουσιν, ἐξ ἧς οἱ τάπητες οἱ πολυτελεῖς καὶ γαυσάπαι καὶ τὸ τοιοῦτον εἶδος πᾶν ἀμφίμαλλόν τε καὶ ἑτερόμαλλον. Es wurden also auch Stoffe gewebt, welche auf beiden Seiten zottig waren.

9) Plin. VIII, 193: *gausapae patris mei memoria coepere, amphimallia nostra, sicut villosa etiam ventralia.* 10) Luc. b. Prisc. p. 817.

11) Luc. b. Non. p. 540, 25 u. Isid. Orig. XIX, 26, 5.

12) Mart. XIV, 143: Tunicae Patavinae.
Vellera consumunt Patavinae multa trilices,
et pingues tunicas serra secare potest.

wie für Frauen [1], doch auch Tischdecken [2], Servietten [3], Bettüberzüge [4] u. a. Da ein anderer Ort als Patavium nicht genannt wird, an welchem dieser Stoff fabricirt worden wäre, so scheint es, als ob, wenigstens in jener Zeit, diese Stadt allein Gausape verfertigt habe. Übrigens wird der Stoff nach der Zeit des Martial als gebräuchlich nicht mehr erwähnt, sodass es den Anschein hat, als sei er, nachdem er längere Zeit ausserordentlich beliebt war, wieder aus der Mode gekommen.

Ein ähnlicher Wollenstoff wurde in Verona verfertigt, aus dem man die sogenannten *lodices* bereitete [5], grobe, roh gearbeitete Decken, welche theils zum Verpacken dienten [6], theils als Bettdecken [7] und Fussteppiche [8] benutzt wurden [9].

Weniger durch Industrie, als durch ihren Handel mit den benachbarten Völkerschaften bedeutend war Aquileja [10]. Doch waren auch die Wollenstoffe von Aquileja beliebt [11], wenn sie auch an Bedeutung verschwanden hinter denen, welche die Wolle der Schafheerden von Altinum lieferte [12], die sich durch besondere Feinheit empfahl [13].

Wir haben ferner der oberitalischen Eisenarbeit zu gedenken. In Comum befanden sich zur Zeit des Plinius Eisenhütten, in denen das Eisen vermöge besonderer Eigenschaften des Wassers, in welchem es gekühlt wurde, eine ganz vorzügliche Härte erhielt [14]. Eisenbergwerke befanden sich dort in der Nähe

---

Ib. 152:   *Gausapum quadratum.*
    Lodices mittit docti tibi terra Catulli,
      nos Helicaonia de regione sumus.
Vgl. VI, 59, 2. XIV, 145. Pers. IV, 37. VI, 46.
    1) Ov. A. A. II, 300.   2) Mart. XIV, 138.
    3) Lucil. b. Prisc. I 1. Hor. Sat. II, 8, 11.   4) Mart. XIV, 187.
    5) Mart. XIV, 152.   6) Suet. Aug. 83.   7) Juv. VI, 195.
    8) Petron. 20, 2.
    9) Nach Mart. XIV, 100:   *Si non ignota est docti tibi terra Catulli,*
            potasti testa Raetica vina mea,
scheint Verona auch durch Gefässfabrication bekannt gewesen zu sein.
    10) Str. V, 214: ἀνεῖται δὲ ἐμπόριον [τοῖς τε Ἑνετοῖς καὶ] τοῖς περὶ τὸν Ἴστρον τῶν Ἰλλυριῶν ἔθνεσι· κομίζουσι δ' οὗτοι μὲν τὰ ἐκ θαλάττης καὶ οἶνον ἐπὶ ξυλίνων πίθων ἁρμαμάξαις ἀναθέντες καὶ ἔλαιον, ἐκεῖνοι δὲ ἀνδράποδα καὶ βοσκήματα καὶ δέρματα. Vgl. IV, 207. VII, 314.
    11) Mart. VIII, 28, 7:   *An tua multifidum numeravit lana Timavum,*
            quam pius astrifero Cyllarus ore bibit.
Leinweberei in Aquileja bezeugt ein *linteo* auf einer Inschrift bei Henzen 7239.
    12) Colum. VII, 2, 3: *nunc Gallicae (oves) praestantiores habentur earumque praecipue Altinates.* Juv. VIII, 15: *Euganea mollior agna.* (Die Sitze der Euganeer, einer raetischen, nicht keltischen Völkerschaft, reichen bis in die Gegend von Verona und Patavium herab.) Mart. XIV, 155: *Altinum tertia laudat ovis.* Tert. de pall. 3. Vgl. Yates p. 100 sq.
    13) *lanarii pectinarii* auf einer Inschrift von Brixia, Orelli 4207. — In der Umgegend von Mantua muss die Schafzucht ziemlich bedeutend gewesen sein, da die Eclogen des Virgil meist in den Umgebungen dieser Vaterstadt des Dichters spielen; vgl. namentlich Ecl. I und IX. S. Yates p. 99 sq.
    14) Plin. XXXIV, 144: *(aqua cui candens ferrum immergitur) alibi atque alibi utilior nobilitavit loci gloria ferri, siculi . . . . Comum in Italia, cum ferraria metalli in iis locis non sint.* Vgl. Isid. Orig. XVI, 20. — *Dolabrarii* und *scalararii* in Comum bei Orelli 4074.

nicht; überhaupt wurde der Bergbau, der früher in Oberitalien geblüht hatte, nicht mehr so eifrig, wie früher, betrieben, da die Gruben in Noricum und Spanien ergiebiger waren[1]. Doch lieferten die oberitalischen Bergwerke später wohl auch Eisen zu den sehr zahlreich daselbst angelegten kaiserlichen **Waffenfabriken**; solche bestanden ausser in **Mantua**[2] und **Cremona**[3] auch in **Concordia** (im Lande der Veneter), in **Verona** und **Ticinum**[4].

Auch finden wir in allen diesen Gegenden, namentlich an Orten, wo zugleich auch Eisenwerke bestanden, die Collegien der **Zimmerleute** sehr verbreitet[5].

§ 20.
Mittelitalien.

Etrurien. Auf das seltsame Volk der Etrusker haben die Griechen in Cultur und Kunst einen sehr weitreichenden und tiefgreifenden Einfluss ausgeübt[6]. Die industriöse, von einem grossartigen Unternehmungsgeiste beseelte etrurische Nation[7] empfing durch ihren schon früh zu nicht geringer Bedeutung gediehenen Handel, namentlich mit den unteritalischen Colonieen, später mit Phocaea und Corinth[8], in Bildung, Gewerben und Künsten Anregungen, deren nachhaltige Wirkung zwar nicht immer deutlich erkennbar ist, sich aber doch jetzt noch in manchen Fällen an den uns erhaltenen Resten ihres Culturlebens nachweisen lässt[9]. Freilich ist nicht zu verkennen, dass trotzdem dieser Einfluss bei dem durch und durch ungriechischen Geiste der Etrusker im allgemeinen nur ein äusserlicher geblieben ist, und dass eine eigentliche Durchdringung mit hellenischem Geiste nie stattgefunden hat.

Keines der in Etrurien zu besonderer Blüthe gekommenen Gewerbe scheint so hoch in das Alterthum zurückzugehen, wie die **Arbeit in Thon**, sowohl die

---

1) Str. V, 218: τὰ δὲ μέταλλα νυνὶ μὲν οὐχ ὁμοίως ἐνταῦθα σπουδάζεται διὰ τὸ λυσιτελέστερα ἴσως εἶναι τὰ ἐν τοῖς ὑπεραλπείοις Κελτοῖς καὶ τῇ Ἰβηρίᾳ, πρότερον δὲ ἐσπουδάζετο. — Ein *collegium aerariorum* in Mediolanum bei Orelli 4060. Erzarbeit in Bergomum s. Plin. XXXIV, 2.

2) Not. dign. Occ. c. VIII p. 43: *Mantuana loricaria*. Noch heut sind dort Waffenfabriken; s. Boecking ebd. p. 314.

3) Not. dign. l. l.: *Cremonensis Scutaria*. Auch erwähnt von Amm. Marc. XV, 5, 9.

4) Not. dign. l. l.: *Concordiensis Sagittaria*. *Veronensis Scutaria et Armorum*. *Ticinensis Arcuaria*.

5) Collegien von Dendrophoren in Aquileja, Orelli 4082. Bergomum 3349. Brixia 4826; Henzen 7204; vgl. 7230. Comum, Henzen 7336. Mediolanum, Orelli 1702. 4137. Henzen 6073. *Collegia fabrum* in Aquileja, Orelli 3780. 4081. 4082. Brixia 3019. 3909. 4094. Cremona 4080. Ravenna 707 3264*). Verona 4003.

6) Über den Einfluss der Aegypter auf Etrurien vgl. Abeken, Mittelitalien S. 273 ff.

7) Athen. XV p. 700 C nennt sie φιλοτέχνους, und Heracl. Pont. p. 16 sagt von ihnen: οὗτοι δὲ τέχνας ἔχουσι πλείστας.

8) Auf Verpflanzung der corinthischen Gefässmalerei nach Etrurien deutet die Sage von Demaratus, der nach Plin. XXXV, 152 mit den Künstlern Eucheir und Eugrammos (Töpfer und Topfmaler) nach Tarquinii kam. Vgl. O. Müller im Kunstblatt f. 1835 St. 88.

9) Vgl. darüber O. Müller, Die Etrusker, Einleitung, I, 187 ff. Über den Einfluss Athens auf die etruskische Kunst vgl. Mommsen, Röm. Gesch. I, 242.

eigentliche **Töpferei**, als die mehr künstlerische **Thonplastik**[1]. Es hat nicht den Anschein, als ob die Anregung zu dieser Technik den Etruskern von aussen her, etwa durch den Handelsverkehr mit den Griechen, gekommen wäre, vielmehr haben sie dieselbe nach anderen Gegenden[2], insbesondere nach Rom[3] übertragen. In der frühern Zeit versorgte Etrurien ganz Latium mit seinen einfachen, meist rothen und zuweilen mit Reliefs geschmückten Thongefässen[4], die sowohl im häuslichen[5], als namentlich im gottesdienstlichen Gebrauch[6] sehr beliebt waren. Die Fabrication dieser Gefässe erhielt sich bis in die späte Kaiserzeit, und auch als Rom selbst an Töpfereien keinen Mangel hatte, dauerte die Einfuhr tuscischen, besonders arretinischen Geschirrs noch fort.

Ob die bekannten schönen, mit **Malereien gezierten** Vasen, die sich in Etrurien in so grosser Menge gefunden haben, auch daselbst gefertigt wurden, darüber sind die Meinungen getheilt. Bei den Alten ist davon nirgends die Rede, doch scheinen manche Umstände dafür zu sprechen. Wenn man sich auch im allgemeinen der Ansicht anschliesst, dass die Mehrzahl der in Etrurien und Unteritalien gefundenen bemalten Vasen Erzeugnisse hellenischen, speciell attischen Gewerbfleisses sind, so unterscheiden sich doch manche durch Thon, Farbe und Firniss, durch Ausführung der Zeichnung und Behandlung des Mythus oder des sonstigen Sujets so sehr von den übrigen, dass man sie für einheimische Fabricate, für Versuche, die fremde Technik der importirten Vasen nachzuahmen, ansehen muss. Dahin gehören vorzüglich eine Anzahl schwarzfiguriger Vasen, hauptsächlich in **Vulci** gefunden, von plumper Arbeit, mit Zeichnungen, die mit ihren seltsamen Thierbildungen und Flügelfiguren, in oft inhaltloser, unverständlicher Zusammenstellung, die rein äusserliche Nachahmung zeigen[7].

Aber auch rothfigurige Vasen von grösserer Vollendung der Technik finden sich in den etrurischen Gräbern, die wir ebenfalls für Erzeugnisse einheimischer Töpferei halten müssen. Es ist wiederum hauptsächlich Vulci, das wir als Fabricationsort dieser Gefässe anzusehen haben. Nicht nur das schlechtere Material und die bei aller Freiheit doch hervortretende Ungeschicklichkeit und Rohheit, auch die Darstellungsart und Auffassung der Mythen, der Stil der Ornamente

---

1) Vgl. Müller ebd. II, 242 ff. Abeken a. a. O. 301 fg.

2) Die berühmten Thongefässfabriken von Mutina, Surrentum u. a. Orten scheinen zu einer Zeit begründet zu sein, da diese Gegenden noch tuscisch waren. S. Müller S. 245.

3) Die von Numa begründete Zunft der Töpfer verdankt sicherlich etruruschem Einfluss ihre Entstehung; Plin. XXXV, 159 u. s.

4) Auf solche bezieht Krause, Angeiologie S. 188 A. 1 wohl mit Recht das Skolion bei Plut. Quaest. Symp. V, 3, 2 p. 676 E:

χθὼν ἡ Πελασγὴ πυρὶ καθηθαλωμένη
κεύθει κελαινὸν αἷμα . Διονύσου θεοῦ,
ἔχουσα κλῶνας Ἰσθμικοὺς ἀνὰ στόμα.

(v. l. ἡ παλὰς γῆ)

5) Juv. XI, 108: *ponebant igitur Tusco farrata catino.*

6) Pers. II, 60: *aurum vasa Numae Saturniaque impulit aera,
Vestalesque urnas et Tuscum fictile mutat.*

Vgl. ebd. Jahn p. 135.

7) Jahn, Vasensamml. d. Kön. Ludwig S. CLXXII.

würden auf etrurischen Ursprung schliessen lassen, wenn nicht die Vorstellung speciell etrurischer Mythen und endlich zur völligen Überzeugung etrurische Inschriften den letzten Zweifel beseitigten [1].

Wie diese Fabricate erst einer späten Zeit angehören, so auch die an andern Orten gefundenen Vasen von ähnlichem Charakter. Ausser in Vulci ist einheimische Vasenfabrication nachgewiesen in Bomarzo[2], Chiusi[3], Perugia[4] und Volterra[5]; am letzteren Ort überwiegt sogar die Zahl der Gefässe von provinzieller Technik die der echt griechischen [6].

Berühmter noch, als die etrurischen Gefässe, waren die erhobenen Arbeiten und Statuen in Thon[7]. Wie bekannt die Etrusker gerade wegen dieser Kunstübung waren, ersehen wir aus dem mythischen Ausdruck, den sie gefunden, indem man ihnen die Erfindung der Plastik zuschrieb [8]. Der Giebelschmuck der römischen Tempel, die meisten älteren Tempelstatuen, welche später durch Werke aus besserem Material ersetzt wurden, verfertigten etrurische Künstler; es gab eine Zeit, wo fast alle Kunstwerke in Rom tuscische Arbeit waren [9], die auch die öffentlichen Gebäude der Municipien versorgte [10]. In späteren Zeiten ist von diesen Erzeugnissen etruscischen Kunstfleisses nicht mehr die Rede [11].

Mit der Thonbildnerei hängt der in Etrurien zu grosser Vollendung gelangte Erzguss[12] eng zusammen. Wir werden noch Veranlassung haben, über die Eisenfabricate und die Gewinnung des Eisens bei den Etruskern zu sprechen, hier haben wir es mit den mehr künstlerischen Leistungen der Metallarbeit zu thun.

Die Erzbildnerei in Etrurien muss nach den Nachrichten der Alten in früheren Zeiten wahrhaft grossartig gewesen sein. Wenn nach einer ohne genügenden Grund angezweifelten Nachricht die Römer in Volsinii 2000 Statuen fanden [13], so kann uns das von der enormen Production einen Begriff geben. Aber eben diese ausserordentliche Fruchtbarkeit scheint daran Schuld zu sein, dass der Erzguss bei den Etruskern zur Fabrikarbeit wurde, dass die Kunst zum reinen Handwerk herabsank, und dass daher, trotzdem es in vielen Gegenden der civi-

---

1) Jahn a. a. O. S. CCXXXIII ff.   2) Jahn S. CCXXXVI.   3) Ebd. S. LXXXII.
4) Ebd. — Lampen von perusinischer Fabrik erwähnt Passeri, Luc. fict. p. XV.
5) Jahn S. LXXXIII.
6) Hier möge auch der in's 5. Jahrh. d. St. gehörenden Gefässe mit lateinischen Inschriften gedacht werden, die man im südlichen Etrurien, besonders in Vulci, Tarquinii und Orte gefunden hat. Vgl. Ritschl, de fictil. litter. Latinor. antiquissimis, Bonn 1853.
7) Müller a. a. O. II, 246 ff.
8) Clem. Alex. Strom. I, 16 p. 362: ἔτι γασὶ Τουσχανοὺς τὴν πλαστιχὴν ἐπινοῆσαι Cassiod. Var. VII, 15: has (sc. statuas) primum Thusci in Italia invenisse referuntur. Vgl. Varro b. Plin. XXXV, 157: elaboratam hanc artem Italiae et maxime Etruriae. Quint. XII, 10. Tatian ad Gr. I p. 4.
9) Vgl. namentlich Plin. l. l. 154 sqq.   10) Plin. ib. 158.
11) Die uns erhaltenen Reste dieser Kunstgattung sind sehr spärlich. S. Müller, Handbuch § 171, 3.
12) Müller, Etrusker II, 250 ff. Abeken S. 302.   13) Plin. XXXIV, 34.

lisirten Welt tuscische Bildsäulen gab [1], dennoch kein Name eines etruscischen Erzgiessers uns von den Schriftstellern überliefert worden ist. Hauptsächlich scheinen es Götterstatuen gewesen zu sein, welche in den Erzgiessereien verfertigt wurden [2], und zwar von der verschiedensten Grösse: von Statuen von 50 Fuss Höhe [3] bis herab zu kleinen Statuetten [4], welche sogar zur Zeit des Horaz als Kostbarkeit galten — wohl weniger wegen ihrer Schönheit, als wegen ihres hohen Alters. Von solchen Statuetten hat sich noch eine nicht unbedeutende Anzahl erhalten, während grössere Erzwerke von unbezweifelt etruscischer Technik selten sind [5].

Vielleicht noch mehr, als im Erzguss, leisteten die Etrusker in der mit ihm verwandten Toreutik [6]. Zu einer Zeit, als in Griechenland auch auf diesem Kunstgebiet die höchste Blüthe herrschte, als Myron, Mys, Mentor ihre Werke schufen, waren doch tyrrhenische Bronzearbeiten in Griechenland geschätzt. Pherecrates erwähnt tyrrhenische Candelaber [7], und Critias empfiehlt goldgetriebene Schalen aus Etrurien und alles Erz, was zu irgend einem Gebrauch das Haus schmückt [8]. Die Nachrichten der Alten über die mannichfaltigsten Arbeiten der Etrusker in Gold, Silber, Elfenbein u. s. w. [9] werden ergänzt durch die reichen in den Gräbern von Perusia, Caere, Vulci, Bomarzo, Chiusi etc. gemachten Funde [10], bestehend in Bronzeplatten der verschiedensten Art, die zur Verzierung von Wagen und Geräthen dienten, Silber- und Goldplatten, Candelabern, Dreifüssen, Schilden u. s. w., darunter Arbeiten von hoher Schönheit und technischer Vollendung [11].

Weniger haben sich die Etrusker mit der Arbeit in Stein abgegeben [12]; die schönen Marmorbrüche von Luna [13] und Pisae [14] waren zwar auch schon im Alterthum bekannt, wurden aber zu statuarischen Zwecken nur wenig ausgebeutet; die meisten erhaltenen Reste etruscischer Steinarbeit, grösstentheils Aschenurnen, sind aus Peperin [15], Travertin oder Alabaster von Volaterrae gear-

---

1) Plin. XXXIV, 34: *signa quoque Tuscanica per terras dispersa, quae quin in Etrusca factitata sint non est dubium.*
2) Plin. ib. Tertull. Apol. 25: *nondum enim tunc ingenia Graecorum atque Tuscorum fingendis simulacris urbem inundaverunt.* Überhaupt wurden die Götterbilder erst durch etruskischen Einfluss in die Heiligthümer Latiums eingeführt; vgl. Varro bei August. de civ. Dei IV, 31. 3) Plin. l. l. 34. 4) *Tyrrhena sigilla*, Hor. Ep. II, 2, 180.
5) Müller, Handbuch § 172. 6) Müller, Etrusker II, 252 ff. Handbuch § 173.
7) Bei Ath. XV, 700 C: λυχνείων ἡγεμασία Τυρρηνική.
8) Bei Ath. I, 28 B: Τυρσηνὴ δὲ κρατεῖ χρυσότυπος φιάλη,
καὶ πᾶς χαλκὸς ὅτις κοσμεῖ δόμον ἔν τινι χρείᾳ.
9) Sie sind zusammengestellt bei Müller a. a. O. und Abeken S. 266 ff. 384 ff
10) Grösstentheils abgebildet bei Micali, Monumenti inediti. Firenze 1844.
11) Hierher sind auch die zahlreichen etruskischen Spiegel und sogenannten mystischen Cisten zu rechnen, wenn auch die schönsten darunter griechische Arbeit sein mögen. Vgl. Gerhard, Etruskische Spiegel. Berlin 1843 ff. Müller, Handbuch § 173, 2.
12) Müller ebd. § 174. Etrusker II, 256 fg.
13) Plin. XXXVI, 14. Str. V, 222 u. s. Vgl. Müller, Etrusker I, 242 fg.
14) Strab. V, 223.
15) Die Steinbrüche waren bei Tarquinii, am volsinischen See und bei Statonia. Vitr. II, 7. Plin. l. l. 168.

§ 20. Mittelitalien.

beitet. — Endlich zeigen die etruscischen Scarabaeen-Gemmen, was dies fleissige Volk auch auf dem Gebiete der Sculptur geleistet hat [1].

Unter den übrigen Gewerben nahm die Weberei eine bedeutende Stelle ein [2]. Wie das Wollespinnen [3], so gehörte auch das Weben der Gewänder in alter Zeit zu den Beschäftigungen der Frauen, deren sich selbst die Königinnen nicht schämten [4]. Später aber beschäftigte das Weben und Färben, zumal der häufig genannten Prachtgewänder, sicherlich besondere Handwerker. Wie so manches andere, so erhielten die Römer auch diese Prachtkleider, besonders die *tunica praetexta*, von den Etruskern [5], und auch die goldgestickten und buntgewirkten Gewänder derselben waren in der alten Zeit berühmt [6]. Den Purpur zum Färben erhielten sie vermuthlich von den Phöniziern oder Carthagern [7].

Wie diese Prachtgewänder wohl nur in der frühesten Zeit von Etrurien nach Rom importirt, später aber in Rom selbst fabricirt wurden, so scheinen auch die oft erwähnten tyrrhenischen Schuhe [8] nur anfänglich Gegenstand des Handels nach auswärts gewesen zu sein und später auch anderswo verfertigt nur jenen Namen zur Erinnerung an ihre eigentliche Herkunft beibehalten zu haben. Diese Sandalen, $\sigma\alpha\nu\delta\acute{\alpha}\lambda\iota\alpha$ $T\nu\varrho\varrho\eta\nu\iota\varkappa\acute{\alpha}$ oder $T\nu\varrho\varrho\eta\nu\nu\nu\varrho\gamma\tilde{\eta}$, wurden in Griechenland zur Zeit des Pericles bekannt und waren damals vermuthlich besonders kostbare Luxusartikel [9]. Nach Rom kamen sie zuerst als Prachtschuhe der römischen Senatoren [10], wie ja überhaupt diese ihre Tracht zum grossen Theile den prachtliebenden etruscischen Lucumonen entlehnten. Ausserdem wurden sie wahrscheinlich wenig in Rom getragen; wir erfahren gar nicht, dass sie in späterer Zeit etwa zum aussergewöhnlichen Putz in der Kleidung gedient hätten, was bei den Etruskern selbst der Fall war [11]. Einen wichtigen Exportartikel haben sie sicherlich nie gebildet.

Gehen wir nun etwas genauer auf das einzelne ein. Für die Metallarbeit der Etrusker sind drei Orte von ganz besonderer Wichtigkeit: die Insel Ilva (Elba), welche das Eisenerz lieferte [12], Populonia, wo dasselbe ausgeschmolzen

---

1) Müller, Handbuch § 175.   2) Vgl. Yates p. 286 sq.
3) Juv. VI, 289.   4) Plin. VIII, 194.
5) Plin. ib. 195: *praetextae apud Etruscos originem invenere*.
6) Die Etrusker überbrachten dem Tarquinius Priscus $\chi\iota\tau\tilde{\omega}\nu\acute{\alpha}$ $\tau\epsilon$ $\pi o\varrho\varphi\nu\varrho o\tilde{\nu}\nu$ $\chi\varrho\nu\sigma\acute{o}\sigma\eta\mu o\nu$ $\varkappa\alpha\grave{\iota}$ $\pi\epsilon\varrho\iota\beta\acute{o}\lambda\alpha\iota o\nu$ $\pi o\varrho\varphi\nu\varrho o\tilde{\nu}\nu$ $\pi o\iota\varkappa\acute{\iota}\lambda o\nu$, Dion. Hal. III, 61. Vgl. Flor. I, 5. Macrob. Sat. I, 6, 7. S. auch Müller, Etrusker I, 373 fg.
7) Wenn nicht aus Strab. V, 225 auch auf Purpurfischerei in Etrurien zu schliessen ist.
8) Vgl. Müller a. a. O. I, 269 ff.
9) Cratin. b. Poll. VII, 86; ib. 93: $\tau\grave{\alpha}\varsigma$ $\mu\acute{\epsilon}\nu\tau o\iota$ $T\nu\varrho\varrho\eta\nu\iota\varkappa\grave{\alpha}\varsigma$ $\acute{o}$ $\Sigma\alpha\pi\varphi o\tilde{\nu}\varsigma$ $\mu\acute{\alpha}\sigma\vartheta\lambda\eta\varsigma$, $\pi o\iota\varkappa\acute{\iota}\lambda o\varsigma$ $\epsilon\check{\iota}\eta\cdot$ »$\mu\acute{\alpha}\sigma\vartheta\lambda\eta\varsigma$ $\Lambda\acute{\nu}\delta\iota o\nu$ $\varkappa\alpha\varkappa\grave{o}\nu$ $\check{\epsilon}\varrho\gamma o\nu$«. Hes. v. $T\nu\varrho\varrho\eta\nu\iota\varkappa\grave{\alpha}$ $\sigma\alpha\nu\delta\acute{\alpha}\lambda\iota\alpha\cdot$ $\varkappa\acute{\alpha}\tau\tau\nu\mu\acute{\alpha}$ $\tau\iota$ $\nu\psi\eta\lambda\grave{o}\nu$ $o\check{\nu}\tau\omega$ $\varkappa\alpha\lambda\epsilon\tilde{\iota}\tau\alpha\iota$. Phot. $T\nu\varrho\varrho\eta\nu\iota\varkappa\grave{\alpha}$ $\sigma\alpha\nu\delta\acute{\alpha}\lambda\iota\alpha$ $\pi o\lambda\nu\tau\epsilon\lambda\tilde{\eta}$. Vgl. Clem. Alex. Paed. II, 11 p. 240.
10) Serv. ad Aen. VIII, 458: *Tusca calceamenta. Et dicit crepidas, quas primo habuere senatores, post equites Romani, nunc milites*.
11) Vgl. Virg. Aen. VIII, 458. Ov. Am. III, 13, 26.
12) Zwar waren auch auf dem Festlande Eisengruben, wovon sich noch heute Spuren zwischen Populonia und Rusellae finden, doch scheint man dieselben, vermuthlich weil ihre Ertragfähigkeit nicht mit der von Elba wetteifern konnte, bald wieder verlassen zu haben. Vgl. Str. V, 223: $\epsilon\check{\iota}\delta o\mu\epsilon\nu$ $\varkappa\alpha\grave{\iota}$ $\mu\acute{\epsilon}\tau\alpha\lambda\lambda\acute{\alpha}$ $\tau\iota\nu\alpha$ $\grave{\epsilon}\nu$ $\tau\tilde{\eta}$ $\chi\acute{\omega}\varrho\alpha$ $\grave{\epsilon}\varkappa\lambda\epsilon\lambda\epsilon\iota\mu\mu\acute{\epsilon}\nu\alpha$.

wurde, und Arretium, wo die Verarbeitung des Roheisens am bedeutendsten gewesen zu sein scheint.

Der Erzreichthum von Elba[1] war seit den ältesten Zeiten bekannt. Schon der Name, den die Insel bei den Griechen führte, *Αἰθάλεια* oder *Αἰθάλη* (derselbe, den auch Lemnos führte), deutet auf dies Haupterzeugniss der Insel hin[2]; und das ganze Alterthum hindurch war das sonst wenig bedeutende Eiland deswegen berühmt[3]. Der Bergbau scheint die Hauptbeschäftigung der Einwohner, von denen wir sonst nichts erfahren, gewesen zu sein; aus unterirdischen Grotten, von denen sich noch heute Spuren finden, holten sie das Eisenerz[4], das unerschöpflich nach der Meinung der Alten immer wieder aufs neue nachwuchs[5].

Unmittelbar aus den Gruben wurde das gewonnene Erz nach der gegenüber auf dem Festlande gelegenen Stadt Populonia geschafft und erst da ausgeschmolzen[6]. Bei der grossen Menge des gewonnenen Metalls müssen die Eisenwerke von Populonia einen bedeutenden Umfang gehabt haben. Verarbeitet wurde es hier jedoch nicht[7]; Kaufleute erstanden die grossen Schwämmen gleichenden Eisenklumpen und führten sie zu Schiff nach Dicaearchia und andern Emporien[8]; doch wurde selbstverständlich auch ein grosser Theil im Lande selbst verarbeitet. Bestimmte Städte als Hauptsitze der Metallarbeit werden uns nicht genannt; doch scheint Arretium einer der bedeutendsten Fabrikorte gewesen zu sein, da es der Flotte des Scipio eine sehr grosse Zahl von Waffen und Werkzeugen aller Art lieferte[9].

---

1) Auch Kupfer soll in alten Zeiten dort gewonnen worden sein; Ps.-Arist. mirab. 93 (95): ἐν δὴ τῇ Τυρρηνίᾳ λέγεταί τις νῆσος Αἰθάλεια ὀνομαζομένη, ἐν ᾗ ἐκ τοῦ αὐτοῦ μετάλλου πρότερον μὲν χαλκὸς ὠρύσσετο, ἐξ οὗ φασι πάντα κεχαλκευμένα παρ᾽ αὐτοῖς εἶναι, ἔπειτα μηκέτι εὑρίσκεσθαι· χρόνου δὲ διελθόντος πολλοῦ φανῆναι ἐκ τοῦ αὐτοῦ μετάλλου σίδηρον, ᾧ νῦν ἔτι χρῶνται Τυρρηνοὶ οἱ τὸ καλούμενον Ποπλώνιον οἰκοῦντες. Neuere Untersuchungen haben das bestätigt; Müller, Etrusker I, 241.

2) Diod. V, 13: Αἰθάλεια ... τὴν μὲν προσαγορίαν εἴληφεν ἀπὸ τοῦ πλήθους τοῦ κατ᾽ αὐτὴν αἰθάλου.

3) Plin. III, 81: *Ilva cum ferri metallis*, vgl. XXXIV, 152. Virg. Aen. X, 174: *insula inexhaustis Chalybum generosa metallis*. Varro bei Serv. ad h. l. Rutil. Itin. I, 351:
Occurrit Chalybum memorabilis Ilva metallis,
qua nihil uberius Norica gleba tulit.
Vgl. Mela II, 7. Strab. l. l. Sil. Ital. VIII, 615.

4) Eine Beschreibung des Erzförderns giebt Diod. l. l. Vgl. Müller a. a. O.

5) Strab. und Serv. ll. ll.

6) Strab. l. l.: εἴδομεν δὲ καὶ τοὺς ἐργαζομένους τὸν σίδηρον τὸν ἐκ τῆς Αἰθαλίας κομιζόμενον· οὐ γὰρ δύναται συλλιπαίνεσθαι καμινευόμενος ἐν τῇ νήσῳ, κομίζεται δ᾽ εὐθὺς ἐκ τῶν μετάλλων εἰς τὴν ἤπειρον. Varro b. Serv. l. l.: *nasci quidem illis ferrum, sed in stricturam non posse cogi, nisi transvectum in Populoniam*. Diod. und Ps.-Arist. mirab. ll. ll.

7) An einer für die Gewerbthätigkeit der einzelnen etruscischen Städte sehr wichtigen Stelle, wo angegeben wird, was eine jede derselben im 2ten punischen Kriege für die Flotte des Scipio lieferte, bei Liv. XXVIII, 45, steuert Populonia nicht Waffen, sondern unverarbeitetes Eisen bei.

8) Diod. l. l.: ταῦτα συναγοράζοντες οἱ ἔμποροι καὶ μεταβαλλόμενοι κομίζουσιν εἴς τε Δικαιάρχειαν καὶ εἰς τὰ ἄλλα ἐμπόρια.

9) Liv. l. l.: *Arretini MMM scutorum, galeas totidem, pila gaesa hastas longas, millium quinquaginta summam pari cujusque generis numero expleturos, securis rutra falces alveolos molas,*

§ 20. MITTELITALIEN.

Arretium war überhaupt zu jener Zeit eine der reichsten und blühendsten Städte Etruriens; und wenn es auch in der Folgezeit an Bedeutung verlor, so hatte es doch in einem Industriezweige noch in der Kaiserzeit seinen Ruf bewahrt, in der Anfertigung von Thongefässen[1]; ja diese Fabrication scheint sogar in den letzten Jahrhunderten der Republik[2] und in den ersten drei Jahrhunderten unserer Zeitrechnung ganz besonders dort geblüht zu haben. Die Umgebung der Stadt lieferte einen vortrefflichen rothen Thon[3], aus dem alle Arten Thongefässe, hauptsächlich Tafelgeschirr, gefertigt wurden. Nach Rom kam vermuthlich nur gewöhnliche Waare für den Gebrauch des gemeinen Mannes[4]; doch spricht die öftere Erwähnung des arretinischen Geschirrs für die Güte und Brauchbarkeit selbst dieser geringeren Sorte[5].

Die Leinweberei[6] wurde hauptsächlich betrieben in Tarquinii, welches dem Scipio Segeltuch lieferte[7], und in Falerii, wo feine Leinwand zu Kleidern gewebt wurde[8]. In der Nähe der Grenze gegen Latium, am Tiber, wurde Garn zu Netzen gesponnen[9]. Ob die einmal erwähnten *cuculli* aus Perusia[10] hierher zu rechnen sind, wage ich nicht zu entscheiden; es waren vermuthlich Wollenstoffe.

---

quantum in XL longas naves opus esset. — In späterer Zeit war in Luca eine kaiserliche Waffenfabrik, Not. dign. Occ. c. VIII p. 43; daselbst sind noch heute Waffenfabriken, vgl. Boecking ib. p. 315. — Auf Erzarbeit in Caere scheint zu deuten Steph. Byz. v. Ἄγυλλα · Ῥιανὸς δὲ Ἀγύλλιον εἶπε χαλκόν. (Agylla ist das spätere Caere.)

1) Plin. XXXV, 160: *retinet hanc nobilitatem (vasorum) et Arretium in Italia.*

2) »Dass unter den noch erhaltenen arretinischen Gefässen ein Theil dem sechsten Jahrhundert der Stadt angehört, beweisen die in den Inschriften vorkommenden Buchstabenformen (vgl. Gaimarrini, Le iscr. degli ant. vasi Aretini).« Marquardt II, 253 Anm. 2337.

3) Isid. Orig. XX, 4, 5: *Arretina vasa ex Arretio municipio Italiae dicuntur, ubi fiunt. Sunt enim rubra. De quibus Sedulius : Rubra quod appositum testa ministrat olus.* Vgl. Müller I, 246. II, 244, wo angegeben ist, dass dieser Thon noch heut dort gegraben wird; s. Abeken a. a. O. S. 304. — Auch Ziegelbrennereien befanden sich in Arretium, Vitr. II, 8; Plin XXXV, 173, wo eine Mauer aus Backsteinen erwähnt wird.

4) Mart. I, 53, 6: *sic Arretinae violant crystallina testae.* (Vgl. über d. St. Müller II, 243 Anm. 7.) XIV, 98: *Arretina nimis ne spernas vasa monemus,*
     lautus erat Tuscis Porsena fictilibus.
Vgl. Pers. I, 130 m. d. Schol.

5) Auch nach weiterhin wurden die arretinischen Gefässe exportirt; man hat solche in Velleja gefunden. Vgl. Cavedoni, Bull. d. Inst. 1837 p. 15. Um Arretium selbst sind die Funde derartiger rother, oft mit Reliefs versehener Gefässe sehr häufig; s. Abeken S. 304. Marquardt a. a. O. Anm. 2339. Lampen von arretinischer Fabrik erwähnt Passeri, Luc. fict. p. XV.   6) S. Müller I, 236.

7) Liv. l. l.: *Tarquinienses lintea in vela.*

8) Sil. Ital. IV, 223: *indutosque simul gentilia lina Faliscos.*
Grat. Cyn. 40: *at contra nostris imbellia lina Faliscis*
    Hispanique alio spectantur Saetabes usu.
Bei Ov. Amor. III, 13, 27 gehen die faliscischen Jungfrauen *more patrum Grajo velatae vestibus albae.*

9) Grat. l. l. v. 36: *aprico Tuscorum stupea campo*
    messis, contiguum sorbens de flumine rorem
    qua cultor Latii per opaca silentia Tibris
    labitur inque sinus magno venit ore marino.

10) Schol. Juv. III, 170: *aut crasso habitu aut quales cucullos habent Perusini.*

110   III. EUROPA.

Der Fischfang bildete an den Meeresküsten und See'n Etruriens einen Hauptnahrungszweig. Warten, um den Zug der Thunfische zu erspähen, fanden sich bei Populonia[1] und Cossa[2]; auch Pyrgi lieferte Fische in's Ausland[3], und bei Graviscae fand man zur Zeit des Plinius Korallen[4].

In früherer Zeit, als die Etrusker noch mehr sich mit der Seefahrt beschäftigten, waren auch an vielen Orten Schiffswerfte; so in Populonia und Pisae[5]; später lieferten die etruscischen Wälder das meiste Bauholz nach Rom[6].

Endlich möge noch eines bei den Alten sehr beliebten etruscischen Productes gedacht werden: der Magenwürste aus Falerii, welche sehr berühmt waren[7]. Auch die Schinken aus Caere waren von besonderer Güte[8], wie überhaupt die Schweinezucht der Etrusker sehr ansehnlich war[9].

§ 21.
Mittelitalien (Fortsetzung).

Rom und Latium. Wer die Geschichte des römischen Volkes kennt, wem aus der Entwicklung dieses Staates von einer kleinen Ansiedlung zum mächtigsten Weltreich, das die Geschichte aufzuweisen hat, der Charakter des Volkes, das der Träger so grosser Ereignisse war, klar geworden ist, für den wird es nicht unverständlich sein, dass eben dieses Volk in industrieller Beziehung eine gegen andere Nationen sehr untergeordnete Stellung einnimmt. Als das kleine Reich in den ersten Kämpfen seine Stellung gegen die Nachbarstaaten gewahrt und sich Anerkennung errungen hatte, war der Ackerbau wohl der wichtigste und verbreiteteste Beruf, dem der Bürger sich hingab, wenn Frieden herrschte; und die Hand, die eben tapfer das Schwert geschwungen hatte, kehrte freudig zur Pflugschaar zurück. Bedürfnisse kannten die im einfachen Land- oder im rauhen Kriegsleben aufgewachsenen Männer nur wenig; das nothwendigste, was sie zum Leben brauchten, wurde von der sorgsamen Hausfrau und ihren Mägden geliefert, die ihr Brot selber buken, die Wolle zu den Kleidern selbst spannen. — Die acht Handwerkerzünfte, deren Einrichtung von der Sage dem Könige Numa zugeschrieben wird: die Flötenbläser, Goldschmiede, Kupferschmiede, Zimmerleute, Walker, Färber, Töpfer und Schuster[10] mögen zwar so alt, wie die Stadt selbst, werden aber lange Zeit hindurch die einzigen gewesen sein. Was man sonst noch brauchte, lieferten die italischen Landschaften, und, wenn es besondere Kunst erforderte, Etrurien, später Griechenland; und diese vollendeteren Erzeugnisse ausländischer Industrie hemmten das Gedeihen der einheimischen Fabrication. Aber eine Fortentwicklung des Handwerks, ein Streben nach Ver-

---

1) Str. V, 223.   2) Str. ib. 225.   3) Ath. VI, 224 C.
4) Plin. XXXII, 31.   5) Str. V, 223.   6) Str. l. l. Müller I, 237.
7) Varr. L. L. IV, 21 (V, 111 Müller). Mart. IV, 46, 8. Stat. Silv. IV, 9, 35.
8) *perna Caeretana*, Mart. XIII, 54. Doch scheint die Lesart Cerretana besser zu sein.
9) Polyb. XII, 4, 8   Müller a. a. O. 239.   10) Plut. Num. 17.

vollkommnung der Technik, wie wir es in Griechenland und in noch höherem Masse im Orient finden, lag auch gar nicht in der Absicht der Römer. Die Sucht, den römischen Staat zur Weltmacht zu erheben, und das dem altrömischen Charakter so tief eingeprägte Bewusstsein der Staatsangehörigkeit hatten zur Folge, dass jeder Bürger mit allen seinen Kräften zunächst dem Staate, dann erst den Mitbürgern oder sich selbst diente; und dass dabei die Handwerke, sobald sie nur für das Allernöthigste zu sorgen im Stande waren, weiter keine Berücksichtigung fanden, war eine natürliche Consequenz.

Als dann die mit Glück geführten Kriege die Zahl der Sclaven vermehrten, als man diese nicht mehr bloss zur Bestellung der Felder und überhaupt in der Landwirthschaft, sondern auch in Walkmühlen und anderen Werkstätten verwenden konnte, da sank das Handwerk, das anfänglich geachtet gewesen war, in den Augen des stolzen Römers zu einer eines Quiriten unwürdigen Beschäftigung herab. Nur die Landwirthschaft konnte ein freier römischer Bürger treiben, ohne sich in der Meinung seiner Mitbürger zu schaden; Handel und Handwerk galten für unanständig und blieben den Sclaven, Freigelassenen und den Fremden überlassen [1]. Dabei konnte natürlich von keiner gedeihlichen Entwicklung der Industrie die Rede sein; und wenn auch einige unentbehrliche Handwerke eine grössere Bedeutung erlangten, so erstreckte sich dieselbe doch nicht über die zunächst umliegenden Landschaften hinaus.

Mit der zunehmenden Macht und Grösse des Reichs stiegen auch die Bedürfnisse und der Luxus: aber einen vortheilhaften Einfluss auf die Gewerbthätigkeit hatte das nicht. Die mächtige Hauptstadt brauchte dafür nicht mehr zu sorgen, da ihr die fernsten Länder wie die Producte ihres Bodens, so die Erzeugnisse ihres Gewerbfleisses zu Füssen legten. Der vornehme Römer war Staatsmann, Soldat, Gutsbesitzer; der reiche Emporkömmling trieb einträgliche Geldgeschäfte oder bezog von Fabriken und Ländereien bedeutende Revenuen, — aber das, was das lebenskräftigste, gesündeste Element in einem Staate bildet, der Bürger- und Handwerkerstand fehlte fast gänzlich; kein Mittelglied verband die Kluft zwischen jener Geburts- oder Geldaristokratie und dem nach Brot und Spielen schreienden, zum tüchtigen Arbeiten aber zu faulen Pöbel, der es vorzog, als Client von den Almosen der Vornehmen oder den Geldern der Wahlcandidaten und anderer durch Spenden um die Volksgunst buhlenden Grossen zu leben. Dieser Zustand konnte unter den Kaisern nur schlimmer, nicht besser werden; immer ausgedehnter wurde die Zufuhr fremder Producte und Industrieerzeugnisse[2], immer mehr schwand die einheimische Industrie[3].

---

1) Vgl. über die Stellung der Arbeiter und Handwerker in Rom Drumann, Arb. und Comm. S. 155 ff.

2) Ein anschauliches Bild dieser grossartigen Zufuhr ausländischer Waaren giebt Aristid. Or. XIV Vol. I p. 326 (Dind.): ὅσα γὰρ παρ' ἑκάστοις φύεται καὶ κατασκευάζεται, οὐκ ἔστιν ὡς οὐκ ἐνταῦθα ἀεὶ καὶ περιττεύει. τοσαῦται δ' ἀφικοῦνται δεῦρο κομίζουσαι παρὰ πάντων ὁλκάδες ἀνὰ πᾶσαν μὲν ὥραν, πᾶσαν δὲ φθινοπώρου περιτροπήν, ὥστ' ἐοικέναι τὴν πόλιν κοινῷ τινι τῆς γῆς ἐργαστηρίῳ.

3) Über Handel und Fabrication in Rom vgl. Marquardt, Röm. Privatalt. II, S. 1—22

III. EUROPA.

Wir betrachten von den in Rom betriebenen Gewerben nur diejenigen, welche entweder zu irgend einer Zeit wirklich eine grössere Bedeutung für die Stadt oder die Landschaft erlangt haben, — eigentliche Ausfuhrartikel hat Rom zu keiner Zeit geliefert, — oder die sonst wegen irgend eines Umstandes unser Interesse verdienen[1].

Zu den letzteren gehört das **Bäckerhandwerk**, das um das Jahr 171 v. Chr. entstand, da bis dahin das Brotbacken im Hause selbst betrieben worden war. Obgleich dies Gewerbe hauptsächlich von Freigelassenen betrieben wurde und nicht für anständig galt, gewann es doch Wichtigkeit für die Bürgerschaft durch die *cura annonae*, und schon unter Augustus finden wir Bäckercollegien in Inschriften, und diese vermehrten sich in der spätern Kaiserzeit bedeutend; im Jahre 312 n. Chr. gab es in Rom nicht weniger als 254 Bäckereien[2].

Schon unter den acht Collegien des Numa finden wir **Walker** und **Färber** aufgezählt; und welche bedeutende Stelle namentlich die ersteren unter den römischen Handwerken einnahmen, zeigt schon die wichtige Rolle, welche der *fullo* in der römischen Komödie spielt, wie denn auch die Einträglichkeit der Walkergruben von Cato bezeugt wird[3]. Martial schildert, wie ein nach 15 Jahren nach Rom Zurückkehrender von allen Seiten mit Freundschaftsküssen empfangen wird, und besonders Gevatter Weber, Walker und Schuster ihn umdrängen[4]. Dass die **Tuchfabrication** in Rom nicht unbedeutend war, zeigt auch der Rath, den Cato den Landleuten giebt, sich ihre Kleidungsstücke in Rom einzukaufen[5], was für die spätere Zeit insofern auch noch Geltung haben mochte, als dergleichen ja gewöhnlich von den Landbewohnern in der Hauptstadt gekauft werden, nur dass später neben dem einheimischen auch sehr viel ausländisches Fabricat, zumal aus Gallia cisalpina, in den Handel kam[6].

Auch die Zunft der **Töpfer** befand sich unter den von Numa gestifteten

---

dem ich die Grundzüge der obigen Darstellung entnehme. Über den Handelsverkehr in der Kaiserzeit s. Friedländer, Bild. a. d. Sittengesch. I, 15 fg.

1) Ich erwähne hier, dass in Rom in noch bedeutenderem Masse, als wir es in Athen gefunden haben, das Zusammenwohnen von Handwerkern, welche das gleiche Gewerbe betrieben, stattgefunden zu haben scheint, da eine Anzahl Strassen nach den Gewerbetreibenden den Namen führten; so ausser den unten noch anzuführenden die Strassen der **Kornhändler** (*vicus frumentarius*), **Riemenschneider** (*v. lorarius*, vgl. Mommsen im Bull. dell' Inst. 1862 p. 52), **Holzhändler** (*v. materiarius, inter lignarios*, Liv. XXXV, 41), **Salbenhändler** (*v. unguentarius*), **Sandalenmacher** (*v. sandaliarius*, vgl. Gell. XVIII, 4. Orelli 18). Dass letztere nicht von der Statue des Apollo sandaliarius, sondern diese eben von den sandaliarii den Namen bekommen hat, ist sehr wahrscheinlich. S. Jordan, *De vicis urbis Romae* in den Nuove Mem. dell' Inst. 1865 p. 230 sqq. Marquardt S. 21.

2) Vgl. über die Bäcker in Rom Marquardt S. 25 ff., wo sich auch die Belege zu obigem und ausführlichere Mittheilungen finden.

3) Plut. Cat. 21. Vgl. Mommsen, Röm. Geschichte I, 856 (4. Aufl.) und über die *fullones* überhaupt Marquardt S. 137 ff.

4) Mart. XII, 59, 6:   *hinc instat tibi textor, inde fullo,*
                  hinc sutor modo pelle basiata.

5) Cat. R. R. 135.

6) Die *braccarii* und *linteones* wurden von Alexander Severus mit einer Steuer belegt, Lampr. Al. Sev. 24.

Zünften, und ihre Fabricate hatten zu einer Zeit einen gewissen Ruf; wenigstens empfiehlt Cato die Fässer [1]; doch bezog man die feinere Waare wohl in der Regel von auswärts, wie denn auch Plinius das fremde Thongeschirr dem römischen vorzieht [2]. Töpfereien waren auf dem Vatican [3] und in der Stadt [4]; Lampen mit Stempeln aus römischen Fabriken haben sich noch erhalten [5]. Auch viel Ziegeleien befanden sich in der Umgebung der Stadt [6].

Wichtiger waren die Arbeiten in Metall, welche Rom lieferte. Das Collegium der Goldschmiede [7] bestand seit den ältesten Zeiten und erhielt sich bis in die Kaiserzeit hinein [8], wie auch die Silberarbeiter [9] in Zünfte getheilt waren [10].

Die zahlreichen Namen, die uns für die einzelnen Beschäftigungen dieser Metallarbeiter überliefert sind [11], lassen uns darauf schliessen, dass diese Industrie fabrikmässig in grossem Massstabe betrieben wurde, und es ist wohl anzunehmen, dass diese Fabricate, die schon in das Gebiet der Kunstindustrie zu rechnen sind, auch in die Provinzen gingen, wie denn in der Regel in solchen Dingen der Geschmack der Hauptstadt massgebend für das übrige Land ist.

Dass römische Bronzearbeiten nach auswärts gingen, zeigen die Funde solcher Gegenstände nicht nur in Italien selbst, wie z. B. in Pompeji [12], sondern in den entlegensten Gegenden des Nordens [13]. Das Collegium der Kupferschmiede, *fabri aerarii* [14], gehört ebenfalls zu jenen acht ältesten; sie führen je nach den Gegenständen, die sie hauptsächlich arbeiten, wieder besondere Namen, wie z. B. *candelabrarii* [15], *cassidarii* [16] u. a.

Jüngeren Datums ist jedenfalls das Gewerbe der Eisenarbeiter [17] in Rom, da die *ferrarii* unter den Zünften des Numa nicht genannt sind [18]; vermuthlich bezog man in den ältesten Zeiten das Eisen gleich verarbeitet aus Etrurien. Später aber gelangte auch dies Gewerbe in Rom zu keiner unbedeutenden Stellung [19], sodass Cato, der für eherne Waaren Capua empfiehlt, eisernes Ackergeräth in Rom zu kaufen räth [20]. Auch von den Eisenarbeitern beschränkten sich wiederum

---

1) Cat. l. l. *Romae dolia, labra.*   2) Plin. XXXV, 160.
3) Juv. VI, 344: *Vaticano fragiles de monte patellas.* Mart. I, 18, 2: *in Vaticanis condita musta cadis.*   4) Fest. v. *salinum* p. 344 B: *figulus in Esquilina regione.*
5) Passeri, Luc. fict. III, 7. Muratori 503, 18. Vgl. Marquardt S. 252 Anm. 2329.
6) Vgl. Marquardt a. a. O. Anm. 2330.   7) Ebd. S. 290 ff.
8) *Collegia aurificum* bei Gruter p. 258, 7. 638, 9. Donati p. 225, 2. *Aurarii* in Rom bei Orelli 3096. 4148. 4149. 4156.   9) Marquardt S. 286 ff.
10) *corpus argentariorum* bei Orelli 913. 1885 (vgl. 4146. Henzen 7281). *collegium vasculariorum*, Orelli 4358 (vgl. 4147. Henzen 7217 u. s.). Auch die Gold- und Silberarbeiter wurden von Alexander Severus besteuert, Lamprid. l. l.
11) Eine Zusammenstellung derselben giebt Marquardt a. a. O.
12) Overbeck, Pompeji, 2. Aufl. II, 53.
13) Wiberg, Üb. d. Einfl. d. class. Völk. a. d. Norden S. 73. 96—130. Marquardt S. 304 fg.   14) Vgl. Orelli 4140.   15) Orelli 4157.   16) Ebd. 4160.
17) Vgl. Marquardt S. 305 fg.   18) Vgl. Mommsen, Röm. Gesch. I, 196.
19) Ein *collegium ferrariorum* in Rom bei Orelli 4066. Vgl. 4188.
20) Cat. R. R. 135: *aratra in terram calidam Romanica bona erunt .... juga Romanica optima erunt.*

viele nur auf eine specielle Branche, so z. B. die Schlosser, *claustrarii*[1], die Messerschmiede, *cultrarii*[2], die Sichelmacher, *falcarii*, nach denen eine eigene Strasse benannt wurde[3], und die Schwertfeger, *gladiarii*[4].

Um welche Zeit die Fabrication des Glases von Alexandria nach Rom eingeführt wurde, lässt sich nicht sicher feststellen; da aber bereits zu Strabo's Zeit die schönsten und kostbarsten Sachen in den römischen Glashütten fabricirt wurden[5], so scheint diese Technik schon gegen Ende der Republik in Rom Eingang gefunden zu haben. Unter Tiberius und Nero wurde sie durch einige Erfindungen, deren Glaubwürdigkeit freilich etwas zweifelhaft ist, vervollkommnet[6], und von da ab wurde die Fabrication des Glases immer verbreiteter, die Anwendung gläserner Gefässe immer gewöhnlicher, was auch durch die grosse Zahl der auf uns gekommenen Glasgefässe bezeugt wird[7]. Einen nicht unbedeutenden Erwerbszweig gewährte auch die Anfertigung des gefärbten Glases[8], aus dem man die imitirten Gemmen herstellte, deren sich in den Museen viele finden.

Hierher gehören wahrscheinlich auch die in Inschriften[9] und sonst[10] häufig erwähnten *specularii* oder *speculararii* (σπεκλοποιοί)[11], die man früher als Verfertiger von Metallspiegeln aufzufassen pflegte. Besser wird man dies Wort auf die Glasfenster, *specularia*, zurückführen, die nach den neueren Untersuchungen[12] viel eher in Italien üblich wurden, als man früher vermuthet hatte.

Ein sehr reges gewerbliches Leben muss in der Hafenstadt Roms, in Ostia geherrscht haben, vornehmlich natürlich in den Gewerben, welche für den Bedarf des Hafens arbeiteten. Einen grossen Theil der Einwohnerschaft machten die Schiffer aus[13]; sehr bedeutend war, den Inschriften nach zu urtheilen, die Menge der Zimmerleute[14]; die Schiffszimmerleute bildeten, wie in den meisten Hafenstädten, ein eigenes Collegium[15]. Dass daneben aber auch andere Gewerbe blühten, beweist z. B. das Vorkommen einer Silberarbeiterzunft[16].

---

1) Lamprid. Heliog. 12. Alex. Sev. 24. Cato l. l. empfiehlt *clostra Romae*.
2) Orelli 4175. 3) Cic. in Cat. I, 4, 8. pro Sull. 18, 52. 4) Orelli 4197.
5) Strab. XVI, 758: καὶ ἐν Ῥώμῃ δὲ πολλὰ παρευρίσκεσθαί φασι καὶ πρὸς τὰς χρόας καὶ πρὸς τὴν ῥᾳστώνην τῆς κατασκευῆς, καθάπερ ἐπὶ τῶν κρυσταλλοφανῶν. Eine Strasse hiess danach der *vicus vitrarius*, vgl. Jordan a. a. O. p. 231.
6) Plin. XXXVI, 195. Dio Cass. LVII, 21. Vgl. Krause, Angeiologie S. 42 f. Alexander Severus besteuerte auch die *vitriarii*, Lamprid. l. l.
7) Vgl. Marquardt S. 336 ff.
8) Plin. l. l. 198. XXXVII, 83 u. 98. Isid. Orig. XVI, 15, 27. Marquardt S. 338 Anm. 3078. 9) Orelli 4284. Henzen 6296. 6351—53.
10) Digest. L. VI, 6. Cod. Theod. XIII, 4, 2 p. 57.
11) Ein *collegium speculariorum* bei Muratori p. 529.
12) Vgl. Mazois II, p. 52. 93. Gell, Pompej. I p. 96. Overbeck, Pompeji I, 332. Vgl. Marquardt S. 282 und 342.
13) Orelli 1300*). 3178. 4054. 4104. 4109. Henzen 6029. 7205.
14) *Fabri tignarii*, Orelli 820. 3217. 4087. Henzen 6520. 7200. *colleg. dendroph.* Orelli 4109. Henzen 4194. 7197.
15) *corpus fabrum navalium*, Orelli 3140. Henzen 7106.
16) Orelli 4109.

§ 22. MITTELITALIEN. 115

Von anderen Orten Latiums erfahren wir nur wenig hinsichtlich ihrer gewerblichen Thätigkeit. Tibur lieferte Thongefässe[1]; und dass auch in dem wegen seines vielversandten Weines berühmten Setia Töpferei getrieben wurde, versteht sich von selbst[2]. Aquinum lieferte Purpur, der Unerfahrnen oft als tyrischer verkauft wurde[3]; und das durch seine Blumenzucht bekannte Praeneste[4] bereitete vortreffliche Salben[5].

Endlich nennt der ältere Cato noch einige Städtchen, die zu seiner Zeit verschiedene Gegenstände in besonderer Güte fabricirten; er empfiehlt: Körbe zu kaufen in Casinum und Suessa, Wagen in Suessa, allerhand eiserne Werkzeuge, wie Sicheln, Karste, Beile u. s. w. in Minturnae[6].

§ 22.
Mittelitalien (Schluss).

Campanien war ein von der Natur überaus günstig bedachtes und mit allen Gaben der Ceres und des Bacchus reich gesegnetes Land. Wie meistens in Gegenden, wo vieler und guter Wein gedeiht, welcher exportirt wird, so wurde auch in den Städten Campaniens die Töpferei eifrig betrieben[7]; die Fässer, in welchen der Wein in's Ausland ging, wurden an Ort und Stelle verfertigt[8]. Doch auch anderes Thongeschirr wurde in grosser Menge fabricirt, im allgemeinen billige, werthlose Waare, die deshalb, namentlich bei den weniger Bemittelten, sehr beliebt war[9]. Auch ist, obgleich Nachrichten darüber fehlen, doch nicht mehr zu bezweifeln, dass auch in Campanien die Anfertigung bemalter Vasen nach Art der griechischen üblich war, angeregt und unterstützt durch griechische Poesie und Kunst, aufrecht erhalten durch den Verkehr, den besonders Städte wie Capua und Nola beständig mit den Hellenen der Küste unterhielten[10]. Die

---

1) Senec. Ep. 119 (XX, 2), 3: *utrum sit aureum poculum an crystallinum an murreum an Tiburtinus calix an manus concava.* Wie bekannt, wuchs in Tibur ein guter Wein, Ath. I, 26 E. Auch das dort bereitete Öl wird gerühmt, Hor. Sat. II, 4, 70. Plin. XV, 70.

2) Vgl. Mart. XIII, 112.

3) Hor. Ep. I, 10, 26: *Non, qui Sidonio contendere callidus ostro
nescit Aquinatem potantia vellera fuco
certius accipiet damnum.*
Acro ad h. l.: *Aquinates purpurae similes sunt Tyriis; multum ergo imperiti falluntur.*

4) Mart. IX, 60, 3. Plin. XXI, 16. 20.   5) Plin. XIII, 5.

6) Cat. R. R. 135. Was die ebend. erwähnten *treblae* von Alba bedeuten, weiss ich nicht. (*tribulae? tryblia?*)

7) Vielleicht war dabei von Einfluss, dass auch in späterer Zeit noch ein grosser Theil der Bevölkerung tuscisch war, sicherlich zumal die Handwerkerzünfte (Müller, Etrusker I, 178), und bei den Etruskern ja die Töpferei seit alter Zeit heimisch war. Vgl. Müller, Etrusker II, 245.

8) Mart. I, 18, 6: *dare Campano toxica saeva cado;* vgl. Juv. IX, 56 sqq.

9) Hor. Sat. I, 6, 117:   *adstat echinus
vilis, cum patera guttus, Campana supellex.*
Ib. II, 3, 143:   *qui Vejentanum festis potare diebus
Campana solitus trulla.*

10) Vgl. Jahn, Vasensamml. d. Kön. Ludw. Einl. S. CCXXVIII über die in Unteritalien gefundenen Vasen; Müller a. a. O.

8*

Zeit dieser Kunstübung lässt sich nicht sicher bestimmen; im wesentlichen wird dieselbe nach Alexander d. Gr. fallen [1].

Demnächst wurde die **Erzarbeit** in Campanien mit gutem Erfolge betrieben; die Art und Weise der Mischung, welche daselbst üblich war, gab namentlich ein sich trefflich zu Gefässen und Geräthschaften eignendes Erz [2]. Auch die **Eisenarbeiten** werden gelobt [3].

Die Fülle der **Blumen**, welche manche Gegenden Campaniens zu einem wahren Garten machten [4], führte die an sich schon zum Luxus hinneigenden Campaner auch zur **Salbenfabrication**, welche so stark betrieben wurde, dass man zu sagen pflegte, in Campanien würden mehr Salben als bei andern Öl fabricirt [5].

Vereinzelt ist die Erwähnung **gestickter Decken aus Campanien**[6]; dass die **Purpurfärberei** an den Küsten, an welchen Purpur gewonnen wurde, ausgeübt wurde, ist zu vermuthen [7].

Unter den Küstenstädten Campaniens ist **Cumae** in Rücksicht auf den Gewerbfleiss weitaus die wichtigste. Es blühten daselbst namentlich zwei Gewerbe: die **Weberei** und die **Töpferei**. Was zunächst die Weberei anlangt, so wurde der in jener Gegend angebaute Flachs hauptsächlich zu **Netzen** verarbeitet, welche für Fischfang und Jagd benutzt wurden [8] und wegen ihrer eisenähnlichen Festigkeit berühmt waren [9]. Noch bekannter aber war Cumae wegen der dort verfertigten **Töpferwaaren**. Es waren freilich keine besonders feinen Gefässe, die in den cumanischen Werkstätten fabricirt wurden, vielmehr ganz gewöhnliches Küchengeschirr; aber gerade dies wurde in besonderer Güte angefertigt, und namentlich waren die Schüsseln von Cumae berühmt [10], die

---

1) Jahn S. CCXXXII.
2) Plin. XXXIV, 95: *in reliquis generibus palma Campano (aeri) perhibetur, utensilibus, vasis probatissima.* Vgl. XVI, 225. Isid. Orig. XVI, 19. Acro ad Hor. Sat. I, 6. 118: *in Campania dicebantur aeneae res optime fabricari.*
3) Cat. R. R. 135: *aratra .... in terram pullam Campanica (bona erunt).*
4) Plin. XIII, 26. Mart. IX, 60, 4.
5) Plin. XVIII, 111: *vulgo dictum, plus apud Campanos unguenti, quam apud ceteros olei fieri.* Vgl. XXI, 16 sqq.
6) Plaut. Pseud. 145: *peristromata picta Campanica.*
7) Vgl. Coripp. laud. Just. min. II, 105:
   Cruraque puniceis induxit regia vinclis,
   Parthica Campano dederant quae tergora fuco.
8) Plin. XIX, 10: *est sua gloria et Cumano (lino) in Campania ad piscium et alitum capturas; eadem et plagis materia.* Hor. Ep. I, 18, 46: *Aeoliis onerata plagis jumenta.* Es ist die von Meineke angenommene bessere Lesart für *Aetolicis,* das man auf die Jagd des Meleager zu beziehen pflegte; vgl. Grat. Cyn. 35: *bonus Aeolia de valle Sibylla foetus.*
9) Plin. l. l. 11.
10) Plin. XXXV, 164: *nobilitantur his* (sc. patinis) *quoque oppida, ut Rhegium et Cumae.* Mart. XIV, 114: *Patella Cumana.*
   Hanc tibi Cumanae rubicundam pulvere testae
   municipem misit casta Sibylla suam.
Sie waren also von rothem Thon

§ 22. MITTELITALIEN.

in der Küche[1], wie beim Mahle selbst[2] Verwendung fanden. Doch wurden auch Becher daselbst fabricirt[3]. Auf den in der Nähe gelegenen **Pithecusischen Inseln** befanden sich ebenfalls Töpfereien, aus denen Fässer hervorgingen[4]. — Ausserdem beschäftigten sich die Einwohner von Cumae und der nächsten Küste viel mit **Thunfischerei**[5].

Zwischen **Cumae** und **Liternum**, an den Ufern des **Volturnus**, wurde ein sich vortrefflich zur **Glasfabrication** eignender Sand gefunden; Plinius, der uns davon berichtet, beschreibt auch die Art der Bereitung des Glases[6], fügt aber nicht hinzu, wo dieselbe geschah. Höchst wahrscheinlich wurde das Glas eben in jener Gegend selbst fabricirt.

Purpurfischereien waren in **Puteoli**[7], dem früheren **Dicaearchia**, dem bedeutendsten Hafenplatze Italiens, an welchem sich fast der gesammte alexandrinische und hispanische Handel concentrirte[8]. Doch ist die Stadt, die wegen ihres Welthandels den Namen Klein-Delos erhalten hatte, durch Industrie nur wenig bekannt; nur die **Eisenarbeit** scheint stark betrieben worden zu sein. Die Kaufleute nämlich, welche das in Populonia gewonnene Roheisen der Bergwerke von Elba erstanden hatten, brachten es zu Schiff nach Puteoli und andern Handelsplätzen an der Küste Italiens. Da wurde dasselbe von Engros-Händlern gekauft, die eine Menge Schmiede beschäftigten und von diesen allerhand Eisenfabricate, namentlich Werkzeuge, anfertigen liessen, mit denen dann die Unternehmer einen bedeutenden Handel nach dem Auslande trieben[9].

In **Neapolis** war die **Salbenfabrication** berühmt[10]. **Pompeji**, dessen aufgedeckte Ruinen uns noch ein sehr reges Leben in den verschiedensten Zwei-

---

1) Apic. IV, 2 p. 24 (Bernh.). V, 4. VI, 9. VII, 11. Vgl. Marquardt S. 254 Anm. 2350.
2) Tib. II, 3, 48:   *At tibi laeta trahant Samiae convivia testae*
                    fictaque Cumana lubrica terra rota.
Stat. Silv. IV, 9, 42 sqq.:   *Ollares, rogo, non licebat uras,*
                              Cumano patinas in orbe tortas,
                              Aut unam dare synthesin — quid horres? —
                              Alborum alicum atque caccaborum?
3) *Cumani calices* erwähnt von Varro bei Non. p. 545, 4.
4) Plin. III, 82: *Pithecusa non a simiarum multitudine .... sed a figulinis doliorum.*
5) Str. V, 243: εἰσὶ δὲ καὶ κητεῖαι παρ' αὐτοῖς ἄριστα.
6) Plin. XXXVI, 194.
7) Plin. XXXV, 45 : *Puteolanum (purpurissum) potius laudatur quam Tyrium.* Die Stelle bei Hor. Sat. II, 4, 32 *murice Bajano* bezieht sich auf die essbaren Stachelschnecken und ist nur irrthümlich auf Purpurschnecken bezogen worden (vgl. Marquardt S. 124 Anm. 1213).
8) Vgl. Hüllmann S. 120 fg. 262 ff. Friedländer, Bild. a. d. Sittengesch. II, 75 ff.
9) Diod. Sic. V, 13: ταῦτα συναγοράζοντες ἔμποροι καὶ μεταβαλλόμενοι κομίζουσιν εἰς τε Δικαιάρχειαν καὶ εἰς τὰ ἄλλα ἐμπόρια. ταῦτα δὲ τὰ φορτία τινὲς ὠνούμενοι καὶ τεχνιτῶν χαλκέων πλῆθος ἀθροίζοντες κατεργάζονται καὶ ποιοῦσι σιδήρου πλάσματα παντοδαπά. τούτων δὲ τὰ μὲν εἰς ὀρνέων τύπους χαλκεύουσι, τὰ δὲ πρὸς δικέλλων καὶ δρεπάνων καὶ τῶν ἄλλων ἐργαλείων εὐθέτους τύπους φιλοτεχνοῦσιν· ὧν κομιζομένων ὑπὸ τῶν ἐμπόρων εἰς πάντα τόπον, πολλὰ μέρη τῆς οἰκουμένης μεταλαμβάνει τῆς ἐκ τούτων εὐχρηστίας. — (Ein *negotiator ferrariorum* aus Puteoli bei Henzen 7261 a.)
10) Plin. XIII, 5. Ein *unguentarius* in Neapolis bei Orelli 4301. (Mommsen, Inscr. Neap. 2893.)

gen des Gewerbfleisses erkennen lassen, war berühmt wegen des daselbst bereiteten Garum [1]. Cato empfiehlt, Ölpressen in Pompeji zu kaufen [2].

In Surrentum, wo ein trefflicher Wein gedieh [3], wurden auch ausgezeichnete Gefässe fabricirt, unter denen die Trinkgefässe den meisten Ruf hatten und zu den feineren Sorten der Tafelgeschirre gehörten [4].

Auch in Capua muss die Töpferei geblüht haben, obgleich bestimmte Nachrichten darüber fehlen; man hat aber daselbst schönes rothes Thongeschirr gefunden [5]. Berühmter war die Stadt wegen ihrer Erzarbeiten, namentlich wegen der ehernen Gefässe (Eimer, Krüge für Öl, Wasser, Wein) [6]. Auch die Salbenfabrication blühte in der durch ihre Üppigkeit hinlänglich bekannten Stadt [7], deren Gewerbfleiss übrigens nie eine sehr hohe Stufe erreicht haben mag [8].

Die durch ganz Campanien verbreitete Töpferei scheint auch in Cales, einem auch sonst durch Gewerbfleiss sich auszeichnenden Städtchen, betrieben worden zu sein; nicht nur hat man dort Funde von Vasen gemacht [9], sondern auch in einem Grabe von Tarquinii schwarze Thongefässe calenischer Fabrik gefunden [10], was also darauf schliessen lässt, dass nicht bloss für das Bedürfniss der Einwohner, sondern auch für den Export gearbeitet wurde. — Zur Zeit des alten Cato lieferte Cales auch gute Eisenfabricate (landwirthschaftlicher Art); und

---

1) Plin. XXXI, 94. Man hat in Pompeji mehrere Flaschen gefunden mit der schwarz aufgeschriebenen Etiquette: *LIQAmen optimum*. Vgl. Bull. Napol. N. S. IV, 1855 p. 85.

2) Cat. R. R. l. l.

3) Hor. Sat. II, 4, 55. Plin. XIV, 22. 35. 64. Str. V, 243 u. s.

4) Plin. XXXV, 160. Mart. XIII, 110:
Surrentina bibis? nec murice picta, nec aurum
sume: dabunt calices haec tibi vina suos.
XIV, 110: *Calices Surrentini.*
Accipe non vili calices de pulvere natos,
sed Surrentinae leve toreuma rotae.
Der letztere Ausdruck scheint auf Relief-Verzierung der sonst glatten Gefässe hinzudeuten.

5) Vgl. Riccio, Notizie degli scav. dell suolo dell antica Capua. Napoli 1855. Marquardt S. 225 Anm. 2352.

6) Alte Erzgefässe capuanischer Fabrik wurden sehr geschätzt; Suet. Caes. 81: *cum in colonia Capua deducti lege Julia coloni ad extruendas villas sepulcra vetustissima disicerent idque eo studiosius facerent, quod aliquantum vasculorum antiqui operis scrutantes reperiebant.* Cato l. l. empfiehlt: *hamae, urnae oleariae, urcei aquarii, urnae vinariae, alia vasa ahenea Capuae*. Vgl. Porphr. z. Hor. Sat. I, 6, 18: *Capuae hodie aerea vasa studiosius fabricari dicuntur*. Plin. XXXIV, 95. — Andere Metallarbeit in Capua bezeugen die Inschriften; so Eisenarbeit ein *gladiarius*, Mommsen C. I. L. 1214. I. R. N. 3846. *cultrarius*, Orelli 4175. Goldarbeiter bei Mommsen I. R. N. 3784. 3811.

7) Plin. XIII, 5. Ath. XV, 688 E. *unguentarii* auf capuanischen Inschriften bei Mommsen I. R. N. 2897 (C. I. L. 1210. Vgl. Ritschl, Prisc. Lat. mon. epigr. tab. LXXVI A.) 3729. 3776. 3811.

8) Cato lobt die Arbeiten der Seiler, R. R. l. l.: *funis subductarias, spartum omne Capuae*.

9) Ein Fragment einer Patera von röthlichem Thon mit schwarzem Firniss und einer Reliefdarstellung, sowie andere Funde derart. Vgl. Ritschl, Prisc. Lat. epigr. suppl. II, 10. III, 19. IV, 17. Marquardt S. 255 Anm 2354.

10) Eines mit der Inschrift *L. Canoleios L. F. fecit Calenos*. S. Benndorf im Bull. d. Inst. 1866 p. 241 sqq.

zugleich empfiehlt derselbe die in Cales angefertigten **Kapuzen**[1], doch wird uns sonst davon nichts gemeldet, so wenig als näheres bekannt ist über die ebenfalls von Cato empfohlenen **Schlüssel** und **Körbe** aus **Nola**[2]. Dass an diesem Ort auch die **Vasenfabrication** geblüht hat, können wir vermuthen aus der sehr grossen Zahl der daselbst gefundenen Thongefässe, welche meist einen bestimmten Stil zeigen[3].

Umbrien, Picenum, Samnium. Nur vereinzelte, meist zusammenhanglose Notizen sind es, die wir über die gewerbliche Thätigkeit dieser Gegenden mitzutheilen haben. Unter den Berufszweigen, welche mit dem Landbau in Verbindung stehen, nahm die Bereitung des **Öls** in diesem ganzen Landstrich einen sehr wichtigen Platz ein; so in der umbrischen Stadt **Iguvium**[4], in **Picenum**[5], bei den **Sabinern**[6] und vor allem in dem seines Öles wegen weitberühmten **Venafrum** in **Samnium**[7].

Purpur wurde an den Küsten des adriatischen Meeres gewonnen, namentlich in **Ancona**; in Picenum befanden sich Purpurfärbereien[8]. Berühmte **Salzfische** aller Art lieferte **Benevent**[9].

Die **Schafzucht** wurde namentlich betrieben bei den **Umbrern**[10] und den **Sabinern**[11]; doch scheint die Wolle der dortigen Schafe keinen Ruf gehabt zu haben. Schönes weisses **Leinen** lieferten die **Peligner**[12].

Töpferwaaren verfertigte **Pisaurum**, und zwar, wie die Funde zeigen, hauptsächlich für die Umgebung[13]; Becher aus **Allifae** erwähnt Horaz, doch fehlt jeder nähere Aufschluss, da die Scholien nichts bieten, als was aus der Stelle selbst hervorgeht[14]. **Ziegeleien** waren zu Cato's Zeit in **Venafrum**[15].

Zimmerleute wohnten viel in den grösseren Seestädten, wo der **Schiffs-**

---

1) Cato l. l.: *Calibus .... cuculliones .... ferramenta, falces, palas, ligones, secures, ornamenta, murices, catellas.*
2) Cato l. l.: *Nolae .... claves .... fiscinae Campanicae.*
3) Vgl. Kramer, hem. Vasen S. 149. Abeken, Mittelitalien S. 339.
4) Plin. XV, 31. XXIII, 95.
5) Plin. XV, 16. Hor. Sat. II, 3, 272. 4, 70. Mart. I, 43, 8. IV, 46, 12 u. o.
6) Strab. V, 228. Galen XII p. 513. Pallad. IV, 9.
7) Strab. V, 243. Varr. R. R. I, 2. Plin. XV, 7. Vgl. Hor. Od. I, 6, 15. Sat. II, 4, 69. 8, 45. Juv. V, 86. Mart. XII, 63, 1. XIII, 101 u. a.
8) Sil. Ital. VIII, 436: *Stat fucare colus nec Sidone vilior Ancon*
    murice nec Libyco.
9) Plin. XXXII, 19: *salsamenta omnium generum in Italia Beneventi refici constat.*
10) Varr. R. R. II, 9.   11) Ib. II, 2; vgl. Str. V, 228.
12) Plin. XIX, 13: *Italia et Peligins etiamnum linis honorem habet, sed fullonum tantum in usu; nullum est candidius lanaeve similius.*
13) Passeri, Luc. fict. I, p. XV.
14) Hor. Sat. II, 8, 39. Schol. Cruqu.: *est autem Allifanum dictum ab Allife oppido Samnii, ubi majores calices fiebant.* (Die Umgegend von Allifae lieferte guten Wein; vgl. Sil. Ital. XII, 526: *Allifanus Iaccho haud inamatus ager.*) Über die adrianischen Gefässe s. oben S. 98. Doch darf nicht vergessen werden, dass sich in der Umgebung von Adria Thonscherben mit griechischen Buchstaben gefunden haben; vgl. Welcker im Rhein. Mus. I, 340.
15) Cato l. l.

bau betrieben wurde, besonders in Ariminum[1] und Pisaurum[2]. Drechslerarbeiten lieferte Nuceria[3], Waffen Salernum[4] und Sulmo[5], Eisenarbeiten (Grabscheite) Venafrum[6].

§ 23.
Unteritalien.

Lucanien und Bruttium. Obgleich auch in diesen Ländern die Schafzucht betrieben wurde[7], so hatte dieselbe hier doch nicht entfernt die hohe Bedeutung wie in dem benachbarten Apulien und Calabrien. Die lucanische Wolle scheint aber, da von einheimischen Wollenwebereien nirgends die Rede ist, grösstentheils unverarbeitet in's Ausland, vielleicht nach den grossen Tuchfabriken Tarents und anderer unteritalischer Städte versendet worden zu sein; erst in ganz später Zeit wird berichtet, dass Bruttium Kleider in's Ausland exportirte, ohne dass der Stoff derselben näher bezeichnet würde[8].

Die Küstenbewohner lebten vom Fang und Räuchern der Fische[9]; besonders wichtig war dafür Elea (Velia)[10], Hipponium[11], Thurii[12]. Auch Purpur lieferte das Meer; als das üppige Sybaris noch blühte, lebten da auch Purpurfärber, denen man in Anbetracht ihrer Verdienste um das allgemeine Beste die Steuern erliess[13]. Dafür wiesen die Sybariten freilich Schmiede, Zimmerleute und dergleichen Handwerker, deren Arbeit mit Geräusch verbunden war, vor die Thore der Stadt, damit der Schlaf der ehrsamen Bürger nicht gestört würde[14]. Allein der grosse Wohlstand der Stadt, ihre ausgedehnte Macht über die umliegenden Städte, die von ihr ausgesandten Colonieen lassen uns schliessen, dass trotz der Üppigkeit im Leben dennoch ein industrieller Geist in Sybaris herrschte, und nur der frühzeitige Untergang der Stadt scheint daran Schuld zu sein, dass wir fast gar nichts über ihre Gewerbthätigkeit erfahren. Ob das berühmte gestickte Gewand, welches Alcisthenes aus Sybaris dem Tempel der lacinischen Hera schenkte[15], ein Erzeugniss einheimischer Technik war oder aus Milet kam,

---

1) *collegia fabrum* bei Orelli 80. 3177. 4089. Henzen 6008.

2) *coll. fabr.* Orelli 2675. 4069. *coll. fabr. naval.* Orelli 4084.

3) Str. V, 227: Νουκερία ἡ τὰ ξύλινα ἀγγεῖα ἐργαζομένη.

4) Sil. Ital. VIII, 582: *ille et pugnacis laudavit tela Salerni, fabricatos ensis.*

5) Plin. XXXIV, 145: *in nostro orbe aliubi vena bonitatem hanc (ferri) praestat ut in Noricis, aliubi factura ut Sulmone.* 6) Cato l. l.

7) In Lucanien vgl. Vitr. VIII, 3, 14; namentlich in der Gegend des ehemaligen Sybaris, Ael. n. an. XII, 36. Plin. XXXI, 13. Vgl. Yates p. 93.

8) Tot. orb. descr. § 53: *Bruttia et ipsa optima quum sit, negotium emittit vestem birrum.* (Der *birrus* pflegt von Wolle zu sein.)

9) Vgl. Ps.-Hesiod b. Ath. III, 116 C.

10) Str. VI, 252: ἀναγκάζονται διὰ τὴν λυπρότητα τῆς γῆς τὰ πολλὰ θαλαττουργεῖν καὶ ταριχείας συνίστασθαι καὶ ἄλλας τοιαύτας ἐργασίας.

11) Archestr. b. Ath. VII, 302 A.

12) Ath. VI, 274 D. Muria aus Thurii b. Plin. XXXI, 94.

13) Ath. XII, 521 D. 14) Ath. XII, 518 C.

15) Arist. mirab. ausc. 96 (99) W. Ath. XII, 541 A.

§ 23. UNTERITALIEN. 121

mit welcher Stadt die Sybariten in sehr freundschaftlichem Verhältniss standen[1], lässt sich nicht entscheiden.

Zur Zeit des alten Cato bezog der italische Landmann aus Lucanien **Wagen**[2]; aber weit bekannter als diese waren die lucanischen **Bratwürste**, *Lucanicae* genannt[3]. Erwähnt zu werden verdient auch **Paestum**, das unteritalische Schiras, berühmt wegen seiner **Blumencultur**, zumal der Rosen[4]. **Töpferei** wurde betrieben in **Thurii**, von wo schöne Lekythoi kamen, und in **Rhegium**, dessen Thongefässe, namentlich Schüsseln, zur Zeit des Plinius sehr beliebt waren[5]. Man erinnert sich dabei, dass Rhegium auch Sitz einer Künstlerschule von **Erzgiessern** war, aus welcher der bekannte Künstler Pythagoras hervorging[6]; wir haben so schon mehrfach eine hohe Vollendung in der Erzarbeit mit einem Blühen der Arbeiten in Thon vereinigt gefunden[7].

Apulien und Calabrien. Apulien war weitberühmt durch seine **Schafheerden**, deren Wolle für die beste in ganz Italien galt[8]. Varro besass daselbst grosse Heerden[9], die im Sommer auf die Höhen von Samnium getrieben wurden[10], wie dies dort noch heutzutage üblich ist[11]. Die Orte, an denen die Wolle am besten verarbeitet wurde, waren **Luceria**[12] und **Canusium**[13]. Namentlich waren die aus canusinischer Wolle, welche von Natur dunkel war[14], gefertigten Kleidungsstücke bei Griechen und Römern der Kaiserzeit sehr beliebt. Es scheinen zwei Arten Stoffe fabricirt worden zu sein: eine feinere Sorte, aus der man

---

1) Herod. VI, 21.   2) Cat. l. l.
3) Cic. Fam. IX, 16, 8. Mart. IV, 46, 8. XIII, 35.
3) Colum. X, 37. Virg. Geo. IV, 119. Ov. Met. XV, 708. Prop. V, 5, 61. Mart. V, 37, 9. VI, 80, 6. IX, 26, 3. 60, 1. XII, 31, 3 u. s.
4) Theophr. char. 21: Θουριακαὶ τῶν στρογγύλων λήκυθοι. Osann, Revis. d. Ausg. u. d. gem. griech. Vas. (Denkschr. d. Ges. f. Wiss. u. Kunst in Giessen, 1847) nimmt an, dass in Thurii eine attische Töpfercolonie gewesen sei.
5) Plin. XXXV, 161. Auch hier steht wohl die Töpferei, wie anderwärts, in Verbindung mit dem in Rhegium wie in ganz Bruttium blühenden Weinbau; vgl. Ath. I, 26 E. Tot. orb. descr. l. l.
6) Brunn, Künstlergesch. I, 132 ff. Sein Lehrer Clearchus, ebenfalls aus Rhegium, war Schüler des Corinthiers Eucheirus, Brunn S. 48 ff.
7) Es darf hier nicht unerwähnt bleiben, dass, wie jetzt wohl nicht mehr bezweifelt werden kann, in Lucanien und ebenso in Apulien auch bemalte Vasen angefertigt worden sind. Vgl. Jahn, Vasensamml S. CCXLV.
8) Plin. VIII, 190: *lana autem laudatissima Apula.* Mart. XIV, 155: *Velleribus primis Appulia, Parma secundis Nobilis*; vgl. II, 46, 6. VIII, 28, 30. Strabo VI, 284: ἔστι δὲ πᾶσα ἡ χώρα αὕτη πάμφορός τε καὶ πολύφορος, ἵπποις δὲ καὶ προβάτοις ἀρίστη· ἡ δ' ἐρέα μαλακωτέρα μὲν τῆς Ταραντίνης ἐστί, λαμπρὰ δὲ ἧττον. Vgl. Varr. L. L. IX, 39: *sic enim lana Gallicana et Appula videtur imperito similis propter speciem, cum peritus Appulam emat pluris, quod in usu firmior sit.* Colum. VII, 2, 3. Yates p. 80 sq. 93. 97 sq.
9) Varr. R. R. II praef. 6.   10) Ib. II, 4, 16. 2, 9.
11) Vgl. Yates p. 81 sqq.
12) Hor. Od. III, 15, 44:   *te lanae prope nobilem*
   tonsae Luceriam .... decent.
Ein *lanarius* daselbst bei Mommsen I. R. N. 1005.
13) Plin. VIII, 190: *circa Tarentum Canusiumque summam nobilitatem habent (oves).*
14) Plin. ib. 191: *Canusium fulvi (velleris oves habet).* Mart. XIV, 127: *Canusinae fuscae.*

namentlich *paenulae*[1] und *birri*[2], vermuthlich aus der bessern Wolle, welche ihre Naturfarbe beibehielt und darum sehr dauerhaft war[3]; und eine gröbere Sorte, die *tunicae russae Canusinae*, meist von Sclaven und Soldaten getragen[4]. Die dazu verwendete Wolle war jedenfalls geringer und musste wohl, um etwas ansehnlicher zu sein, gefärbt werden[5], wozu man sich vermuthlich des zu Canusium selbst gefundenen Purpurissums bediente, das nicht viel werth war[6]. Die Fabrication dieser Stoffe scheint, nach den Erwähnungen zu schliessen, die ganze Kaiserzeit hindurch bestanden zu haben[7].

Gleichen Ruhm wegen seiner Schafheerden hatte Calabrien[8], vorzüglich die Umgegend von Brundisium[9] und Tarent[10]. Besonders letztere Stadt hatte schon in früher Zeit deshalb grossen Ruf, den sie die ganze Kaiserzeit hindurch bewahrte. Man schrieb, wie in Spanien dem Baetis, so hier den klaren Fluthen des Galaesus, in welchen die Wolle gewaschen wurde, einen Einfluss auf die Güte der Wolle zu[11] und beobachtete auch dasselbe Verfahren, wie in Attica, Megaris und Milet, dass man die Schafe zum Schutz der Wolle mit Fellen bedeckte[12]. Eine Sorte war namentlich wegen ihrer schwarzen Farbe gesucht[13], eine andere wegen ihres schönen, reinen Weiss[14].

Aus dieser Wolle wurden nun in Tarent selbst die verschiedenartigsten Stoffe

---

1) Ath. III, 97 E: ὁ χα ὁς Κανυσῖνος ὑπὸ λωπυδυτῶν ἀνηρπάσθη, ὡς γέλωτα πάμπολυν ἐν τῷ βαλανείῳ γενέσθαι, ἀχρήστου ζητουμένου φαινόλου. Vgl. Plin. VIII, 190: *Apulae lanae breves villo nec nisi paenulis celebres*. Salmas. ad Tert. de pall. p. 80.

2) Vopisc. Carin. 20, 6; das. Salmas. t. II, p. 863.

3) Mart. XIV, 127: *Haec tibi turbato Canusina simillima mulso munus erit. Gaude: non cito fiet anus.*

4) Mart. IX, 22, 9: *canusinatus Syrus*; vgl. XIV, 129. Suet. Nero 30: *canusinati muliones*.

5) Marquardt S. 88 nimmt an, dass auch diese Sorte von Natur röthlich gewesen sei.

6) Plin. XXXV, 45: *vilissimum (purpurissum) Canusinum*.

7) Vgl. über die apulische Wollenweberei noch Salmas. ad Treb. Poll. Claud. II p. 384 und ad Vop. Aurel. II, 563. Wiskemann, ant. Landwirthsch. S. 81. Marquardt S. 86.

8) Colum. VII, 2, 3. Pers. II, 65.

9) Strab. XI, 282: μέλι δὲ καὶ ἔρια τῶν σφόδρα ἐπαινουμένων ἐστί.

10) Plin. VIII, 190. XXIX, 33: *laudatissima lana .... Tarentina*. Colum. l. l.: *generis eximii Milesias Calabras Apulasque (oves) nostri existimabant, earumque optimas Tarentinas*; vgl. l praef. — Plaut. Truc. III, 1, 5: *qui oves Tarentinas erat mercatus de patre*. Mart. XIII, 125:
Nobilis et lanis et felix vitibus Aulon det pretiosa tibi vellera, vina mihi.
Calpurn. Id. I, 68: *Mille sub uberibus balanthes pascimus agnas: totque Tarentinae praestant mihi vellera matres.*
Stat. Silv. III, 3, 93. — Vgl. Yates p. 79 sq. 94 sqq. Lorentz, de civit. vett. Tarent. p. 6 sqq.

11) Mart. V, 37, 2: *agna Galaesi mollior Phalanthini*.
VIII, 28, 3: *Appula Ledaei tibi floruit herba Phalanthi, qua saturat Calabris culta Galaesus aquis?*
XII, 68, 3: *albi quae superas oves Galaesi.*
Vgl. II, 43, 3. IV, 28, 3.

12) Varr. R. R. II, 2, 18. Colum. VII, 3, 10. Hor. Od. II, 6, 10: *dulce pellitis ovibus Galaesi flumen*. Clem. Alex. Paed. II, 10. p. 239.

13) Plin. VIII, 191: *Tarentum et suae pulliginis (oves habet)*. Tert. de pall. 3: *(ores), quas Tarentum vel Baetica cluit, natura colorante*.

14) Strab. VI, 284. Mart. XII, 68, 3. Über die Beobachtungen neuerer Reisender hinsichtlich der Farbe der tarentinischen Schafe s. Yates p. 79 sqq.

§ 23. UNTERITALIEN.

in grosser Menge und ausgezeichneter Güte gewebt und überall hin versandt [1]. Aus stärkerem Gewebe waren die Kleidungsstücke der Männer, die zu Martials Zeit sehr beliebt und elegant waren [2]; noch bekannter aber waren, besonders um die Zeit des 2 und 3ten Jahrhunderts n. Chr., die zarten, durchsichtigen Stoffe für Frauen, ταραντινίδια genannt [3], welche bisweilen auf der einen Seite mit Franzen versehen waren [4]. Als die Tarentiner ganz in Üppigkeit und Wollust versunken waren, da trugen diese Kleider nicht bloss Frauen, sondern auch die Männer [5]. Später wurden sie nur von Frauen getragen; und zur Zeit des Lucian, der ihrer mehrfach gedenkt, wurden sie von anständigen Frauen gar nicht getragen. Hetären [6] und Tänzerinnen [7] bedienen sich derselben. Gaukler, die in auffallendem Flitterstaate erscheinen, legen solche durchscheinende Stoffe an [8]; und Lucian empfiehlt einem Moderedner seiner Zeit, ausser sicyonischen Schuhen [9] sich ein solches schimmernd weisses, durchsichtiges Gewand anzuziehen, damit man die Körperformen erkennen könne [10].

Die Stoffe behielten entweder ihre natürliche Farbe, ein klares Weiss [11], oder sie wurden gefärbt, und zwar gewöhnlich mit Purpur. An den Küsten Calabriens fand man einen trefflichen Purpur [12], der sehr geschätzt wurde; in Tarent selbst [13] und in der Nähe der Stadt, in Satureum [14], waren bedeutende

---

[1] Über Tarents Bedeutung für den Grosshandel überhaupt s. Hüllmann S. 124. Vgl. Polyb. Exc. X, 4.

[2] Mart. II, 43, 3: *te Lacedaemonio velat toga lota Galaeso.* IV, 28, 3 : *totam tepido togam Galaeso.* Vgl. VIII, 28, 3.

[3] Poll. VII, 76: καὶ μὴν τό γε ταραντινίδιον διαφανές ἐστιν ἔνδυμα, ὠνομασμένον ἀπὸ τῆς Ταραντίνων χρήσεως καὶ τρυφῆς; vgl. IV, 104: διαφανῆ ταραντινίδια ἀμπεχόμενοι. Eust. z. Dion. Per. 376: τάχα δὲ καὶ τὸ λεπτὸν γυναικεῖον περίβλημα τὸ ταραντινίδιον παρ' αὐτοῖς διὰ τρυφὴν πρώτοις εὕρηται. Vgl. Ael. v. h. VII, 9. Auch auf Inschriften; ein Ταραντινὸν ἡμιυφές bei Rangabé, Antiqu. hell. II, 533; vgl. 536. 547.

[4] Hesych. Ταραντινόν, ἱμάτιον γυναικεῖον λεπτὸν κρωσσοὺς ἔχον ἐκ τοῦ ἑνὸς μέρους.

[5] Clearch. b. Ath. XII, 522 D : ἐφόρουν δὲ καὶ παρυφῆ διαφανῆ πάντες, οἷς νῦν ὁ τῶν γυναικῶν ἀβρύνεται βίος. Vgl. Poll. VII, 76. Eust. l. l., welche diese Gewänder als Zeichen von der Schwelgerei der Tarentiner anführen. Auch sonst galt es für weibisch und verächtlich, wenn Männer solche Stoffe trugen; vgl. Polyaen. strat. V, 3, 3.

[6] Luc. Dial. mer. 7, 2.   [7] Luc. Calumn. n. tem. cred. 16.

[8] Semos b. Ath. XIV, 622 B: περιέζωνται Ταραντῖνον καλύπτον αὐτοὺς μέχρι τῶν σφυρῶν.

[9] Die bekanntlich auch nur von Frauen getragen wurden; vgl. oben S. 76.

[10] Luc. Rh. praec. 15: ἡ ἐσθὴς δὲ ἔστω εὐανθὴς καὶ λευκή, ἔργον τῆς Ταραντίνης ἐργασίας, ὡς διαφαίνεσθαι τὸ σῶμα.

[11] Luc. l. l. Vgl. Et. Magn. v. Ταραντινόν, p. 746, 14 : λεπτὸν καὶ διαφανὲς ἱμάτιον, οὐ πάντως πορφυροῦν, ὥς τινες ὑπέλαβον.

[12] So z. B. zu Hydruntum, wo sich zur Zeit des ostgothischen Reiches eine umfangreiche Purpurfabrik befand; Cassiod. Var. I, 2 : *Quid enim agunt tot artifices, tot nautarum catervae, tot familiae rusticorum .... Eoa Tyros est Hydron Italica, aulicum profecto vestarium.*

[13] Corn. Nep. b. Plin. IX, 136: *me juvene violacea purpura vigebat .... nec multo post rubra Tarentina.* Hor. Ep. II, 1, 207: *lana Tarentino violas imitata veneno.* Hesych. Ταραντίναι· αἵματι βαφαί, τινὲς δὲ τὰς πορφύρας. Vgl. Et. Magn. l. l. Ταραντιναὶ βαφαί. Pers. II, 65. Darauf deuten auch die tarentinischen Münzen mit der Muschel, Eckhel D. N. I, 148 sq. Vgl. Harduin z. Plin. l. l.: *nunc quoque Tarenti ajunt extare vestigia vetustarum officinarum, in quibus olim purpura lanae inficerentur, ingentesque testarum acervos conspici, rei indices minime obscuros.* S. Böcking z. Not. dign. Occ. p. 360.   [14] Serv. z. Virg. Georg. IV, 335.

Purpurfärbereien, und in späterer Zeit befand sich in Tarent auch eine kaiserliche Purpurfärberei[1].

Von andern Gewerben in den Städten Calabriens bleibt uns nur wenig zu berichten. In Tarent scheint die Metallarbeit technisch eine hohe Vollkommenheit erlangt zu haben; zu den in Aegina gearbeiteten Candelabern lieferten die tarentinischen Werkstätten die Schäfte[2]. Über die Art der Vereinigung dieser Theile, wo dieselbe vor sich ging und zu welcher Zeit namentlich diese Technik betrieben wurde, darüber sind wir nicht unterrichtet[3].

Auch in Brundisium finden wir Metallarbeit; dort wurden besonders treffliche Spiegel durch eine Mischung von Zinn und Erz hergestellt. Als aber zur Zeit des Plinius alles sich silberner Spiegel bediente, hörte der Ruhm der brundisischen Erzspiegel auf[4].

§ 24.
Die italischen Inseln.

Sicilien. Die gesegnete Insel Sicilien verdankt die Bedeutung, welche sie von jeher für den Besitzer, mochten es die Phönizier, Griechen oder Römer sein, gehabt hat, fast ausschliesslich ihrem Reichthum an Naturproducten, zumal an Korn, weniger aber den Erzeugnissen ihres Gewerbfleisses. So wurde denn auch die Wolle der zahlreich auf ihr weidenden Schafheerden[5], meist unverarbeitet nach dem Auslande geführt[6], während von dem Export gewebter Wollenstoffe nur wenig berichtet wird[7]. Auch Leinenwaaren wurden ausgeführt[8]; doch scheint diese Fabrication für den Handel nur wenig Bedeutung gehabt zu haben. Da wir nicht erfahren, dass Flachs auf Sicilien gebaut wurde, so vermuthet Yates[9], dass derselbe nach der Insel unverarbeitet importirt und dort gewebt wurde.

---

1) Not. dign. Occ. c. X p. 49.
2) Plin. XXXIV, 11; s. oben S. 89.
3) Ath. XI, 478 B scheint sich auf tarentinische Gefassfabrication zu beziehen.
4) Plin. XXXIII, 130: *optima (specula) apud majores fuerant Brundisina, stagno et aere mixtis. Praelata sunt argentea.* XXXIV, 160: *specula .... laudatissima Brundisi temperabantur, donec argenteis uti coepere et ancillae.*
5) Wie bedeutend die Schafzucht auf Sicilien war, davon legen die Gedichte des Theocrit und der andern Bukoliker hinlänglich Zeugniss ab. Pindar nennt die Insel Ol. I, 12 : Σικελία πολύμηλος. Und noch in später Zeit wird von ihr gesagt, Tot. orb. descr. § 65 : *lana abundat.* Vgl. Yates p. 73 sqq.
6) Mosch. b. Ath. V, 209 A: ταρίχων δὲ (ἐνεβάλλοντο εἰς τὴν ναῦν) Σικελικῶν κεράμια μύρια, ἐρίων τάλαντα δισμύρια. Strab. VI, 273.
7) Der von Poll. VII, 77 erwähnte χιτὼν Σικελικός ist wohl ein leinener, ebenso das Σικελικὸν ἱμάτιον bei Alciphr. ep. I, 6. Buntwirkereien (vermuthlich von den Carthagern überkommen) erwähnte Philem. b. Ath. XIV, 658 B: ἱμάτια ποικίλ' εἰ λέγοι τις Σικελικά. Die von Eubul. b. Ath II, 47 F genannten Σικελικὰ προσκεφάλαια waren vielleicht von ähnlicher Beschaffenheit.
8) Ps.-Plat. Ep. XIII, 363 A: χιτώνια ἑπταπήχη τῶν Σικελικῶν λίνων.
9) Textr. p. 280.

Sicilischer **Purpur** wird selten erwähnt[1], doch befand sich später in Syracus eine **kaiserliche Purpurfärberei**[2].

Am meisten gingen wohl die Erzeugnisse des sicilischen Kunsthandwerks nach dem Auslande. Dahin rechne ich die schöngearbeiteten **Wagen**[3] und **Sophas**[4], sowie die für das bei den Griechen so beliebte Spiel des **Cottabus** bestimmten Geräthe[5], — Fabricate, welche wohl grösstentheils in das Gebiet der Metall-, namentlich der **Erzarbeit** gehören mochten. Diese blühte namentlich in Syracus[6], und wenn uns auch nur wenig Künstler Siciliens bekannt sind, so dürfen wir doch auf eine hohe Vollendung des Kunsthandwerks schon aus der Beschreibung des von Hiero II erbauten und auf das reichste ausgestatteten Prachtschiffes schliessen[7]; und die Schilderungen der Räubereien des Verres bei Cicero zeigen, welchen Reichthum an bronzenen Kunstsachen Sicilien zu jener Zeit besass[8].

Damit steht denn im Zusammenhang die in Sicilien sehr eifrig betriebene **Töpferei**, welche ebenfalls in Syracus am bedeutendsten gewesen zu sein scheint[9]. Am bekanntesten und wohl auch im Auslande am verbreitetsten waren Schüsseln[10] und Becher[11].

Der ergiebige **Fischfang** an der Küste[12] führte zur Anlage von **Räucheranstalten**[13], welche viel Salzfische exportirten. Auch der **Schiffsbau**, namentlich von Lastschiffen, scheint bedeutend gewesen zu sein[14].

Melite. Nach der Insel **Malta**, welche von den Phöniziern colonisirt wurde und später in den Besitz der Carthager überging, scheinen die Phönizier zugleich mit andern Erwerbszweigen auch die **Baumwollenfabrication** hinübergebracht zu haben[15]. Dieselbe erhielt sich auf der Insel auch noch, nachdem sie

---

1) Prop. IV, 12, 6.   2) Not. dign. Occ. c. X p. 49.
3) Pind. hyporch. frg. 73 bei Ath. I, 28 B:
$$\dot{\alpha}\lambda\lambda' \ \dot{\alpha}\pi\dot{o} \ \tau\tilde{\alpha}\varsigma \ \dot{\alpha}\gamma\lambda\alpha o\kappa\acute{\alpha}\rho\pi o\upsilon$$
$$\Sigma\iota\kappa\epsilon\lambda\acute{\iota}\alpha\varsigma \ \check{o}\chi\eta\mu\alpha \ \delta\alpha\iota\delta\acute{\alpha}\lambda\epsilon o\nu \ \mu\alpha\tau\epsilon\acute{\upsilon}\epsilon\iota\nu.$$
Crit. ebd.:   εἶτα δ' ὄχος Σικελὸς κάλλει δαπάνῃ τε κράτιστος.
4) Eubul. b. Ath. II, 47 F: καὶ πέντε κλίνας Σικελικάς.
5) Crit. l. l.:   κόσσαβος ἐκ Σικελῆς ἐστὶ χθονός, ἐκπρεπὲς ἔργον,
ὃν σκοπὸν ἐς λατάγων τόξα καθιστάμεθα.
Vgl. Callim. b. Ath. XV, 668 C. Was das für Geräthe gewesen sind, zeigt Jahn im Philol. XXVI S. 201 ff.
6) Plin. XXXIV, 13.   7) S. Moschion b. Ath. V, 206 D sqq.
8) Vgl. Cic. Verr. IV, 21, 46: *Credo tum. quum Sicilia florebat opibus et copiis, magna artificia fuisse in ea insula.* Darunter waren freilich viel Arbeiten griechischer Künstler.
9) Mosch. l. l. 207 E; vgl. Ath. XIV, 658 B.
10) Σικελικὰ βατάνια, Eubul. b. Ath. I, 28 C.
11) Ath. XI, 500 B: τρίτοι δ' εἶσὶν (σκύφοι) οἱ Συρακόσιοι.
12) Vgl. Ath. I, 4 B. III, 116 F. VII, 302 A. Plin. XXXII, 18. Juv. V, 99. In Messana, Arch. b. Ath. III, 92 D. VII, 298 F. Tauromenium, Juv. V, 93. Syracus, Ath. VII, 300 E. Selinus, Arch. ebd. 328 F etc.
13) Ath. V, 209 B.   14) Ib. 206 F.
15) Movers, Phönizier II, 2, 347 ff. Vgl. Ritter, üb. d. geogr. Verbreit. d. Baumw. S. 340: »Diese Baumwollenweberei muss schon lange vor dem ersten punischen Kriege im

römisch geworden war, und die wegen ihrer Zartheit und Weichheit beliebten Stoffe (ὀθόνια [1]) waren in Rom schon lange vor der Kaiserzeit bekannt und gesucht [2] und haben vermuthlich noch im Mittelalter Ruf gehabt [3]. Erwähnt werden namentlich Kleider aus diesem Stoffe (*vestes Melitenses*, *Melitensia* [4]) und Kopfbedeckungen [5]. Welch werthvolle Stoffe dort, zumal in der Hauptstadt der Insel, die Hauptfabricationsort war, angefertigt wurden, das beweist die Nachricht, dass hier in den Webereien oft Jahre lang an einem einzigen Gewande gearbeitet wurde [6].

Sardinien. Auch auf der Insel Sardinien sind die Phönizier ohne Zweifel von Einfluss gewesen. Die Insel wurde schon frühzeitig von den Tyriern besucht und war dann später im Besitz der Carthager wegen ihrer für den Handel sehr günstigen Lage und wegen ihres Metallreichthums geschätzt [7]. Carthagischer **Flachs** wurde auch von Sardinien bezogen [8], besonders zu **Jagdnetzen** [9]; und wenn auch die Erwähnung sardinischer **Purpurfärberei** [10] auf Verwechslung mit den Färbereien von Sardes beruht, so ist es doch sehr wahrscheinlich, dass die Phönizier auch diese heimische Technik nach der Insel verpflanzt haben. Ebenso scheint dort die **Glasfabrication** betrieben worden

---

Gange gewesen sein, in welchem die Insel vom Consul Atilius zerstört wurde (Oros. IV, 8). S. auch Wiberg, Einfl. d. class. Völk. a. d. Norden S. 4. Wiskemann, ant. Landw. S. 26.

1) Die Hauptstelle darüber ist Diod. Sic. V, 12: τεχνίτας τε γὰρ ἔχει (ἡ Μελίτη) παντοδαπούς ταῖς ἐργασίαις, κρατίστους δὲ τοὺς ὀθόνια ποιοῦντας τῇ τε λεπτότητι καὶ τῇ μαλακότητι διαπρεπῆ. Vgl. Hesych. v. *Μελιταῖα*· ὀθόνια λινὰ διάφορα ἐκ Μελίτης τῆς νήσου. Dass diese ὀθόνια Baumwollenstoffe waren, ist zwar nicht nachweisbar, doch ist diese Ansicht von Ritter a. a. O. S. 339 ff. wahrscheinlicher als die von Yates, der sie p. 286 für Leinwand erklärt.

2) Lucr. IV, 1129:   *Et bene patrum fiunt anademata, mitrae,*
   interdum in pallam ac Melitensia Ceaque vertunt.
(So nach der sehr wahrscheinlichen Conjectur von Lachmann für *atque alidensia*.)

3) Isid. Orig. XIX, 22, 21: *Melitensis tunica est, quae affertur ex insulis.* (So nach der Conjectur von Arevali für *Velensis*.)

4) Cic. Verr. II, 72, 176 und 74, 183. Vgl. Novius bei Non. p. 540, 8 (Ribbeck, Com. Lat. p. 224): *supparum purum Melitensem, linteum, mi escam meram* (Conjectur für *belliensem*.)

5) Varr. b. Non. p. 539, 27: *mitra Melitensis*. Vgl. Hes. l. l.: *Μελίτια*· τὰ βίττα (d. i. *vittae*).

6) Cic. Verr. IV, 46, 103: *insula est Melita . . . . in qua est eodem nomine oppidum, ... quod isti textrinum per triennium ad muliebrem vestem conficiendam fuit.* (Man könnte hier zwar auch den Sing. *vestem* collectiv fassen; doch glaube ich eher, dass man hier an besonders kunstvolle und mühsame Weberei zu denken hat.)

7) S. Wiberg a. a. O.

8) Poll. V, 26: καὶ δύναται καὶ τὸ ἀπὸ Σαρδοῦς (λίνον), ἀφ' ἧς ἴσως καὶ τὸ Καρχηδόνιον ἔνδοξόν ἐστιν ὡς ἀπὸ τῆς ἑσπέρας κομιζόμενον. Auch Gewänder von Sardinien erwähnt Poll. VII, 77: καὶ Σαρδωνικὸς δὲ χιτών τις ἐκαλεῖτο.

9) Poll. V, 26. Wiskemann a. a. O. Anm. 7 führt die Benennung des oberen Randes des stehenden Jagdnetzes, σαρδών oder σαρδόνιον (Xen. de ven. 6, 9) auf die Insel Sardinien zurück. Bei der beständigen Verwechslung der späten Lexicographen von sardischen und sardinischen Producten und Fabricaten lässt sich hier kaum ein sicheres Resultat erreichen.

10) Schol. Arist. Ach. 112. Suid. v. βάμμα Κυζικηνόν und ἵνα μή σε βάψω. Vgl. oben S. 36.

zu sein, wenn man aus den Funden einer grossen Anzahl gut erhaltener Glasgefässe darauf schliessen darf [1].

Die ursprünglichen Bewohner Sardiniens haben von der phönizischen Cultur wenig angenommen; sie widmeten sich hauptsächlich dem Ackerbau und der Viehzucht, zumal der Zucht jener besondern, auch auf Corsica vorkommenden Gattung von Widdern, **Musmones** genannt [2], deren Felle zu Kleidern verarbeitet wurden [3]. Von Verarbeitung des sardinischen **Eisens** [4] erfahren wir nichts. Hingegen wurden viel **Salzfische**, namentlich Thunfische, nach dem Auslande geführt [5].

§ 25.
Hispanien.

Die mit den mannichfaltigsten Gaben der drei Naturreiche gesegnete iberische Halbinsel ist im Alterthum schon in sehr früher Zeit das Ziel der handeltreibenden Nationen gewesen, die von dorther Rohproducte aller Art holten, welche sie gegen Erzeugnisse ihres eigenen Bodens oder ihres heimischen Gewerbfleisses umtauschten. Dieser Handel führte bald zur Anlage von Factoreien, die sich zu Colonieen erweiterten und fremde Kunstfertigkeit schnell unter den iberischen Stämmen einheimisch machten. So waren denn an der spanischen Küste des mittelländischen Meeres phönizische und carthagische Ansiedelungen in grosser Zahl; zu ihnen traten bald Niederlassungen von Griechen, bis die Römer ihre Weltherrschaft auch hierher ausdehnten und in harten Kämpfen mit den Iberern und den carthagischen Colonisten sich zu Herren der Halbinsel machten. Handel und Gewerbe blühten auch nach der Unterjochung fort; das besiegte Spanien schickte die Erzeugnisse seiner Erde und Industrie dem stolzen Sieger, und die ganze Kaiserzeit hindurch ist Spanien für gewisse Producte, namentlich für Leinwand und edle Metalle, eine der wichtigsten Provinzen des römischen Reiches gewesen.

Wenn wir die Gewerbe, welche in Hispanien hauptsächlich betrieben wurden, in einer allgemeinen Übersicht betrachten, so stellt sich dabei bald heraus, dass der südliche Theil der Halbinsel, Hispania Baetica, ganz besonders in Betracht kommt, weil dort der regste Verkehr, der meiste Gewerbfleiss herrschte. In Baetica waren die ursprünglichsten phönizischen Colonieen; dort waren verhältnissmässig auch die meisten Niederlassungen, was sich sowohl aus dem (dem nordafricanischen ähnlichen) Klima und der üppigen Vegetation erklärt, wie dar-

---

[1] Bull. d. Inst. 1863 p. 212 sqq. Vgl. Marquardt S. 338 Anm. 3073.
[2] Plin. VIII, 199. Paus. X, 17, 6; vgl. Ael. n. an. XVI, 34.
[3] Strab. V, 225: γίνονται ἐνταῦθα οἱ τρίχα φέροντες αἰγείαν ἀντ' ἐρέας κριοὶ, καλούμενοι δὲ μυύσμωνες, ὧν ταῖς δοραῖς θωρακίζονται. Varr. R. R. II, 11, 11.
[4] Rutil. Itin. I, 354.
[5] Galen. π. τροφ. δυνάμ. V. VI p. 728 K: ἐντιμότατον δὴ τοῦτο τὸ τάριχος εἰκότως ἐστίν .... ὀνομάζεται δὲ συνήθως ὑπὸ τῶν πάντων ἤδη τὰ τοιαῦτα ταρίχη Σάρδα. Vgl. Poll. VI, 48.

aus, dass gerade dieser Theil der Küste auf dem von den Phöniziern am meisten befahrenen Seewege nach dem atlantischen Ocean lag. Auf Hispania Baetica werden wir denn auch bei der allgemeinen Übersicht ganz speciell Rücksicht zu nehmen haben.

Eine sehr gewöhnliche und aus der Natur der Dinge sich von selbst erklärende Erscheinung ist es, dass die meisten Gewerbe, welche in Hispanien geblüht haben, im innigsten Zusammenhange stehen mit den Producten des Landes, und dass von andern Gewerben, welche weniger in dieser engen Beziehung stehen, nur selten die Rede ist. Eben dieser Producte wegen waren ja die Colonieen von den fremden Nationen angelegt worden, die Colonisten hatten ihre vervollkommnetere Technik mit hinübergebracht und sie an den vorgefundenen Rohproducten verwerthet; andere Gewerbe wurden natürlich auch betrieben, ihnen aber bei weitem nicht die Sorgfalt gewidmet, die man jenen zuwendete.

Die Phönizier hatten Spanien zuerst hauptsächlich seines grossen **Metallreichthums** wegen aufgesucht. Schon lange bevor der griechische Handel zu blühen begann, waren die spanischen Bergwerke von den Phöniziern ausgebeutet worden[1]. Gold, Silber, Kupfer und Eisen wurden aus ihren unterirdischen Schachten hervorgeholt und von den tyrischen Schiffen weithin nach allen Ländern geführt. Als dann die Römer Herren der Insel wurden, bemächtigten sie sich auch der Bergwerke, die sie mit dem ihnen eigenen practischen Sinn bedeutend vervollkommneten; noch jetzt sind die Spuren ihrer Anlagen und Maschinerieen in den spanischen Bergwerken zu erkennen[2]. Das gewonnene Metall ging aber nicht alles roh und unverarbeitet in's Ausland; es veranlasste vielmehr eine bedeutende Thätigkeit auf dem Gebiete der **Metallarbeit**, insbesondere der **Eisen- und Stahlfabrication**, welche schnell zu hohem Ansehen gelangten. Hispanische **Waffen**, Schwerter, Dolche, Harnische und anderes zum Kriege gehörige[3], waren hochberühmt, und es war in einigen Orten namentlich die Beschaffenheit des zum Kühlen des Stahles benutzten Wassers, welche jenem seine ausgezeichnete Härte verlieh[4].

Die **Glasfabrication** hatten die Phönizier vermuthlich hinübergebracht; zu besonderer Blüthe scheint sie nicht gelangt zu sein[5]. Eine grössere Voll-

---

[1] Ezech. 27, 12. Diod. V, 35 u. s. Vgl. Heeren, Ideen I, 2, 73 ff. Hüllmann S. 442; über die phönizischen Niederlassungen in Spanien überhaupt Movers II, 2, 588 ff.

[2] Vgl. das Ausland f. 1866 Nr. 50.

[3] Polyb. III, 114. Suid v. Μάχαιρα. Poll. I, 449: μάχαιρα Κελτική. Hor. Od. I, 29, 15: *loricis Hiberis*; ebd. Acro. Gell N. A. IX, 13, 17: *Hispanico pectus hausit*.

[4] Plin. XXXIV, 144; vgl. Isid. Orig. XVI, 20. Just. XLIV, 3: *praecipua his quidem* (sc. *Lusitanis*) *ferri materia, sed aqua ipsa ferro violentior, quippe temperamento ejus ferrum acrius redditur*. Diodor gedenkt noch einer ganz eigenthümlichen Methode, auf welche die Hispanier den zu den Waffen und dem Kriegsmaterial benutzten Stahl härteten, V, 33: ἴδιον δέ τι παρ' αὐτοῖς (sc. Κελτίβηρσιν) ἐστὶ περὶ τὴν τῶν [ὅπλων καὶ] ἀμυντηρίων κατασκευήν. ἐλάσματα γὰρ σιδήρου κατακρύπτουσιν εἰς τὴν γῆν καὶ ταῦτα ἐῶσι μέχρι ἂν ὅτου διὰ τὸν χρόνον τοῦ ἰοῦ περιηγαγόντος τὸ ἀσθενὲς τοῦ σιδήρου καταλείφθῇ τὸ στερεώτατον, ἐξ οὗ κατασκευάζουσι διάφορα ξίφη καὶ τἆλλα τὰ πρὸς πόλεμον ἀνήκοντα.

[5] Plin. XXXVI, 194. Isid. Orig. XVI, 15.

§ 25. HISPANIEN.

endung erreichte die Töpferei, wenn auch nur vereinzelt; auch der Ziegelfabrication wird mehrfach gedacht.

Wie noch heutzutage zahlreiche Schafheerden die Fluren Spaniens durchziehen, so waren auch im Alterthum die hispanischen Schafe und ihre ausgezeichnete Wolle berühmt [1]. Man bezahlte daher einen hispanischen Zuchtwidder sehr theuer [2] und ein Pfund baetischer Wolle galt für ein nicht unbedeutendes Geschenk [3]. Daher wurde auch die Wollenweberei stark betrieben [4]; man fertigte wollene Kleider aller Art [5], und wenn auch zu Strabo's Zeit die Wolle meistens unverarbeitet verschickt wurde [6], so bestand dabei die Weberei doch fort, und Kleider bildeten noch in der späteren Kaiserzeit einen Ausfuhrartikel Spaniens [7].

Auch die Ziegenhaare wurden zu Kleiderstoffen gewebt [8], und die auch in Hispanien lebende Gattung der oben erwähnten Musmones [9] mag namentlich zu diesem Behufe cultivirt worden sein.

Aber nicht nur durch die Wollenweberei, auch durch die Leinwandfabrication hat Hispanien im Alterthume Ruf erlangt. Der Flachs gedieh

---

1) Str. III, 144: ἄφθονος δὲ καὶ βοσκημάτων εὐπορία παντοίων. Plin. VIII, 191: *colorum plura genera quippe cum desint etiam nomina eis; quas nativas appellant, aliquot modis Hispania (habet).* Insbesondere war die röthliche Wolle der Schafe von Baetica geschätzt; Diod. l. l. Plin. l. l. Mart. V, 37, 7: *(puella), quae crine vicit Baetici gregis vellus.* VIII, 28, 5. XII, 98, 2: *(Baetis), aurea qui nitidis vellera tingis aquis.* Juv. XII, 37 sqq. Colum. VII, 2, Tert. de pall. 3. (Non. p. 549: *pullus color est quem nunc Spanum vel nativum dicimus.*) Auch tarentinische Schafe wurden nach Hispanien importirt, um durch Kreuzung eine edlere Race zu erzeugen; vgl. Colum. l. l. Calpurn. Ecl. IV, 37 sqq. Yates p. 116 sq.

2) Str. l. l.: ὑπερβολή τίς ἐστι τοῦ κάλλους· ταλαντιαίους γοῦν ὠνοῦνται τοὺς κριοὺς εἰς τὰς ὀχείας.

3) Martial überlegt, ob er seinem Mädchen geben solle:
    An Baeticorum pondus acre lanarum,
    an de moneta Caesaris decem flavos, XII, 65, 5.

4) Tzetz. Chil. XI. 388:
    καὶ Ἴβηρες ἑσπέριοι καὶ Κοραξοὶ ὁμοίως
    ὑφάσματα τὰ κάλλιστά εἰσιν ἐριουργοῦντες.

5) Mart. XII, 133: *lacernae Baeticae;* vgl. IV, 28, 2; I, 96, 4:
    amator ille tristium lacernarum
    et Baeticatus atque leucophaeatus.
Tertull. l. l.

6) So sind wohl die Worte aufzufassen bei Str. l. l.: πολλὴ δὲ καὶ ἐσθὴς πρότερον ἤρχετο, νῦν δὲ ἔρια μᾶλλον τῶν κοραξῶν. Diese Stelle würde, auf die Wolle der Coraxer in Colchis (s. oben S. 43) bezogen, keinen rechten Sinn geben, da aus dem Zusammenhang und aus den andern beigebrachten Stellen des Martial etc. hervorgeht, dass die hispanische Wolle die ganze Kaiserzeit hindurch beliebt war. Vermuthlich bezeichnet κοραξός die Farbe; vgl. Str. XII, 578. Marquardt S. 88 Anm. 877. — Yates p. 118 schlägt vor ἢ τῶν Κοραξῶν zu lesen, was mir nicht passend erscheint, da die coraxische Wolle nie in dem bedeutenden Masse nach Europa importirt zu sein scheint, dass sie für die Ausfuhr der hispanischen Wolle einen Vergleich abgeben könnte.

7) Tot. orb. descr. § 59: *Hispania . . . . oleum multum et liquamen emittit, vestem quoque variam et jumenta lardumque et spartum.*

8) Vgl. Diod. l. l. φοροῦσι δὲ οὗτοι σάγους μέλανας παχεῖς καὶ παραπλήσιον ἔχοντας τὸ ἔριον ταῖς αἰγείαις θριξίν. Avien. Or. mar. I, 218 sqq.

9) Plin. VIII, 199.

vortrefflich, namentlich in Hispania citerior [1], und die kunstvollen Gewebe, an deren technischer Vollendung der phönizische Einfluss wohl keinen unbedeutenden Antheil gehabt haben mag, waren sowohl der Ruhm des ganzen Landes [2], als namentlich mehrere Völkerschaften und sonst unbedeutende Städte dadurch einen gewissen Weltruf bekamen. Auch die hanfartige Pflanze Spartum (Pfriemgras) wurde, wie der Flachs, viel versandt [3], und ihre Verarbeitung gab auch im Lande selbst reichliche Beschäftigung [4].

Von Purpurfischerei an den Küsten Spaniens ist nur wenig die Rede [5], doch bot das Land Färbewurzeln in grosser Menge [6], wie es auch an andern Färbestoffen, wie Scharlach, Mennig etc. nicht fehlte [7].

Von den übrigen in Hispanien betriebenen Gewerben sei hier in der Kürze gedacht des Schiffsbau's [8], zu welchem die Wälder des Landes prächtiges Material lieferten [9], der Salbenfabrication [10] und der Ölbereitung. Hispanien producirte Oliven nicht nur in grosser Menge, sondern auch in vorzüglicher Güte, namentlich Baetica war mit diesen Früchten reich gesegnet [11], und das daraus bereitete Öl gehörte zu den Hauptausfuhrartikeln Hispaniens [12].

Ganz besonders aber verdienen erwähnt zu werden die durch das ganze Land verbreiteten, hochberühmten Räucheranstalten [13]. An den grossen Flüssen der Halbinsel nicht minder als an der Küste des mittelländischen Meeres und des atlantischen Oceans [14] waren überall grossartige Räucheranstalten [15], deren Waaren nicht minder geschätzt waren, als die pontischen [16], und wie diese in aller Herren Länder exportirt wurden [17].

1) Plin. XIX, 10. Mela II, 6, 2; vgl. Just. XLIV, 1: *lini spartique vis ingens*.

2) Plin. XVIII, 108: *Hispani e lino excussoria et pollinaria (invenere)*. Mart. IV, 46, 17. Näheres s. unten S. 133.

3) Ath. V, 206 F. Mela II, 6, 2; vgl. Justin. und T. orb. descr. II. II.

4) Plin. XIX, 26 sq.   5) Str. III, 145.

6) Str. ib. 163: καὶ τῶν ῥιζῶν τῶν εἰς βαφὴν χρησίμων πλῆθος.

7) Str. ib. 144. Plin. III, 30. IX, 41. XVI, 32. XXII, 3.

8) Sid. Apoll. Carm. V, 59.

9) Str. l. l.: τά τε ναυπήγια συνιστᾶσιν αὐτόθι ἐξ ἐπιχωρίας ὕλης.

10) Plin. XXIV, 111.

11) Plin. XVIII, 31: *pinguissimum (oleis solum) in Baetica*. ib. 94: *Baetica quidem uberrimus messes inter oleas metit*, vgl. XV, 8. Mart. VII, 28, 3: *nec Tartesiacis Pallas tua, Fusce, trapetis cedat*.

12) Str. l. l.: ἐξάγεται δ' ἐκ τῆς Τουρδητανίας .... καὶ ἔλαιον οὐ πολὺ μόνον ἀλλὰ καὶ κάλλιστον. T. orb. descr. l. l. Luc. Navig. 23 u. s. Vgl. die Inschriften: *mercator olei Hispani ex provincia Baetica*, Orelli 3254. *diffusor olearius ex Baetica*, 4077.

13) Vgl. Köhler, Τάριχος p. 364.

14) Vgl. über das Fischreichthum Hispaniens besonders Str. III, 145. Polyb. b. Ath. VII, 302 C. VIII, 334 A. Plin. XXXI, 94. XXXII, 146 u. s.

15) Plin. XIX, 49: *Hispaniae cetarias hi (sc. scombri) replent thynnis non commeantibus*, u. s.

16) Str. l. l. 144: οὐκ ὀλίγη δὲ οὐδὲ ἐκ τῶν ὄψων ταριχεία οὐκ ἔνθεν μόνον ἀλλὰ καὶ ἐκ τῆς ἄλλης τῆς ἐκτὸς στηλῶν παραλίας, οὐ χείρων τῆς Ποντικῆς. Oribas. 1 p. 155 (Daremb. κράτιστοι δὲ οἱ Ἰβηρικοὶ (τάριχοι). Vgl. Galen Vol. VI p. 728 K. Xenocr. de alim. ex aqu. b. Fabric. Bibl. Gr. IX, 471 etc.

17) Ael. n. an. XIII, 6 erzählt von Dicaearchia: οἶκος τις τάριχος (ἦν), ἔνθα ἦν Λυσόρων Ἰβηρικὸς φόρτος καὶ ταρίχη τὰ ἐκεῖθεν ἐν σκεύεσιν ἁδροῖς. Vgl. Luc. Nav. 23. T. o deser.l.l.

§ 26.
Hispanien (Fortsetzung).

Hispania citerior (Tarraconensis). Der meiste Verkehr in Hispania Tarraconensis entfaltete sich an der Küste des Meeres; Carthago nova, Sagunt, Tarraco und das massilische Emporiae waren hier wie im Handel so auch in Industrie die hervorragendsten Plätze. Carthago Nova, reich geworden schon durch ihm gehörige, ergiebige Silbergruben [1], war wiederum unter diesen unstreitig der bedeutendste Handelsplatz für den See- wie für den Binnenhandel [2]. Ein Haupterwerbszweig der Einwohner waren Fischfang und Räuchern; ganz besonders berühmt war das aus den Taricheen von Carthago Nova hervorgegangene und überall hin versandte Garum, das von den Makrelen gewonnen wurde [3], nach denen eine nicht weit von Neu-Carthago gelegene Insel, eigentlich Insel des Hercules genannt, den Namen »Makrelen-Insel, Scombraria« bekommen hatte [4].

Wie bei diesem Gewerbszweige das Meer den Neu-Carthagern die Nahrung bot, so gab bei einem andern daselbst sehr verbreiteten Gewerbe das Land das Rohproduct, dessen Bearbeitung ausreichende Beschäftigung bot. Die Umgegend der Stadt brachte nämlich in grosser Menge Spartum hervor, das zu allen möglichen Dingen verarbeitet wurde. Man bereitete daraus Decken, Kleider, Schuhwerk, Dochte, Seile etc.[5], und dass die Gewinnung und Benutzung dieses Pflanzenstoffes für die Stadt von der höchsten Bedeutung war und sicherlich eine Menge Menschen beschäftigte, kann man wohl daraus schliessen, dass Carthago selbst darnach den Namen *spartaria* erhalten hat [6].

Grossartig müssen auch die Waffenfabriken von Neu-Carthago gewesen sein; der enorme Vorrath von Kriegsmaterial aller Art, welchen Scipio Africanus bei der Eroberung der Stadt vorfand [7], lässt uns darauf schliessen. Höchst wahrscheinlich verdankte diese Fabrication ihre Entstehung und Blüthe dem Umstande, dass Neu-Carthago der Hauptwaffenplatz für die Carthager war, die bei dem Mangel an Eisen im eigenen Lande nicht nur von Spanien her aus den reichhal-

---

1) Vgl. Polyb. b. Str. III, 147. 158.
2) Str. III, 158: ἔστι τοῦτο μέγιστον ἐμπόριον τῶν μὲν ἐκ θαλάττης τοῖς ἐν τῇ μεσογαίᾳ, τῶν δ᾽ ἐκεῖθεν τοῖς ἔξω πᾶσιν.
3) Str. l. l.: κἀνταῦθα δὲ καὶ ἐν τοῖς πλησίον τόποις πολλὴ ἡ ταριχεία. Galen Vol. XII p. 622 K. Plin. XXXI, 94 : nunc e scombro pisce laudatissimum (garum) in Carthaginis spartariae cetariis. Vgl. Hor. Sat. II, 8, 46.
4) Str. III, 159: εἶθ᾽ ἡ τοῦ Ἡρακλέους νῆσος ἤδη πρὸς Καρχηδόνι, ἣν καλοῦσι Σκομβροαρίαν ἀπὸ τῶν ἁλισκομένων σκόμβρων, ἐξ ὧν τὸ ἄριστον σκευάζεται γάρον. Vgl. Ath. III, 121 A.
5) Plin. XIX, 27: hinc (sc. sparto) strata rusticis eorum, hinc ignes facesque, hinc calciamina et pastorum vestis.... ad reliquos usus laboriose evellitur, ocreatis cruribus, manu textisque manicis convolutum osseis illigneisve conamentis cett. Vgl. Yates p. 318 sqq.
6) App. de reb. Hisp. 12: Καρχηδὼν ἡ σπαρταγενής. Vgl. Plin. XXXI, 94.
7) Liv. XXVI, 47. Vgl. Sil. Ital. XV, 195:
   non ulla opibus certaverit auri,
   non portu celsove situ, non dotibus arvi
   uberis aut agili fabricanda ad tela vigore.

tigen Bergwerken das Material für ihre eigenen Werkstätten bezogen, sondern auch in dem unterworfenen Lande, wo die beständigen Kriege reichhaltige Arsenale nothwendig machten, die Waffenfabrication eifrig betrieben. Mit dem Untergange der Macht von Carthago und der Einnahme Neu-Carthagos mag wohl auch die Bedeutung der Waffenfabriken dieser Stadt ein Ende erreicht haben; wenigstens ist in späterer Zeit nicht mehr davon die Rede, da die Erwähnung des Silius Italicus doch nur auf die Zeit des 2ten punischen Krieges zu beziehen ist. Welch reges Leben aber in Neu-Carthago im Gewerbfleiss herrschte, als die Stadt noch frei und blühend war, davon giebt uns die Nachricht Zeugniss, dass Scipio an 2000 Arbeiter darin vorfand, welchen er die Freiheit versprach, wenn sie ihre Kräfte der Anfertigung von Kriegsmaterial für die Römer zuwendeten [1].

Auf einem ganz andern Gebiete hatte sich Sagunt Bedeutung erworben, nämlich in der Töpferei. Die Erzeugnisse der saguntinischen Töpferfabriken gehörten zu den besten [2] und wurden auch in Rom gekauft [3]. Am bekanntesten und verbreitetsten waren die Becher, *calices Saguntini*, von denen auch ganze Services verfertigt wurden [4]; doch werden auch Aufbewahrungsgefässe erwähnt [5]. Es waren jedenfalls sehr einfache, aus gewöhnlichem Thone gebrannte und vermuthlich nach Art der samischen u. a. Thonwaaren mit schmucklosen, erhabenen Ornamenten versehene [6] Gefässe von nicht bedeutendem Werthe [7], welche ihren Ruf wohl besonders ihrer practischen Verwendbarkeit verdanken mochten. Erwähnt werden sie nur im ersten Jahrhundert unsrer Zeitrechnung, sodass wir über die Dauer dieses Industriezweiges nicht unterrichtet sind [8].

In der Gegend um die Mündung des Iberus, namentlich aber in dem nicht weit davon gelegenen Tarraco, blühte die Weberei. Der vortreffliche Flachs.

---

[1] Liv. l. l.   [2] Plin. XXXV, 160.
[3] Mart. IV, 46, 14:   *et crasso figuli polita caelo
septenaria synthesis Sagunti,
Hispanae luteum rotae toreuma.*
Es waren das sieben ineinander passende Becher.
[4] Plin. l. l. Mart l. l. und VIII, 6, 2: *ficta Saguntino cymbia (malo) luto.* Vgl. XIV, 108. *Calices Saguntini.*
[5] Juv. V, 29: *Saguntina lagona.*
[6] Darauf scheinen bei Mart. IV, 46 die Ausdrücke *crasso figuli polita caelo* und *luteum rotae toreuma* zu deuten.
[7] Mart. XIV, 108:   *Quae non sollicitus teneat servetque minister,
sume, Saguntino pocula facta luto.*
Es schadete also nicht viel, wenn sie beim Mahle zerschlagen oder gar bei Zwistigkeiten während des Trinkgelages als Waffe benutzt wurden, vgl. Juv. l. l.:
*inter vos quoties libertorumque cohortem
pugna Saguntina fervet commissa lagona.*
(Doch können diese Stellen sich auch auf die grosse Dauerhaftigkeit und Festigkeit des saguntinischen Geschirrs beziehen.)
[8] Gefunden werden in der Gegend des alten Sagunt vier verschiedene Gattungen von Gefässen, darunter auch rothe, wie die arretinischen. Laborde, Vases Lamberg, Introd. II Not. 2. Birch, hist. of anc. pottery II p. 372. Valcarcel, Barros Saguntinos, Valencia 1779, angeführt von Marquardt S. 256 Anm. 2358.

der daselbst gedieh, wurde zu feinen Geweben verarbeitet[1], den berühmten »carbasischen Stoffen«. Denn »nicht der Flachs selbst, sondern nur dessen Gewebe, die zuerst dort am Ebro in der damaligen grössten Capitale der Ostküste Spaniens zu weben erfunden wurden, erhielten diesen Namen, der mehr auf die Natur der Gewebe als des Stoffes sich bezieht«[2]. Diese Stoffe waren ein beliebter Luxusartikel der Römer und werden von den römischen Schriftstellern, namentlich Dichtern, oft erwähnt[3], doch sicherlich in allgemeinerem Sinne; man scheint darunter später nur eine etwas feinere Leinwand verstanden zu haben, in welchem Sinne κάρπασος und καρπάσιος auch bei griechischen Schriftstellern der Kaiserzeit vorkömmt. Die Weberei scheint daher in Tarraco erst zur Zeit der römischen Herrschaft auch für das Ausland Ruf erlangt zu haben.

Auch in Emporiae, einer Colonie der Massilier, blühte die Leinweberei[4], welche den grössten Theil der Einwohner beschäftigte, während von der nicht weit von ihnen im Innern des Landes (bei den Pyrenäen) wohnenden Völkerschaft der Cerretaner erzählt wird, dass das Räuchern von Schinken für sie eine sehr bedeutende Einnahmequelle bildete[5].

Im Innern von Hispania Tarraconensis war derjenige Ort, dessen Webereien in der römischen Zeit am berühmtesten waren, die Stadt Saetabis in der Nähe des Flusses Sucro. Der hier gedeihende Flachs gehörte zu den vorzüglichsten Sorten, die man kannte[6], und die daraus gefertigten Gewebe zeichneten sich durch ausserordentliche Feinheit und Zartheit aus[7], weswegen man denn auch gerade aus diesem Stoffe Taschentücher verfertigte[8], die für sehr kostbar galten[9]. Vermuthlich war die Stadt eine Gründung der Phönizier oder Carthager, welche die Kunst des Webens dahin verpflanzt hatten.

1) Plin. XIX, 10: *Hispania citerior habet splendorem lini praecipuum torrentis, in quo politur natura, qui adluit Tarraconem. Et tenuitas mira, ibi primum Carbasis repertis.* Vgl. IV, 112.

2) Ritter, üb. d. geogr. Verbr. d. Baumwolle S. 309. Der Name *carbasus*, der aus dem Orient herstammt, bedeutete, wie Ritter und Brandes, üb. d. ant. Namen u. d. geogr. Verbr. d. Baumwolle S. 102 fg. ausführen, eigentlich Baumwollenstoffe, wurde aber oft auf gröbere oder feinere Leinengewebe übertragen. Brandes hält die *lina carbasia* von Tarraco für Baumwolle (S. 111) und führt diese Fabrication auf phönizischen Einfluss zurück; für Leinwand erklärt sie Hübner im Hermes I, 90.

3) Virg. Aen. III, 357. VIII, 34. Lucr. VI, 109. Ov. Met. VI, 233. Val. Flacc. IV, 422. Curt. VIII, 9 etc. Vgl. Yates p. 348. Append. D p. 458.

4) Str. III, 160: λινουργοὶ δὲ ἱκανῶς οἱ Ἐμπορῖται.

5) Str. III, 162: Κερρητανοί .... παρ᾽ οἷς πέρναι διάφοροι συντίθενται ταῖς Κανταβρικαῖς ἐνάμιλλοι, πρόσοδον οὐ μικρὸν τοῖς ἀνθρώποις παρέχουσαι. Vgl. Mart. XIII, 54.

6) Plin. XIX, 9 von der *regio Aliana* im cisalpinischen Gallien: *ubi a Saetabi tertia in Europa lino palma.* Vgl. praef. 1.

7) Sil. Ital. III, 374: *Saetabis et telas Arabum sprevisse superba*
et Pelusiaco filum componere lino.

Grat. Cyn. 40: *at contra nostris imbellia lina Faliscis*
Hispanique alio spectantur Saetabes usu.

8) Cat. 12, 14. *nam sudaria Saetaba ex Hiberis*
miserunt mihi muneri Fabullus
et Verannius.

9) Catull ist äusserst ungehalten, dass ihm jemand eines seiner feinen saetabischen Tücher mitgenommen hat und verlangt es dringend zurück, 25, 9.

Ferner waren im Innern des Landes noch mehrere Orte durch Waffenfabriken berühmt, vornehmlich die Vaterstadt des Martial, Bilbilis am Salo, einem Nebenflusse des Iberus, deren Waffen von dem auf den Ruhm seiner Geburtsstätte stolzen Dichter oft gepriesen werden [1]. Eisenbergwerke befanden sich nicht in der Nähe; die Waffen von Bilbilis verdankten ihre Berühmtheit angeblich den Fluthen des Salo, welche für das Härten des Stahles ganz besonders geeignet gewesen sein sollen [2]; und wegen derselben Ursache waren die Waffenfabriken von Turiasso, einer Stadt in der Nähe des rechten Ebroufers, beliebt [3]. Endlich waren schon im Alterthum die Waffen und Stahlarbeiten von Toletum bekannt [4], dem spätern Toledo, dessen Klingen im Mittelalter neben den damascenischen den ersten Platz behaupteten.

Hispania ulterior. Baetica. Einer der wichtigsten Handelsplätze von Baetica war das durch seine Lage am atlantischen Ocean in der Nähe der nach ihm benannten Meerenge gelegene Gades, das heutige Cadix. Schon um 1100 v. Chr. hatten die Phönizier diese Stadt gegründet und zum Ausgangspunkt ihres Handels in Spanien und an der Küste des Oceans gemacht. Auch nachdem die Halbinsel von den Römern unterworfen worden war, blieben die Gaditaner nach wie vor berühmt durch ihren Handel und ihre Schifffahrt [5].

Von den zu Gades betriebenen Gewerben erfahren wir freilich wenig, haben auch nicht Ursache, anzunehmen, dass dieselben eine besondere Blüthe erreicht haben. Kamen doch hier in Gades nicht nur die Naturproducte, sondern auch die Industrieerzeugnisse fast aller Länder und Völker, mit denen die Phönizier in Verkehr standen — und es gab ja eine Zeit, wo der ganze Handel in den Händen dieses Volkes ruhte —, auf den Markt; hierher brachten die iberischen Stämme die reichhaltigen und mannichfachen Producte, welche ihnen ihr Land über und unter dem Erdboden darbot, hier war der Stapelplatz aller Erzeugnisse des phönizischen wie des griechischen Gewerbfleisses, welche als Tauschmittel für die barbarischen Völker der pyrenäischen Halbinsel und der nordafricanischen Küste dienten. Da ist denn wohl denkbar, dass der grösste Theil des Bedarfs an

---

1) I, 49, 2 :   *videbis altam, Liciniane, Bilbilin,*
                     equis et armis nobilem.
IV, 55, 11:   *saevo Bilbilin optimam metallo,*
                     quae vincit Chalybasque Noricosque.
XII, 18, 9 : *Bilbilis — superba ferro.*

2) Plin. XXXIV, 144: *(aqua cui candens ferrum immergitur) alibi atque alibi utilior nobilitavit loca gloria ferri, sicuti Bilbilin in Hispania et Turiassonem .... cum ferraria metalla in iis locis non sint.* (Vgl. Isid. Orig. XVI, 20.) Just. XLIV, 3 : *nec ullum apud eos* (sc. Iberos) *telum probatur, quod non aut Bilbili fluvio aut Chalybe tinguatur.* Mart. I, 49, 12 : *Salone, qui ferrum gelat.* IV, 55, 15 : *armorum Salo temperator.* XIV, 33 :
                   Pugio, quem curva signat brevis orbita vena,
                   stridentem gelidis hunc Salo tinxit aquis.
3) Plin. u. Isid. ll. ll.
4) Grat. Cyn. 341: *ima Toletano praecingant ilia cultro.*
5) Vgl. Movers II, 2, 624 ff. Wiberg a. a. O. S. 5 fg. — Strab. II, 99. III, 140. 160. 168 u. s.

Gewerbserzeugnissen eben durch diese von auswärts her eingeführten Waaren gedeckt wurde.

Einen namhaften Ruf hatten die Räucheranstalten von Gades. Die Γαδειρικὰ ταρίχη waren, namentlich seit den Zeiten des peloponnesischen Krieges hochberühmt[1] und wurden in grossen Quantitäten exportirt[2]. Sonst wird noch der Wolle der gaditanischen Schafe gedacht[3], woraus wir auf Verarbeitung derselben schliessen können, falls sie nicht unverarbeitet verschickt wurde.

Räucheranstalten waren überhaupt an der ganzen Küste von Baetica zu finden. Die berühmtesten waren ausser denen von Gades in Belum, Mellaria[4], Carteja (namentlich durch den Fang der Muränen, aus denen Garum bereitet wurde[5], ferner in Malaca[6] und bei den Exetanern[7]. In Carteja, das sich wegen seiner geschützten Lage an einer kleinen Bucht vortrefflich zum Ankerplatz eignete, befanden sich auch Schiffswerfte[8].

Im Innern von Baetica war es besonders der Baetisfluss, der alte Tartessus der heutige Guadalquivir, an dessen Ufern die grössten Städte erblühten und der regste Verkehr herrschte. Der Fluss selbst gab den Fischern und deren Fang den Räucheranstalten reichliche Nahrung[9]. — Weiter den Baetis hinauf war Corduba neben Gades der wichtigste Handelsplatz in Baetica[10]. Die bedeutenden Bergwerke, welche sich an den Ufern des Baetis befanden[11], lieferten ihre Metalle zur Verarbeitung wahrscheinlich hierher, das *aes Cordubense* gehörte zu den hervorragendsten Erzarten[12]. Berühmter noch war die Wolle der daselbst gezogenen Schafe, welche durch ihre natürliche gelbbraune Farbe einen ganz besondern Vorzug hatte[13]. Ob diese Wolle daselbst auch ver-

---

1) Eupol. b. Steph. Byz. v. Γάδειρα· πότερ᾿ ἦν τὸ τάριχος, Φρύγιον ἢ Γαδειρικόν, Ath. III, 116 C. 118 D. VII, 302 C. 315 C. Poll. VI, 49.

2) Hes. v. Γαδειρικὸν τάριχος, τὸ ἀπὸ Γαδείρων κομιζόμενοι, Ps.-Arist. mirab. ausc. 136 (148). 3) Colum. VII, 2, 4. 4) Str. III, 140.

5) Plin. XXXI, 94: *scombros et Mauretania Baeticaeque Carteja ex oceano intrantes capiunt, ad nihil aliud utiles (sc. nisi garum).* Auch die Purpurfischerei wurde dort betrieben, Str. 145.

6) Str. 156: ἐμπόριον δ᾿ ἐστὶν τοῖς ἐν τῇ περαίᾳ νομάσι καὶ ταριχείας δὲ ἔχει μεγάλας.

7) Str. l. l.: ἐφεξῆς δ᾿ ἐστὶν ἡ τῶν Ἐξιταιῶν πόλις, ἐξ ἧς καὶ τὰ ταρίχη ἐπωνύμως λέγεται. Galen l. l. p. 402. (Auch *Sexitani* genannt, vgl. Ath. III, 121 A.)

8) Str. III, 140. App. bell. civ. II, 105

9) Man fing namentlich Muränen, Arist. Ran. 475: Ταρτησία μύραινα, das. d. Schol. Varr. b. Gell. VI, 16, 5: *muraena Tartesia.* Poll. VI, 63: παρὰ τοῖς παλαιοῖς εὐδόκιμοι μύραιναι ἐκ πορθμοῦ καὶ μύραινα Ταρτησία. Wahrscheinlich bezieht sich diese Benennung auf die am Ausfluss des Baetis gesuchte Stadt Tartessus.

10) Str. 141 u. 160. 11) Str. 142. 12) Plin. XXXIV, 4; vgl. Mart. IX, 61, 3.

13) Colum. VII, 2, 4: *sunt etiam suapte natura pretio commendabiles pullus atque fuscus (color lanae), quos praebet .... in Baetica Corduba.* Mart. l. l.:

> *vellera nativo pallent ubi flava metallo*
> *et linit Hesperium bractea viva pecus.*

XII, 63: *Uncta Corduba laetior Venafro*
 Histra nec minus absoluta testa,
 albi quae superas oves Galaesi
 nullo murice nec cruore mendax,
 sed tinctis gregibus colore vivo.

arbeitet oder meist ungesponnen exportirt wurde, wissen wir nicht, vermuthlich war beides der Fall. Da sonst kein Ort in Baetica genannt wird, der sich durch Schafwolle jener Art ausgezeichnet hätte, die bätische Wolle aber, wie wir gesehen haben, sehr beliebt war, so mag Corduba und seine Umgebung wohl das meiste geliefert haben.

Zu erwähnen ist in Baetica noch ein sonst unbedeutender Ort, Calentum, wo Ziegel gebrannt wurden, welche so leicht waren, dass sie im Wasser nicht untersanken [1].

Lusitanien. Am wenigsten erfahren wir von Handel und Gewerben in Lusitanien. Die Küste des mittelländischen Meeres war für die Schifffahrt wichtiger, als die des atlantischen Oceans; und während daher an der Küste von Baetica und Hispania Tarraconensis eine ziemliche Anzahl grösserer Hafenplätze durch Handwerk und Handel Bedeutung erlangten, finden wir an der Küste von Lusitanien kaum einen grösseren Hafen und keine einzige wichtige Handelsstadt. Auch im Innern des Landes kennen wir nur wenig grössere Städte; die Einwohner benutzten den reichlichen Ertrag, den ihnen ihr Land bot, fast gar nicht, sondern zogen es vor, in Krieg und Räuberei ihren Lebensunterhalt zu gewinnen, bis die Römer dem ein Ende machten und durch Colonisten dem gesunkenen Wohlstande des Landes wieder aufzuhelfen suchten [2]. Das erklärt uns denn, dass Ackerbau, Handel und Industrie auf der Westseite der iberischen Halbinsel so daniederlagen.

Am meisten scheint noch die Weberei betrieben worden zu sein, sowohl in Wolle wie in Leinwand. Als Ort, wo feine Wollengewebe, darunter namentlich gewürfelte Stoffe, gewebt wurden, wird uns Salacia genannt [3]. Flachs, der sich namentlich zu Netzen eignete, kam aus Zoelae in Gallaecien [4]; wir dürfen wohl annehmen, 'dass er auch an Ort und Stelle verarbeitet und jedenfalls auch zu anderen Geweben benutzt wurde.

Endlich wurden in der sonst unbekannten Stadt Maxilua Ziegel von derselben Art fabricirt, wie in Calentum [5].

Schliesslich haben wir hier auch der zu Hispanien gehörenden

Balearischen Inseln zu gedenken, deren Einwohner zwar hauptsächlich vom Ackerbau lebten, zu denen aber die Phönizier die Kunst des Webens und

---

1) Plin. XXXV, 171: *in ulteriore Hispania, civitatibus Maxilua et Calento, fiunt lateres, qui siccati non merguntur in aqua.* Vitr. II, 3.

2) Str. III, 154: εὐδαίμονος δὲ τῆς χώρας ὑπαρχούσης κατά τε καρποὺς καὶ βοσκήματα καὶ τὸ τοῦ χρυσοῦ καὶ ἀργύρου καὶ τῶν παραπλησίων πλῆθος, ὅμως οἱ πλείους αὐτῶν τὴν ἀπὸ τῆς γῆς ἀφέντες βίον ἐν λῃστηρίοις διετέλουν καὶ συνεχεῖ πολέμῳ πρός τε ἀλλήλους καὶ τοὺς ὁμόρους αὐτοῖς.

3) Plin. VIII, 191: *(lanam) commendat Salacia scutulato textu in Hispania.* Str. III, 144: ὑπερβολὴ δὲ καὶ τῶν λεπτῶν ὑφασμάτων, ἅπερ οἱ Σαλακιῆται κατασκευάζουσιν. (Andere Lesarten sind Σαλιτιῆται, Σαλτιγῖται.)

4) Plin. XIX, 10: *dudum ex eadem Hispania Zoelicum linum venit in Italiam plagis utilissimum; civitas ea Callaeciae et oceano propinqua.*

5) Vgl. Anm. 1.

der Purpurfärberei gebracht zu haben scheinen [1]. Wenigstens scheint darauf die Nachricht des Strabo hinzudeuten, dass die Phönizier bei den Eingebornen zuerst die Kleider mit breitem Purpursaum eingeführt hätten [2]; und für den Betrieb der Purpurfärberei auf den Inseln spricht die Nachricht, dass in der späten Kaiserzeit noch daselbst sich eine kaiserliche Purpurfärberei befand [3].

§ 27.
Gallia transalpina.

Das transalpinische Gallien gewinnt seine Bedeutung für die Geschichte der Gewerbe erst seit der Unterjochung des Landes durch die Römer. Dem Süden freilich hatten schon hellenische Ansiedler höhere Cultur zugeführt, Öl- und Weinbau angeregt; aber das eigentliche Keltenland, der Norden Galliens bis zur Küste der Nordsee, zu dem griechischer und römischer Einfluss bis dahin nur wenig durchgedrungen waren, zeichnete sich in industrieller Beziehung wenig aus. Zwar der Handel, sowohl zur See als zu Lande, blühte schon früh, aber es war der unternehmende Geist der südlichen Provinzen, der ihn angeregt hatte und die Seele desselben war. Der Ackerbau wurde wenig betrieben, mehr die Viehzucht, in der sie sogar bedeutendes leisteten (gallische Reit- und Lastthiere wurden zu den besten gerechnet). Von Gewerben scheinen vor der römischen Eroberung nur die auf Metallarbeit bezüglichen bedeutender gewesen zu sein; diese aber allerdings in einer solchen Vollkommenheit, dass die Gallier darin sowie in den Einrichtungen des Bergbaues in manchen Dingen die Lehrmeister der Römer wurden.

Die Fabrication leinener und wollener Stoffe jedoch, durch welche in der Kaiserzeit Gallien sich so sehr auszeichnete, wird früher kaum erwähnt: mochten auch früher die gallischen Frauen ihren Männern und Söhnen die Kleidung selbst am Webstuhl verfertigen, von einem eigentlichen Gewerbe war noch nicht die Rede: erst die in Folge der römischen Besitzergreifung zunehmende Ausfuhr war es, durch welche dieser Industriezweig als solcher in's Leben gerufen und zu einem der wichtigsten für Gallien gemacht wurde [4].

Wir beginnen daher bei unsrer allgemeinen Übersicht der in Gallien vornehmlich betriebenen Gewerbe mit diesem als dem wichtigsten, mit der Fabrication wollener Stoffe. Es waren keine feinen Stoffe, welche die gallischen Webstühle verfertigten [5]; aus der groben, langhaarigen Wolle wurden dicke, warme Kleider fabricirt, wie sie die Gallier bei ihrem kälteren nördlichen Klima gebrauchten, und die auch den Römern in der Winterzeit oder in den kühleren Nächten nicht unwillkommen waren [6]. Auf das Äussere mag es dabei wohl

---

1) Vgl. Movers II, 2, 579 ff.
2) Str. III, 167: (οἱ Φοίνικες) δὲ καὶ ἐνδῦσαι λέγονται πρῶτοι τοὺς ἀνθρώπους χιτῶνας πλατυσήμους. (Eust. ad Dion. Per. 457 missversteht diese Worte, indem er sagt: οἱ δὲ ἐν αὐταῖς[sc. νήσοις] ἄνθρωποι πρῶτοι πλατυσήμους χιτῶνας ἐφεῦρον.
3) Not. dign. Occ. c. X p. 49.   4) Vgl. Mommsen, Röm. Geschichte III, 249.
5) Str. IV, 196.   6) Mart. IV, 19, 1 sqq. Juv. VIII, 144 sq.

weniger angekommen sein, als auf die Dicke und Dauerhaftigkeit des Zeuges; dass die speciell keltische Sitte der **gewürfelten Stoffe** (*scutulatae, ῥαβδωτοί*[1]) auch bei den Römern Mode geworden sei, lässt sich weder aus bestimmten Nachrichten, noch aus Denkmälern entnehmen[2]. Am beliebtesten waren die Überkleider, dicke Mäntel oder Kapuzen (*laenae*[3], *saga*[4], *pallia*[5], *cuculli*[6]). Wollene Unterkleider aus Gallia transalpina scheinen die Römer weniger getragen zu haben, dafür sorgten die feinwolligeren Schafe des cisalpinischen Galliens, wohl aber fanden die ursprünglich national-keltischen Beinkleider[7] (*braccae, endromides*) auch bei ihnen Eingang[8].

Es werden ferner auch gallische Teppiche oder Decken von gefärbten Wollenstoffen erwähnt[9]. Der beim Scheeren des Tuches gewonnene Abfall wurde zur Polsterfüllung verwendet, und auch diese Polster (*culcita, tomenta*) wurden in Italien eingeführt und gern benutzt[10]. Die Gallier galten sogar als Erfinder derselben, da man in Italien die Kissen früher mit Stroh oder Seegras füllte[11].

Auch auf die **Färberei** der Wollenstoffe verstanden sich die Gallier vortrefflich. Zwar bedienten sie sich dazu nicht des Purpurs, der an den Küsten Galliens nicht gefunden wurde[12], aber sie brachten mit **Pflanzensäften** nicht minder schöne und den Muschelsaft fast erreichende Farben hervor[13].

Wie schon oben bemerkt wurde, gewinnt die Fabrication dieser Stoffe erst Bedeutung, seit die Eroberung der Römer und der Verbrauch gallischer Kleider im Auslande diese Fabricate zu einem wichtigen Gegenstande des Exporthandels

---

1) Diod. V, 30: χρῶνται ... χιτῶσι βαπτοῖς, χρώμασι παντοδαποῖς διηνθισμένοις, ἐπιπορποῦνται δὲ σάγοις ῥαβδωτοῖς ... πίλησίοις πολυανθέσι καὶ πυκνοῖς διειλημμένους. Plin. VIII, 196: *scutulis dividere Gallia (instituit)*. Virg. Aen. VIII, 660: *virgatis lucent sagulis*. Dass auch die Beinkleider von gestreiftem Zeuge waren, beweist der Ausdruck des Properz V, 10, 43: *virgatis braccis*.

2) Vgl. Böttiger, Üb. d. herrschende Mode d. gewürf. Stoffe, Kl. Schr. III, 33 ff.

3) Strab. l. l.

4) Diod. u. Str. ll. ll. Virg. VIII, 660. Mart. VI, 11, 8. Sid. Apoll. Ep. IV, 20. Ed. Diocl. XVI, 2. u. s.   5) Vopisc. Prob. 4, 5: *pallia Gallica fibulata*.

6) Juv. l. l. Mart. XIV, 128 u. s.

7) *Gallia braccata*, Mela V, 59 im Gegensatz zur *Gallia togata*. Vgl. Plin. III, 31 u. ö.

8) Mart. I, 92, 8. IV, 91, 1 sqq. Vopisc. Aurel. 34. Vgl. Sid. Apoll. l. l.

9) Plin. VIII, 192: *aliter haec (tapetia) Galli pingunt*.

10) Plin. l. l. und XIX, 13: *Galliarum hoc (culcitum) et tomenta pariter inventum; Italiae quidem mos etiam nunc durat in appellatione stramenti*. Vgl. Mart. XI, 56, 9. XIV, 159 u. s.

11) Plin. VIII, 192: *aenis polientium extracta in tomenti usum veniunt Galliarum, ut arbitror, invento, certe Gallicis hodie nominibus discernitur nec facile dixerim qua id aetate coeperit. Antiquis enim torus e stramento erat qualiter etiamnunc in castris*. Vgl. Mart. XIV, 160. Sen. de vit. beat. 25, 2.

12) Plin. XXII, 3: *transalpina Gallia herbis Tyria atque conchylia tinguit et omnes alios colores; nec quaerit in profundo murices seque objiciendo escam dum praecipit beluis maris, intacta etiam ancoris scrutatur vada ut inveniat per quod facilius matrona adultero placeat, corruptor insidietur nuptae*. Erst gegen Ende der Kaiserzeit entstanden auch in Gallien kaiserliche **Purpurfärbereien**, Not. dign. Occ. c. X p. 49.

13) Plin. l. l. und XVI, 77: *(vaccinia) Galliae (mancupiis sata) .... purpurae tinguendae causa ad servitiorum vestes*. XXI, 170: *hyacinthus in Gallia maxima provenit, hoc ibi fuco hysginum tinguitur*. Vgl. VIII, 192.

gemacht hatte. Zahlreiche Stellen bei römischen Prosaikern und Dichtern zeigen uns, dass dieser Handel ein sehr lebhafter war und dass die gallischen Webereien fleissig müssen gearbeitet haben, um Italien mit ihren Erzeugnissen zu versorgen. Wir können als Anfangspunkt dieses Exportes gallischer Stoffe etwa das augusteische Zeitalter ansetzen; angedauert hat er aber durch die ganze Kaiserzeit, und noch im 4 und 5ten Jahrhundert n. Chr. waren die gallischen Mäntel eine gesuchte Waare [1]. Freilich, der Vornehme trug sie nicht; Martial betont den Gegensatz, den er im gallischen Sagum zu einem in tyrischen Purpur Gekleideten bilde [2]; aber eben darum, weil sie die Tracht des gemeinen Mannes waren, mussten Bedarf und Absatz um so grösser sein [3]. In der ersten Zeit des Kaiserreichs trug sie der ärmere Bürger [4], während sie später für das Militär verwendet wurden [5], aus dem Gebrauch der Bürger aber zu verschwinden scheinen.

Ausser der Wollenweberei war nun auch die Leinweberei in ganz Gallien verbreitet [6], allein dieselbe scheint mehr häusliche Arbeit der Frauen geblieben, als wirkliches handwerksmässiges Gewerbe geworden zu sein, wenn auch in einigen Gegenden Leinwebereien in grösserem Massstabe bestanden. Feine Leinwand, wie sie namentlich der Orient und Spanien lieferte, wurde in Gallien nicht fabricirt; gewöhnliches Segeltuch, wie es die Römer wohl gebrauchten, um Forum und Theater vor der Sonne zu schützen, war das Hauptfabricat der gallischen Leinweberei [7].

Von geringer Bedeutung scheint die Fabrication von Schuhen, den sogenannten *Gallicae* gewesen zu sein, einer Fussbekleidung, deren sich die Römer besonders im Hause zugleich mit der *lacerna* bedienten [8]. Sie scheinen kurz vor der Zeit des Cicero in Aufnahme gekommen [9], anfangs aber nur wenig getragen worden zu sein, weil sie für unziemlich und unrömisch galten. Unter den Kaisern kamen sie in allgemeinen Gebrauch und wurden für alle Klassen in verschiedener Qualität gemacht [10]. Sie mögen wohl später nicht allein in Gallien fabricirt worden sein, sondern bloss des ursprünglichen Fabricationsortes wegen den Namen behalten haben (etwa wie bei uns die »Pariser«).

---

1) S. Mommsen z Ed. Diocl. p. 87 fg.

2) VI, 11, 3: *Vis te purpureum, Marce, sagatus amem?* Vgl. I, 53, 4.

3) Str. IV, 197: οὕτως δ' ἐστὶ δαψιλῆ καὶ τὰ ποίμνια καὶ τὰ ὑοφόρβια, ὥστε τῶν σάγων καὶ τῆς ταριχείας ἀφθονίαν μὴ τῇ Ῥώμῃ χορηγεῖσθαι μόνον, ἀλλὰ καὶ τοῖς πλείστοις μέρεσι τῆς Ἰταλίας.

4) Vgl. Mart. I, 92, 8, wo ein armer Schlucker mit einer *Gallica bracca* nothdürftig seine Blosse bedeckt; IV, 19, 3 werden sequanische Beinkleider *sordida dona* genannt.

5) So besonders die bald zu besprechenden *saga Atrebatica*.

6) Auch noch im Mittelalter; vgl. Eginh. V. Carol. Magn. c. 23. Yates p. 289.

7) Plin. XIX, 8: *Cadurci, Caleti, Ruteni, Bituriges, ultimique hominum existimati Moreni, immo vero Galliae universae vela texunt, jam quidem et transrhenani hostes; nec pulchriorem aliam vestem eorum feminae novere.*

8) Cic. Phil. II, 30, 76.

9) Gell. XIII, 22: *Gallicas autem verbum esse opinor non diu ante aetatem M. Ciceronis usurpari coeptum.*

10) Im Ed. Diocl. IX, 12 sqq. werden folgende Arten *Gallicae* angeführt: *g. viriles rusticanae bisoles, g. viriles monosoles, g. cursoriae, taurinae muliebres bisoles, monosoles, socci purpurei, phoenicei, albi, viriles, muliebres, inauratae.*

Weniger für die Ausfuhr, als für den Bedarf im eigenen Lande arbeiteten vermuthlich die gallischen **Waffenfabriken**. Die reichhaltigen Eisengruben, in deren Ausbeutung es die Gallier zu einer hohen technischen Vollkommenheit gebracht hatten [1], lieferten reichliches Material zu den Schwertern, Schilden und Panzern, welche in den Werkstätten des Landes sicherlich in grosser Zahl, da der kriegerische Sinn der Kelten für hinlänglichen Absatz sorgte, gearbeitet wurden [2]. Auch hierin hatten sie sich eine nicht unbedeutende Fertigkeit erworben; so hatten sie z. B. das Verzinnen und Versilbern des Erzes erfunden [3]. Die Ausgrabungen in Frankreich fördern noch heutzutage die schönsten **Metallarbeiten** aus den keltischen Gräbern an's Licht, wie sie nicht minder Zeugniss ablegen von der grossen Geschicklichkeit der Gallier in der **Glasfabrication**. Wenn uns von den Alten auch wenig darüber berichtet wird [4], so zeigen die Gräberfunde doch deutlich, dass diese Kunst bei ihnen keineswegs zurück geblieben war; man findet trefflich gearbeitete Becher, oft mit feinen gläsernen Netzen umsponnen, Glascorallen mit mannichfachen Verzierungen und Farben u. s. w. [5]. Ob dieser Industriezweig erst durch die Römer nach Gallien gekommen oder vielleicht schon durch den Verkehr der südgallischen Handelsstädte mit Phönizien und Aegypten nach Gallien hinübergebracht worden ist, lässt sich nicht mit Gewissheit sagen; hingegen dürfen wir wohl annehmen, dass die Römer die **Töpferei** nach Gallien verpflanzt haben, von deren Ausübung wir zwar keine directen Nachrichten der Schriftsteller, aber durch die Ausgrabungen sichere Spuren haben, welche bezeugen, dass nicht nur gewöhnliche Thonwaaren, sondern auch feine rothe Thongefässe mit Reliefs in Gallien fabricirt worden sein müssen [6].

§ 28.
Gallia transalpina (Fortsetzung).

Gallia Narbonensis. Im **narbonensischen Gallien** ist diejenige Stadt, welche der Provinz den Namen gegeben, ausserordentlich bedeutend als Handelsstadt, aber nur wenig bekannt in industrieller Hinsicht [7]. Als Handelsplatz vorzüglich begünstigt durch seine Lage in der Nähe des Meeres war **Narbo** Mittelpunkt sowohl des Seehandels als auch des Binnenverkehrs und galt für das grösste Emporium und den allgemeinen Ankerplatz von ganz Gallien [8]. Um so

---

[1] Vgl. Caes. b. Gall. III, 21. VII, 22.
[2] Vgl. Dio Cass. XVIII, 49. Liv. XXII, 40. Varr. L. L. V, 116 (Müller). Poll. I. 49. Diod. V, 27 erwähnt goldene Panzer.   [3] Plin. XXXIV, 162.
[4] Plin. XXXVI, 194: *jam vero et per Gallias Hispaniasque simili modo harena temperatur.* Vgl. Isid. Orig. XVI, 15.   [5] Vgl. Cless in Pauly's Real-Encycl. III, 613.
[6] Vgl. **Marquardt** S. 256 Anm. 2359. Eine Zusammenstellung der Töpferstempel sammtlicher in der Schweiz, Frankreich, England, Deutschland und den römischen Donauprovinzen bekannten Töpfereien giebt Fröhner im Supplem. zum Philologus Bd. XII.
[7] Vgl. **Stark**, Städteleben, Kunst und Alterthum in Frankreich S. 153.
[8] Str. IV, 186: τούτων δ᾽ ἐπίτειον ἡ Νάρβων λέγεται, δικαιότερον δ᾽ ἂν καὶ τῆς ἄλλης Κελτικῆς λέγοιτο· τοιοῦτον ὑπερβέβληται τῷ πλήθει τῶν χρωμένων τῷ ἐμπορίῳ. Vgl. Auson.

auffallender ist es, dass uns von Gewerbthätigkeit in Narbo so gut wie gar nichts berichtet wird. Auf Inschriften von Narbo kommen Collegien von **Schiffszimmerleuten**[1] sowie der etwas problematischen *utricularii*[2] vor, welche am besten mit Boissieu[3] als Fabrikanten von Schläuchen erklärt werden; dergleichen Schläuche wurden zur Versendung von Öl und Wein benutzt, welche ja Gallia Narbonensis reichlich hervorbrachte[4]. — Gegen Ausgang der Kaiserzeit befand sich in Narbo eine **kaiserliche Purpurfärberei**[5].

Am bedeutendsten, sowohl was Handel als Gewerbe anlangt, nicht nur im narbonensischen, sondern in ganz Gallien, war unzweifelhaft **Massilia**[6]. Die Phocaeer hatten nach der Tochterstadt den regen kaufmännischen Geist mitgebracht, durch welchen sie sich einen so hervorragenden Platz in der Geschichte des griechischen Handels erworben haben[7]. Schon die Lage der Stadt wies die Massilier auf das Meer hin, und wie schnell sie sich auf demselben die Herrschaft errungen, das beweist der Sieg, den sie schon früh über ihre gefürchteten Rivalen, die Carthager, erfochten[8]. Ihre Schiffe gingen nach Kleinasien, Africa, Spanien, den Zinninseln[9]; die in Britannien eingetauschten Waaren wurden auf dem Landwege nach Massilia befördert[10], wie denn auch der Binnenhandel mit Gallien und Germanien eifrig betrieben wurde. Zahlreiche Colonieen an den Küsten der von ihnen besuchten Länder, namentlich Spaniens und Galliens, blühten rasch empor[11]. Dass bei einem so regen Handelsverkehr auch die Gewerbe auf einer hohen Stufe standen, ist erklärlich. Insbesondere war es die **Metallarbeit**, in welcher es die Massilier zu einer hohen Vollkommenheit gebracht hatten. Das Rohmaterial dazu holten sie aus ihren hispanischen Colonieen und verarbeiteten es namentlich zu **Schiffsgeräthen, Belagerungsmaschinen und Waffen**[12]. War auch seit dem Kriege des Pompejus gegen Caesar, in welchem Massilia auf Seiten des Pompejus gestanden und seine Selbständigkeit verloren hatte[13], die Bedeutung der massilischen Fabriken sehr gesunken, so waren doch noch zu Strabo's Zeit Spuren des früheren regen Betriebes zurückge-

---

de clar. urb. 13. Sid. Apoll. Carm. 23. Vib. Sequ. p. 4. Über den Verkehr mit Britannien Diod. V, 38.

1) Vgl. Henzen 7215; *clavarius* und *materiarius* bei Orelli 4164.
2) Vgl. Marquardt S. 332 fg.
3) Inscriptions antiques de Lyon p. 404. Vgl. Mommsen, Ann. d. Inst. 1853 p. 78.
4) *Oleum lentiscinum*, Pallad, Jan. 20. Plin. XXIII, 67. Wein, Plin. XIV, 13. 43. 68. u. s.
5) Not. dign. Occ. c. X p. 49.
6) Vgl. Hüllmann S. 116 ff. Stark a. a. O. S. 42 ff. Wiberg a. a. O. S. 26 ff. Speciellere Angaben bei Brückner, hist. reipubl. Massil. p. 54sqq. Geisow, de Massil. republ. Bonn 1865 p. 24 sqq.
7) S. Hüllmann S. 114 ff.   8) Thuc. I, 13.   9) Vgl. Geisow p. 27.
10) Strab. I, 63. Diod. V, 38.   11) Hüllmann a. a. O. Geisow p. 21 sqq.
12) Str. IV, 180: εἰσὶ δὲ καὶ νεώσοικοι παρ' αὐτοῖς καὶ ὁπλοθήκη, πρότερον δὲ καὶ πλοίων εὐπορία καὶ ὅπλων καὶ ὀργάνων τῶν τε πρὸς τὰς ναυτιλίας χρησίμων καὶ τῶν πρὸς πολιορκίας. (Vgl. XIV, 653 und Eust. ad Dion. Per. 75.) Caes. b. G. I. 34. 58. II, 8 sq. Collegien von *dendrophori, utricularii* etc. bei Papon, hist. d. Prov. p. 28. 39. 42. 48. 54. Geisow p. 24.
13) Caes. b. civ. II, 22. Sie mussten ihre Waffen und Maschinen, ihre Flotte und das Stadtvermögen ausliefern.

blieben[1], sowohl was die Anfertigung von Kriegsmaschinen, als den **Schiffsbau** anlangt, welcher selbstverständlich in einer so bedeutenden Handels- und Seestadt von jeher eine Menge Menschen beschäftigt hatte[2], wie es denn auch in der Stadt von tüchtigen Matrosen und Steuermännern wimmelte[3].

Auch in kunstvollerer Metallarbeit haben die Massilier sich hervorgethan, wie aus ihren zum Theil ganz trefflichen **Münzen** hervorgeht, welche das Zeichen des Stieres und Löwen tragen. Es sind meist Kupfer- und Silbermünzen, goldene sind bis jetzt noch nicht gefunden[4]. Auch die Münzen der Colonieen, namentlich von Emporiae, zeichnen sich durch ihre technische Vollendung aus[5].

Von anderen Gewerben scheint hauptsächlich der **Fisch**- und **Austernfang** in der ergiebigen Rhone bedeutend gewesen zu sein[6]. **Wein**- und **Ölbau** gediehen in dem fruchtbaren Boden auf's trefflichste[7]. Massilische **Gewänder** (von zottigem Fries, wie sie in Gallien häufig angefertigt wurden,) werden nur gelegentlich erwähnt[8].

Von anderen Orten in Gallia Narbonensis bleiben uns nur noch wenige zu nennen: vornehmlich **Antipolis**, welches die so beliebte und viel verschickte **Muria** (aus Thunfischen) bereitete[9], und **Piscenae**, dessen Bewohner die bekannten gewürfelten **Wollenstoffe** webten[10]. In **Arelate**[11], **Nemausus**[12] **Cabellio** (Cavaillon)[13] und andern Orten finden sich die oben erwähnten *utricularii* häufig auf Inschriften. In **Vienna** befand sich im Anfang des 5. Jahrhunderts n. Chr. eine **kaiserliche Leinweberei**[14], in **Telo Martius** eine kaiserliche **Purpurfärberei**[15].

Aquitanien. Von wichtigen Handels- oder Fabrikstädten in Aquitanien erfahren wir gar nichts: nur von einzelnen Völkerschaften wird uns berichtet, zumal von solchen, die sich durch **Weberei** auszeichnen. Vor allen

---

1) Str. l. l.: ὅμως δ᾽ οὖν ἴχνη λείπεται τοῦ παλαιοῦ ζήλου παρὰ τοῖς ἀνθρώποις καὶ μάλιστα περὶ τὰς ὀργανοποιίας καὶ τὴν ναυτικὴν παρασκευήν.

2) Str. l. l. Caes. b. civ. II, 4.   3) Caes. l. l. und I, 55.

4) Geisow l. l.   Wiberg S. 88 fg.   5) Eckhel, Doctr. num. I, 47.

6) Str. IV, 182. 184. Ael. n. an. XIII, 16. Cass. Dio XL, 54. Opp. Hal. III, 620. Auson. epp. IX, 27. Vgl. Ps.-Arist. Mirab. 89 (94). Liv. XLII, 2.

7) Str. IV, 179. Ath. I, 27 E u. s.

8) Poll. VII, 60. Vgl. auch Suid. s. v. ἐς Μασσαλίαν πλεύσειας, ἐπὶ τῶν θηλυτέρως καὶ μαλακῶς ζώντων· οἱ γὰρ Μασσαλιῶται θηλύτερον ἔζων, στολαῖς ποικίλαις καὶ ποδήρεσι καὶ μύροις χρώμενοι.

9) Plin. XXXI, 94. Mart. IV, 88, 5:
Antipolitani nec quae de sanguine thynni
testa rubet.
XIII, 103: *Antipolitani, fateor, sum filia thynni.* Vgl. Köhler, Τάριχος p. 396 sq. — Handwerkercollegien auf Inschriften bei Papon a. a. O. p. 39. 48. 54.

10) Plin. VIII, 191.

11) Auch Schiffszimmerleute etc., s. Millin, Voyage III, 494. Orelli 4120. Henzen 7231.

12) Henzen 7208.   13) Orelli 4149.

14) Not. dign. Occ. l. l. Die Leinwandfabrication blüht dort noch heute, vgl. Boecking ebd. p. 358. — Ein *sagarius Romanensis* (der Mantel nach römischer Mode macht?) in Vienna bei Orelli 4275.   15) Not. dign. l. l.

§ 28. GALLIA TRANSALPINA.

ragen durch Leinweberei hervor die **Cadurci**, **Ruteni** und **Bituriges** (Cubi), welche das oben besprochene grobe Segeltuch fabricirten [1]. Nun wurden bei den Cadurcern aber auch **Polster** gefertigt [2], und zwar in solcher Güte, dass der Name *Cadurcum* für ein solches Polster bei den Römern ganz gebräuchlich geworden war [3]. Diese Matratzen waren mit Wollabfällen gepolstert, wir müssen also aus dieser Nachricht entnehmen, dass die Tuchfabrication und die damit verbundene Walkerei bei den Cadurcern ebenfalls eine ziemliche Bedeutung gehabt haben [4].

Die **Santones** webten und verschickten **wollene Kapuzenmäntel** (*cuculli, bardocuculli*) [5].

[1] Plin. XIX, 8. Strab. IV, 191: παρὰ δὲ τοῖς Καδούρκοις λινουργῖαι.
[2] Plin. XIX, 13: *Italia et Pelignis etiamnunc linis honorem habet, sed fullonum tantum in usu; nullum est candidius lanaeve similius, sicut in culcitis praecipuam gloriam Cadurci obtinent.*
[3] Juv. VII, 221: *institor hibernae tegetis niveique cadurci*; vgl. VI, 537. Sulpicia b. Schol. z. d. St. (Wernsdorf, Poet. l. m. III, 96):
    ne me cadurci destitutam fasciis
    nudam Calaeno concubantem proferat.
[4] Die betreffende, oben Anm. 2 angeführte Stelle des Plinius ist sehr unklar. Plinius spricht da überhaupt von der Leinweberei und sagt vom pelignischen Linnen, es sei geschätzt, aber nur im Gebrauche der Walker; keines sei weisser und der Wolle ähnlicher, »sowie die Cadurcer in der Verfertigung von Polstern vorzüglichen Ruhm geniessen«. Er erwähnt dann, dass diese Polster gallische Erfindung seien, was er vorher bei Gelegenheit der Wollenweberei (VIII, 192) auch hervorhebt. Wie hier die cadurcischen Polster zum pelignischen Flachs kommen, ist schwer zu verstehen. Wozu bedienten sich die Walker der pelignischen Leinwand? — Das *tomentum*, der beim Scheeren des Tuches entstehende und zur Polsterfüllung benutzte Abfall, musste sich bei den Walkern reichlich vorfinden, vielleicht verfertigten diese aus dem so gewonnenen Material auch selbst die *culcita* (obgleich für Verfertiger von solchen Polstern auch der Name *culcitarius* vorkömmt) und bedienten sich zu den Überzügen der wegen ihrer Weisse besonders dazu geeigneten pelignischen Leinwand. Dann hätten wir den sonst unverständlichen Vergleich mit den Cadurcern erklärt: wie die pelignische Leinwand für derartige Polsterüberzüge sich besonders eignete, so waren auch die mit cadurcischer Leinwand überzogenen vortrefflich. Doch würde diese Erklärung unsre Annahme, dass die Cadurcer nicht bloss die Leinweberei, sondern auch die Wollenfabrication betrieben haben, nicht ausschliessen; denn vom Überzuge haben die Polster sicherlich nicht den Namen *cadurca* bekommen, sondern nach der speciell gallischen Erfindung der Polsterfüllung.
[5] Juv. VIII, 145:   *si nocturnus adulter*
    tempora Santonico velas adoperta cucullo.
Schol. ib.: *de byrro Gallico scilicet. Nam apud Santonas oppidum Galliae conficiuntur.*
Mart. XIV, 128: *Gallia Santonico vestit te bardocucullo.*
Diese Kapuzenmäntel wurden hauptsächlich von Sclaven, Bauern, Landleuten, Fischern, Jägern, — überhaupt von solchen getragen, die sich viel in freier Luft aufhalten und den Unbilden der Witterung aussetzen mussten; vgl. Jahn, Ber. d. sächs. Ges. 1861. S. 369. Marquardt S. 173. 185. Über den Stoff, aus dem sie gefertigt wurden, wird uns nichts mitgetheilt, es geht aber aus ihrer Anwendung hervor, dass sie aus dickem, grobem Zeuge, jedenfalls Wollenstoff, waren. Wir haben solche *cuculli* schon in Illyrien und Etrurien gefunden (vgl. S. 54 und S. 109); die Denkmäler zeigen aber, dass sie auch in vielen andern Gegenden üblich waren. Wenn Martial (I, 33, 5. XIV, 128) gallische Kapuzen *bardocuculli* nennt, so glaube ich nicht, dass man deswegen schliessen müsse, die Fabrication derselben sei aus Illyrien von den Bardaeern eingeführt worden (vgl. Rich, Wörterbuch unter *bardocucullus* und *cucullus* 5. Wir haben dafür gar keinen Anhalt als die Benennung, und diese ist

Ausser der Weberei wurde der **Bergbau** in Aquitanien stark betrieben; und nicht nur ergiebige **Silbergruben** wurden bei den **Rutenen** und **Gabalern** bearbeitet[1], sondern bei den **Petrocoriern** und den cubischen **Biturigern** das noch mehr Segen spendende **Eisen**[2]. Letztere hatten bedeutende Eisenbergwerke und wussten auch mit dem gewonnenen Metall sehr gut umzugehen; Caesar fand dort grosse Werkstätten und eine nicht unbedeutende technische Fertigkeit[3], und auch noch in der Folgezeit waren die Metallarbeiten der Bituriger bekannt[4].

Gallia Belgica war von Beginn bis in die spätesten Zeiten des römischen Kaiserreichs berühmt wegen der daselbst erzeugten **Schafwolle** und der daraus gewebten **Kleidungsstücke**. Die Wolle der belgischen Schafe war zwar grob, aber langzottig[5]; man webte daraus die dicken Mäntel (*saga*, *laenae*), welche die eigentliche Nationaltracht der Gallier waren[6] und bei den Römern namentlich von Soldaten im Dienst und von Arbeitern auf dem Lande getragen wurden[7]. Am gesuchtesten waren, besonders gegen Ende der Kaiserzeit, die Fabricate der **Nervier**[8] und der **Atrebaten**. Die letzteren scheinen die Armeen der römischen Kaiser mit solchen Mänteln, welche von dunkler Farbe waren und von den Soldaten als geringere Tracht angelegt wurden[9], versorgt zu haben[10]; doch wurden auch andere, vermuthlich werthvollere Kleidungsstücke von den Atrebaten angefertigt und versandt, so z. B. Kapuzenmäntel (*birri*)[11].

---

sicherlich nur aus der Ähnlichkeit der bei den Galliern verfertigten Kapuzen mit den illyrischen hervorgegangen.

1) Str. IV, 191: παρὰ δὲ τοῖς Ῥουτη-οῖς ἀργυρεῖα ἔχουσι δ᾽ ἀργυρεῖα καὶ οἱ Γαβαλεῖς.

2) Str. l. l.: παρὰ μὲν οὖν τοῖς Πετροκορίοις σιδηρουργεῖά ἐστιν ἀστεῖα καὶ τοῖς Κούβοις Βιτούριξι.

3) Caes. b. Gall. VII, 22: *apud eos magnae sunt ferrariae atque omne genus cuniculorum notum atque usitatum est.* Vgl. III, 21.

4) Plin. XXXIV, 162. Lucan. Phars. I, 423. Rutil. Itin. I, 353.

5) So nach einer Conjectur bei Strab. IV, 196: ἡ δὲ ἐρέα τραχεῖα μὲν μακρόμαλλος δέ, ἀφ᾽ ἧς τοὺς δασεῖς σάγους ἐξυφαίνουσιν, οὓς λαίνας καλοῦσιν, wo im Text das schwer verständliche ἀκρόμαλλος steht. — Die Römer zogen daselbst auch feinwollige Schafe, die sie mit Fellen bedeckten, Str: l. l.: οἱ μέντοι Ῥωμαῖοι καὶ ἐν τοῖς προσβορροτάτοις ὑποδιφθέρους τρέφουσι ποίμνας ἱκανῶς ἀστείας ἐρέας.

6) Str. l. l. Polyb. II, 28. 30. Caes. b. Gall. V, 42.

7) Vgl. Marquardt S. 171.

8) Ed. Diocl. c XVI, 10. 15. 76 u. s.; das. Mommsen S. 87.

9) Suid. v. Ἀτραβατικάς· ἐν ταῖς ἑορταῖς καὶ τοῖς ἐπινικίοις καὶ παρόντων πρέσβεων ἐνεδύοντο χιτῶνας καὶ χλαμύδας ποικίλας, ἀπὸ χρυσοῦ καὶ πορφύρας καὶ ἄλλως πως πολυτελεῖς· ἐν δὲ ταῖς κοιναῖς συνόδοις ξηραμπελίνας τὸ χρῶμα, ἃς ἐκάλουν Ἀτραβατικὰς ἀπὸ τοῦ χρώματος (sic!). Die nun folgende Erklärung des Namens ist ganz verkehrt, da Suidas von der Völkerschaft der Atrebaten nichts weiss.

10) Vgl. die Anecdote vom Kaiser Gallienus, Treb. Poll. Gall. duo 6: *perdita Gallia arrisisse ac dixisse perhibetur Gallienus : Non sine Atrebaticis sagis tuta res publica est?*

11) Vopisc. Carin. 20: *donati sunt ab Atrebaticis birri petiti.* Hieron. adv. Jovin. II ed. 1546 Vol. II p. 29: *nunc lineis et sericis et Atrebatum et Laodiceae indumentis ornatus incedis.* Dass diese Gewänder leinene sind, wie Marquardt S. 93 Anm. 926 annimmt, ist aus dem vorhergehenden *lineis* wohl nicht zu schliessen. Vgl. oben S. 28. Anm. 4.

Die Hauptfabrik befand sich in Turnacum, das an der Grenze der beiden Bezirke der Nervier und der Atrebaten lag, wo noch heut berühmte Webereien sind [1].

Ferner waren bekannt die Wollenwebereien der Sequaner [2], namentlich warme Beinkleider (*endromides*) [3]; die Lingonen brachten Kapuzenmäntel auf den Markt [4]. In Alesia im Gebiet der Lingonen blühte die Metallarbeit; man verfertigte daselbst besonders aus einer Composition von Silber und Bronze Zierraten für Pferde und Zugvieh, Joche u. s. w. [5].

Die Leucones, welche ebenfalls Mäntel arbeiteten [6], waren weniger wegen dieser Kleidungsstücke bekannt, als die bei ihnen auf die mehrfach erwähnte Art verfertigten Polster beliebt waren [7], die übrigens ziemlich kostspielig gewesen zu sein scheinen [8].

Endlich sind noch die Moriner als Leinweber, welche besonders Segeltuch lieferten, erwähnenswerth [9].

Gallia Lugdunensis. Am wenigsten wird uns von der Industrie des lugdunensischen Gallien berichtet. Nur die Hauptstadt, Lugdunum, zeichnete sich durch Handel und Gewerbfleiss aus [10]; doch würden wir auch hier ohne die Inschriften nur wenig unterrichtet sein. Die zahlreichen Inschriften aber, welche Boissieu in seinem Werke über die Inschriften der Stadt Lyon gesammelt hat, geben uns ein ziemlich genaues Bild von dem überaus regen industriellen Leben dieser Stadt. Am meisten vertreten sind die mit der Schifffahrt in Verbindung stehenden Gewerbe, nicht nur die Schiffercollegien selbst [11], sondern auch

---

1) Not. dign. c. X p. 49; vgl. Mommsen z. Ed. Diocl. S. 88.
2) Die Sequaner trieben auch stark die Schweinezucht, Varr. R. R. II, 4, und verschickten ihre geräucherten Fleischwaaren bis nach Rom, Str. IV, 192: ὅθεν αἱ κάλλισται ταριχεῖαι τῶν θείων κρεῶν ἐς τὴν Ῥώμην κατακομίζονται. Auch die menapischen Schinken gingen in's Ausland, Mart. XIII, 54.
3) Mart. IV, 19, 1: *hanc tibi Sequanicae pinguem textricis alumnam*
. . . . . . *gelido non aspernanda Decembri*
dona, peregrinam mittimus endromidem.
4) Mart. I, 53, 4: *sic interpositus villo contaminat uncto*
urbica Lingonicus Tyrianthina bardocucullus.
5) Plin. XXXIV, 162: *deinde et argentum incoquere simili modo coepere equorum maxime ornamentis jumentorumque ac jugorum Alesia oppido.*
6) Mart. XIV, 159, 2: *vellera Leuconicis accipe rasa sagis.*
7) Mart. l. l.: *Tomentum Leuconicum.*
XI, 56: *Leuconicis agedum tumeat tibi culcita lanis.*
8) Mart. XIV, 160: *Tomentum Circense.*
Tomentum concisa palus Circense vocatur
Haec pro Leuconico stramina pauper emit.
9) Plin. XIX, 8.
10) Str. IV, 192: εὐανδρεῖ δὲ μάλιστα τῶν ἄλλων πλὴν Νάρβωνος· καὶ γὰρ ἐμπορίῳ χρῶνται καὶ τὸ νόμισμα χαράττουσιν ἐνταῦθα τό τε ἀργυροῦν καὶ τὸ χρυσοῦν οἱ τῶν Ῥωμαίων ἡγεμόνες. Vgl. über Handel und Gewerbe von Lugdunum Cless in Pauly's Encyclopaedie und Stark. Städteleben etc. S. 17.
11) Vgl. Orelli 4077. 4110. 4243. Henzen 7007. 7254. 6950. Boissieu p. 386 sqq.

die *utricularii*[1], die Zimmerleute und Tischler[2]. Sodann die Verfertiger von Kleidungsstücken in Wolle und Leinwand[3], die Arbeiter in Metall[4], Thon[5] und Glas[6]. Man darf bei dieser Vielseitigkeit des Gewerbfleisses aber nicht vergessen, dass auch viele Ausländer, namentlich Griechen, als Handwerker in Lugdunum thätig waren[7].

§ 29.
Noricum.

Unter den übrigen Völkerschaften des mittleren Europas, welche in der Kaiserzeit in die Botmässigkeit des römischen Volkes gekommen sind, ist in keinem von eigentlicher gewerblicher Thätigkeit die Rede. Alle diese Völker sind erst spät und allmählich in den Bereich des Culturlebens gezogen worden, ohne welches die Entwicklung einer wirklichen Industrie nicht denkbar ist; die in jenen Gegenden angelegten römischen Grenzfestungen mussten viel zu sehr ihre militärischen Zwecke verfolgen, als dass sie in irgend welcher Weise civilisatorisch hätten wirken können.

Von Bedeutung für die Industrie ist nur Noricum[8]. Dies Land erhielt durch seine ergiebigen Eisenbergwerke für Rom, welches ja so ungemein viel Kriegsmaterial bedurfte, eine grosse Wichtigkeit. Denn nicht nur war das Eisen, welches daselbst gewonnen wurde, von ausgezeichneter Qualität[9], sondern es waren auch im ganzen Lande überall, namentlich in der Hauptstadt Noreja, grosse Werkstätten, in denen dasselbe verarbeitet und hauptsächlich zu Waffen geschmiedet wurde[10]. Dass dieselben in grosser Zahl nach Italien gekommen, und daselbst wegen ihrer Trefflichkeit geschätzt gewesen sind, sehen wir daraus, dass *Noricus ensis* fast sprüchwörtlich geworden ist[11]. In der spä-

---

1) Orelli 4244. Henzen 6991. 7007. Boissieu p. 401 sqq.

2) *collegia fabrum*, Henzen 7007. 7260. Boissieu p. 410 sqq. *dendrophor.* Orelli 2322. Henzen 6031. Boissieu p 412 sq. *tignarii*, Boiss. p. 414.

3) *sagarii*, Boiss. p. 404 sqq. *prossarii* (vermuthlich Verfertiger dicker Stoffe) ib. p. 407 sq. *lintiarii* p. 408 sqq.

4) *argentarii*, Boiss. p. 422 sqq. Vgl. Spon, Rech. des ant. de la ville de Lyon p. 73.

5) Darauf bezieht sich jedenfalls die *ars cretaria* bei Boiss. p. 432 sqq., wo auch die in Lyon gefundenen Inschriften und Marken von Thongefässen gesammelt sind.

6) Ein *vitriarius* aus Carthago auf einer Inschrift von Lugdunum, Millin, Voyage etc. I, 508. Boissieu p. 426 sqq. Vgl. Orelli 4299. Marquardt S. 338 Anm. 3068.

7) Vgl. Spon n. a. O. p. 57. 84. 94.

8) Das Buch von Muchar über Noricum ist mir nicht zugänglich gewesen.

9) Plin. XXXIV, 145: *in nostro orbe aliubi vena bonitatem hanc (ferri) praestat ut in Noricis.* Vgl. Rut. Itin. I, 351 sq.

10) Strab. V, 214. Ov. met. XIV, 712: *durior et ferro, quod Noricus excoquit ignis.* Mart. IV, 5, 12. Sid. Apoll. carm. V, 51. Vgl. Steph. Byz. v. Νωράχος. Ἐπαφρόδιτος ἐν τοῖς Ὁμηρικοῖς φησιν· ὅτι γίγνεται ἐν Παιονίᾳ σίδηρος, ὃς ἀκονηθεὶς λαμπρότατός ἐστιν· ἀφ' οὗ καὶ τὸ νώροπα χαλκόν. Clem. Alex. Strom. I, 10 p. 363: ἀλλὰ καὶ Νώροπες, ἔθνος ἐστὶ Παιονικόν, τὸν δὲ Νωρικοὶ καλοῦνται, κατειργάσαντο χαλκὸν καὶ σίδηρον ἐκάθηραν πρῶτοι.

11) Hor. Od. I, 16, 9; das. Acro: *in ipsis enim locis (l. Noricis) et probatum ferrum est et optimi gladii fiunt.* Vgl. Epod. 17, 71.

§ 29. Noricum.

teren Kaiserzeit veranlasste der Reichthum dieser Gegenden an Eisen die Kaiser, zahlreiche **Waffenfabriken** daselbst anzulegen, nicht nur in Noricum selbst, sondern auch in dem benachbarten **Pannonien**; diese Fabriken wurden aber nicht an den Orten selbst, wo das Eisen gewonnen wurde, sondern mehr nach der Grenze zu, an der Donau angelegt. Die *Notitia dignitatum* nennt als solche kaiserliche Waffenfabriken in diesen Gegenden **Laureacum**, **Carnuntum**, **Aquincum** und **Sirmium**[1].

Ebenfalls in die spätere Kaiserzeit gehört die Ausfuhr von norischen **Wollenstoffen**, welche im Edict des Diocletian erwähnt werden, aber keine besondere Bedeutung erlangt zu haben scheinen[2].

---

[1] Not. dign. Occ. c. VIII p. 43.
[2] Ed. Diocl. XVI, 79: βίρρος Νωρικός. (Bei dem lin. 78 erwähnten βίρρος 'Ριπήσιος denkt Mommsen an Noricum Ripense oder Dacia Ripensis; vgl. Treb. Claud. 17: *chlamys Dardania*, da Dardania ziemlich dasselbe ist wie Dacia Ripensis.) — Vgl. Tot. orb. descr. § 57: *Noricum, unde et vestis Norica exire dicitur.*

Register.

I. Geographisches Register.

Abdera 56.
Abydus 39.
Acarnanien 58.
Achaja 84 fg.
Acharnae 62 A. 2. 65.
Adramyttium 39.
Adria s. Hadria.
Aegina 88 ffg.
Aegypten 6 ffg.
Aethalia s. Ilva.
Aetolien 58.
Aexone 65.
Agylla s. Caere.
Alabanda 34.
Alesia 145.
Alexandria 14 ffg; vgl. 10. 11. 13.
Aliani 101.
Allifae 119.
Altinum 102.
Amastria 42.
Amathus 52.
Ambracia 58.
Ambrosus 59 A. 2.
Amorgos 94 fg.
Amyclae 82.
Ancona 119.
Ancyra 29.
Antandros 40.
Anthedon 60.
Antinupolis 17.
Antiochia (in Syrien) 26.
Antipolis 142.
Aoner 59.
Apulien 121 fg.
Aquileja 102. 103 A. 5.
Aquincum 147.
Aquinum 115.
Aquitanien 142 ffg.
Arcadien 83.
Arelate 142
Argos 77 fg.
Ariminum 120.
Arretium 108 fg.
Arsinoe 17.
Ascalon 25.

Asta 101.
Athen 61 ff.
Atrebaten 144 fg.; vgl. 28 A. 4.
Attica 61 ff.
Aulis 60.
Babylon 26. 28.
Baetica 127 ffg. 134 ffg.
Baetisfl. 135.
Balearen 136 fg.
Balitho 5 A. 7.
Bardaeer 54 A. 8.
Belgica 144 fg.
Belum 135.
Beneventum 119.
Bergomum 103 A. 1 u. 5.
Berytus 21. 23.
Bilbilis 134.
Bituriges 143 fg.
Boeotien 59 ffg
Bomarzo 105.
Brixia 102 A. 13. 103 A. 5.
Brundisium 122. 124.
Bruttium 120.
Bulis 59.
Butos 16.
Byblus 23.
Byzacium 4 A. 3.
Byzanz 56; vgl. 42.
Cabellio 142.
Cadurci 143.
Caere 108 A. 9. 109 fg.
Caesarea (in Cappadocien) 31.
Caesarea (in Phonizien) 23.
Calabrien 122 ffg.
Calentum 136.
Cales 118 fg.
Campanien 115 ffg.
Canopus 16 fg.
Canusium 121 fg.
Caphareus 88 A. 8.
Cappadocien 30 fg.
Capua 118.
Carpasia 53.
Carien 31 ffg.
Carnuntum 147.

Carteja 135.
Carthago 1 ffg.
Carthago Nova 134 fg.
Carystus 88.
Casinum 115.
Casium 16.
Cassandrea 57.
Caunus 34.
Ceos 48 A. 9. 65 A. 13.
Ceramus 33 A. 11.
Cerne 5; vgl. 67.
Cerretani 133.
Chaeronea 60.
Chalcedon 42.
Chalcis (auf Euboea) 86 ff.
Chalyber 40 fg.
Chemmis s. Panopolis.
Chios 45 fg.
Cibyra 29.
Cilicien 30 fg.; vgl. 4.
Cimmerischer Bosporus 44.
Cissa 55.
Clazomenae 35. 37.
Clusium 105.
Cnidus 33 fg.; vgl. 51 A. 3.
Colchis 43.
Colias 65.
Colophon 36.
Colossae 27.
Comum 102. 103 A. 5.
Concordia 103.
Copais-See 60.
Coptus 18.
Coraxer 43; vgl. 32 A. 7. 129 A. 6.
Corcyra 97 fg.
Corduba 135 fg.
Corinth 72 ffg.; vgl. 87 A. 3. 88 A. 8. 103 A. 8.
Corsica 127.
Corycus 30.
Cos 48 fg.
Cossa 110.
Cremona 103.
Creta 97.
Crommyum 52.

I. Geographisches Register.

Cumae (in Campanien) 116 fg.
Cumae (in Lydien) 37 A. 10.
Curion 52.
Cynaetha 85 A. 1.
Cypern 51 ffg.
Cyrenaica 1. 5 fg.
Cythera 81.
Cyzicus 39.
Dalmatien 54 fg.
Damascus 25 fg.
Daphne 26.
Decelea 62 A. 2.
Delos 91 fg.
Dicaearchia s. Puteoli.
Dioscurias 42.
Diospolis 16.
Edessa 26.
Elba s. Ilva.
Elea 120.
Elis 83 fg.
Emporiae 133.
Engadi 25.
Ephesus 37.
Epirus 58.
Eretria 88.
Erythrae 35. 37.
Etrurien 103 ffg.; vgl. 100 A. 7. 115 A. 7.
Euboea 86 ff.
Euganeer 102 A. 12.
Euripus 59 f. 88.
Exetaner 135.
Falerii 109 fg.
Faventia 101.
Gabaler 144.
Gades 134 fg.
Gaetuler 2.
Galatien 27. 29.
Galilaea 24.
Gallia cisalpina 98 ffg.
Gallia transalpina 137 ffg.
Gaza 24.
Gazelonitis 42 A. 16.
Girba 3.
Gortyna 97 A. 8.
Graviscae 110.
Hadria 98. 119 A. 14.
Hadrianopolis 56.
Haliartus 61 A. 2.
Heraclea (am Pontus) 42.
Hermione 78.
Hierapolis 29.
Hipponium 120.
Hispanien 127 ffg.
Hydruntum 123 A. 12.
Iberien (am Pontus) 43 A. 1.
Jericho 25.
Jerusalem 25.
Iguvium 119.
Illyrien 54 fg.
Ilva 107 fg.
Imbros 86.
Insubrer 99 A. 2.
Ionien 36.
Irenopolis 31.
Istrien 54 fg.
Itanus 97 A. 1.
Judaea 24.

Laconien 79 ff.; vgl. 87 A. 3.
Laodicea (in Phrygien) 27 fg.
Laodicea (in Syrien) 26 fg.; vgl. 28 A. 4.
Laureacum 147.
Lectum 39.
Lemnos 86.
Leptis 5.
Lesbos 44 fg.
Leuconer 145.
Liburnien 54.
Libyen 4 fg.
Ligurien 98 ffg.
Lindus 50 A. 7. 51 A. 4.
Lingoner 145.
Liternum 117.
Locris 58.
Luca 108 A. 9.
Lucanien 120 fg.
Luceria 121.
Lugdunum 145 fg.
Luna 106.
Lusitanien 136 fg.
Lycaonien 27.
Lychnidus 58.
Lycien 34 fg.
Lydien 35 ffg.
Lydda 67.
Macedonien 56 fg.
Maeotis 42.
Magnesia (in Carien) 33.
Malaca 135.
Malta s. Melite.
Mantua 102 A. 13. 103.
Marathon 65.
Marcianopolis 56.
Massilia 141 fg.
Mauretanien 1 ffg.
Maxilua 136.
Mediolanum 103 A. 1 u. 5.
Megaris 70 ff.
Melanchlaeni 42 A. 16.
Meliboea 58
Melite 125 fg.
Mellaria 135.
Melos 95 fg.
Memphis 17.
Menapier 145 A. 2.
Mendesius nomus 16.
Meninx 2 fg. 5.
Messana 125 A. 12.
Messenien 83.
Milet 31 ffg.; vgl. 42.
Minturnae 115.
Moeris-See 17.
Moesien 56.
Moriner 145.
Mutina 100.
Mysien 37 fg.
Mytilene 44.
Myus 34 A. 15.
Narbo 140 fg.
Naucratis 16.
Naxos 93 fg.
Neapolis (in Campanien) 117.
Neapolis (in Phönizien) 23.
Nemausus 142.
Nervier 144.

Nicaea 29 A. 4.
Nicomedia 41 A. 10.
Nisyrus 50 A. 2.
Nola 119.
Noreja 146.
Noricum 146 fg.
Nuceria 120.
Numidien 1 fg.
Olbia 42.
Olynth 56.
Ostia 114.
Paestum 121.
Palaescepsis 40.
Palaestina 24 fg.
Pamphylien 27.
Pannonien 147.
Panopolis 17.
Panticapaeum 42. 44.
Parium 39.
Parma 100.
Paros 93.
Patara 35.
Patavium 101 fg.
Patrae 84.
Peligner 119; vgl. 143 A. 4.
Pellene 85.
Pelusium 16.
Percote 40.
Pergamum 37 ffg.
Perusia 105. 109.
Petrocorier 144.
Phaselis 34 A. 15 u. 17.
Philadelphia 35.
Phocaea 36 A. 2. 37.
Phocis 58.
Phönizier 18 ffg.
Phrygia (att. Demos) 62 A. 2.
Phrygien 27 ffg.
Picenum 119 fg.
Pisae (in Etrurien) 106. 110.
Pisaurum 119 fg.
Piscenae 142.
Pisidien 27. 29.
Pitana 39 fg.
Pithecusa 117.
Pollentia 100 fg.
Pompeji 117 fg.
Pontus 40 ffg.
Populonia 108. 110.
Porphyrione 39.
Praeneste 115.
Propontis 39.
Ptolemaïs 23.
Puteoli 117.
Pyrgi 110.
Ravenna 101. 103 A. 5.
Retovia 101.
Rhegium 121.
Rhenea 92 A. 2.
Rhodus 50 fg.
Rom 110 ffg.
Ruteni 144.
Sabiner 119.
Saetabis 133.
Saguntum 132.
Salacia 136.
Salernum 120.
Salona 55.

Samnium 119 fg.
Samos 46 ffg.; vgl. 31.
Sardes 35 ffg.
Sardinien 126 fg.
Sarepta 23.
Satureum 123.
Scombraria 131.
Scythopolis 25.
Selge 27. 29.
Selinus 125 A. 12.
Sequaner 145.
Seriphos 92.
Setia 115.
Sexitani s. Exetani.
Sicilien 124 fg.
Sicyon 76 fg
Side 29.
Sidon 22 fg.; vgl. 20 A. 6.
Sigeum 39.
Sinope 41 ffg.
Siphnos 92 fg.
Sirmium 147.
Smyrna 36 A. 2. 37 A. 13.
Soli (in Cilicien) 30.
Soli (auf Cypern) 52.
Sparta s. Laconien.
Strymon 57.
Styra 88 A. 8.
Suessa 115.

Sulmo 120.
Surrentum 118.
Sybaris 120 fg.; vgl. Thurii.
Syracus 125.
Syrien 25 ffg.
Syrten 1. 4.
Tamassus 52.
Tanis 16.
Tarent 122 ffg.
Taricheae (in Aegypten) 17 A. 3.
Taricheae (in Nordafrica) 5.
Taricheae (in Palästina) 25.
Tarquinii 109.
Tarraco 132 fg.
Tarsus 30.
Tartessus 135.
Taurischer Chersonnes 42.
Tauromenium 125 A. 12.
Tegea 60.
Telo Martius 142.
Tenedos 44.
Tentyrites nomus 18.
Teos 37.
Thasos 85 fg.
Theben (in Boeotien) 60; vgl. 51 A. 3.
Theodosia 42.
Thera 96.

Thessalien 57 fg.
This 18.
Thracien 55 fg.
Thurii 120 fg.; vgl. Sybaris.
Thyatira 35 fg.
Tibur 115.
Ticinum 103.
Tithorea 58.
Tius 42.
Toletum 134.
Torone 56.
Tralles 34.
Trapezus 42.
Troas 27 ffg.
Turiasso 134.
Turnacum 145.
Tyrus 20 ffg.
Umbrien 119 fg.
Velia s. Elea.
Velleja 104.
Venafrum 119 fg.
Veneter 98 ffg.
Verona 102 fg.
Vienna 142.
Volaterrae 105.
Vulci 104.
Zoelae 136.
Zuchis 5.

II. Sachregister.

Asbestgewebe. Carystus 88. Cypern (Carpasia) 53.
Backwaaren. Aegina 90. Ancyra 29. Athen 65. Canopus 16 A. 8. Cappadocien 31. Creta 97. Cypern 54. Eretria 88 A. 7. Lesbos 44. Lydien 37. Magnesia (in Carien) 32 A. 10. Rhodus 51. Rom 112. Samos 48. Tegea 60. Teos 37 A. 8. Thasos 86. Theben (in Boeotien) 60. Thessalien 57. Thyatira 37 A. 8.
Balsam. Palästina, vorzüglich von Engadi und Jericho 25.
Baumwolle. Aegypten 10. Antinupolis 17. Carthago 4 A. 3. Damascus 26. Hierapolis 29 A. 2. Melite 125. Phönizien 19. Tarraco (?) 133 A. 2. Tralles 34.
Bergwerke, s. Eisen- und Kupferbergwerke.
Binsenmatten etc. Boeotien, namentlich Haliartus 61.
Blumenzucht. Campanien 116. Cyrenaica 5. Paestum 121. Praeneste 115.
Bratwürste. Lucanien 121.
Buntwirkerei. Aegypten 8 f. Alexandria 15. Cypern 53. Etrurien 107. Milet 33. Palästina 24. Sicilien 124 A. 7. Sidon 22. Syrien 26. Thera 96.

Byssus. Aegypten 9 f. Elis 84. Palästina 24. Patrae 84.
Cilicia, s. Ziegenhaar-Weberei.
Drechslerarbeiten. Nuceria 120.
Eisenarbeit. Arretium 108. Athen 68. Cales 118. Campanien 116. Capua 118 A. 6. Chalcis (auf Euboea) 87. Chalyber 40 f. Cibyra 29. Comum 102. Cypern 52. Euboea 87. Hispanien 128. Laconien 79. Lydien 37. Minturnae 115. Nola 119. Populonia 108. Puteoli 117. Rom 113. Sinope 44. Venafrum 120. S. auch unter Waffenfabrication.
Eisenbergwerke. Boeotien 59. Chalyber 40 f. Cilicien 31. Cypern 52. Dalmatien 55. Etrurien 107 A. 12. Euboea 86 f. Gallia cisalpina 103. Hispanien 128. Ilva 108. Laconien 79. Melos 96. Noricum 146 f. Sardinien 127. Seriphos 92.
Erzarbeit. Aegina 89 f. Alesia 145. Argos 77 fg. Athen 68 fg. Bergomum 103 A. 1. Brundisium 124. Caere 108 A. 9. Campanien 116. Capua 118. Chalcis 86. Chios 45. Corduba 135. Corinth 74 ff. Cypern 52 A. 3. Delos 91 f. Etrurien 105 f. Euboea 87. Gallia cisalpina 99. Gallia transalpina 140. Gortyna 97 A. 8. Laconien 80. Mediolanum 103 A. 1. Pergamum

II. Sachregister.

35f. Phönizien 19f. Rhegium 121. Rhenea 92 A. 2. Rom 113. Samos 47f. Sicilien 125. Sicyon 77. Sidon 23. Sinope 41 A. 9. Syracus 125. Tarent 124.
Färberei mit Pflanzenstoffen. Creta 97. Gallien 138. Hierapolis 29. Hispanien 130. Phrygien 29.
Felle zu Kleidern verarbeitet. Attica 63. Cappadocien 31. Locris 58. Mauretanien 2. Sardinien 127.
Fischfang u. Räucheranstalten. Abdera 56. Abydus 39. Aegypten 14. Aexone 65. Amastria 42. Ambracia 58. Arsinoe 17. Attica 65. Baetica 135 f. Baetisfl. 135. Balitho 5 A. 7. Belum 135. Benevent 119. Bruttium 120. Byzanz 56. Campanien 117. Carteja 135. Carthago nova 134. Cerne 5. Chalcedon 42. Chalcis 88. Chalyber 44. Clazomenae 37. Copais-See 60. Cossa 110. Cumae in Campanien) 117. Cumae (in Lydien) 37 A. 10. Cyzicus 39. Dioscurias 42. Elea 120. Epirus 58. Eretria 88. Etrurien 110. Euboea 88. Euripus 60. Exelaner 135. Gades 135. Graviscae 110. Heraclea 42. Hipponium 120. Hispanien 130. Leptis 5. Lucanien 120. Lychnidus 58. Lycien 34. Lydien 37. Macedonien 56. Maeotis 42. Malaca 135. Massilia 142. Megaris 72. Melaria 135. Meninx 5. Messana 125 A. 12. Mysien 39. Myus 34 A. 15. Nilmundungen 17. Nordafrica 5. Olbia 42. Olynth 56. Palästina 25. Panticapaeum 42. Parium 39. Phaselis 34 A. 15. Phrygien 29. Populonia 110. Propontis 39. Pyrgi 110. Sardinien 127. Scombraria 134. Selinus 125 A. 12. Sicilien 125. Sicyon 77. Sinope 43. Sicymon 57. Syracus 125 A. 12. Tanais 42. Taricheae (in Nordafrica) 5. Taricheae (in Palästina) 25. Tartessus 135. Taurischer Chersonnes 42. Tauromenium 125 A. 12. Theodosia 42. Thurii 120. Tius 42. Torone 56. Trapezus 42. Troas 39. Zuchis 5.
Garn zu Netzen. Carthago 4. Colchis 43. Cumae (in Campanien) 116. Etrurien 109. Sardes 36. Sardinien 126. Syrtenküste 4. Zoelae 136.
Garum. Carteja 135. Carthago Nova 134. Clazomenae 37. Leptis 5 A. 8. Pompeji 118.
Gausape. Patavium 101 f.
Geisseln. Corcyra 98 A. 6. Laconien 80 A. 5.
Glasfabrication. Aegypten 11 fg. Alabanda 34. Alexandria 15. Campanien 117. Carthago 4. Diospolis 16. Gallien 140. Hispanien 128. Lesbos (?) 44 f. Lugdunum 146. Phönizien 19. Rom 114. Sardinien (?) 126 f. Sidon 23. Tyrus 22.
Goldarbeit. Athen 69 A. 1. Capua 118 A. 6. Cypern 52 A. 3. Etrurien 106. Gallia cisalpina 99. Phönizien 19. Rom 113. Sidon 23. Smyrna 30 A. 2.
Goldstickerei. Etrurien 133.
Goldwirkerei. Aegypten 9. Cos 49 A. 7. Lydien 36. Pergamum 38. Rom ebd.
Hanfgewebe. Thracien 56.
Küche. Athen 65 A. 9. Elis 83. Lydien 37.
Körbe. Casinum 115. Nola 119. Suessa 115.
Kohlenbrenner. Acharnae 65.

Kopfbedeckungen. Melite 126. Sicyon 77. Thessalien 57 A. 6.
Kraftmehl. Aegypten 14. Chios 46. Creta 97 A. 13.
Kriegsmaschinen. Cyzicus 39. Massilia 141 f. Rhodus 50.
Kupferbergwerke. Argolis 77. Attica 68 A. 7. Chalcis 86 f. Cilicien 31. Cypern 52. Euboea 86. Hispanien 128. Ilva 108 A. 1. Libanon 23 A. 2. Nordafrica 4 A. 5. Sycionia 96 A. 3. Troas 39 A. 5.
Kurzwaaren. Aegina 89.
Lampendochte. Boeotien 61.
Lederarbeiter. Argos 78 A. 1. Athen 64 A. 2. Boeotien 59 A. 7. Thyatira 37 A. 1.
Leinweberei. Aegypten 6 ff. Africa 1. Alexandria 15. Amorgos 94 f. Antinopolis 17. Aquileja 102 A. 11. Aquitanien 143. Arsinoe 17. Attica 63 f. Berytus 23. Bituriges 143. Butos 16. Byblus 23. Cadurci 143. Canopus 16. Carthago 4. Casium 16. Cilicien 30. Colchis 43. Corinth 76. Creta 97. Cypern 53. Damascus 26. Emporiae 133. Etrurien 107. Falerii 109. Faventia 101. Galilaea 24. Gallia cisalpina 99. Gallia transalpina 139. Hispanien 129 f. Laodicea (in Syrien) 26. 28 A. 4. Lugdunum 146. Lydien 36. Memphis 17. Morini 145. Palastina 24. Panopolis 17. Peligner 119. Pelusium 16. Phönizien 19. Ravenna 101. Retovia ebd. Ruteni 143. Saetabis 133. Sardinien 126. Sarepta 23 A. 11. Scythopolis 24. Sicilien 124. Syrien 26. Tanis 16. Tarquinii 109. Tarraco 132 f. Tarsus 30. Thyatira 36. Tralles 34. Tyrus 21. Vienna 142. Zoelae 136.
Lodices. Verona 102.
Magenwürste. Falerii 110.
Muria. Antipolis 142. Thasos 86. Thurii 120 A. 12.
Ölbereitung. Attica 64 f. Baetica 130. Gallia Narbonensis 141. Iguvium 119. Massilia 142. Phocis 58. Picenum 119. Sabiner 119. Samos 48. Selge 29. Sicyon 77. Sinope 44. Tibur 115 A. 1. Tithorea 58. Umbrien 119. Venafrum ebd.
Ölpressen. Pompeji 118.
ὀθόνια. Aegypten 9. Melite 126.
Papyrusbearbeitung. Aegypten 12 fg. Alexandria 15. Memphis 17.
Pergament. Pergamum 37 fg. Rom ebd.
Polster. Cadurci 143. Leucones 145.
Polymita, s. Buntwirkerei.
Purpurfischerei und Färberei. Africa 2 fg. Amorgos 95. Amyclae 82. Ancona 119. Anthedon 60. Aquinum 115. Argos 78. Baleares 137. Bulis 59. Caesarea in Phönizien) 23. Calabrien 123. Campanien 116. Canusium 122. Capharcus 88 A. 3. Carien 33. Carteja 135 A. 5. Carthago 2 f. Chios 46. Cissa 55. Colophon 36. Corinth 76. Cos 50. Cypern 50. Cypern 53. Cythera 81. Eretria 88 A. 8. Etrurien 107. Euripus 59 f. 88. Gaetuler s. Mauretanien. Gallien 138 A. 12. Girba s. Meninx. Hermione 78. Hispanien 130. Hydruntum 123 A. 12. Ionien 36. Itanos 97 A. 1. Laconien 81. Lectum 39. Libyen 5. Lydda 23. Lydien 36.

Mauretanien 2. Meliboea 58. Meninx 2 f.
Mile: 33. Narbo 144. Neapolis (in Phöniz.)
23. Nisyrus 50 A. 2. Numidien 2. Phocaea
36 A. 2. Phocis 59. Phönizien 19. Picenum
119. Propontis 39. Puteoli 117. Rhodus 51.
Salona 55. Sardes 36. Sardinien (?) 126.
Sarepta 23. Satureum 123. Sicilien 125.
Sidon 22. Sigeum 39. Smyrna 36 A. 2.
Styra 88 A. 8. Sybaris 120. Syracus 125.
Tarent 123 fg. Teio Martius 142. Thasos (?)
86 A. 2. Thessalien 58. This 18. Thyatira
36. Tyrus 20 f. Zuchis 5 A. 9.
Putz für Frauen. Athen 64. Patrae 84.
Räucherwerk. Syrien 26.
Salbenfabrication. Adramyttium 39. Aegina 90. Aegypten 13 f. Alabanda 34. Alexandria 16. Antiochia (in Syrien) 26. Ascalon 25. Athen 69. Campanien 116. Canopus 16. Capua 118. Carien 34. Chaeronea 60. Chios 46. Cilicien 30. Cnidus 34. Corinth 76. Cos 50. Creta 97. Cypern 54. Cyrene 5. Cyzicus 39. Delos 92. Elis 83. Engadi 25. Ephesus 37. Hispanien 130. Jericho 25. Illyrien 55. Laodicea (in Syrien) 26. Lycien 34. Macedonien 37. Mendesius nomus 16. Mysien 39. Mytilene 44. Neapolis (in Campan.) 117. Palästina 23. Phaselis 34 A. 17. Phocis 59. Phönizien 20. Pisidien 29. Praeneste 115. Rhodus 51. Selge 29. Sidon 23. Soli (in Cilicien) 30. Syrien 26. Tarsus 30. Tithorea 59. Tyrus 22.
Sandalen. Patara 35.
Schafzucht. Achaja 85 A. 1. Acharnae 62 A. 2. Apulien 121. Arcadien 83. Attica 62 ff. Boeotien 60 A. 7. Brundisium 122. Bruttium 120. Calabrien 122. Clazomenae 35. Colchis 43. Colossae 27. Coraxer 43. Corduba 135. Corsica 127. Creta 97 A. 4. Cynaetha 85 A. 1. Cyrene 5 A. 11. Decelea 62 A. 2. Erythrae 35. Euboea 88 A. 5. Euganeer 102 A. 12. Gades 135. Gazelonitis 42 A. 16. Insubrer 99 A. 2. Laconien 80 fg. Libyen 3. Lucanien 120. Lycaonien 27. Lydien 35. Mantua 102 A. 12. Megaris 71. Phrygien 27. Pisidien ebd. Sabiner 119. Sardinien 158. Selge 27. Sicilien 124. Sybaris 120 A. 7. Tarent 122. Thessalien 57. Thracien 56. Umbrien 119. S. auch unter Wollenweberei.
Scharlachfärberei. Africa 2 A. 1. Ambrosus 59 A. 2. Cos 50. Galatien 29. Hispanien 130. Libyen 5. Nicaea 29 A. 4. Sardes 36 A. 9.
Schiffsbau. Aegina 90. Antandros 40. Athen 69. Carien 34. Carteja 135. Carthago 4. Caunus 34. Cilicien 31. Cnidus 34. Corcyra 98. Corinth 72 f. Cypern 52 fg. Cyrene 6. Cyzicus 39. Etrurien 110. Hispanien 130. Liburnien 54. Lindus 50 A. 7. Massilia 141. Narbo ebd. Naxos 93 f. Ostia 114. Paros 93 A. 2. Phocaea 37 A. 4. Phönizien 20. Pisae 110. Pisaurum 120. Pontus 43. Populonia 110. Rhodus 50. Samos 48. Sicilien 125. Side 29. Sinope 43.
Schinken, geräucherte. Caere (?) 110. Cerretani 133. Menapier 145 A. 2. Sequaner ebd.

Schuhe. Ambracia 58 A. 6. Amyclae 82. Argos 78. Attica 64. Carien 35 A. 3. Chios 46. Colophon 36. Etrurien 107. Gallien 139. Laconien 82 f. Rhenea (?) 92 A. 2. Rhodus 51. Sicyon 76. Thessalien 58.
scutulatae vestes. Aegypten 11. Gallien 138. Piscenae 142. Salacia 136.
Seidenweberei. Berytus 21. 23. Cos 48 f. Phönizien 19. Syrien 26. Tyrus 21.
Seiler. Capua 118 A. 8. Marathon 65.
Silberarbeit. Athen 51. Chalcis 87. Ephesus 37. Etrurien 106. Gallia cisalpina 99. Lugdunum 146. Ostia 114. Phönizien 19. Rhodus 51. Rom 113. Sidon 23. Smyrna 37 A. 13.
σινδόνες. Aegypten 9. Laodicea (Syrien) 26 A. 5. Palästina 24 A. 10. Tyrus 21 A. 9.
Spartiumweberei. Carthago nova 131. Hispanien 130.
Specularii. Rom 114.
Spiegel von Metall. Brundisium 124. Etrurien 106 A. 11.
Steinarbeit. Aegypten 18 A. 1. Attica 69. Etrurien 106 f. Megara 71. Memphis 17. Panopolis ebd.
Steingut. Siphnos 92 fg.
Steinschneider. Alabanda 34. Cypern 52 A. 3. Cyrene 6. Etrurien 107.
Stickerei. Athen 64 A. 5. Campanien 116. Phrygien 28 f. Rom ebd.
Tarichos, s. Fischfang.
Thonbildnerei. Athen 68. Corinth 74. Etrurien 105.
Tischlerarbeit. Athen 70. Chios (?) 46. Laconien 80. Magnesia 38. Milet ebd. Sicilien (?) 125. Sinope 44. Thessalien 57.
Töpferei. Aegina 90. Allifae 119. Argos 78. Arretium 109. Asta 104. Athen 65 ff.; vgl. 24. 34 A. 4. Aulis 60. Boeotien 59 f. Cales 118. Campanien 115. Capua 118. Carien 33. Carystus 88. Cassandrea 57. Chios 45. Cilicien 31. Cnidus 33 f. Coptus 18. Corcyra 98. Corinth 73 f. Cos 50. Creta 97. Cumae (in Campan.) 116 f. Delos 92 A. 4. Erythrae 37. Etrurien 104 ffg. Euboea 88. Gallia cisalpina 99. Gallia transalpina 140. Gaza 24. Hispanien 129. Laconien 80. Lesbos 45. Ligurien 99. Lindus 54 A. 4. Lugdunum 146. Megaris 74. Melos 95 f. Mutina 100. Naucratis 16 f. Naxos 93 f. Paros 93. Pergamum 38. Phocaea 37. Pisaurum 119. Pithecusa 117. Pollentia 100 fg. Rhedium 121. Rhodus 51. Rom 112 f. Sagunt 132. Samos 46 f. Setia 115. Sicilien 125. Siphnus 93. Surrentum 118. Syracus 125. Syrien 27 A. 2. Tenedos 44. Teos 37. Thasos 86. Thera 96. Thurii 121. Thyatira 37 A. 3. Tibur 115. Tralles 34. Velleja 101. Verona (?) 102 A. 9.
Toreutik, s. Erz-, Gold-, Silberarbeit.
Utricularii. Arelate 142. Cabellio ebd. Lugdunum 146. Massilia 141 A. 12. Narbo 141. Nemausus 142.
Vasenmalerei. Apulien 121 A. 7. Athen 66 ff. Campanien 115 f. Capua ebd. Clusium 105. Corinth 77. Etrurien 104 f. Lucanien 121 A. 7. Melos 95 f. Nola 119. Pantica-

paeum 44. Perusia 105. Thera 96. Volaterrae 105. Vulci 104 fg.

Waffenfabrication. Aetolien 58. Antiochia 26. Aquincum 147. Argos 78. Arretium 108. Athen 68. Bilbilis 134. Boeotien 59. Caesarea in Cappadoc. 31. Cornuntum 147. Carthago 4. Carthago Nova 131 f. Chalcis 87. Concordia 103. Corinth 75 A. 2. Cremona 103. Creta 97. Cypern 52. Cyzicus 39. Damascus 26. Daphne ebd. Edessa 26. Euboea 87. Gallia transalpina 140. Hadrianopolis 56. Hispanien 128. Irenopolis 31. Laconien 80. Laureacum 147. Luca 108 A. 9. Lydien 37. Mantua 103. Marcianopolis 56. Massilia 141. Messenien ? 83 A. 9. Nicomedia 44 A. 10. Noreja 146. Noricum ebd. Pannonien 147. Rhodus 30. Salernum 120. Salona 55. Sardes 37. Sirmium 147. Sulmo 120. Ticinum 103. Toletum 134. Turiasso ebd. Verona 103.

Wagenbau. Cyrene 6. Laconien 80. Lucanien 121. Sicilien 125. Sicyon 77. Suessa 115. Theben 60.

Wollenweberei. Achaja 84 f. Aegypten 10 f. Africa 2. Altinum 102. Apulien 121 fg. Aquileja 102. Attica 63. Atrebaten 144 f. Baetica 129. Balearen (?) 137. Bardaeer 54 A. 8. Belgica 144 f. Brixia 102 A. 13. Brutium (?) 120. Caducreer (?) 143. Cales (?) 119. Canusium 121. Carien 34 f. Carthago 3. Corinth 76. Cypern 53. Dalmatien 54 f.

Damascus 26. Delos ? 92. Etrurien 107. Galatien 27. Gallia cisalpina 98 fg. Gallia transalpina 137 ff. Hispanien 129. Jerusalem 26. Illyrien 54. Istrien ebd. Judaea 25. Laconien 81. Laodicea in Syr. 26. Leuconer 145. Liburnien 54. Ligurien 99. Lingoner 145. Luceria 121. Lugdunum 146. Magnesia in Carien 33. Massilia 142. Mauretanien 2. Megaris 71. Milet 31 ff. Mutina 100. Nervier 144. Noricum 147. Palaescepsis 40. Palästina 25 f. Pamphylien 27. Parma 100. Patavium 101 f. Pellene 85. Percote 40. Perusia ? 109. Philadelphia 35. Phonizien 19. Piscenae 142. Pollentia 100. Pontus 42. Rom 112. Salacia 136. Samos 46. Sardes 35. Sequaner 145. Sidon 22. Syrien 25 f. Tarent 122 f. Theben (? 60. Thera 96. Thyatira 35. Tyrus 21. Verona 102.

Ziegelbrennerei. Arretium 109 A. 3. Calentum 136. Hispanien 129. Maxilua 136. Pitana 39 f. Rom 113. Venafrum 119.

Ziegenhaar-Weberei. Africa 2. Cilicien 30. Hispanien 129. Phrygien 30 A. 7.

Zimmerleute. Aquileja 103 A. 5. Ariminum 120. Bergomum 103 A. 5. Brixia ebd. Comum ebd. Cremona ebd. Euboea 88. Lugdunum 146. Massilia 141 A. 12. Mediolanum 103 A. 5. Ostia 114. Pisaurum 120. Ravenna 103 A. 5. Verona ebd.

Berichtigungen.

Seite 4 Anm. 2 Zeile 3 lies: ἡ Φασιανικὸν statt η Φ.
» 5 » 2 » 5 » *capri* statt *cupri*.
» 40 » 3 » 2 » Ἴδης statt Ιδης.
» 44 » 5 » 3 » ἡ συντρίψαντες statt η συντρ.
» 57 » 6 » 2 » ἐντεθετταλίσμεθα statt ἐντε θετταλίσμεθα.
» 58 » 2 » 2 » ὑπόδημα ποιόν statt ὑπόδημα ποιων.
» 67 » 2 » 4 » κώμασαν statt κώματαν.
» 72 Zeile 1 v. o. lies Theocosmus statt Thecosmus.
» 88 Anm. 2 Zeile 1 lies σὺ statt συ.
» 92 Zeile 16 v. o. lies Gefässe statt Gefässen.
» 93 Anm. 2 Zeile 2 lies: »aus der gleich anzuführenden Stelle des Schol. zu Arist. Pac. 143« statt »des Steph. Byz.«
» 94 » 7 » 1 » χιτωνίοισι statt χιτωνίοισι.
» 122 » 10 » 6 » Calpurn. Ecl. II, 68 statt Id. I. 68.